THIELE · KAREL ČAPEK

Universal
Bibliothek

BIOGRAFIEN

Karel Čapek: Selbstkarikatur, um 1930

Eckhard Thiele

KAREL ČAPEK

1988

Verlag Philipp Reclam jun. Leipzig

Mit 98 Abbildungen und einem Frontispiz

ISBN 3-379-00350-6

Reclams Universal-Bibliothek Band 1257
1. Auflage
Umschlaggestaltung: Friederike Pondelik unter Verwendung eines Fotos von Karel Čapek (1937)
Lizenz Nr. 363. 340/109/88 · LSV 8043 · Vbg. 21,8
Printed in the German Democratic Republic
Grafischer Großbetrieb Völkerfreundschaft Dresden
Gesetzt aus Garamond-Antiqua
Bestellnummer: 661 411 2
00400

Ein Faktum unseres Lebens gilt nicht insofern es wahr ist, sondern insofern es etwas zu bedeuten hatte.

(Eckermann, Gespräche mit Goethe, 30. März 1831)

Frühe Eindrücke

Karel Čapeks Geburtshaus steht in Malé Svatoňovice im südöstlichen Vorland des Riesengebirges. „Das ist der Winkel zwischen der Úpa und der Metuje, zwischen Babiččino údolí und dem sanften Talkessel von Jiráseks Hronov. Wo immer man auf einen Hügel steigt, sieht man im Norden die Schneekoppe und im Osten Bor und Hejšovina, die großen Grenzsteine des Landes“[1], schreibt er in den „Bildern aus der Heimat“ und entwirft sein Bild von einer „unpathetischen, naiv geöffneten und friedlichen, keuschen und zarten Gegend; einer Gegend, die in der Geschichte eher menschlich gelitten als geführt, aber sich ganz an der Grenze unseres nationalen Gebietes still und zäh in ihrem typischen Tschechentum erhalten hat“[2].

Dort „wellen sich sanfte Hügel aus rotem Sandstein, mit kleinen silbernen Birkenhainen und dunklen Fichten und Kiefern besät; auf den Hügeln sind Weiler verstreut, wo noch in den Tagen unserer Kindheit vom Morgen bis in die Nacht die Handwebstühle der in den Bergen heimischen Bibelleser, Spiritisten und Anhänger der Sekte Balcars klopften“[3].

Auch jenseits des Riesengebirgskamms und im Eulengebirge, in Langenbielau und Peterswaldau und anderswo im nahen Schlesien, klopften Webstühle. Und Anfang der neunziger Jahre schrieb Gerhart Hauptmann, gestützt auf Überlieferungen von einem Aufstand im Jahre 1844, über die hungernden schlesischen Weber. In Čapeks Heimat, im böhmischen Riesengebirgsvorland, entstand Ende des vorigen Jahrhunderts eine hochentwickelte Industrie, „und Kilometer von Handtüchern und grobem Linnen rollen aus Úpice in die Welt. Ich erinnere mich“, schreibt Čapek, „an die australischen und chinesischen Briefmarken, an die Marken aus Indien und der Kapkolonie, die ich aus den Papierkörben der Fabrikkontore aufgesammelt habe“[4].

Die ersten Blicke und Schritte in die Welt wagten Karel Čapek und seine beiden Geschwister an der Seite des Vaters. „Der Vater war groß und mächtig; schließlich konnte er uns führen, wohin er wollte, in die pfeifenden Maschinenfabriken mit schrecklichen, nach Öl riechenden Maschinen, aber

1 Karel Čapeks Geburtshaus

auch in die reichen Häuser der Millionäre. Und wieder auf anderen Wegen in die ärmlichsten Hütten, wo er sich in der Tür tief bücken mußte und noch tiefer über das Lager des röchelnden Kranken", schreibt seine Schwester Helena.[5] Und er enthüllt offensichtlich eigene Erfahrungen, wenn er den Protagonisten seines Romans „Ein gewöhnliches Leben" berichten läßt: „Vater mochte ich, weil er stark und einfach war. Ihn anfassen – das war ein Gefühl, als stütze man sich auf eine Mauer oder auf eine mächtige Säule. Ich hielt ihn für den Stärksten von allen; er roch nach billigem Tabak, Bier und Schweiß, seine mächtige Physis erfüllte mich durch die Sicherheit, Zuverlässigkeit und Kraft gleichsam mit Wonne. Manchmal geriet er in Rage, und dann war er schrecklich, er tobte wie ein Gewitter; um so genußvoller war das leise Gruseln, mit dem ich hinterher auf seinen Schoß kroch. Er sprach nicht viel, und wenn, so nicht von sich: ich wurde das Gefühl nicht los, er könne, wenn er wollte, von großen und heldenhaften Taten erzählen, die er vollbracht hatte, und ich hätte am liebsten die Hand auf seinen gewaltigen behaarten Brustkorb gelegt, um zu fühlen, wie es darin dröhnte."[6]

Geborgenheit gaben die kraftvolle Gestalt und die Güte des

Vaters, aber auch seine Stellung als Arzt und das Ansehen, das er in der kleinen Stadt und im weiten Umkreis genoß. „Er war sehr stolz auf seinen Vater, einen alten Landarzt mit seiner ehrenwerten Arbeit im Bergland, darauf, daß er weit und breit der erste Arzt war, der etwas von Asepsis hielt, auf seine Lebenserfahrung und Rechtschaffenheit", schreibt František Langer über den bereits berühmten Autor Karel Čapek. „Das hinderte ihn nicht, in die Unterhaltung mit dem alten Herrn, wenn er nur konnte, einen vorwitzigen jungenhaften Ton und ein wenig burschikose Respektlosigkeit einzubringen, als wäre er noch ein Zehnjähriger, als wäre das Verhältnis zwischen Vater und Sohn damals erstarrt und seither nicht gealtert."[7] Mit der Gestalt des tüchtigen alten Landarztes in dem Roman „Krakatit" hat Karel Čapek seinem Vater zu dessen Lebzeiten ein Denkmal gesetzt. Die Lebensgeschichte und ihr zeitgeschichtlicher Hintergrund bleiben ausgespart. Gerade sie aber werfen Licht auf die Persönlichkeit, die den Schriftsteller auf das nachhaltigste beeinflußt hat.

Antonín Čapek (1855–1929), gebürtig aus Žernov bei Česká Skalice, hatte als Sohn eines nicht unbemittelten Bauern in Prag Medizin studiert. Nachdem er ein paar Jahre als Militärarzt in Galizien tätig gewesen war, das ebenso wie Böhmen, Mähren und die Slowakei zu Österreich–Ungarn gehörte, trat er 1882 in die Dienste des Prinzen Wilhelm von Schaumburg-Lippe, der in Klein-Schwadowitz – so der damals amtliche Name von Malé Svatoňovice – einen Arzt zu haben wünschte. In einem Gebäude neben dem Herrenhaus gab es seit Jahrzehnten einen bescheidenen Badebetrieb für die Pilger, die zur wundertätigen Jungfrau Maria von Malé Svatoňovice kamen, und darin wohnte der „Berg- und Badearzt". Das Herrenhaus steht längst nicht mehr; das ehemalige Badehaus, 1930 durch einen Brand beschädigt, später erneuert und umgebaut, beherbergt heute eine Gedenkstätte: Hier wurde Karel Čapek am 9. Januar 1890 geboren. Nach Helena und Josef war er das dritte Kind von Božena und Antonín Čapek.

Zu Antonín Čapeks Patienten aus dem Bergbau zählten Steiger, Obersteiger, Markscheider, Bergräte, Oberbergräte – die deutschen Honoratioren des Ortes. Es war eine steife,

2 Kirche und Quellhaus in Malé Svatoňovice

mit sozialem und nationalem Dünkel behaftete Gesellschaft, in der Dr. Čapek und Gattin standesgemäß zu verkehren die Ehre hatten. Ihre Tochter Helena berichtet, daß sie sich dort nicht wohl fühlten, und sie überliefert in ihrem Erinnerungsbuch auch die Einstellung der feinen deutschen Gesellschaft. „Doktor Čapek ist ein Blödian; zwar kann er selbst gut deutsch und ist, obwohl nur bäuerlicher Herkunft, nicht ohne Bildung; gerade deshalb hätte er sich anpassen und aufsteigen müssen. Statt dessen heiratet er ein tschechisches Gänschen aus dem Volk, das weder zu kochen noch einen standesgemäßen Haushalt zu führen versteht! Was nützt es, daß sie immerfort Bücher liest, sie weiß ja nicht mal dem Dienstpersonal zu befehlen, und ihr Deutsch … Nein, am Sonntag haben wir Gartenfest im Schloßrestaurant, aber die mit einladen? Unsinn. Wir bleiben unter uns und ganz privat.“[8]

Die Herrschaften wohnten in schönen Villen, erbaut im „italienischen Stil“, mit flachem Dach, weiße Schlösser in Rübezahls Garten. Nichts taugt heute besser als Illustration zur Legende von der guten alten Zeit als solche Villen. Später baute man im Jugendstil, mit ornamentalen Fenstern und gerundeten Vorbauten, Gesimsen und Dächern. Wie-

3 Bauernhof von Antonín Čapeks Eltern in Žernov

viel erotische Phantasie in den Jugendstil eingegangen ist, zeigen aufs deutlichste seine architektonischen Formen. Im Riesengebirgsvorland kann man viele Jugendstilvillen bewundern. Die damalige Oberschicht, Nutznießer der einträglichen Industrialisierung, stellte ihren Reichtum nach aristokratischem Vorbild architektonisch zur Schau, und dem Vorbild gemäß hielt sie sich an ästhetische Konventionen. So gab es einen Stil der Herrschaften, und er wurde, vielleicht zum letzten Mal, zum vorherrschenden Baustil, jedenfalls haben spätere Stilrichtungen nicht diese allgemeine Verbindlichkeit erlangt.
Die meisten Patienten des Dr. Čapek wohnten in ärmlichen, dürftigen Hütten auf den Berglehnen: Bergarbeiter und ihre Familien. „Das Bergmannsdasein ist ein Elend", sagte er, wie Helena Čapková berichtet. „Sie schinden sich so ab, daß sie mit fünfzig zahnlose Greise sind, nur der Heimweg und die Gebirgsluft halten sie aufrecht."[9]
Mitte 1890 ließ sich Antonín Čapek im nahe gelegenen Úpice nieder, einer Kleinstadt mit Maschinen- und Textilfabriken. Neben seiner Praxis hielt er Sprechstunden in der Fabrik Filip Morawetz und Söhne ab. Solcherart ärztliche Betreuung war damals neu, und ungewöhnlich war die Energie, die er an den Tag legte. Denn neben der ärztlichen

Tätigkeit, die ihn von früh bis spät beanspruchte, hielt er Vorträge über Ethnologie und Soziologie, über Infektionskrankheiten und ihre Verhütung. Wie Helena Čapková berichtet,[10] sprach er über die Tuberkulose der Weber und ihre Ursachen, über die unzulängliche Kranken- und Armenfürsorge, und den zumeist deutschen Fabrikanten standen die Haare zu Berge, denn er nannte die Dinge beim Namen. „Aber, aber, seit wann sind Sie denn so ein wilder Sozialist?" fragten sie ihren unbequemen tschechischen Hausarzt. In Úpice gab es Unruhen und Demonstrationen, Pflastersteine flogen – bis in die Fenster der Fabrikantenvillen. Als dem Sozialdemokraten Šturc wegen revolutionärer Tätigkeit der Prozeß gemacht wurde, sagte Antonín Čapek zu seinen Gunsten aus und bewahrte ihn vor dem Kerker. Aber ein Sozialist war er nicht, obwohl er, wie seine Tochter bezeugte, die aufkommende Arbeiterbewegung billigte. Eine Haltung übrigens, die bei den tschechischen Gebildeten seiner Zeit verbreitet war. Denn die nicht gelöste nationale Frage überschattete oder verdeckte soziale Konflikte. Immer noch mußte für nationale tschechische Rechte

4 Malé Svatoňovice (um 1750)

in der k. u. k. Monarchie gekämpft werden, nationale Unabhängigkeit war nicht in Sicht.
Die politischen Auseinandersetzungen zwischen konservativen „Alttschechen“ und bürgerlich-liberalen „Jungtschechen“, die Antonín Čapeks Sympathie besaßen, haben den Gang der Geschichte kaum beeinflußt. Nennenswert aber sind Daten, die von der Entfaltung des tschechischen Kulturlebens in jener Zeit zeugen: 1882 wurde in Prag eine tschechische Universität geschaffen (die altehrwürdige Karls-Universität war seit der Gegenreformation germanisiert), und 1883 wurde das Gebäude des Tschechischen Nationaltheaters eingeweiht. Davon hatte hundert Jahre zuvor niemand zu träumen gewagt. Selbst Josef Dobrovský, der Vater der tschechischen nationalen Wiedergeburt, hatte 1792 in seiner berühmten „Geschichte der böhmischen Sprache und Literatur“ Zweifel daran geäußert, daß sich das Tschechische jemals wieder der einstigen Positionen bemächtigen könnte. Die tschechische Literatur mit ihrer beträchtlichen mittelalterlichen Tradition schien unwiderruflich tot zu sein. Seit der Niederlage der tschechischen Stände 1620 in der Schlacht am Weißen Berg und dem endgültigen Sieg der Gegenreformation war alles Tschechische als protestantisch und ketzerisch verdächtigt und mehr und mehr zurückgedrängt worden. „Doba temna“ nennt man die darauffolgende, mehr als anderthalb Jahrhunderte währende Epoche – „Zeit der Dunkelheit“. Der tschechische Adel war liquidiert. Zu Zehntausenden verließen Tschechen ihr Land, darunter viele Gebildete. Am bekanntesten ist das Schicksal des Jan Ámos Komenský (1592–1670), der emigrieren mußte und sein Hauptwerk, „Das Labyrinth der Welt“, im Ausland schuf. Und vor allem in die Städte Böhmens und Mährens zogen deutsche Zuwanderer. Als Kaiser Joseph II. 1774 die tschechische Sprache durch ein Dekret vom Gebrauch in Ämtern und Schulen ausschloß und sie zum bloßen Bauernidiom degradierte, war dies als Schlußpunkt unter die Geschichte eines Volkes zu verstehen. Doch insgesamt bewirkten die liberalen josephinischen Reformen (1780–1790) das Gegenteil. Vom „Geist der Aufklärung“, der nun Einzug ins Staatswesen hielt, ist in diesen Zusammenhängen ebenso zu reden wie vom Zerfall des Feudalismus, der durch sie gefördert wurde. Das „Toleranz-

patent“ ließ die evangelische Konfession zu; die Aufhebung der Leibeigenschaft ermöglichte die Abwanderung der Landbevölkerung und damit eine Stärkung des tschechischen Elements in den Städten. Die entstehende tschechische Bourgeoisie pflegte das Tschechische aus praktischen Gründen, aber zugleich als Zeichen der Gemeinsamkeit gegenüber dem weitaus stärkeren deutschen Bürgertum. Nicht von ungefähr stehen Sprachforschung und Literaturgeschichte am Anfang der nationalen Wiedergeburt: Gesucht wurde die nationale Identität, gesucht wurden ein Rückhalt beim Volk und Anknüpfungspunkte im Überlieferten, zum Beispiel in der Volkspoesie, die auch die „Zeit der Dunkelheit“ überlebt hatte. Diese Anlehnung des Bürgertums ans einfache Volk hinterließ tiefe Spuren. In dieser Tradition haben die demokratischen Strömungen im tschechischen Bürgertum und die plebejischen Tendenzen der bürgerlichen tschechischen Literatur ihren Ursprung.
Der mehrere Jahrzehnte währende Prozeß der nationalen Wiedergeburt wurde von „nationalen Erweckern“ vorangetrieben. Bedeutende Persönlichkeiten ragen heraus, nur einige seien hier genannt. Voran Josef Dobrovský (1753–1829), Begründer der tschechischen Sprachforschung und Literaturgeschichte, ja der Slawistik überhaupt. Josef Jungmann (1773–1847), Verfasser des ersten grundlegenden Wörterbuches der tschechischen Sprache, dessen Benutzung übrigens auch heute gewinnbringend und vergnüglich ist. Drei romantische Dichter: der Slowake Jan Kollár (1793–1852), František Ladislav Čelakovský (1799–1852) und Karel Hynek Mácha (1810–1836), letzterer, der Hauptvertreter der tschechischen Romantik, findet bis heute die Gunst des Publikums, vor allem Jugendliche erheben ihn immer wieder zur „Kultfigur“. Ferner der slowakische Historiker Pavel Josef Šafárik (1795–1861), Verfasser der Quellensammlung „Slawische Altertümer“, und der tschechische Historiker František Palacký (1798–1876), Verfasser der monumentalen „Geschichte von Böhmen“, Führer der „Alttschechen“, in seinen letzten Lebensjahren als „Vater des Volkes“ verehrt; Geschichtsbücher vermerken, daß er 1848 zur Frankfurter Deutschen Nationalversammlung eingeladen worden sei und mit seiner Ablehnung aus nationalen Erwägungen Furore gemacht habe; er

5 Arbeiterkolonie in Úpice

war Leiter des Slawenkongresses in Prag und Haupt der Slawenpartei im Wiener Reichstag. Und schließlich Jan Evangelista Purkyně (1787–1869), einer der großen Naturforscher des vorigen Jahrhunderts: „Durch Goethes Empfehlung 1823 Professor der Physiologie und der Pathologie in Breslau, gründete 1839 das erste physiologische Laboratorium, war 1850 bis 1867 Professor der Physiologie in Prag.

Purkyně, einer der hervorragendsten Biologen, von ungewöhnlicher Beobachtungsschärfe, entdeckte das Keimbläschen im Hühnerei, die Ausführungsgänge der Schweißdrüsen auf der Haut, den Bau der Knorpel, Knochen und Zähne, die embryonale Entwicklung der letztern, die Zusammensetzung der Blutgefäßwände, das Flimmerepithel bei Wirbeltieren, die Magendrüsen, den Achsenzylinder der Nervenfasern, die nach ihm benannten Nervenzellen des Kleinhirns (Purkinjesche Zellen), die ebenfalls nach ihm benannten Muskelfasern im Herzen und in der Gebärmutter usw."[11] Er war Mitbegründer der ersten tschechischen naturwissenschaftlichen Zeitschrift – und er übersetzte Werke von Goethe und Schiller.
Von den tschechischen Berühmtheiten späterer Jahre seien nur zwei genannt, die mit Čapeks näherer Heimat verbunden waren. Die Erzählerin Božena Němcová (1820–1862), deren bekanntestes Werk – „Die „Großmutter" – als ein Gipfel tschechischer Erzählkunst zu rühmen ist. Der Schauplatz des stark autobiographischen Werkes – Babiččino údolí (Großmuttertal), nahe Ratibořice im Riesengebirgsvorland – ist bis heute ein Ausflugsziel. Und Alois Jirásek (1851–1930), Verfasser von Romanen über die tschechische Geschichte, die sich nach wie vor großer Beliebtheit erfreuen. Karel Čapek berichtet, seine Großeltern mütterlicherseits hätten den jungen Alois Jirásek gekannt, und sein Vater und der Großvater väterlicherseits hätten sich noch an Leute erinnert, die Božena Němcová in ihrem Buch verewigt hat. Solche Erinnerungen wurden liebevoll gepflegt, denn die Literatur war, der Tradition der nationalen Erwekker folgend, dem Leben der einfachen Leute nahe, richtete sich, wie alle kulturellen Bemühungen, ans Volk.
In dieser Tradition standen auch die Aktivitäten Antonín Čapeks. Laienspiel und Gelegenheitspoesie, womit er sich befaßte, und vor allem Vorträge, wie er sie in großer Zahl hielt, bereicherten das Kulturleben der tschechischen Städte und Gemeinden. Zumal in Grenzgebieten hatten aufklärerische und kulturelle Unternehmungen nicht selten einen nationalen Akzent. „Ein Stückchen höher verläuft die Zickzacklinie der Sprachgrenze", schrieb Karel Čapek 1930 über jenen „Winkel des Vorgebirges zwischen der Úpa und der Metuje". Angesichts dessen, was sich kaum zehn Jahre

später abspielte, muten seine Erinnerungen an die Vergangenheit geradezu romantisch an: „Diese Nachbarschaft zweier Nationalitäten war immer ruhig und friedlich; die Deutschen mit ihren Michelmützen und ihren mit glänzenden Knöpfen besäten Westen sprachen einen Dialekt, den nicht einmal die österreichischen Behörden verstanden; sie hatten fast gar keinen Kontakt mit uns und wir keinen mit ihnen; diese Sprachgrenze war wie das Ende der Welt, hinter dem nichts mehr existiert.“[12]

Ende des neunzehnten Jahrhunderts waren die Befreiung von der Habsburgerherrschaft und die staatliche Selbständigkeit noch nicht in Sicht, aber als Hoffnung und Möglichkeit im Bewußtsein des tschechischen Volkes verankert. Generationen von nationalen Erweckern hatten ihr Werk getan. Als Typus und als Vorbild blieb der „národní buditel“ noch lange lebendig – in Menschen von der Art des Arztes Antonín Čapek, wie ihn sein Sohn Karel sah.

In dem Artikel „Wie ich dazu gekommen bin“ legte Karel Čapek 1932 seinen Weg zur Literatur dar und wie er sein Herkommen und die Basis seines Schaffens beurteilte. Mehr als die Hälfte des Artikels handelt vom Vater. Er war „ein Landarzt und außerdem ein schönes Beispiel der damaligen – heute schon sehr unzeitgemäßen – Generation der Erwecker. Er war ein großer Leser; von klein auf wurden wir von ihm mit Büchern versorgt, was uns nicht hinderte, mehr oder minder heimlich seine ganze Bibliothek von Havlíček und Neruda bis zur ‚Gerichtsmedizin‘ durchzulesen. Außerdem machte unser alter Herr Politik, sprach auf Volksversammlungen, hielt Vorträge vor Arbeitern, leitete die örtliche Laienspielgruppe und war der Dichter der Gegend; ich sehe ihn noch heute, wie er abends in der Stille des nach Karbol riechenden Sprechzimmers feierliche Ansprachen verfaßte und sie dann mit bewegter Stimme im Familienkreis vortrug. Da er groß und stark war, ahmten wir Jungen ihn begeistert nach; seit etwa dem achten Lebensjahr verfaßten wir gereimte Glückwünsche und andere Gelegenheitspoesie dieser Art. Er sah es gern und ermunterte uns.“[13]

Daß sich der Vater durch Körpergröße und Kraft auszeichnete, erwähnte Karel Čapek auffallend häufig. Für ihn, der

6 Dr. Antonín Čapek

von eher zarter, kränklicher Verfassung war, stellten diese offenbar besonders wichtige Vatersymbole dar, und er verweist auf sie, bevor er darauf zu sprechen kommt, daß der Vater ihn zur Nachahmung angeregt habe. Die gefühlsmäßige Bewunderung ging der geistigen voraus.

Karel, der früh als hochbegabtes Kind auffiel und in der Schule in Úpice als Musterschüler glänzte, war bald aufs tiefste von der Persönlichkeit des Vaters, seinem geistigen Horizont und seiner Vielseitigkeit beeindruckt, was man sich anhand folgender Beschreibung, aus demselben Artikel, lebhaft vorstellen kann: „Der Vater war – abgesehen vom Humanismus der Erwecker – durch den Geist des sogenannten wissenschaftlichen Jahrhunderts geprägt; er war ein naturwissenschaftlicher Materialist, den die Rätsel der Natur ständig beschäftigten; ihn interessierten Urgeschichte und Geschichte, Philosophie und Naturkunde, die Entwicklungslehre und die Geheimnisse unbekannter Länder; seine Bibliothek war ein Kompendium von allen möglichen Wissenschaften; und in allem dilettierte er ein wenig. Außerdem versuchte er sich als Gärtner und als Tischler, als Imker, Rosenzüchter und Zeichner, und er kümmerte sich um allgemeine Angelegenheiten. Er war vielseitig und einfach, völlig objektiv und allen Dingen dieser Welt ganz zugewandt; niemals machte er Aufhebens von seinem Ich, er lebte dem, was er tat, und war ein guter Arzt. Ich bin mir bewußt, wie vieles von dem, was ich tue und wie ich es tue, sein Erbe ist."

Dieses Bild des Vaters enthält in der Tat vieles, was an Karel Čapek selbst hervorzuheben ist: Auch er war vom Humanismus der Erwecker, dem Geist der Aufklärung, den Ideen des wissenschaftlichen Zeitalters erfüllt, auch seine Bildung und seine Interessen waren universal, auch er war vielseitig und einfach, um Objektivität bemüht und als Schriftsteller und Journalist in allgemeinen Angelegenheiten engagiert. Und die Nebenbeschäftigungen: Karel Čapek zeichnete, und seine Leidenschaft für den Garten ist sogar literarisch verewigt worden, vor allem in „Das Jahr des Gärtners".

Wie weit und wie tief die Identifizierung mit dem Vater reichte, verdeutlicht der Schluß des Artikels. „Und wenn ich es so bedenke, scheint mir, daß ich jenem Beruf, zu dem

mich das familiäre Milieu vorbestimmte, nicht gänzlich untreu geworden bin. Daß ich, soweit ich es vermag, auf meine Weise auch Arzt zu sein, die Leute zu heilen, ihnen in ihrem Schmerz beizustehen versuche. Ich bin kein Chirurg, sondern eher ein Internist, wie es die Landärzte waren; hier verordne ich Tropfen und da einen Umschlag, wie es die tägliche Praxis mit sich bringt, und gern wäre auch ich ein guter Arzt, der hilft."
Was Karel Čapek bis dahin geschrieben hatte, läßt sich zwar nur zum Teil auf solch bescheidenes Bemühen reduzieren. Gleichwohl besaß er dieses Selbstverständnis, seitdem er – sozusagen auf väterliches Geheiß – Leben und Schaffen auf „kleine Dinge" ausgerichtet hatte. Die Philosophie, die er sich dabei zu eigen machte, vereinbarte sich mit dem idealisierten Bild seines Vaters.

Mit dem aufklärerischen Humanismus hatte Čapek vom väterlichen Vorbild auch die aktive Einstellung zur Welt übernommen, die in einer Idealisierung der Arbeit gipfelte. Jenes Ideal des Schriftstellers, der „auch Arzt zu sein" sich bemühte und „hier Tropfen, da einen Umschlag" anzuraten für erstrebenswert hielt, war nicht weit entfernt vom „pragmatischen Ideal". Das zeigt unter anderem Čapeks kleine, auf einer Seminararbeit beruhende Schrift von 1918: „Der Pragmatismus oder Die Philosophie des praktischen Lebens". Da heißt es: „Die Praxis ist böse, ist die Selbstvernichtung oder die Vernichtung des Nächsten, und mit dem Fortgang der Jahrhunderte bringt sie immer eher Enttäuschung als Befriedigung. Und da sagen wir, ein jeder der tätigen Menschen müsse diese Krise durch die Überzeugung in sich zu brechen suchen, daß es von seinem guten Willen abhänge, seine Arbeit zu heiligen; daß er in ihr nur etwas mehr als den materiellen Vorteil suchen müsse, daß er in ihr die Wahrheit, die Werte des Lebens, moralische Befriedigung, ja ein Stück Rettung der Welt finden könne, wenn er nur selbst möglichst viel Gutes und Hoffnung in sie hineinlegt."[14]
In Čapeks Werken, vor allem in den frühen, finden sich – neben Anleihen bei anderen Philosophen und Theorien, mit denen er sich befaßt hatte – Gedanken und Formulierungen, deren Herkunft aus dem Pragmatismus unüberseh-

7 Karel mit der Mutter und den Geschwistern Helena und Josef (1891/92)

bar ist. Überdies bekannte er sich gelegentlich zum Pragmatismus und pflegte ihn insbesondere in sozialen und politischen Fragen: Nicht Ökonomie und Klassenkampf faßte er ins Auge, sondern Interessengegensätze, nicht radikale revolutionäre Veränderungen der Gesellschaft hielt er für sinnvoll, sondern Ausgleich und Vermittlung, Reformen, Hilfe im Einzelfall. Noch Jahrzehnte nach Čapeks Tod versuchte man, ihn und sein literarisches Werk auf den philosophischen Pragmatismus – und Relativismus – festzulegen. Alten Mißverständnissen wurden neue hinzugefügt, und manche führen ein Eigenleben, weil der Pragmatismus, so geläufig als Begriff aus der Politik, eine nur vage bekannte Philosophie ist.
Allerdings brachte auch Josef Branžovskýs Versuch, Čapeks Weltbild gründlicher in seine philosophischen Bestandteile zu zerlegen, kein befriedigendes Ergebnis.[15] Branžovský machte vor allem pragmatistische und relativistische Zitate ausfindig und verfolgte, welche Gedankengänge woher stammten. Doch warum Čapek sie übernommen, anderes Gedankengut gleicher Provenienz aber nicht akzeptiert oder gar abgelehnt hatte, blieb ungeklärt. Letztlich rüttelte Branžovský nicht an der alten Vorstellung, Čapek sei in seinem Denken ein Pragmatist und Relativist gewesen, und daß er sich in seinem literarischen Schaffen mehr und mehr über philosophische Theoreme hinweggesetzt habe, sei dem zu verdanken, was Friedrich Engels in bezug auf Balzac so treffend den „Triumph des Realismus" genannt hatte. Große Schriftsteller werden erfahrungsgemäß auch von einer einengenden Weltanschauung nicht ihrer Einsichten beraubt. Wie über die Ketten der Zensur, setzt sich ihr Talent über die unbemerkten Fesseln der Selbstzensur hinweg, und sie lassen gelegentlich tiefer blicken, als sie selber sehen.
Manche Interpreten versuchten das Klischee vom Pragmatisten und Relativisten aufzulösen, indem sie weitere Bezugspunkte in Čapeks Werken aufspürten. Neben Bergson, William James, F. C. S. Schiller und Emerson traten neue Namen. Halina Janaszek-Ivaničková erwähnt in verschiedenen Zusammenhängen Ortega i Gasset, Huxley, Jaspers, Freud, Alfred Adler, Gide, Joyce, Proust und andere.[16] Dagegen hebt Oldřich Králík vor allem Durkheim und die

französische Sozialphilosophie hervor, Čapek habe hier „eine Achse seines Denkens gefunden".[17] Ausführlich weist er nach, wie Čapek Durkheims Vorstellungen von der Übermacht der sozialen Fakten gegenüber dem Individuum, des kollektiven Bewußtseins gegenüber dem individuellen übernimmt. „Immer wieder taucht dieser bedrohliche Dualismus bei Čapek auf", meint Králík, läßt aber nicht unerwähnt, daß Čapek die von Durkheim definierten Anzeichen des kollektiven Bewußtseins attackiert und überhaupt – entgegen Durkheim – das Privileg der Individualität verteidigt. Auch um diese Achse drehte sich wohl manch wichtiger Gedanke, aber nicht Čapeks gesamtes Denken. Wer immer Čapek auf eine philosophische Richtung festzulegen versucht, steht vor einem ähnlichen Dilemma.

Von grundsätzlicher Bedeutung ist František Buriáneks Feststellung, an Čapeks Pragmatismus sei auffällig viel Tschechisches. Oder pointierter: Seine „unerschrockene Aktivität, sein Optimismus, sein realer Blick auf die Welt, wie sie ist, rührt wahrscheinlich eher von der Volksweisheit seiner Großmutter als von der pragmatischen Philosophie her"[18].

Damit wird der Lebenswirklichkeit des Autors zu ihrem Recht verholfen. So aufschlußreich die Herkunft der philosophischen Anleihen und überhaupt die intellektuellen Verwandtschaften sein mögen, nicht minder wichtig sind die Motivationen und persönlichen Erfahrungen, die bei alledem eine Rolle gespielt haben. Nicht um die Zitate, sondern um den Zitierenden geht es. Und wo, wenn nicht in seiner Person, hätten wir nach Erklärungen für die Tendenzen und Widersprüche seines Denkens zu suchen?

Es fällt ins Auge, daß Čapeks Verhältnis zum Pragmatismus von Anfang an zwiespältig und, vereinfacht gesagt, „pragmatisch" war. Er wählte aus, was ihm tauglich erschien, akzeptierte zum Beispiel das Bemühen um pragmatische Lösungen im Alltagsleben und in der Gesellschaft. Und er verwarf oder ließ außer acht, was für ihn unannehmbar war. Zum Beispiel befand er schon in der genannten Schrift von 1918 die Erkenntnistheorie des Pragmatismus, also dessen Ausgangspunkte, für gescheitert. Etwas für wahr halten, nur weil es sich als nützlich bewährt hat, und vermittels einer Metaphysik des Willens die rationale Erkenntnis durch

Glauben ersetzen, wie es der Pragmatismus lehrt? Das kam allerdings schwerlich in Betracht für einen Denker, der im Geist der Aufklärung nach rationalen Erklärungen für alle Erscheinungen auf der Welt suchte.
Indes, die pragmatische Philosophie „nimmt das als Wahrheit an, was besser als anderes die Aufgabe erfüllt, uns im Leben zu leiten“[19]. Und das war der springende Punkt. Während die pragmatische Philosophie für Čapeks Denken nur eine von vielen Anregungen war, leistete sie in seinem Leben tatsächlich längere Zeit etwas, was keine andere Lehre vermocht hätte: Sie rechtfertigte sein Selbstverständnis, das er in Anlehnung an das väterliche Vorbild beschrieb.
Entwickelt hatte sich dieses Selbstverständnis Anfang und Mitte der zwanziger Jahre unter dem Einfluß einer persönlichen Krise, hauptsächlich 1923, als er an „Krakatit“ arbeitete. Dieser Roman endet mit einer Lobpreisung der „kleinen Dinge“. Nicht von ungefähr ließ Čapek im Jahre 1925 sein Buch über den Pragmatismus neuauflegen. Zwar hatte er schon als Student die pragmatische Philosophie nur teilweise akzeptiert und ihre erkenntnistheoretischen Ausgangspunkte gar nicht zu halten versucht. Doch mußte ihm das Buch gerade zu der Zeit wieder wichtig erscheinen, da er als Schriftsteller „auch Arzt zu sein, die Leute zu heilen, ihnen in ihrem Schmerz beizustehen“ versuchte, hier mit Tropfen, da mit einem Umschlag, „wie es die tägliche Praxis mit sich bringt“.

„Und dann hatten wir eine Großmutter, die Müllerin aus Hronov, sie war fromm, weise und dabei lustig wie ein Kobold, sie steckte voller Lieder, Sprichwörter, Redensarten und Humor; sie war die lebendige Verkörperung des Volksgeistes und der Sprache unserer Gegend. Je länger ich schreibe und in unserer Sprache arbeite, desto mehr wird mir bewußt, was ich alles von ihr habe und was ich von ihr gelernt habe und bis auf den heutigen Tag lerne“, schreibt Karel Čapek über seine Großmutter mütterlicherseits – Helena Novotná, geborene Holzbechrová (1841–1912).[20]
„Mag der Herrgott wissen, woher sie soviel fröhlich und gutmütig ironisierenden Optimismus nahm“, meint seine Schwester Helena.[21] Sie erzählt, in welcher Armut die Groß-

8 Im Garten des Hauses in Úpice. Von links: Großmutter Novotná, Antonín Čapek, Božena Čapková; hinten: Karel, Josef, Helena

mutter aufwuchs, wie schwer sie schon als Kind arbeiten mußte. Und nur von Helena erfährt man etwas vom wirtschaftlich oft gefährdeten Mühlenbetrieb in Hronov, vom Großvater, einem lebenslustigen, aber brutalen Mann, der seine Frau mißhandelte. Nach seinem Tode lebte sie bei ihrer einzigen Tochter, bei den Čapeks – erst in Úpice, später in Prag. Und in der Zwischenzeit – von 1901 bis 1905 – war sie in Hradec Králové und betreute ihren Enkel Karel, der dort das Gymnasium besuchte. Sie vermittelte ihm den Reichtum der Volkssprache, den Spaß am bildhaften Ausdruck und schärfte zugleich seinen Blick auf die Alltagswelt. „Damals als Junge in der kleinen Stadt sah ich zu Hause das Handwerk des Doktors und beim Großvater das Handwerk des Müllers und des Bäckers, das ungemein vergnüglich und schön ist, und beim Onkel das Handwerk des Bauern; nun, ich hätte gar viel zu erzählen, wie ich dabei gelernt und was ich alles erfahren habe. Der nächste Nachbar aber war Maler, und das ist ein hochinteressanter Beruf; manchmal erlaubte er mir, für ihn die Farbe in den Töpfen zu mischen, und einmal durfte ich sogar, ganz aus dem Häuschen vor Stolz, mit dem Pinsel eine Schablone ausmalen; es geriet schief, aber ansonsten ganz gut. Nie werde ich vergessen, wie der mit all den Farben wunderbar besprenkelte Maler mitsamt der Leiter herumstelzte und dabei sang und wie er schöne gerade Striche zog und manchmal etwas aus der Hand malte, zum Beispiel herrlich gefüllte Rosen an der Decke, in der Farbe von alter Leber; das war für mich nichts Geringeres als die erste Offenbarung der Malerei, und seit der Zeit bin ich der Liebe zu dieser Kunst verfallen. Und dann ging ich mir täglich das Handwerk des Gastwirts ansehen, wie er die Fässer in den Keller rollte, wie er Bier zapfte und den Schaum wegblies und wie er klug mit den Männern sprach, die sich mit dem Handrücken den Bierschaum aus dem Schnauzbart strichen. Täglich ging ich zum benachbarten Schuster nach dem Rechten sehen und schaute schweigend zu, wie er Leder zurechtschnitt und es über den Leisten schlug und wie er dann eine Sohle aufsetzte und ich weiß nicht was alles; denn es ist eine schwierige und feine Kunst, und wer nicht Leder in der Hand eines Schusters gesehen hat, weiß nichts davon, und wenn er Schuhe aus Paradiesvogel- oder Korduanleder trüge. Dann

9 Mühle von Großvater Novotný in Hronov

war da ein Leierkastenmann in der Nachbarschaft, der Herr Hanousek, und wenn er zu Hause war, ging ich zu ihm und wunderte mich, daß er zu Hause nicht Leierkasten spielte, sondern dasaß und in die Ecke starrte, so daß mir bange wurde. Dann war da der traurige Steinmetz, der im Vorhaus Grabkreuze und solche kurzen, gedrungenen Engel meißelte; er pinkte den ganzen Tag und sprach kein Wort, und ich schaute vielleicht eine Stunde zu, wie er das blinde Auge eines weinenden Vogels herausmeißelte. Und dann, ach ja, war da der Wagner mit seinem schönen Kernholz (...) Und dann der Schmied in der schwarzen Schmiede; ich war stolzgeschwellt, wenn ich bei ihm mal den Blasebalg treten durfte, während er, der schwarze Zyklop, eine Eisenstange glühte und darauf schlug, daß die Funken stoben (...) Ein Stück weiter wohnte Tonča, die Prostituierte, ihr

Handwerk verstand ich nicht, und ein wenig zog es mir die Kehle zusammen, wenn ich an ihrem Häuschen vorbeiging; nur einmal schaute ich bei ihr durch das Fenster, aber drinnen war es leer, gestreifte Federbetten und über dem Bett geweihte Palmkätzchen. Ich schaute mir das Handwerk des Fabrikbesitzers an, wie er im Büro umherlief, und ich sammelte aus den Papierkörben fremdländische Briefmarken. Ich beobachtete die Arbeiter, die Spinner, die voller Werg waren, die Weber an den geheimnisvollen Jacquardwebstühlen; ich drang in die glühende Hölle der Jutetrocknereien vor und schmorte mit den Heizern an den Kesseln, über ihre langen Schaufeln staunend, die ich kaum anzuheben vermochte. Immer wieder besuchte ich den Fleischer in seinem Laden und guckte gespannt zu, ob er sich nicht den Finger abhacken werde; ich kiebitzte bei den Krämern, wie sie abmaßen und abwogen, ich stand beim Klempner, und ich ging zum Tischler auf den Hof, wo es pfiff und krachte vor lauter Eifer (...)“[22]
Und in den Ferien vor der Quarta ging er täglich zu einem

10 Porzellanteller, von Karel Čapek bemalt

Porzellanmaler, bemalte und brannte ein Hochzeitsgeschenk für seine Schwester Helena: sechs Tassen mit dem Kirchturm von Úpice, sechs Obstschalen und einen großen Teller, mit Obst bemalt.

Mit auffallender Scheu äußerte sich Karel Čapek über seine Mutter – Božena Čapková, geborene Novotná (1866 bis 1924). In dem Artikel „Wie ich dazu gekommen bin“ schildert er ausführlich den Vater, bevor er kurz die Großmutter würdigt und, ebenso kurz, seiner Mutter gedenkt. Nur die Reihenfolge und die Kürze lassen ahnen, daß hier etwas Problematisches verborgen ist. Die Biographen sind ihm überwiegend gefolgt und haben den Takt über die Faktentreue gestellt.

Oleg Malewitsch bringt das Porträt, das Čapek folgendermaßen gegeben hat: „Die Mutter war das romantische Element in der Familie; sie war flammend, heftig gefühlvoll, begabt und absolut unsachlich; in ihrer Jugend sang sie romantische Lieder und schrieb gut. Von ihr stammt das Stück Romantik und jenes gewisse Phantastische, ohne das meine Literatur wohl in vielem anders aussähe.“[23]

In dem Roman „Ein gewöhnliches Leben“ findet man eine Ergänzung: „(...) der Ehrgeiz ist sicherlich ein Erbteil von Mutters Temperament, überhaupt habe ich die Verletzbarkeit wohl von Mutter. (...) Zum Beispiel habe ich es gewiß nicht vom Vater geerbt, in meine Vergangenheit wie in einen Spiegel zu schauen; Vater war schlechthin objektiv, hatte niemals Zeit für etwas anderes als die Gegenwart, weil er in seiner Arbeit aufging. Die Erinnerung und die Zukunft gehören denen, die eine Neigung zum Träumen haben und sich mehr mit sich selbst befassen. Das ist Mutters Erbteil in meinem Leben.“[24]

Halina Janaszek-Ivaničková entwirft das Genrebild einer häufig zitierten Episode: Božena Čapková sammelt Volkslieder, Märchen und Sprüche für die große Volkskundeausstellung 1895 in Prag; in ihrer Küche haben sich alte Frauen und Männer eingefunden, erzählen und singen, während sie beim Schein der Petroleumlampe mitschreibt. Der kleine Iček (Verkürzung der Koseform Karlíček) hört mit offenem Mund zu. Erwähnung findet aber auch, daß die Mutter den kränklichen Jungen zum Objekt besonderer

Fürsorge erkoren hatte. „Diese Fürsorge isolierte ihn von den gesunden Kindern und legte den Keim zu dem Minderwertigkeitskomplex, an dessen Last er lange Jahre zu tragen hatte.“[25]

Auch dafür finden sich in „Ein gewöhnliches Leben“ Andeutungen und Belege, zum Beispiel dieser: „Mutter züchtete in mir einen Zustand der Zaghaftigkeit gegenüber dem Leben und des mangelnden Selbstvertrauens, dieses physische Gefühl der Minderwertigkeit, mit dem ich aufwuchs.“[26]

Inna Abramowna Bernstein bezeichnet Božena Čapková als „kränkliche, nervöse Frau“, die „ihre ganze anspruchsvolle, ein wenig exaltierte Mutterliebe dem jüngsten Sohn, dem schmächtigen, zarten Karel“ zuwandte. Belastungen sieht die Biographin darin nicht. „Die deutliche Bevorzugung durch die Mutter verwandelte Karel nicht, wie viele verwöhnte Kinder, in einen Haustyrannen, sondern weckte vielmehr in ihm Verantwortungsbewußtsein für den Familienfrieden. Beeindruckend ist das ungewöhnliche Taktgefühl, das er der Mutter, dem Bruder und allen seinen Nächsten entgegenbrachte.“[27]

Von diesem Taktgefühl und dem Verantwortungsbewußtsein für den Familienfrieden wird noch die Rede sein.

William E. Harkins würdigt Božena Čapkovás literarische Interessen, bezeichnet sie aber als hysterisch und läßt auch ihr tragisches Ende nicht unerwähnt. Er zitiert Olga Scheinpflugovás Aussage, Čapek sei durch seine Mutter hypochondrisch geworden und habe „unter einer Art von Neurasthenie“ gelitten.[28]

František Buriánek sagt ähnliches über Božena Čapková und ihren Einfluß, übergeht allerdings ihr Schicksal. Gleichwohl erfährt man bei ihm etwas Genaueres. Den Porträts, die Karel und Josef von ihrer Mutter gegeben haben, stellt er ein Zitat aus Helena Čapkovás Buch „Ein kleines Mädchen“ gegenüber, das die Mutter in ein ganz anderes Licht rückt. Buriánek entschuldigt sich für das Abweichen von der tradierten Beschönigung: Er führe Helena Čapkovás Aussage nur an, weil sich ein Reflex von alledem auch in „Ein gewöhnliches Leben“ finde.[29] In diesem 1934 erschienenen Roman schreibt Karel Čapek: „Vater mochte ich, weil er stark und einfach war. (...) Mutter war nicht so

11 Božena Čapková, geborene Novotná

einfach; sie war weitaus gefühlsbetonter, war impulsiv und strömte über vor Liebe zu mir; es kam vor, daß sie mich krampfhaft an sich preßte und stöhnte: du mein Einziger, für dich möchte ich sterben! Später, als größerer Junge, fühlte ich mich von diesen Ausbrüchen ihrer Liebe geradezu belästigt (...) Weil die Mutter über die Maßen gefühlvoll war, erlebte sie alles dramatisch; kleine familiäre Zwistigkeiten endeten gewöhnlich mit verquollenen Augen und tragischem Schweigen; Vater knallte die Türen zu und stürzte sich mit grimmiger Verbissenheit in die Arbeit, während aus der Küche schreckliche, anklagende Stille zum Himmel schrie."[30] Zum selben Thema hatte Helena bereits 1920, also noch zu Lebzeiten der Eltern, geschrieben: „Sie weinte krampfhaft im verschlossenen Zimmer und warf dem Vater unter Tränen vor, er lasse es an Gefühl und an Liebe fehlen. Sie überschüttete ihn mit tausenderlei Klagen, und das war ein furchtbarer Schlag für unsere Kinderherzen. Was denn, unser großer, starker Vater ist nicht vollkommen? Wie konnte man das düstere Schweigen bei Tisch ertragen, wie ihm Mutters Botschaften in ihrer Anwesenheit ausrichten? Mit unheilvollem Knall schlug die Tür hinter ihm zu, und das war wie ein Blitzschlag aus schweren, drückenden Wolken; ängstlich ballten sich unsere Fäuste, und die unruhigen Füße suchten das Weite. Zu Hause war der allzu hohe Damm des Schweigens, und ein Durchbruch war nicht zu entdecken."[31]

„Unsere Mutter war ein sehr energisches, empfindsames Wesen, das auf alles tief und heftig reagierte. Sie war erstaunlich belesen und aufgeweckt; auch in jener recht entlegenen Provinz vermochte sie mit der modernen Literatur Schritt zu halten, sie zitierte uns Antonín Sova und verstand es später, sich ohne weiteres den literarischen Interessen von uns heranwachsenden Kindern anzupassen. Gern, mit starker Ergriffenheit, mit dramatischen Akzenten rezitierte sie Erbens Balladen; sie liebte Šlejhar, Zola war für sie ein Ereignis. Sie führte uns, ebenso wie der Vater, zum frühen Interesse für die Literatur", schreibt Josef Čapek.[32] Und dann versichert er, die Mutter „hatte großes Verständnis für alles, worauf sich die ersten Träume der Kinder richteten; mein Bruder Karel schrieb schon in den ersten Klassen des Gymnasiums Gedichte, meine Schwester stand auf dem Sprung ins Konservatorium, ich wollte entgegen allen Plänen der Familie Maler werden; an allem nahm sie sofort lebendigen Anteil, sofort wollte sie uns in alledem die wirksamste Stütze zu Hause sein, und sie wurde es". Wahr ist vielmehr, daß gerade die Mutter ihn lange Zeit an der Verwirklichung künstlerischer Pläne hinderte, ihn statt aufs Gymnasium in die Gewerbeschule schickte, damit er später Techniker werde, und daß sie Helenas Karriere als Musikerin unterband, indem sie ihr, statt der weiteren Ausbildung, eine frühe Heirat anbefahl.

Helena Čapková war dennoch bemüht, der Mutter Gerechtigkeit widerfahren zu lassen. In ihrem 1962 erschienenen Erinnerungsbuch „Meine lieben Brüder" schreibt sie: „Sie war keine Frau von gewöhnlichem Format; ihre Sehnsucht nach Bildung war enorm, und es mag sein, daß sie sich gar zu sehr exaltiert hatte durch die Lektüre in unseres Vaters Bibliothek; sie las Shakespeare-Übersetzungen, die Romane der Klassiker und Gedichte, kurzum, alles, worauf sie nur stieß. Aber für eine junge Frau mit der damaligen Volksschulbildung waren das vielleicht allzu tiefe Gedanken und allzu bedeutende Worte, als daß sie etwas anderes als ein heilloses Durcheinander stiften konnten."[33] In der folgenden Beschreibung erscheint die Mutter als ein leibhaftiges Sammelsurium literarischer Gestalten: „Ach, ich kannte sie jung und schön, aber auch mit einem vor ungeduldigem Zorn verzerrten Gesicht, voller Temperament und Kraft, überströmend vor Vergötterung des liebenswerten kleinen Karel, aber auch ungerecht hart zu uns anderen, immer unausgeglichen, aber auch ungemein sensibel, mit einem Buch in der Hand, Verse flüsternd bei melancholischen Spaziergängen im Garten, unberechenbar, impulsiv bis zum Extrem, überempfindlich, geheimnisvoll und für uns manchmal sogar schrecklich."[34] Den Kindern blieb nichts weiter übrig, als ihre eigenen Worte und Gebärden, ja sogar ihre Gefühle ständig mit Seitenblicken auf die Mutter zu kontrollieren und gegebenenfalls zu unterdrücken. „Denn Mutter konnte wegen eines einzigen Wortes, einer wechselseitigen Frotzelei, einer ungeschickten Bewegung einen Wutanfall bekommen, ihr Gesicht verzerrte sich, und sie ging ins Nebenzimmer, Karel an der Hand."[35] Die Folgen solcher Szenen ließen nicht auf sich warten. „Wir alle lernten es durch lange Gewohnheit und doch instinktiv, unsere Sprache und unser Gesicht vor ihr zu beherrschen. Das emotionale Tremolo, mit dem sie einzig Karel ansprach, wurde für das zarte Kind zu einer abstoßenden Schmeichelei; er ertrug es nicht mehr, wurde unser Verbündeter und Gefährte in allem und entfloh der Gefangenschaft ihrer Umarmungen."[36] Dadurch wurde Karel der allzu großen Liebe nicht entrissen, wie Buriánek meint.[37] Denn Karels

12 Karel (links), Helena und Josef (1896)

zärtliche Bindung an die Mutter überdauerte alle Anfechtungen – nicht nur jenes acht Jahre nach ihrem Tod gegebene Porträt bezeugt es. Dennoch trug dieses Entfliehen zweifellos zu Karels Rettung bei. Streifzüge in die Umgebung, Kinderstreiche, Raufereien, das alles stärkte sein Selbstbewußtsein und ließ seine Abneigung wachsen, sich von der Mutter als Hätschelkind vereinnahmen zu lassen. Und es bescherte ihm etwas, das man angesichts der geschilderten Szenen kaum für möglich halten sollte: Später bestand zeitlebens eine enge Beziehung zwischen Karel, Helena und Josef, und die beiden Brüder waren eine Zeitlang überaus produktive Co-Autoren. In ihrer Kindheit hatte es anfangs nicht danach ausgesehen. Helena schreibt von sich und Josef: „Uns war eingebleut, auf Karel achtzugeben; deshalb quälte uns so eine neuartige und verwirrende Fremdheit seiner Erscheinung, ein Gefühl, er käme von jenseits der Grenzen, die zu überschreiten für uns unmöglich war, und er wäre dort isoliert, würde niemals zu uns zurückkehren, munter und neugierig wie ein Spatz, er würde stets nur an Mutter hängen."[38] Gewiß haben Helena und Josef als Kinder unter der Ungerechtigkeit ihrer Mutter schwer gelitten. Wahrscheinlich haben sie aber auch empfunden, daß es eine unheimliche, gefährliche Gefangenschaft war, in der die Mutter den Lieblingssohn halten wollte: „Uns schauderte vor der Hysterie ihrer übertriebenen Liebe zu ihm (...)"[39]

„Immer häufiger suchte die Mutter Zuflucht in eingebildeten Krankheiten: physisch war sie im Grunde gesund, nur das Gefühlsleben und die Nervosität stigmatisierten sie bis hin zu sehr ernsten Symptomen."[40] In ihre Hypochondrie schloß sie Karel ein. Überbesorgt wachte sie über seine Gesundheit. Eine der autobiographischen Reminiszenzen in „Ein gewöhnliches Leben" vermittelt davon einen Eindruck. „Immerzu fragt sie: Fehlt dir etwas? Tut dir der Bauch weh? Anfangs schmeichelte es mir; man wird so wichtig genommen, wenn man kränkelt und Umschläge bekommt; und Mutter drückt einen krampfhaft an die Brust, du mein Teuerster, du darfst nicht sterben! Oder sie führte mich an der Hand zu einem wundertätigen Wallfahrtsort, um für meine Gesundheit zu beten; sie opferte der Jungfrau Maria eine kleine Wachsbüste, weil ich schwach auf der Brust sei. Ich schämte mich gewaltig, daß sie für mich eine weibliche Büste opferte, es demütigte mich in meinem männlichen Stolz; überhaupt war es eine merkwürdige Wallfahrt, Mutter betete leise oder schluchzte mit starren, tränennassen Augen; ich fühlte undeutlich und qualvoll, es ging nicht nur um mich."[41]

Und Antonín Čapek? „Mit unveränderlicher Liebe behandelte er sie. Jedes kleinste Unwohlsein nahm er ernst (...), doch ihre künstlich gepflegte Hypochondrie fürchtete er wie die Hölle.“[42] Er wußte, daß es seelische Leiden waren, die seine Frau unverträglich, ja unerträglich machten, und darum studierte er Schriften von Krafft-Ebing und von Freud – ein Faktum, das von seiner Aufgeschlossenheit und überhaupt von seinem weiten Horizont zeugt. Denn Anfang des Jahrhunderts war Freud der Allgemeinheit und auch den Allgemeinmedizinern genau wie heute in der Regel nur vom Hörensagen bekannt, und das Hörensagen pflegt auch Erscheinungen, die weniger leicht banalisiert und mißverstanden werden können als die Psychoanalyse, in ein abschreckendes Zerrbild zu verwandeln oder zumindest in ein schiefes Licht zu bringen. Wie Freud in frühen Jahren, wollte Antonín Čapek der Hysterie durch Hypnose beizukommen versuchen, aber seine Frau wies das empört ab. Er als konfliktbeladener Ehepartner hätte freilich bei dem Versuch ohnehin nur ein Fiasko erleiden können.
Doch die Situation, wie sie war, kann man auch nur ein permanentes Fiasko nennen. „Der gesunde Riese hatte diese

13 Haus der Čapeks in Úpice

zarte, nervöse Frau geheiratet, die (...) nicht die Fähigkeit besaß, seine tatkräftige Helferin zu werden. Ihr Mitgefühl mit menschlichem Leiden war krankhaft und bisweilen zu laut: Es widerstrebte ihr, daß ihre Existenz und die Existenz ihrer Kinder gerade darauf gegründet waren", schreibt Helena.[43] „Der arme Vater, selbst von Natur aus ein Spartaner, hatte getan, was er konnte, indem er ein schönes weißes Haus für die Familie baute, und er merkte gar nicht, wie unmöglich man jetzt darin lebte und wohnte. Zwei große, prachtvolle Zimmer für Mutters Träumereien und gelegentliche gesellschaftliche Kontakte, diese Zimmer durften wir gar nicht betreten, und dort Staub zu wischen war eine Auszeichnung für die Tochter des Hauses."[44] Hierzu Karel: „Der Ort, vor dem ich das größte Grausen hatte, war der Salon."[45] Weiter Helena: „Das kleine Schlafzimmer diente den Eltern, zwischen ihnen schlief Karel, und es war schlimm, wenn er sich mehr an den Vater als an die Mutter schmiegte."[46]

Zumindest dieser Streit nahm ein Ende, allerdings ein schlechtes. Als Antonín Čapek seiner Frau vorwarf, daß sie ungerecht zu den beiden älteren Kindern sei, trat sie ihre Refugien ab, damit Helena und Josef gebührend Platz bekamen. Aber auch das Ehebett wurde, nicht nur symbolisch, getrennt und blieb es sieben Jahre lang, bis alle Kinder aus dem Haus waren. Das berichtete Helena, der die Mutter das später anvertraute.[47] Unterdessen bildeten die Kinder einen Puffer zwischen den Eltern – vor allem Karel. „Das ewige Schweigen bei uns war schwer. Die Mutter sprach nur mit dem Dienstmädchen und mit Karel, und der richtete uns allen, auch dem Vater, ihre Mitteilungen aus."[48] Auf diesen absurden Zustand war sie vermutlich zugesteuert. Denn „(...) der einzige von uns allen, den sie bei sich ertrug und den sie am liebsten wieder im Innern ihres Leibes gefangengenommen hätte, war Karel"[49].

Nach solchen Darstellungen könnte man versucht sein, über Božena Čapková den Stab zu brechen. Doch Helena, die freimütig über viele düstere Szenen schreibt, läßt in der „Hysterie" der Mutter das sichtbar werden, was die Hysterie bei Frauen ihrer Zeit oftmals ausdrückte: Protest gegen die Unterdrückung ihrer Wünsche und ihrer Möglichkeiten der Selbstverwirklichung. Sie zitiert aus einem Brief, den sie kurz nach ihrer Hochzeit von der damals vierzigjährigen Mutter bekam: „Mein Herz ist zu alt, und ich möchte nicht in den Flitterwochen sein, ich wäre zu ungeduldig. Aber ich möchte eine Arbeit haben, die mich körperlich und geistig ganz in Anspruch nimmt und jene große Leere ausfüllt und beseitigt. Jetzt scheint mir, daß ich meine Zeit umsonst verbringe, daß ich vielleicht doch nützlich sein könnte. Die gedankenlose Arbeit fällt mir schwer. Die Gedanken irren und irren umher und können nirgendwo Halt finden. Vielleicht werde ich mich mit der Zeit daran gewöhnen."[50] Sie gewöhnte sich nicht daran, im Gegenteil, ihre Auflehnung dauerte an und fand Wege, die zerstörerisch waren, am Ende für sie selbst.

1907 erkrankte Antonín Čapek an einer Gehirngrippe und litt unter schweren Depressionen. Während er zur Rekonvaleszenz im malerisch gelegenen mährischen Ort Bílovice bei der Tochter war, löste seine Frau die Praxis und den Hausstand in Úpice auf, denn während der Krankheit hatte er zugestanden, daß die „Schinderei" ein Ende haben solle. Sie verkaufte das Haus mit dem schönen, von ihm angelegten Garten und zog nach Prag, wo Karel studieren sollte. In der Říční ulice 11 mietete sie eine Wohnung im ersten Stock, die für sie und ihren Mann, ihre Mutter und die beiden Söhne zum Domizil werden sollte. Sicher waren es Rache und Wunscherfüllung in einem. Rache an ihrem Mann, von dem sie sich nicht gebührend geliebt fühlte und dem sie das Tätigkeitsfeld neidete, obwohl ihr gerade seine Arbeit als Arzt nicht behagte: Sie nahm ihm die Praxis, die er nach seiner Genesung hätte fortführen können, und das Haus, das gewissermaßen ein Symbol seiner Tüchtigkeit und seines Erfolges war. Und Wunscherfüllung, weil sie nun in Prag lebte, vor allem aber: bei Karel. Teilnahme am gesellschaftlichen Leben suchte sie, trotz ihrer Gier nach Leben, nur zaghaft und in bescheidenem Maße, denn in den Kreisen, die vielleicht ihrem Ehrgeiz entsprochen hätten, wäre sie sich, wie Helena berichtet, aufdringlich vorgekommen, überdies erschien ihr die Wohnung als nicht repräsentativ genug für Besuche.[51] Die finanziellen Mittel waren beschränkt. Aber sie sorgte dafür – und das war eine kluge Tat –, daß das Vermögen 1910 aufgeteilt wurde und daß Karel und Josef ihren Anteil ausgezahlt bekamen.

14 Trenčianské Teplice vor dem ersten Weltkrieg. Rechts das Haus „Poniatowski“, in dem Božena und Antonín Čapek wohnten

Fortan waren die Brüder, obwohl sie bei den Eltern wohnten, unabhängig.
Antonín Čapek widmete sich in Prag allerlei Studien, und zeitweilig arbeitete er als Kurarzt, bis 1910 in verschiedenen Luftkurorten, danach in Trenčianské Teplice in der Slowakei. Doch die finanziellen Mittel schwanden, und 1916 übernahm er eine Praxis in Trenčianské Teplice und ließ sich mit seiner Frau dort nieder. Ihr Wunsch, die Söhne im Sommer bei sich zu haben, erfüllte sich immer nur für kurze Zeit. Karel und Josef hielten sich lieber in Bílovice auf, wo ihre Schwester Helena den Sommer zu verbringen pflegte und wo sie sich mit dem Dichter Stanislav Kostka Neumann trafen, dem älteren Freund und Mentor. Die Prager Wohnung behielten die Brüder, und als Josef heiratete, fand auch seine Familie dort Unterkunft.
Božena Čapková litt unter der Trennung von Karel, der sich ihr entzog, um sich in seine literarische Arbeit zu vergraben. Sie wollte nur eines auf der Welt: „bei Karel sein, mit ihm den Ruhm genießen, sich seiner Mitteilsamkeit und seines Vertrauens erfreuen, seine Pläne kennen und sie bewundern. Doch Karel war viel zu sehr auf seine Arbeit konzentriert. Selbst den Urlaub kürzte er ab, kaum hatte er bei ihnen Station gemacht, fuhr er schon in die Tatra und wieder zurück nach Prag. Und er schrieb ihr sogar: ‚Ich brauche vor allem Ruhe, deshalb komm vorläufig nicht her' ...“[52]
Später – so berichtet Helena weiter – bereute er, daß er die Mutter mit dieser Zurückweisung verletzt und sie womöglich in die Krise getrieben hatte. Denn daß sich der Lieblingssohn von ihr zu lösen versuchte, um sein Leben zu leben, erfüllt von der schriftstellerischen Arbeit, anerkannt und berühmt, das konnte sie nicht verwinden. Wieder suchte sie Zuflucht in Krankheiten und schließlich im Morphium. Antonín Čapek kehrte mit ihr nach Prag zurück, wo sie später vorübergehend in einer psychiatrischen Anstalt untergebracht wurde. Wieder entlassen, starb sie, achtundfünfzigjährig, an einer Überdosis Morphium, das sie sich heimlich beschafft hatte.
Antonín Čapek blieb bis an sein Lebensende bei Karel in Prag, zuerst in der Říční ulice, zuletzt in Vinohrady, wo sich die Brüder Čapek ein Zwillingshaus bauen ließen, die eine Hälfte für Josef und seine Familie, die andere für Karel und seinen Vater.

Die krankhafte Liebe der Mutter konnte nicht folgenlos bleiben. Zaghaftigkeit, Hypochondrie und Minderwertigkeitsgefühle wurden schon erwähnt. Sicher muß die Schüchternheit gegenüber Frauen in diesem Zusammenhang gesehen werden. „Vor Frauen fühlte er sich (...) nicht wohl in seiner Haut, und bei aller Höflichkeit ihnen gegenüber, die sehr aufmerksam und ungekünstelt war, war er immer froh, wenn die Unterhaltung bald endete. Zumal wenn sie auf weiblicher Seite voller Neugier oder gar Bewunderung geführt wurde“, schreibt František Langer.[53] Und daß die Schauspielerin Olga Scheinpflugová, seine spätere Frau, vierzehn Jahre auf die Ehe warten mußte? Čapeks Briefe an sie widerlegen die Legende, er habe wegen seines Rückenleidens resigniert. „Diese Vorstellung blieb mir mein Leben lang: Mutter – das hat mit Kranksein und Schmerz zu tun.“[54] Hatten nicht umgekehrt Kranksein und Schmerz mit der Mutter zu tun, wenn sich die Zaghaftigkeit dahinter versteckte? Indes gab es noch einen Grund zur Resignation, zum „erotischen Pessimismus“, der übrigens auch in viele seiner Werke Eingang fand. Wie sollte eine neue Bindung glücken, wenn nicht all das von klein auf Verborgene, nicht Verwundene, Schmerzliche angerührt und gelöst wurde?

Es ist nicht schwer zu erraten, welches der Kardinalkonflikt in Čapeks Kindheit war. Karel liebte seine Mutter, nur machte sie ihm diese Liebe schwer. Neben dem romantischen, träumerischen Element, das später so große Wirkungen im Werk des Schriftstellers zeitigen sollte, gab es ihre hysterische Liebe zu Karel, von dessen großer Zukunft sie als erste felsenfest überzeugt war. Es gab Ungerechtigkeiten gegen Helena und Josef. Und es gab ihr gestörtes, zeitweise zerrüttetes Verhältnis zum elf Jahre älteren Ehemann, zu Karels geliebtem und bewundertem „Tatínek“.
Antonín Čapek verliert in diesem Licht keineswegs seinen Glanz. Gleichwohl sind Zweifel angebracht, daß es allein seine Ausstrahlung gewesen wäre, die Karels Identifizierung mit dem väterlichen Vorbild bewirkte und so tief verankerte, daß sie über Jahrzehnte hielt. Vermutlich half die hysterische Mutter unwissentlich nach. Denn je heftiger sich Karel ihrer Überspanntheiten erwehren mußte, desto

enger schloß er sich notgedrungen dem Vater an und wollte wie er sein. Darum ließ er sich auch nur zu gern von ihm an die Hand nehmen und aus dem Haus führen: in Fabriken und Werkstätten, Villen und Hütten. Wußte er sich aber mit dem Vater einig, so konnte er die überreichliche Liebe der Mutter genießen und sie zugleich auf ihn beziehen. Das schuf zumindest ein Gefühl von Eintracht, von ungefährdeter Geborgenheit.

Karels Vaterverehrung überlagerte die tiefe, aber widersprüchliche Beziehung zur Mutter. Geschützt von Hemmungen, daran zu rühren, wirkte das Drama der Kindheit jahrzehntelang fort – und die alte Identifizierung auch. Es steckt durchaus psychologische Wahrheit in František Langers Beobachtung, Čapek habe im Umgang mit dem Vater den Eindruck erweckt, als verhielte er sich wie ein Zehnjähriger zu ihm, als wäre das Verhältnis zwischen Vater und Sohn in der Kindheit ein für allemal fixiert worden.

Der Tod der Mutter konnte die Anhänglichkeit an den Vater nur verstärken. Er besiegelte 1924 jedenfalls eine Entscheidung, zu der sich Čapek schon durchgerungen hatte: den Verzicht auf eine Heirat und eine eigene Existenz, seinen Rückzug zu „kleinen Dingen“ – im Leben und Schaffen. Daß dies in eine Krise führte, ist nicht zu übersehen, wenn man sein Schaffen näher betrachtet. Von 1919 bis 1923 hatte er unter anderem zwei Romane und fünf Theaterstücke geschrieben (zwei zusammen mit Josef Čapek). Von 1924 bis 1932 entstand nicht ein einziger Roman und nur ein Theaterstück (in Zusammenarbeit mit Josef Čapek). Produktiv blieb er als Reiseschriftsteller und Erzähler, und mit den „Geschichten aus der einen und der anderen Tasche“ gelang ihm ein glänzender Erfolg. Doch etwas Gefälliges, Versöhnliches haftet den meisten Werken aus dieser Zeit an. Und jenes Phantastische – das, wie Čapek meinte, von der Mutter gekommen war – lassen sie deutlich vermissen. Statt Menschheitsfragen beschäftigten ihn eher Alltäglichkeiten, statt globaler Utopien entwarf er kleine Welten.

Gleichwohl erlahmte sein Talent nicht. Und das war vermutlich dem Journalismus zu verdanken. „Ich halte meinen Dienst bei der Zeitung für einen großen Vorteil: er zwingt mich dazu, daß ich mich für alles auf der Welt interessiere, für Politik, Ökonomie, Sport, Aktualitäten und so weiter, es ist ein ungemein breiter Kontakt mit dem Leben, der einem Menschen gut tut, welcher täglich seine sechs, acht Stunden am Schreibtisch verlebt. Ferner schätze ich am Journalismus die notwendige Schlagfertigkeit: warte nicht auf Inspiration, günstige Stimmung und andere subjektive Dispositionen; du mußt sofort schreiben und zusehen, daß du dein Bestes gibst, selbst wenn du in dem Augenblick keine Lust hast. Ja, Notwendigkeit ist etwas Schönes."[55]

Dafür gab es Vorbilder, die ihm schon als Kind vertraut geworden waren: Karel Havlíček-Borovský und Jan Neruda, Schriftsteller, die auch als Journalisten Bleibendes geleistet hatten. Im Grunde trifft zu, was man als Anekdote erzählt: „Von wem haben Sie Ihr Gewerbe übernommen?" wurde in einer Rubrik der Steuererklärung gefragt. Čapek trug ein: „Von Jan Neruda."

Beiden widmete Čapek Porträts, denn: „Für eine Nation ist es nicht nur lebenswichtig, daß sie ihre großen Männer hat; ebensosehr kommt es darauf an, was sie von ihnen auswählt, was sie aus ihnen macht." Und was hebt er hervor? Bei Havlíček-Borovský, der „in der populären Vorstellung (...) ein unerschrockener radikaler Kämpfer für seine Nation" ist, findet er eine Haltung, die, jedenfalls in seiner Beschreibung, der eigenen gleicht: „(...) auch heute ist die klare, unromantische, antiromantische kritische Haltung aktuell; das unbarocke, unpathetische, zuverlässige Tschechentum; die politische Klugheit und Vernünftigkeit des geborenen Aktivisten – ja, weitaus mehr eines Aktivisten als eines grundsätzlichen Revolutionärs; der allseitige und praktische Horizont des überaus glänzenden Publizisten, dessen Interesse mit lebendiger Selbstverständlichkeit ebenso der Literatur wie wirtschaftlichen Fragen, der Weltpolitik ebenso wie den Aufgaben der Heimat gilt; der Witz und der Scharfsinn, der westliche Rationalismus, die tschechische Spötterei, die Abneigung gegen die Phrase und die Großmäuligkeit, die offenherzige, rücksichtslose und verantwortungsbewußte Mannhaftigkeit, die souveräne Freiheit des Geistes, der sich nicht von Worten und Losungen, sondern von ehrlichen und unverschleierten Fakten leiten läßt, und schließlich sein lebendiges, präzises, kerniges Tschechisch, seine klare und gerade Art zu denken und zu sprechen (...)"

Ein Porträt, das stellenweise wie ein Selbstporträt anmutet, ist auch die Würdigung Jan Nerudas, bei dessen Namen wir „zuerst an die ‚Kleinseitner Geschichten' und an die hingebungsvolle Beziehung zur Mutter" denken: „(...) seine wöchentlichen Feuilletons steckten immer so voll von Erudition, sprachen von den Beziehungen zu allen möglichen Kulturen, von Kenntnissen wer weiß welcher Weltenden und Zeiten, daß sich hier auch im Kleinsten und mitunter selbst im Allerkleinsten unaufhörlich das Erlebnis eines Weltbürgers ausdrückt. Sein Privatleben hatte, wie Zeitgenossen überliefern, ein Niveau und Formen, die das in Prag Gewohnte überschritten; auch in seiner Junggesellenwirtschaft versuchte er irgendwie weltläufig zu leben. War übrigens nicht auch seine Einsamkeit so etwas wie eine instinktive Flucht vor Domestizierung? (...) Er empfindet das Bedürfnis, möglichst viel Welt vor Augen zu haben, um daraus sein Vaterland, sein Tschechentum, die süßen Grenzen der Heimat herauszuschälen. Er kehrt zurück in seine Heimat, nachdem er sie mit der Welt verglichen hat; das ist Nerudas Lokalpatriotismus, der sich fortwährend auf dem Umweg über das Weltbürgerliche einstellt. Es ist nicht Heimkehr, sondern ein wunderbares und unablässig erneuertes Finden der Heimat. Und ein ewig lebendiges Beispiel für die Angehörigen eines kleinen Volkes: weder hinterm Ofen zu hocken noch kleinmütig und eilfertig das zu Hause zu imitieren, was wir anderswo gesehen haben, sondern durch das Sehen und Erkennen der Welt im Fühlen und Denken zur eigenen Heimat vorzudringen (...)"[56]

Čapek hatte, bevor er den Roman „Ein gewöhnliches Leben" schrieb, ein Bild seiner Eltern gegeben, das von der Wirklichkeit, der fortwährenden Disharmonie zwischen ihnen und den bedrückenden, für die Kinder unerträglichen Szenen, nichts ahnen ließ. Keinen seiner Biographen hat es stutzig gemacht, daß sich der erklärte Wahrheitssucher so über die Wahrheit hinwegsetzte. Dabei hätte dies um so mehr zu denken geben müssen, als er im gleichen Atemzug und unter Bezug auf dieses verklärte Bild im Jahre 1932 sein Credo formulierte. Ein Credo, das, wenn überhaupt, allenfalls für die Zeit zwischen 1924 und 1932 galt, also während einer Art Schaffenskrise. In den früheren und produk-

tiveren Jahren hatte es kaum Gültigkeit, schon gar nicht in den späteren Jahren, zur Zeit des antifaschistischen Engagements.
Mit persönlichen Rücksichten ist die Sache nicht zu erklären. Wäre ihm die Wahrheit aus Takt für die Öffentlichkeit nicht zuträglich erschienen, so hätte er das heikle Thema meiden können. Daß er aber ausführlich dabei verweilte, ein schönes Bild vom Elternhaus malte und gar sein Credo darauf gründete, läßt nur den Schluß zu, daß er sich keiner Verzerrung der Wirklichkeit bewußt war. Diese Verklärung gehörte damals zu ihm, war in sein Selbstverständnis eingegangen. Obwohl er Helenas ungeschminkte Darstellung kannte und gelten ließ, hatte er eine andere, eigene Wahrheit vor Augen, die für ihn die tiefere war: sein Wunschbild von den Eltern, das er in sich verankert wußte und das in seinem Leben so viel bewirkt hatte. Je deutlicher die Wirkungen eines Ideals, desto größer seine Glaubhaftigkeit.

In den frühen dreißiger Jahren begann sich Čapeks Selbstverständnis zu wandeln. Zum Beispiel der Roman „Der Krieg mit den Molchen“ (1935), die Dramen „Die weiße Krankheit“ (1937) und „Die Mutter“ (1938) zeigen, daß er nicht mehr seine Aufgabe darin sah, nach Art eines Landarztes zu wirken. Die Folgen der Weltwirtschaftskrise, dann der spanische Bürgerkrieg und schließlich die Bedrohung der Tschechoslowakischen Republik durch Hitlerdeutschland zwangen ihn, Stellung zu nehmen, wie er es früher vermieden hatte: zu urteilen und zu verurteilen.
Zunächst aber setzte er sich mit sich selbst auseinander, indem er philosophische Prosa schrieb: die noetische Trilogie (1932–1934). Eines der wiederkehrenden autobiographischen Motive ist die Auseinandersetzung mit dem Vater. Im zweiten Teil, dem Roman „Der Meteor“, bildet es geradezu einen Angelpunkt. Den Unbekannten, dessen Schicksal enträtselt werden soll, hat die Auflehnung gegen den Vater in ein abenteuerliches Leben geführt. Während dies rein aus der Phantasie entwickelt wurde, bot Čapek im dritten Teil, dem Roman „Ein gewöhnliches Leben“, ziemlich unverhohlen Erinnerungen aus der eigenen Kindheit: Erzählt wird vom Vater, der sehr wohl stark und bewundernswert ist, jedoch den hysterischen Eskapaden seiner Frau

hilflos gegenübersteht, der sehr wohl gern und emsig arbeitet, in der Arbeit aber auch erbittert Zuflucht sucht vor Anklagen und Vorwürfen. Die romantisch veranlagte Frau ist eine ungemein besorgte Mutter, doch ihre übertriebene Fürsorge züchtet in ihrem Sohn Zaghaftigkeit gegenüber dem Leben, Hypochondrie ...
Das entidealisierte Bild vom eigenen Vater konnte Čapek offensichtlich nur geben, weil er die Scheu zurückgedrängt hatte, sich auch ein realeres Bild von der Mutter zu vergegenwärtigen und es in eine Romanfigur einzuarbeiten. Bemerkenswert ist, daß er seine Verhaltenheit bei der Menschengestaltung überhaupt ablegte. Bisher war sie gewöhnlich zugunsten der Fabel oder der Idee vernachlässigt worden, die Helden hatten vorrangig zur Veranschaulichung von Problemen oder als Ideenträger gedient. In der Trilogie aber gestaltete er Charaktere und Schicksale tiefgründiger als je zuvor und eigenständiger gegenüber philosophischen Motiven, obwohl diese nach wie vor eine Rolle spielten. Beispielsweise pries Andrej Platonow „Hordubal", ohne die noetischen Intentionen wahrzunehmen.[57] Doch sie zeichnen auch diesen, den ersten Roman der Trilogie aus, denn seit jeher pflegte Čapek selbst die verhülltesten Spiegelungen seines Lebens philosophisch zu überhöhen.

1922 schrieb Čapek: „In meiner gesamten Arbeit wiederhole ich bis zum Überdruß zwei teils moralische, teils noetische Themen. Das erste ist Pilatus' negatives ‚Was ist wahr?' Das zweite ist das positive ‚Jeder hat recht'."[58] Letzteres entspringt der Philosophie des Relativismus, von der er im selben Jahr schrieb, sie sei für ihn „der einzige Weg, wie man den Menschen lieben kann, wenn unser Glaube an die Menschheit sinkt; wie man die Wahrheitssuche lieben kann, wenn man die Wahrheit nicht zu finden vermag, wie man die schändlichste Skepsis mit naivem und wirksamem Vertrauen verbinden kann"[59].
Was haben die beiden Themen miteinander zu tun? Wieso ist das eine negativ, das andere positiv? Und vor allem: Wie verhält es sich mit dem Widerspruch zwischen ihnen? Die Frage, was wahr sei, setzt ja voraus, daß es neben Wahrem auch Unwahres gibt, daß man recht oder unrecht haben kann. Wenn aber jeder recht hat, erübrigt sie sich, dann ver-

heißt sie weder Erkenntnis noch eine moralische Folgerung.

„Wer hat recht?" fragt sich der Beobachter eines Streites, und wenn er den streitenden Parteien nicht unrecht tun oder wenn er gar zwischen ihnen vermitteln will, antwortet er: „Jeder hat seine Wahrheit, jeder hat auf seine Weise recht." So ungefähr – aber natürlich weniger intellektuell und stärker gefühlsmäßig – begegnete Čapek als Kind dem Zerwürfnis der Eltern. Wer hat recht, der große, starke, Ruhe ausstrahlende Vater, der dich zu Entdeckungen in die Welt führt, oder die zärtliche, nervöse, besorgte Mutter, die dir in ihren Umarmungen Schutz bietet? Die beunruhigende Frage, die für einen der Streitenden, für die Mutter, negativ hätte beantwortet werden müssen, stellte sich immer aufs neue. Und es gab immer nur die beruhigende, für alle positive Antwort: Beide haben recht. Beide müssen recht haben! Eine andere Antwort wäre katastrophal gewesen. Es war der einzige Weg für das Kind, die Mutter zu lieben, obwohl Zweifel nagten, Erkenntnis zu suchen, sich aber vor der Wahrheit zu schützen.

Selbstverständlich läßt sich diese Lösung des kardinalen Konflikts in Čapeks Kindheit nicht mit seiner späteren Neigung zum philosophischen Relativismus gleichsetzen. Zusammenhänge aber kann man nicht übersehen, wenn man das Herkommen der Persönlichkeit anders betrachtet, als er selbst es darstellte. Die frühen Eindrücke und Erfahrungen waren – verwoben mit der Erinnerung an die heimatlichen Gefilde – nicht auszulöschen. Heimat „ist keine geographische Gegend"[60].

„Die Heimat ist das Land der Kindheit, das Land der ersten und darum auch stärksten Eindrücke, Entdeckungen und Erkenntnisse. Man braucht nicht dorthin zurückzukehren, denn eigentlich hört man nicht auf, dort zu leben, wo immer man sein mag. Die Heimat ist wie die Muttersprache; auch wenn jemand eine andere Sprache spricht oder schreibt, hört er doch nicht auf, in der Sprache seiner Kindheit zu denken und zu träumen. Das ist nicht Einfluß, sondern etwas Ursprünglicheres und Stärkeres: das ist ein Stück der eigenen Seele und Persönlichkeit."[61]

1978 wurden die Briefe veröffentlicht, die der fünfzehnjährige Karel Čapek an Anielka (oder Anda) alias Anna Nepeřená, die vierzehnjährige Tochter eines Musiklehrers in Hradec Králové, geschrieben hatte. Erwähnt wurden sie bereits 1962 in den Čapek-Monographien von Halina Janaszek-Ivaničková und William E. Harkins.[62] 1968 berichtete Oleg Malewitsch, es seien achtzehn Briefe, von März bis Oktober 1905 datiert, die sich im Besitz der Adressatin befänden.[63] Er brachte ein paar Zitate daraus, und dabei blieb es zehn Jahre lang. Denn Anielka zögerte, sie zu Lebzeiten zu veröffentlichen, obwohl sie Miroslav Halík, der Čapeks Werke herausgab und den Nachlaß verwaltete, schon die Zustimmung erteilt und sogar Fotokopien der Briefe überlassen hatte.[64] 1975 starb sie. Drei Jahre später, vierzig Jahre nach Čapeks Tod, erschien eine bibliophile Ausgabe der Briefe, 144 Seiten im Format 70 mal 70 Millimeter.[65]

„Diese meine Briefe! Mir scheint, ich habe da furchtbare, lächerliche Dummheiten geschrieben (...) Ich schrieb sie immer in so einer Ekstase und in einem Taumel, in dem man die Gedanken nicht kontrollieren kann – ich dachte überhaupt nicht, ich fühlte nur verschwommen etwas und warf es aufs Papier. Mir scheint, die Briefe waren gar zu armselig“, schrieb Čapek am 23. Juni 1905 an Anielka. Und vorher, am 28. April: „Und ich bitte Sie um noch etwas: Lesen Sie noch einmal meine Briefe der Reihe nach vom ersten bis zum letzten; ich weiß, sie sind armselig und vielleicht komisch und naiv – aber lesen Sie sie diesmal ohne Vorurteil, und Sie werden meine ganze Entwicklung fühlen, mancherlei wird mein einstiges Verhalten akzentuieren, und manches wird Ihnen viel erzählen und erklären.“
Tatsächlich muten einige Briefstellen komisch an, zumal wenn man sich die Jugend und Naivität des Schreibers vor Augen führt. Das gilt besonders für den ersten, undatierten Brief mit seinem umständlichen Ernst; andererseits liest er sich wie die Exposition eines Briefromans: „In einem Augenblick der Enttäuschung (...) kam mir ein kühner Gedanke (...) Soweit ich Sie kenne (...), sind Sie eine unge-

wöhnlich gebildete und moderne Frau; ich weiß, daß Sie nach Höherem streben (...), und deshalb stehen Sie in meinen Augen weit über unseren banalen, niedrig koketten Mädchen. Ich bezweifle, daß Sie unter ihnen (...) eine Seele gefunden haben (...), mit der Sie meditieren und philosophieren oder, wie man so sagt, Meinungen austauschen könnten (...) Sie leben natürlich im Kreis Ihrer Lieben (...), doch außerhalb dieses Kreises gibt es Legionen von Menschen, die das, was Ihnen heilig ist, entweder gleichgültig oder mit ironischem Lächeln betrachten (...) Sie kennen das Leben nicht und können es nicht kennen, weil Sie keinen Zugang dazu haben, (...) und schuld ist die weibliche Erziehung (...) Zweck der Emanzipation der Frauen ist eine Annäherung an das ihnen ferne Leben, das die ungeheuren Massen der Menschheit leben, die Intelligenz, die Arbeiterschaft, das Proletariat (...) Ich bin ein Mensch, der das Leben kennt, der ein Atom davon ist – und der das zu finden weiß, was sich darin verbirgt (...) Ich schlage Ihnen vor, daß ich Ihnen unbekannterweise schreiben und auf Antwort hoffen darf, daß ich Ihnen unbekannterweise die jugendlichen Meditationen und Träume sagen und von Ihnen ähnliche Aufrichtigkeit erwarten darf."
Der Schreiber vergaß sogar, eine Briefmarke aufzukleben. Vor allem plagten ihn hinterher Befürchtungen, sein Ansinnen werde mißverstanden. So ließ er einen erklärenden Brief folgen, und zwar, wie er im Postskriptum mitteilte: „Geschrieben in größter Hast im Griechischunterricht, am 21. 3. 1905." „Erst jetzt erinnere ich mich, daß ich in meiner fatalen Zerstreutheit meinen letzten Brief zu frankieren vergaß. Und mir fällt ein, daß Sie das unselige Schreiben – weil Sie es vielleicht für einen Bubenstreich hielten – womöglich gar nicht entgegengenommen haben. Ich halte den Vorschlag, den ich in jenem Brief gemacht habe, für ziemlich wichtig, und deshalb erlaube ich mir, ihn zu wiederholen (...)"

Die Griechischstunden boten offenbar Muße zum Briefeschreiben, zumindest zeigte der Gymnasiast, wie beschäftigt er war. „Scriptum im Griechischunterricht am 19. Januar" (1905) stand über einem ausführlichen Bericht, den er seiner Schwester und ihrem Mann nach Brno schickte.

15 Hradec Králové, Malé náměstí 117 (heute Husovo)

„Meine Lieben! Ich bin in letzter Zeit so beschäftigt, daß mir für einen Brief keine Zeit bleibt, erst jetzt unter allerdings recht ungünstigen Umständen."[66]

Der Brief deutet darauf hin, daß Karel eigene Wege zu gehen begann, zum Kummer seiner Großmutter, die von den Eltern als Betreuerin nach Hradec Králové mitgeschickt worden war. Im ersten Stock des Hauses Nr. 117 am Malé náměstí (heute Husovo náměstí) hatte Helena Novotná eine kleine Wohnung gemietet, und dort wohnte sie mit dem Enkel, solange er das Gymnasium in Hradec Králové besuchte – von 1901 bis 1905. Sie widmete sich ihrer Aufgabe liebevoll, mitunter wohl auch übereifrig, wie die folgende Episode zeigt. Einmal, zur Fastnachtszeit, bewirtete sie Karel reichlich mit Krapfen. Kurz darauf bekam er Gelbsucht – von dem fetten Schmaus, so meinte sie. Auf Anraten der Nachbarinnen wollte sie ihn nach dem Grundsatz kurieren: Was krank macht, macht auch wieder gesund. Doch der Kranke weigerte sich, noch mehr Krapfen zu essen, und verfärbte sich zusehends. Von Angst gepackt, bereitete die Großmutter heißes Wasser, und Karel mußte sich einer Pferdekur unterziehen: Ein heißes Bad sollte die gelbe Farbe austreiben. Der Erfolg ließ nicht auf sich warten: Er wurde blaß und blässer …[67]

Helena Čapková[68] meinte zwar: „Ohne ihren Humor und ihren Optimismus wäre er wohl durch die ewigen Konflikte der Jugend zu einer Pubertät voller Schmerzen verurteilt gewesen; an ihrer Seite bewahrte er sich die glückliche Kindheit viel länger"; doch das trifft wohl nur auf die ersten Jahre zu. Denn in dem Brief aus dem Jahre 1905, geschrieben „im Griechischunterricht am 19. Januar", hieß es: „… aber in neuester Zeit haben sich die Umstände wesentlich verändert. Nun fühle ich mich nicht mehr so eingeengt bei der Großmutter: Ich habe mich der Fesseln entledigt, die ‚Rücksichten auf die Großmutter' heißen, und wir leben so nebeneinander, beide selbständig und fast fremd zueinander. So ist es ganz erträglich."

So fremd zueinander waren sie allerdings doch nicht. Am 15. Juni 1905 schrieb er an Anielka: „Bisher habe ich hier bei meiner Großmutter gewohnt, einer guten, lieben, lauteren alten Frau, und heute ist sie weggezogen. So fremd kommt es mir jetzt vor in unserem Zimmer mit den paar geborgten Möbeln, jetzt ist es hier so leer, still und wirklich traurig. Die Großmutter fehlt mir." Selbst von seinen Liebesbriefen wußte sie, wie er verrät, und sie hatte auch nicht mit nachsichtig gütigem Rat gespart. Und: „Wenn sie in letzter Zeit meine Traurigkeit gewahrte, obwohl ich mich verstellte, da sagte sie oft: ‚Nicht wahr, sie will dich nicht … Sie hat einen anderen …'"

Nicht nur gegenüber der Schwester und dem Schwager erwähnte er die „Nervosität“, die ihm zu schaffen machte. In dem Brief vom 24. März 1905 offenbarte er sich Anielka „als ein mimosenhafter Mensch, mit einer nervös-empfindlichen Seele“. Kurze Zeit später (ohne Datum): „In der vorigen Woche war ich krank, hatte eine nervliche Verstörung, meine alte Krankheit.“ Auch später pflegte er in intimen Briefen – an Olga Scheinpflugová und Věra Hrůzová – über Unwohlsein und Krankheiten zu informieren, meistens selbstironisch, aber doch mit ernsthafter Ausführlichkeit. Nie wieder aber gab er so bittere, mitunter klägliche Selbsteinschätzungen wie in manchen Briefen an Anielka. Am 26. März 1905: „Ich bin so ein seltsamer Mensch, überempfindlich wie ein krankes Kind, ein armseliger neurotischer Junge, der nach irgendeiner seelischen Überlastung womöglich wahnsinnig wird, mit kranken und schwachen Nerven und mit Gefühlen, die der Verstand nicht regulieren kann.“
Verschwunden war die altkluge Geste des ersten Briefes: „Ich bin ein Mensch, der das Leben kennt ...“ Statt dessen drang die Unsicherheit durch, verstärkt wohl durch die Umstände, die zum Verlassen des Gymnasiums in Hradec Králové und zum Umzug nach Brno führten. Am 23. Juni 1905, noch in Hradec Králové, schrieb er an Anielka: „Ich weiß nicht, warum, aber ich habe das unbestimmte Gefühl, daß ich Ihnen schrecklich lächerlich vorkomme. Ich habe gefühlt – ich weiß nicht, wodurch –, daß Sie auch über meinen letzten Brief von Herzen gelacht haben. Und das Bittere ist, ich weiß nicht, warum. Gewiß, ich kenne einige nicht gerade schmeichelhafte Urteile über mich, und zwar aus dem Mund von Damen: daß ich nicht hübsch bin, rot wie ein Ziegelstein, daß ich Pferdeaugen habe, mich nicht zu kämmen verstehe, daß ich ein etwas blödes Gesicht habe, daß ich widerwärtig bin, ein schlechter Gesellschafter, daß ich verrückt bin, einen Klaps habe; es sind Dinge, die ich selbst von mir nicht weiß, aber die sicherlich jemand an mir entdeckt hat. Und das, frage ich, das genügt schon, damit ich für immer zur Lächerlichkeit verurteilt bin?“ Im nächsten Brief (ohne Datum, zu Anielkas Namenstag, dem 26. Juli) klingt das noch selbstquälerischer: „Anielka, ich danke Ihnen für die Aufrichtigkeit. Sie schreiben, daß ich

Ihnen nicht widerwärtig bin, auch nicht lächerlich. Und dennoch, mit meinem eckigen Kopf und dem zerzausten Haar, den vorquellenden Augen, dem roten Gesicht und den Negerlippen und dem gebeugten Nacken usw. mache ich, wie ich nur zu gut weiß, einen geradezu peinlichen und armseligen Eindruck."

Unsicherheit, Selbstzweifel sind ein häufiges Thema in seinen Briefen an Anielka. Nachdem er sich einmal überwunden hatte, ihr seine Absichten, Gedanken und Gefühlsergüsse mitzuteilen, beunruhigte ihn der Mitteilungsdrang. Am 28. April 1905: „Ich weiß selbst nicht, warum ich Ihnen schreibe. Es liegt wer weiß was darin, nur nicht gesunde und logische Überlegung – vielleicht ist es die krankhafte Laune eines nunmehr wirklich kranken Menschen. Alle möglichen Fakten und auch Probleme haben mich jetzt furchtbar aufgewühlt und mir die Brust zerrissen, und mir scheint, ich habe einen schweren Herzfehler (...)" Abgesehen von der Pubertät zeigte hier die zunehmende Selbständigkeit Schattenseiten. Je mutiger er die Obhut seiner Großmutter verließ, sich der Bevormundung entzog, eigene Wege ging – gar als Mitglied eines politischen Zirkels! –, und je mehr er mit den Eltern darüber zu streiten wagte, desto heftiger plagte ihn, den von klein auf Wohlbehüteten, das Gewissen. Und er reagierte darauf, wie er es von klein auf gewohnt war. Am 26. März 1905: „... wie ein krankes Kind möchte ich meinen fiebrigen Kopf in jemandes Schoß legen und mich ausweinen."

Wie ein krankes Kind war er von der Mutter, solange er denken konnte, gehätschelt worden. Sie hatte ihn zu einem neurotischen Jungen gemacht. Natürlich konnte er nur ahnen, woher sein Dilemma rührte. Am 15. Juni 1905 schrieb er an Anielka: Die Großmutter „mußte zu meiner Mutter: diese leidet an einer furchtbaren Nervosität und hat die Schwindsucht (und ich schlage ganz nach ihr, somit sehe ich, wohin ich gelangen werde!)".

Tatsächlich fühlte er sich seelisch krank, mehr noch: seelisch deformiert. Im selben Brief: „Glauben Sie mir, die Traurigkeit in meinen Briefen ist weder fingiert, noch ist es der Weltschmerz der Jugend. Die Tragik ist größer, als Sie, Anielka, es ahnen und verstehen können. Ihre Seele und Ihr Herz sind gesund, ich aber bin ein lebensunfähiger

Krüppel. Das können Sie nicht verstehen. Schauen Sie, Sie sind jung. Sie können jung sein. (...) Sie können die Jugendzeit schön und gut genießen. Ich aber bin niemals jung gewesen und werde es nicht sein, weil ich ein Krüppel und ein Narr und ein armseliger Mensch bin."

Als schüchterner Junge erscheint Karel in den Erinnerungen seines Schulkameraden Emil Vachek.[69] Mit Karel konnte man, berichtet er, stundenlang auf den Wiesen am linken Ufer der Orlice herumlaufen und reden und dabei der Musik lauschen, die vom nahen Offizierspark herüberscholl, doch zum Fußballspielen mit anderen Jungen ließ er sich nicht bewegen.
František Langer beschreibt Hemmungen, die Čapek Jahrzehnte später hatte: „Ein wenig verlegen war er gegenüber Kindern. Er wußte ihnen zwar etwas zu erzählen, was sie interessierte, doch bei weitem nicht mit jener Lust, mit der er sie kindlich ansprach, wenn er für sie schrieb. Er atmete auf, wenn das Kind wieder fort war, als hätte es ihm in den Blumen herumgetrampelt."[70]

Erstaunlich unverblümt drückte Čapek aus, was ihm Anielka bedeutete und was er von ihr wollte. Statt einer Huldigung gab er ihr am 24. März 1905 diese Erläuterung: „In Ihnen personifiziere ich die Ideale, die ich mir von der Frau geschaffen habe; ich weiß nicht, ob Sie so sind, aber ich glaube es." Und anstatt um ein Stelldichein zu bitten, hatte er im ersten Brief erklärt, er wolle ihr künftig „unbekannterweise" schreiben und „Meditationen und Träume" mitteilen. Am 6. April malte er ihr aus, wie edel und nützlich das wäre, was er vorschlug: „so eine absolute Aufrichtigkeit, die nie zögert, etwas auszusprechen (das setzt allerdings eine seelische Freundschaft voraus), und dann ein wechselseitiges Sich-Ergänzen, sozusagen ein Eröffnen neuer Horizonte – oh, das wäre schön!". Am 24. März dazu hoffnungsvolle Worte: „(...) daß wir einander ergänzen und zum Teil vielleicht auch bilden können. Glauben Sie mir, wir können davon beide sehr viel profitieren." Tiefer geht die Erklärung im selben Brief: „Ich habe in Ihnen die Basis gesucht, auf der ich meine Illusionen bauen, auf die ich meine Kraft gründen könnte. Von Ihnen habe ich jene Wärme und je-

16 Karel Čapek mit fünfzehn Jahren

nes Licht erwartet, um für die Welt zu arbeiten. Ich habe eine große Begeisterung für jene Arbeit, ich sehne mich danach, zu arbeiten, und vielleicht fehlt es mir auch nicht an Kraft – aber das Leben hat mir bisher nicht jene Stütze gegeben. Und ohne sie ist mir die Arbeit unmöglich." Beharr-

lich wünschte er Briefwechsel mit ihr, drängte und flehte. Am 6. April: „Unsere Korrespondenz – immer noch kann ich diesen Gedanken nicht loswerden, in den ich verliebt bin."
Was das Verliebtsein betraf, schrieb er am 15. Mai kleinmütig, aber offen: „Ich weiß nicht, ob ich liebe, darüber nachzudenken fürchte ich mich. Ich weiß nur, daß ich allein bin und mich dem anpasse." Mehrmals tritt seine Selbsteinschätzung hervor, er, der Fünfzehnjährige, sei „zu alt" oder „zu schwach", Glück zu genießen, es überhaupt zu empfinden – und zu wollen. „War das ein Glück, als ich Ihre Antwort erhielt", schrieb er am 26. März 1905: „Ich hatte einen Fetisch aus Ihrer Hand. Aber das Glück war zu gering und zu problematisch (...) es ist fast, als läge ein Fluch auf mir: Ich bin doch jung wie die anderen, will jugendlich leben wie die anderen (...), das ist vielleicht verflucht, daß ich nicht mal glücklich zu sein vermag (...) Nehmen Sie mir nicht meinen Gedanken der Korrespondenz, in den ich verliebt bin. Ich will nicht die Realisierung meiner Liebe, nur so eine geistige Bekanntschaft – mein Gott, es wäre doch so schön und rein, wie Dantes Liebe zu Beatrice. Nehmen Sie mir nicht diesen Gedanken!"
„Ich will nicht viel, und doch verlange ich vielleicht allzu viel", hatte er am 24. März 1905 geschrieben. Dazu am 15. Juni: „Nicht so, wie andere lieben, denn jeder andere hofft, daß er Liebe gewinnt, doch ich weiß, daß ich nichts gewinne, aber auch nichts verliere, ich kann nicht."
Im Brief vom 28. April 1905 schilderte er, was ihm vorschwebte: „Ich habe eine Erzählung von Gorki[71] gelesen, da läßt sich so ein Mädchen (...) Briefe schreiben und gibt sie als die Briefe ihres Liebsten aus, obwohl sie gar keinen hat, und sie läßt sich andere schreiben, die sie als ihre eigenen Briefe ausgibt. An dieser bewußten Täuschung hält sie beharrlich fest und findet allein darin Glück – die arme, von der Welt verstoßene, von niemandem geliebte Frau lügt sich selbst eine schöne Lüge von der Liebe vor (...) gönnen Sie auch mir die Möglichkeit solch einer schönen Lüge von der Liebe, eine Autosuggestion (...) Und vielleicht werde ich es glauben und sehr glücklich sein, während ich in Wahrheit das Glück nicht gefunden habe. Also: Erlauben Sie mir manchmal, ganz selten, daß ich Ihnen solch einen

sanften Brief über die allersanfteste Seele und das Herz meiner fiktiven Liebsten Anielka schreibe – oder erlauben Sie mir auch das nicht?"
Größer als der Wunsch nach Anlehnung war sein Bedürfnis, sich auszusprechen. Vielmehr: von sich zu schreiben. Doch die „fiktive Liebste", die er als Adressatin brauchte, wollte den Briefwechsel nicht. Wahrscheinlich schreckten sie die ungewöhnlichen Gefühlsäußerungen, vielleicht – die eigentümlichen Ansprüche.
Mitte Juli 1905 verließ Čapek Hradec Králové.
„Anda, es tut mir leid", schrieb er (ohne Datum, zu Anielkas Namenstag, dem 26. Juli), „es tut mir schrecklich leid um das schöne, nicht zu Ende geträumte Märchen, das für mich nicht Wirklichkeit werden konnte (...)"

„Was jene unglückliche Liebe betrifft, auch das hat sich geändert. Die erste Liebe, die ist aus. Und zwar seit dem 5. Januar anno 1905", hatte er seiner Schwester und seinem Schwager in dem erwähnten Brief vom 19. Januar mitgeteilt. (Es handelte sich jedoch nicht um Anna Nepeřená, Anielka genannt nach der Heldin des Romans „Ohne Dogma" von Sienkiewicz. In ihr fand er erst kurze Zeit später eine Adressatin für vertrauliche Briefe.) „Meine vergötterte Mařenka erwies sich als ein ganz gewöhnliches, seichtes, doch in gewissen Dingen überaus ‚durchtriebenes' Mädchen. Ich bin froh, sehr froh, daß ich Kraft genug gehabt habe, Schluß zu machen. Jetzt ist mir leichter, denn meine erste Liebe war nichts anderes als eine endlose Kette von Qualen."[72]
Mařenka – das war Marie Svatoňová. Čapeks Briefe an sie sind verlorengegangen. Vielleicht hätten sie ebensoviel zur Biographie beisteuern können wie die Briefe an Anielka, die er zur Zeit seiner heftigsten jugendlichen Wunschträume schrieb.

„Karel ist erfüllt von der Politik, ist geladen mit Anarchismus und Sozialismus und schleudert das wild und leidenschaftlich heraus", schrieb die beunruhigte Mutter an Helena.[73]
In Karels Brief vom 19. Januar 1905 an Helena und ihren Mann, den Rechtsanwalt und Politiker Dr. Koželuha, hört sich das alles weitaus harmloser an. „Es gibt Umstände, die

mir das Leben hier sehr sympathisch machen. Und das ist die große, schöne Bewegung der Schüler in der letzten Zeit. Gerade jetzt gibt es ein mächtiges Erwachen in Hradec Králové. Um es kurz zu sagen: Hier erscheint monatlich eine hektographierte Schülerzeitschrift, natürlich geheim (obwohl es ein recht offenes Geheimnis ist), und die Schüler haben einen Bildungszirkel gegründet, natürlich ebenfalls geheim. Der Zirkel hat natürlich schöne und edle Ziele, doch es ist sehr leicht möglich, daß er sich unfreiwillig auflöst. Durch einen eigenartigen, höchst eigenartigen Zufall hat es sich ergeben, daß dem Komitee auch Freund Čapek angehört. Es ist ein ziemlich großer Zirkel, er hat etwa fünfzig Mitglieder aus allen Instituten, auch einen Juristen, Vorsitzender ist ein Oktavaner. Der Zweck ist die allgemeine Bildung, vor allem in Literatur, Politik, Kunst, modernen Wissenschaften u. a.; der Zirkel ist nicht anarchistisch – kurz, es ist eine sehr sympathische Bewegung, zumindest für mich, und ich denke, auch für dich, Doktor. Ich widme mich ihr mit Begeisterung, es ist eine Umgebung für mich, so lebe ich gern. Solch ein bewegtes und nicht leeres Leben gefällt mir; und das Bewußtsein einer gewissen Wichtigkeit, das Bewußtsein, daß man doch nicht so alltäglich und sinnlos lebt – das hat mir früher gefehlt, darum fühlte ich mich in Hradec Králové beengt. Aber jetzt lebe ich dieses Leben mit Vergnügen und gern."

Offensichtlich war es mit der Konspiration nicht weit her, und gewiß wuchs das „Bewußtsein einer gewissen Wichtigkeit" vor allem durch den jugendlich romantischen Charakter der „Mansarda", des geheimen Schülerzirkels in Hradec Králové, dem Karel sich angeschlossen hatte. Dennoch verdienten die vermutlichen politischen Bestrebungen zumindest Beachtung. Und Karels Eltern waren nicht ohne Grund besorgt, denn sie dachten an den Omladinaprozeß von 1894, in dem die Verbrüderung von Studenten und jungen Arbeitern als Hochverrat geahndet worden war.[74] Gerade 1905 mehrten sich Arbeiterunruhen und Streiks, und die Polizeiaufsicht wurde verschärft. Die politischen Ansichten und Urteile des Fünfzehnjährigen waren radikal. Wie leicht, so fürchteten die Eltern, könnte sich der entflammte Jüngling in ein Abenteuer verwickeln. Noch näher lag die Möglichkeit, daß jemand den mißliebigen Zirkel bei der k.

17 Auf dem Gymnasium in Hradec Králové (Čapek in der mittleren Reihe zweiter von links)

u. k. Obrigkeit anzeigte, und dann drohte ein Verweis vom Gymnasium. „Wäre damals eine Revolution ausgebrochen, mit dem Ziel der Weltverbesserung", schrieb Karel Čapek später, „ich hätte voller Begeisterung und ohne zu zögern daran teilgenommen."[75]

Eine Zeitlang hielt sich Helena Čapková bei ihrem Bruder Karel und der Großmutter in Hradec Králové auf. Eines Tages – nach ihrer Darstellung müßte es Ende 1903 gewesen sein – sagte ihr Karel: „(...) wir wollen einen geheimen Zirkel fürs ganze Gymnasium gründen. Und ausgerechnet ich leite das, obwohl auch Oktavaner dabei sind. Nach den Ferien werden wir eine Monatsschrift herausgeben, und alle wollen, daß ich der Redakteur bin. Ich bereite schon ein paar Beiträge und Gedichte vor (...)"[76]
Doch in jenem Brief vom 19. Januar 1905 schrieb Karel, früher hätten ihm derlei Aktivitäten gefehlt. Und Hinweise finden sich lediglich dafür, daß er im Herbst 1904 in den geheimen Schülerzirkel „Mansarda" eingetreten ist. Offensichtlich hat Helena Čapková mit ihrer Methode, Erlebtes in Form von Dialogen darzubieten, aus einer ungefähren, undatierten Erinnerung zuviel hergemacht. Überhaupt bergen die Aussagen von Zeitgenossen mitunter Widersprüche, und es ist schwer zu kontrollieren, ob sie neue Standpunkte und Fakten beisteuern oder ob wir anhand verschwommener, verklärter Erinnerungen zu neuen Irrtümern gelangen. Manche Details lassen sich nicht – oder nicht mehr – klären.
Malewitsch erwähnt,[77] daß er die Erinnerungen an Čapeks Mitschüler Jan Marušiak aufgezeichnet habe und weitere Spuren suche, auf denen wir mehr über Čapeks Aufenthalt in Hradec Králové erfahren könnten. Als besonders wichtig für jenen Zeitraum betrachtet er Čapeks Freundschaft mit Otto Sommer. Solchen Nachforschungen ist so manches Mosaiksteinchen zu verdanken, zum Beispiel die Schilderung, die Čapeks ehemaliger Mitschüler Antonín Pechan gab: „Schon von der Prima des Gymnasiums an zeigte Čapek so einen eigenartigen, eher ernsten als fröhlichen Charakter, es war, als dächte er ständig über etwas nach. Charakteristisch war auch seine steile Schrift, sie hatte, finde ich, etwas von Zerstreutheit an sich. Seine Ausdrucksweise

war anders als die der anderen Mitschüler, nicht schuljungenhaft naiv. In allen Fächern gab er sehr präzise Antworten, ich erinnere mich nicht, daß er irgendwann unvorbereitet gewesen wäre. Er saß eine Zeitlang in der Bank hinter mir. Besonders haftengeblieben ist in meinem Gedächtnis eine Begebenheit in der Sekunda, sie ist in gewisser Hinsicht kennzeichnend für den künftigen Autor von ‚Aus dem Leben der Insekten'. Als Hausaufgabe in Tschechisch hatten wir auf, Äsops Fabel von der Ameise und der Heuschrecke nachzuerzählen. Unser Tschechischlehrer Eduard Procházka, ein typischer Professor alter Schule, legte Wert darauf, daß sie im Aufsatz möglichst wörtlich so wiederholt wurde, wie er sie uns vorgelesen hatte. Als er in der nächsten Stunde die berichtigten Aufsätze brachte, rief er Čapek auf, seine Arbeit der Klasse vorzulesen. Ihr Anfang war für einen Sekundaner ungewöhnlich: ‚Die Heuschrecke, deren Losung hieß ›dolce far niente‹, kam zur Ameise und bat um etwas zu fressen' usw. Kurz, es war eine selbständige Erzählung, die sich nicht an die Vorlage des Herrn Professors hielt. Aber die Arbeit war ohne Fehler, und so stand die Note ‚Vortrefflich' darunter, jedoch mit der Bemerkung ‚obwohl am Anfang anders erzählt'. Čapeks literarisches Interesse äußerte sich in den folgenden Klassen, als er manchmal seine Hausaufsätze in Versen schrieb. Damals kam es auch zur Gründung der ‚Mansarda', wo die jungen Autoren einander ihre literarischen Versuche vorlasen und diskutierten. Leider weiß ich nicht, was der Grund für Čapeks Weggang nach Brno war, am Ende der Quarta erwähnte er es gegenüber dem Mathematikprofessor als eine feststehende Sache."

Jene Schülerzeitschrift, die Čapek im Brief an Helena und ihren Mann erwähnte, ist 1905 erschienen, sie hieß „Revue nejmladších". Die erste Nummer brachte Karel Čapeks Gedicht „Die rote Laterne", das ihm sein Mitschüler Emil Vachek abgefordert hatte. Das berichten Emil Vachek und Jiří Červený übereinstimmend.[78]

Keine Übereinstimmung weisen die Erinnerungen der Zeitgenossen in einer biographisch bedeutsamen Frage auf. Wie war es mit dem Consilium abeundi?

„Der Herr Direktor des k. u. k. Gymnasiums bestellte ihn

18 Gymnasium in Hradec Králové

zu sich; denn es hatte sich ein elender Verräter gefunden, und nun bekam der jugendliche ‚Anarchist' alles ab. Der Direktor sagte ihm: ‚Unser Institut verliert Sie ungern, Čapek, Sie waren ein vorzüglicher Schüler, aber diese Zirkel und derlei … Ich kann Ihnen nichts anderes raten: Verlassen Sie die Schule von sich aus und gehen Sie woandershin. Sonst droht Ihnen ein Consilium abeundi!'" berichtet Helena Čapková.[79] Ihre Formulierung ist ungenau. Es drohte nicht, sondern dies war es schon: der „Rat abzugehen", die Androhung des Ausschlusses. Ist vielleicht auch ihre Darstellung ungenau? Immerhin kannte sie den Vorgang nur aus zweiter Hand, sie war ja Anfang 1905, jungverheiratet, in Brno ansässig.

Čapeks ehemaliger Mitschüler Čeněk Mrázek schreibt: „Während der Arbeiterunruhen schrieb er ein Spottgedicht auf den Kaiser, das dem Polizeihauptmann und dem Direktor des Gymnasiums in die Hände geriet. (...) Die Affäre wurde durch einen schnellen Rat des Direktors – das Consilium abeundi – gelöst, worauf Čapek sofort in ein anderes Gymnasium überwechselte. Er beendete nicht mal die Quarta in Hradec Králové."[80]

Gegen Helena Čapkovás Version spricht, daß nach einem Verrat des Zirkels bestimmt mehrere „jugendliche Anarchisten" belangt worden wären, vorausgesetzt, die „Mansarda" war tatsächlich revolutionär oder anarchistisch und nicht ein literarisches Kränzchen, wie man es nach Pechans Darstellung vermuten könnte. Mrázeks Version erweckt allerdings noch mehr Zweifel. Nach einer Majestätsbeleidigung hätte Čapek wohl die Schule sofort verlassen müssen. Aus Čapeks Briefen an Anielka wissen wir aber, daß er die Schule ohne Eile wechselte. „(...) nach den Ferien, wenn ich für immer nach Brno gehe", schrieb er am 21. März 1905. Am 6. April: „nämlich gerade nur noch hundert Tage werde ich in Hradec Králové verbringen" ... Und am 23. Juni: „Ich bin nur noch kurze Zeit in Hradec Králové."

Gegen die Version, ein dramatischer Vorfall habe den Schulwechsel erfordert, spricht ferner sowohl Pechans Aussage, er kenne die Gründe nicht, als auch die folgende Version von Jiří Červený: „Čapek erregte schon in der Tertia den Zorn des Tschechischlehrers durch einen Aufsatz, dem er die Überschrift gab: ‚Der Mensch – die weiße Bestie'. In der Quarta war es noch schlimmer, seine Aufsätze waren ausgesprochen revolutionär und verursachten seinen Abgang."[81]

Ein Eklat wäre sicherlich allen Mitschülern und auch Helena Čapková bekannt geworden und im Gedächtnis haftengeblieben.

„Ein Kind lebt aus dem vollen, nimmt seine Kindheit, den gegenwärtigen Augenblick nicht als etwas zeitlich Begrenztes, Provisorisches; es ist zu Hause, das heißt, es stellt eine wichtige Person dar, die den ihr rechtmäßig zustehenden Platz ausfüllt. Eines schönen Tages nun wird der Junge vom Lande in die Stadt zur Schule geschickt. Acht Jahre unter fremden Menschen, so könnte man es nennen; denn hier ist er nicht mehr zu Hause, hier ist er ein Fremder und hat nie mehr das sichere Gefühl, er gehöre hierher. Er kommt sich furchtbar unwichtig vor unter den fremden Menschen, muß dauernd daran denken, daß er *noch* nichts ist; die Schule und die fremde Umgebung züchten in ihm ein Gefühl demütiger Kleinheit, ein Gefühl des Geducktseins und der Minderwertigkeit, ein Gefühl, das er durch Büffelei oder – in einigen Fällen und erst später – durch wilde Auflehnung gegen Pauker und Schuldisziplin zu überwinden trachtet. In der Schule wird ihm unentwegt eingebimst, dies alles sei lediglich Vorbereitung auf das, was erst noch komme (...) Andererseits: wie begierig und heftig erlebt der Junge in diesen Jahren alles, was keine Schule ist; alles, was nicht Vorbereitung fürs Leben, sondern Leben selbst ist: ob Freundschaft oder sogenannte erste Liebe, Konflikte, Lektüre, eine religiöse Krise oder Schülerspäße. Hier ist etwas, in das er sich voll hineinstürzen kann und das ihm schon jetzt gehört und nicht erst nach dem Abitur oder, wie es in der Schule heißt, wenn er fertig ist. Die meisten seelischen Erschütterungen und die verschiedenen tragisch ernst erlebten Jugendtorheiten sind, so meine ich, eine Folge dieses suspendierten Lebens in jungen Jahren. Sie sind nachgerade die Rache dafür, daß wir nicht ernst genommen werden. Aus Rebellion gegen dieses chronische Provisorium gieren wir danach, wenigstens etwas möglichst aus dem vollen und wirklich zu erleben. Darum ist das alles so; darum durchbricht in den Jugendjahren eins das andere so wirr und manchmal schmerzhaft – törichte Jugendhaftigkeit und tragischer, überraschender Ernst." So heißt es in dem Roman „Ein gewöhnliches Leben".[82]

Vielleicht bestellte der Schuldirektor Vilém Steinman den aufsässigen Quartaner tatsächlich zu sich, um ihm die Leviten zu lesen, mißliebige Tätigkeit zu verbieten und gar einen Schulwechsel anzuraten? Möglich ist es, bewiesen nicht. Am 8. Mai 1905 schrieb Čapek Anielka von einem Plan, den er und „ein paar ihm nahestehende Leute“ gefaßt hatten: eine private Leihbibliothek für Mädchen einzurichten, um ihnen den Zugang zu guter Literatur zu verschaffen. Er kam noch mehrmals detailliert auf dieses Thema zurück und berichtete auch, daß er selber schon eine Ausleihe eröffnet habe. Zu diesem Zeitpunkt war der Weggang aus Hradec Králové („nur noch hundert Tage ...“) längst beschlossen. Wäre ein Machtwort des Direktors der Anlaß gewesen, so hätte der Quartaner wohl kaum noch zu derlei Gemeinschaftstätigkeit den Mut aufgebracht. Und auf Čapeks Zeugnis für die Quarta, das von Steinman und dem Klassenlehrer Groman unterzeichnet ist, wird sein Betragen mit „gut“ bewertet. Außerdem: Wäre es vorstellbar, daß der Mathematikprofessor Vladislav Vlček, der zuvor drei Jahre Čapeks Klassenlehrer gewesen war, von einem „befohlenen“ Abgang erst am Ende der Quarta aus dem Munde des Schülers erfahren hätte?

Wahrscheinlich wurde der Schulwechsel von den Eltern nicht nur gewünscht, sondern beschleunigt. Als die Mutter in besagtem Brief an Helena über Karels politischen Radikalismus klagte, vermerkte sie: „Er hat die drei Tage, die er zu Hause war, mit dem Vater nur gestritten und war garstig zu ihm; und der Vater fürchtet, in ihrem politischen Zirkel könnte sich ein Verräter finden, und dann würde die Sache platzen. Deshalb wird Karel, sobald Ferien sind, Hradec Králové verlassen, trotz aller seiner Proteste und gegen seinen Willen. Der Vater bittet Euch dringend, ihn aufzunehmen, und wenn nicht bei Euch, dann irgendeine ordentliche Familie zu finden, wo sie keine Studenten haben. Am liebsten eine deutsche, damit er deutsch sprechen lernt.“[83]

Höchst bedenkenswert ist aber, daß die Großmutter noch vor dem Enkel, der soviel Besorgnis erregt hatte, Hradec Králové verlassen „mußte“. Das geht aus Karels Brief an Anielka vom 15. Juni 1905 hervor. Der Grund: Sie „mußte zu meiner Mutter: diese leidet an einer furchtbaren Nervosität und hat die Schwindsucht (...)“ Für eine Zeitlang hatte auch die jungverheiratete Helena nach Úpice zurückkehren müssen, um dem Vater den Haushalt zu führen, während die Mutter einen Husten (ihre vermeintliche Schwindsucht) in Luhačovice kurierte. Wurde vielleicht die Großmutter dringend gebraucht, um auszuhelfen, auszugleichen? „Sie war voller fröhlicher und unbeschwerter Liebe, aber sie verzärtelte niemanden, am allerwenigsten die eigene Tochter; und zweifellos wirkte ihr sarkastischer Spott bei Mamas Nervenkrisen beruhigend", schreibt Helena Čapková.[84] Wurde die Hilfe der Großmutter nun vielleicht ständig gebraucht? Zwei Jahre später befielen Antonín Čapek schwere Depressionen. Sie waren zweifellos nicht nur die Folge der Gehirngrippe, sondern auch ein Ergebnis seiner Ehe.

Für Karel Čapeks Weggang aus Hradec Králové kommen sicher mehrere Gründe in Betracht. Welcher den Ausschlag gab, wissen wir nicht. Viel wichtiger aber ist überhaupt die Kenntnis dieser Gründe. Denn sie waren Fakten, die damals in seinem Leben auf jeden Fall eine bedeutende Rolle spielten: Spannungen im Elternhaus, Aufbegehren gegen Obrigkeiten, Interessen für Politik und natürlich literarische Versuche, in denen sich das alles ausdrückte. „Ein Faktum unseres Lebens", heißt es bei Goethe, „gilt nicht insofern es wahr ist, sondern insofern es etwas zu bedeuten hatte."[85]

„Ich bin froh, daß die endlose Kette von Schmerzen, die sich von einem Tag zum anderen hinzieht, schließlich doch ein Ende finden wird", schrieb Čapek am 23. Juni 1905 an Anielka, als er sie wissen ließ, er sei nur noch für kurze Zeit in Hradec Králové. „An jedem Tag gab es einen Moment, der mich zu sehr verletzte, als daß der Tag irgendeine bessere Erinnerung hinterlassen konnte. Nun gehe ich, wie ein Schauspieler, den man ausgepfiffen hat, und ich werde ganz umsonst unglücklich und verbittert sein. Immerhin aber lasse ich einen Frühling hinter mir, der am meisten in meinem Leben bedeutet hat."

Der übernächste, undatierte Brief kam bereits aus Brno. „Augustinská ulice 5, Parterre", lautete die Adresse.[86] „Augustinská 3, Parterre" schrieb er dagegen am 31. Oktober 1905, es war der letzte Brief an Anielka. „Ich melde mich wieder aus großer Ferne, aus der Großstadt, die mir jetzt die wahre Fremde ist." Deutlich ist die Distanz, die er zu seinem Leben in Hradec Králové schon gewonnen hatte. „Mein früheres Leben ... Versuchen Sie es zu vergessen, ich kann es nicht. Da waren soviel Torheiten, die mir jetzt peinlich sind, da war zuviel, dessen ich mich jetzt ungern erinnere. Sie wissen ja am besten, was für ein Junge ich war – aber verzeihen Sie es mir nun: ich war damals unzurechnungsfähig, war außerstande, mich für mein Tun zu verantworten. Wie ein Verrückter trieb ich törichte Streiche, unbedacht stürzte ich mich in unnötige Kämpfe, schauen Sie, das waren gewissermaßen Kreuzzüge des Herzens. Von den Leuten in Hradec Králové, die jetzt über mich lachen, haben einzig Sie ein Recht dazu."

Wir können annehmen, daß mit den „törichten Streichen" und „unnötigen Kämpfen" Aufsässigkeiten gemeint waren: mißliebige Aufsätze, Verdacht erregende Aktivitäten des Schülerzirkels, radikale politische Äußerungen. Darauf spielen die Brüder Čapek auch in ihrem poetischen Rückblick auf Kindheit und Jugend an. Im „Autobiographischen Vorwort" zu „Rübezahls Garten"[87], der 1918 erschienenen Sammlung ihrer frühen Prosa, schrieben sie von dem Jungen, der „sich sehr bald verliebte, unter der Schulbank Verse schrieb, gegen die Lehrer und die Gesetzbücher kämpfte und, nachdem er in einen ganz unblutigen Zirkel von Anarchisten geraten war, mit erschütterten Grundsätzen das undankbare kleinstädtische Gymnasium verlassen mußte".

Machen wir uns anhand des Brockhaus, Ausgabe 1898, ein Bild von der damaligen Kleinstadt: sie hatte „10816 meist czechische Einwohner, in Garnison je 1 Bataillon des 18., 21. und 74., 2 Bataillone des 42. Infanterieregiments und das 27. Divisionsartillerieregiment, eine gotische Kathedrale (1303), St. Clementskapelle (1574) mit einer großen Glocke (9800 kg), ein Rathaus, eine bischöfliche Residenz mit Bibliothek und den Porträten sämtlicher Bischöfe, ehemaliges Jesuitenkollegium, Theater und schöne Marienstatue (1737). Ferner hat K. eine bischöfliche Diöcesananstalt und ein theologisches Seminar, ein czechisches Staatsobergymnasium (1642 gegründet), eine czechische Oberrealschule, höhere Mädchenschule, Lehrerbildungsanstalt und Fachschule für Kunstschlosserei und eine Sammlung von Altertümern. Die Industrie erstreckt sich auf Fabrikation

19 Aus: „Das Absolutum oder Die Gottesfabrik“ (Die Schlacht von Königgrätz. Zeichnung von Josef Čapek)

von Maschinen, Blechinstrumenten, Handschuhen, Wachskerzen, Farben und Steinpappe; weiter bestehen eine Brauerei und bedeutender Gemüsebau. Das alte Schloß

wurde 1362 der Königin Elisabeth als Witwensitz angewiesen, daher der Name Hradec Králové, d. h. Königingrätz."[88]
Eine Stadt der Jesuiten und der nationalen Erwecker, schrieb Čapek,[89] bekannt jedoch war sie außerhalb Böhmens vor allem durch die „Schlacht von Königgrätz", das entscheidende Gemetzel im Preußisch-Österreichischen Krieg 1866. Mit einer ganz unblutigen, literarischen Schlacht „rächte sich" Čapek 1922 an der undankbaren Stadt. Sein utopischer und satirischer Roman „Das Absolutum oder die Gottesfabrik"[90] handelt von der Erfindung eines „Karburators", mit dessen Hilfe Materie vollständig in Energie umgewandelt werden kann. Dadurch herrscht unbegrenzter Überfluß an allem, was die Menschen brauchen. Doch als Nebenprodukt setzt der Karburator das Absolutum, also Gott, frei, und das führt zu Krieg und Chaos, denn jeder will mit „seinem Gott" die Welt beglücken. Von einer bedeutenden Schlacht bei Königgrätz berichtet ein Chronist, der einst das dortige Gymnasium besucht hat. Und der Held des Geschehens, der Schneider Hampl, tritt, eine rote Fahne schwenkend, aus seiner Wohnung am Malé náměstí, um wenig später dank List und Wortgewalt als siegreicher General ins Rathaus einzuziehen ...

Offenbar erfüllte sich die Absicht der Mutter, Karels Jugendleben durch einen Wechsel des Milieus in ruhige Bahnen zu lenken. „Jetzt", schrieb er am 31. Oktober 1905 an Anielka, „glauben Sie mir, jetzt bin ich vernünftig, das heißt fast vernünftig. Ich habe mich ganz verändert – nur weiß ich nicht, ob zu meinem Vorteil. Ich bin jetzt nüchterner, kühler und auch viel älter. Ich habe mein ganzes früheres Leben hinter mir gelassen, und wenn ich es jetzt aus der großen Ferne betrachte, sehe ich weiß Gott nichts Schönes daran. Und mein heutiges Leben ... Daran ist viel Trauriges. Ich stehe hier ganz allein in der großen häßlichen Stadt, in der es keinen einzigen Freund für mich gibt. Ich habe mich von der Welt und vom Leben isoliert, habe mich in meiner Stube vergraben und zürne allen. Es ist ein eigentümliches Gefühl, so ein Einsiedler zu sein, fast niemanden zu haben, mit dem man sprechen kann, und außerhalb allen Lebens allein zu stehen, ohne eine warme, zutrauliche

Seele. Das ist ein Leben, das einen liebkost und auch hart macht (...) Im übrigen, was bleibt einem übrig, wenn man für ganze Tage und Nächte mit Arbeit beladen ist, so daß man zu wenig Zeit hat, über sich selbst nachzudenken. Ich erlebe jetzt das kalte Leben ohne Sehnsucht, ich habe ja meine Arbeit. Ich habe meine Bücher, über die ich schreiben will (...) Mit Liebe und Begeisterung arbeiten, das ist der einzige Ersatz für Glück."

Ohne eine zutrauliche Seele war Karel allerdings nicht. „Wir hatten gemeinsame Abende", schreibt seine Schwester,[91] „und dann die nächtliche Lektüre bei seiner braven Wirtin, einer Deutschen, (...) spielend lernte er deutsch sprechen, so daß die Eltern mit seinem Aufenthalt in Brno zufrieden sein konnten. Er brachte nicht nur glänzende Zeugnisse – und pries seine Professoren –, sondern entwuchs auch dem Dekadenten, das seiner robusten Schwester immer so fremd gewesen war. Und mein Mann erwies sich sogar als sein Gönner und brachte seine ersten Gedichte zur Redaktion der ‚Moravská orlice' und anderswohin zur Veröffentlichung – und der Junge jubelte."

„Mein Schwager Dr. Koželuha in Brno ist ein führender mährischer Politiker, und dadurch hat er Zugang und Einfluß in allen mährischen Zeitschriftenredaktionen, und so kommt es, daß mir eine Stelle in der Redaktion des ‚Moravský kraj' versprochen ist, gleich nach den Ferien, wenn ich für immer nach Brno gehe", hatte er Anielka am 21. März 1905 geschrieben. In Wahrheit sollte er nicht gleich Redakteur werden, sondern das I. Tschechische Gymnasium in Brno besuchen, was er dann auch tat. Aber er konnte Rezensionen verfassen. („Ich habe meine Bücher, über die ich schreiben will ...")

Čapeks erste Veröffentlichung war das Gedicht „Einfache Motive". Es erschien am 23. April 1904 in der Wochenzeitung „Neděle" in Brno. Unter dem Pseudonym Milo druckte die Zeitschrift „Moravská orlice" am 2. April 1905 in ihrer Beilage die Gedichte „Auf der schiefen Ebene", „Indische Allegorie" und „Resignation". Čapek schickte Anielka diese Beilage, nachdem er ihr die beiden ersten Gedichte schon handschriftlich hatte zukommen lassen. Eine andere Fassung des Gedichts „Resignation" erschien unter dem Pseudonym Aristo in der hektographierten Schülerzeitschrift „Obzory"; dort trug es den Titel „Eine alte Metapher" und die Widmung „A. N." – für Anna (Anielka) Nepeřená.[92]

Als etablierter Autor hat Čapek keine Lyrik mehr publiziert. Erst acht Jahre nach seinem Tod erschien unter dem Titel „Erregte Tänze" eine Sammlung der frühen Gedichte. Dennoch hat er eine bahnbrechende Leistung für die tschechische Dichtung vollbracht. „Hier ist der Ort, einem kleinen Buch zu huldigen, das nicht nur mich und meine dichterische Entwicklung, sondern alle jungen Dichter beeinflußt hat", schreibt Vítězslav Nezval in seinen Erinnerungen.[93] „Es sind Čapeks Übertragungen französischer Lyrik der neuen Zeit, ein Wunderwerk der dichterischen Übersetzungskunst. Karel Čapek übersetzte Verlaine, Paul Fort, Francis Jammes, Saint-Pol Roux, Apollinaire und Vildrac, um nur die Dichter anzuführen, die mich besonders stark ergriffen haben, er übersetzte sie in eine Sprache, so natürlich wie Prosa, und gab dadurch den jungen Dichtern ihre allerreinste Muttersprache wieder. Karel Čapek gelang es, selbst die unschuldigsten Überbleibsel des Parnassismus, die poetischen Lizenzen und den pathetischen Vers, die dichterischen Phrasen und die krampfhaften Gesten auszumerzen." Jan Mukařovský und Jiří Levý haben Čapeks dichterisches Neuerertum linguistisch untersucht, und auch sie sind des Lobes voll.[94]

„Einmal, als ich Karel Čapek persönlich kennenlernte", berichtet Nezval weiter, „fragte ich ihn, warum er selbst so wenig Gedichte geschrieben habe, wo ihm die Poesie kein Geheimnis sei. Er antwortete mir, die Scham erlaube es ihm nicht, in der ersten Person von sich zu schreiben. Im Theaterstück, wo er von anderen sprach, empfand er diese Scham nicht."[95]

Warum aber schrieb er in seiner Jugend Gedichte und veröffentlichte sie, wenn auch unter Pseudonym? War die Scham damals geringer? Lag es nicht vielmehr an einer günstigen Konstellation? Er hatte für einige Zeit eine Adressatin für vertrauliche Briefe und, weit über diese Zeit hinaus, eine heimliche Adressatin für Gedichte. Andererseits blieb die Existenz der Adressatin für ihn, wie gewünscht, gewissermaßen Fiktion. Das war für die Zukunft gesichert, denn es stand beinahe von Anfang an fest, daß er Hradec Králové bald verlassen sollte. „Oder Sie denken, ich könnte Ihnen später im Wege stehen. Ach nein, ich werde zu den Ferien still für immer verschwinden, und Sie werden in die Tanzstunden gehen, um Triumphe zu erleben. Ich bin bescheiden und schweigsam, so daß niemand von unserer Korrespondenz erführe." (6. April 1905.) Anielka war ihm nahe genug, daß er von sich zu sprechen wagte, aber sie konnte ihm nicht so nahekommen, daß er zurückweichen und vor ihr fliehen mußte – wie er später oft genug vor Věra Hrůzová und Olga Scheinpflugová floh, um „einer seelischen Überlastung" durch die „Realisierung der Liebe" zu entgehen. Anielka spielte, ohne für ihn mehr als ein Phantom zu sein, längere Zeit eine bedeutende Rolle. Sie war seine erste Muse.

Ihr gegenüber konnte er auch verwegene Gedanken formulieren, indem er sie in Ratschläge kleidete. Am 24. März 1905: „Wie ich Ihrem Brief angemerkt habe, besitzen Sie recht wenig Selbstvertrauen; wenn Sie wirklich den Durchbruch wollen, müssen Sie sich selber als den Gipfel sehen und alle anderen Autoren und Titanen unter sich: nur so vermeiden Sie, daß Sie zum Beispiel unwillkürlich, bloß aus Respekt, in Ihrem Schaffen andere nachahmen. Diese Eigenliebe ist natürlich amoralisch und niedrig, sie grenzt an Arroganz, doch sie ist notwendig. (...) vielleicht wird es Ihnen passieren, daß die Öffentlichkeit Ihren ersten Arbeiten mit Gelächter begegnet, aber das dürfen Sie gar nicht beachten wegen Ihres fernen und großen Zieles, auf das Sie zugehen. Das ist die Lebensbedingung derer, die groß sein wollen: Selbstvertrauen, Rücksichtslosigkeit, Stolz und Trotz."

Am 15. Mai 1905: „Ich bin jetzt so armselig und klein. Nichts an mir ist groß. Nur diese grenzenlose Sehnsucht nach dem Höheren und Besseren, die Sehnsucht, sich noch über die Größe dieser Welt emporzuschwingen, diese Sehnsucht macht mich groß. Und sie belastet und erschlägt mich auch. Dies deshalb, weil sie über die Grenzen des Himmels wächst und es über unsere Kraft geht, sie zu ertragen. Und sie verdrießt mich. Dies deshalb, weil das Leben und alles mir zu banal und niedrig und armselig und scheußlich vorkommt. Mit nichts kann ich zufrieden sein;

meine Sehnsucht übersteigt alles. Mit keiner meiner Taten von der Vergangenheit bis zu diesem Augenblick bin ich zufrieden, mit keiner Gegenwart. Und daran leide ich. Diese meine Sehnsucht ist monströs und eigenartig. Nur dieser Sehnsucht ist meine Vorstellung von der Liebe entsprungen. Die Sehnsucht führt mich moralisch immer höher. Wenn ich jenen Punkt der Vollkommenheit erreiche, so daß sich meine Sehnsucht nicht mehr höher spannt, werde ich ein Gott sein. Das ist merkwürdig, aber es ist wahr."

Diese Allmachtswünsche gingen mit Ohnmachtsgefühlen einher. Im selben Brief: „Aber jetzt werde ich zusehen, daß ich mit meiner Sehnsucht in das enge Schneckenhaus hineinpasse, das ich mir bauen will. Ich werde wohl auch die Sehnsucht stutzen, um das Leben einer Schnecke leben zu können. Ohnehin belastet mich diese meine Größe. Besser ist die Größe einer Schnecke. Und dann werde ich aus dem engen Käfig skeptisch hinausschauen und mich meiner Größe erinnern und meiner ephemeren Ziele und meiner engen Ambitionen, und ich werde mich der göttlichen grenzenlosen Sehnsucht erinnern, aus der für mich die Liebe aufgeblüht ist, die große Liebe, und der Schmerz, der noch größere."

Es traf ihn tief, daß Anielka die Korrespondenz ablehnte. So schrieb er, den Verlust vor Augen: „Sie wollen nicht, daß ich Ihnen weiter schreibe – aber warum? Schließlich ahnen Sie vielleicht, daß es mir die einzigen helleren Momente schafft, wo ich mich vor Ihnen aussprechen kann." (Ohne Datum, zu Anielkas Namenstag, dem 26. Juli.) In diesem Brief nimmt er Abschied von seinem „nicht zu Ende geträumten Märchen", daß er eine fiktive Liebste habe, von einer poetischen Vorstellung: „daß Sie plötzlich meinen Kopf nehmen und mit Ihrer schmalen weißen Hand drücken und endlos lange küssen würden".

„Heimlich", so berichtete Helena Čapková,[96] „schrieben Karel und ich uns in einer privaten deutschen Leihbücherei ein, die für die Tschechen in Brno ‚tabu' war." Die mährische Hauptstadt – deutsch „Brünn" – war damals stark germanisiert und wurde mitunter fast als ein Vorort von Wien angesehen. Das täuschte allerdings über ihre wirtschaftliche

20 Gebäude des I. Tschechischen Gymnasiums in Brno

Bedeutung hinweg. Brno war „die wichtigste Fabrikstadt der Österreichisch-Ungarischen Monarchie, daher das österreichische ‚Manchester' genannt, für Schafwollindustrie, besonders Tuche, die europäischen Ruf haben. Von besonderer Bedeutung ist auch die Fabrikation von Leder, Spinnerei- und Webereimaschinen" usw.[97]

„Was für Schätze trugen wir damals nach Hause! (...) Nur der Instinkt leitete uns. Wie wäre es sonst möglich gewesen, daß wir Unwissenden aus den Regalen Hamsun, Ibsen, Garborg, Strindberg, Lagerlöf und andere auswählten; von den Deutschen wiederum Rilke, Dehmel, Hofmannsthal, Thomas Mann, deren erste Werke gerade erschienen waren. Und die wundervollen Sachen von den französischen, englischen und russischen Autoren; wir hatten ja beide kein Geld, um uns die Bücher zu kaufen."[98]

Karel hatte allerdings so manches längst entdeckt. Am 24. März 1905, noch in Hradec Králové, hatte er Anielka Ratschläge gegeben: „Lernen Sie Poesie und Schönheit nicht wie Formeln in den verdammten Schullehrbüchern; diese Formeln sind zu eng, als daß sich die großartigen Abstrakta der Schönheit und der Poesie gewaltsam hineinpressen ließen. Diese abstrakten Begriffe lassen sich nicht in Redefiguren und Tropen und in der Struktur der Reime usw. ausdrücken – das ist jetzt mehr oder minder überflüssiger Tand. Sondern schauen Sie sich diese Begriffe im Leben und in der Natur und in der menschlichen Seele an. Worin liegt die hinreißende Schönheit der modernen nordländischen Autoren, der Norweger und der Russen? Diese Schönheit läßt sich nicht mit einer Formel ausdrücken, sondern sie ist aus diesen Büchern zu spüren und erfüllt einem die Seele – ergo ist es eine psychische Schönheit, nicht eine Schönheit der Sprache und des Stils – und gerade diese Schönheit und Poesie ist nicht aus Büchern zu erlernen, sondern man kann sie nur aus der Natur und den Menschen und allem erfühlen. Wenn Sie lernen wollen, lernen Sie aus diesem Leben der Natur und der Menschheit. Je lebendiger und einfacher Sie die Schönheit darbieten, desto besser. Je weniger schriftstellerisch Sie schreiben, deso höher gelangen Sie. Gerade die größten Autoren haben keinen gezierten schriftstellerischen Stil. Alle diese Tropen und Figuren und sonstiges Schmuckwerk sind ein mehr oder minder überlebter Standpunkt, und darum möchte ich Ihnen das eine raten: nicht Schönheit und Poesie lernen, sondern sie fühlen und sie zu verstehen suchen. Verzeihen Sie mir, daß hier der Kritiker in mir erwacht; ich bereite mich da schon auf meinen künftigen Beruf vor."

Das aber war der Beruf des Schriftstellers.

Jahrzehnte später fuhr Karel Čapek mit seiner Frau Olga Scheinpflugová durch Hradec Králové und erzählte ihr von seiner ersten großen Liebe. „Es war schrecklich, Olga, und sie hatte solche schönen Hände."
Zwei oder drei Briefe hatte er von Anielka bekommen. Ein Stelldichein gab es nie.
Anielka heiratete einen ehemaligen Mitschüler Čapeks. Die Briefe des fünfzehnjährigen Karel Čapek aber bewahrte sie auf, siebzig Jahre lang. „Sie waren irgendwie ... so anders ..."[99]

Die Brüder Čapek

„Gleichviel, ob sich alte Zeitgenossen an Karel oder Josef erinnern, zunächst sind es immer die Brüder Čapek. Die beiden traten ungefähr im Jahre 1910 gleichsam als ein Mann in die Literatur ein, und ebenso traten sie in personis in die Gesellschaft von Künstlern im Kaffeehaus ‚Union', Ecke Perštýn, und damit ins Prager Leben und ins Kulturleben. V. V. Štech brachte sie damals in das kleine Zimmer im Kaffeehaus", schreibt František Langer.[100]

„Diese bunte Gesellschaft war die glänzendste Akademie aller Künste und mehrerer Wissenschaften, die sich im ersten Jahrzehnt unseres Jahrhunderts in Prag zu treffen pflegte. Ihre Wißbegier und ihre Interessen waren grenzenlos, und so wurde debattiert über Architektur, Politik, Wettbewerbe, Theater, moderne Malerei, das alte Prag, Kritik und Kunstgeschichte. Es wurde beurteilt, bewertet, verworfen, reformiert, geklügelt und philosophiert. Man entwarf und gründete neue Richtungen, Programme, Theorien, Kabaretts, Theater, Editionen, Flugblätter, Zeitschriften, Künstlerwerkstätten. Und zugleich war es eine große Kumpanei, vielleicht die letzte ihrer Art, wo auch gewitzelt, geklatscht, gestritten, karikiert, Geld geliehen wurde und wo man auch nächtliche Bummel und Sonntagsausflüge organisierte. Jeder in dieser Gesellschaft war, nach seiner Meinung, eine Individualität, und fast jeder hat seine Eigenart durch sein Lebenswerk wirklich bewiesen."[101]
Den Kern der Gesellschaft bildeten, wie Langer berichtet, jüngere Mitglieder der Künstlervereinigung Mánes, die sich dann 1911 zur avantgardistischen Skupina výtvarných umělců (Gruppe Bildender Künstler) zusammenschlossen. Da waren die Architekten Josef Gočár, Vlastislav Hofman und Pavel Janák, die Maler und Graphiker Vincenc Beneš, V. H. Brunner, Emil Filla, František Kysela, Antonín Procházka, Ladislav Šíma und Václav Špála, der Bildhauer Otto Gutfreund, der Buchgestalter Jaroslav Benda, der Karikaturist und Illustrator Zdeněk Kratochvíl, die Kunsthistoriker Antonín Matějček, V. V. Štech, Zdeněk Wirth und Vincenc Kramář (der eine bedeutende Kollektion von Gemälden Pi-

cassos, Braques und Derains zusammenbrachte, sie befindet sich heute in der Prager Nationalgalerie). Und da waren der Literaturhistoriker Jan Thon, die Literaten František Langer und Karel und Josef Čapek (letzterer zählte zunächst als Literat).
Hinzu gesellten sich die Maler Bohumil Kubišta und Otakar Kubín (Coubine), der Bildhauer Jan Štursa, der Regisseur Jan Bor, die Musiker Jaroslav Křička, Zdeněk Štěpán und Jaroslav Vycpálek, der Journalist und Herausgeber Antonín Bouček, die Literaten Eduard Bass, Viktor Dyk, Otokar Fischer, Egon Erwin Kisch, Josef Kodíček, Petr Křička, Marie Majerová, Helena Malířovä und Ivan Olbracht, Karel Toman, Richard Weiner und andere. „Die ausgesprochene Boheme mied das Kaffeehaus ‚Union‘. Wenn Hašek zu uns kam, so nicht als ihr Vertreter.“[102] Er kam nicht zuletzt, um sich beim Oberkellner Patera Geld zu borgen. So auch später, als er dort Stammgast wurde. Am 20. Dezember 1920 meldete ein Lokalbericht in der Zeitung „Tribuna“: „Gestern erlebte das Kaffeehaus ‚Union‘ eine nicht geringe Überrraschung: Unversehens, wie ein Blitz aus heiterem Himmel erschien Jaroslav Hašek, zurückgekehrt nach fünfjährigem Aufenthalt in Rußland, so viele Male schon für tot erklärt, ein andermal wieder als bolschewistischer Kommissar bezeichnet. Im Kaffeehaus ‚Union‘ fand er alles beim alten vor: nur sitzen jetzt hier statt der Kubisten, die hier saßen, als er Prag verließ, die Kommunisten. Aber Herr Patera ist wie immer an seinem Platz.“[103]
Außer dem „Union“ gab es noch einige Kaffeehäuser, die von Künstlern und Literaten bevorzugt wurden, doch vor dem ersten Weltkrieg konnte sich nur das Kaffeehaus „Arco“ in der Hybernská ulice mit ihm vergleichen, „was die Künstler, den Oberkellner und die Zahl der Zeitschriften betraf“[104]. Dort verkehrten die Literaten Max Brod und Franz Kafka, Egon Erwin Kisch, Paul Leppin, Otto Pick, Franz Werfel, die Maler und Graphiker Friedrich Feigl, Alfred Justitz, Jiří Kars, Willi Nowak und andere. Ein undatierter Brief, wahrscheinlich aus dem Jahr 1909: „Mein lieber Max – Wie wäre es, wenn Du gleich ein bißchen ins ‚Arco‘ kämest, nicht auf lange, nur mir zu Gefallen, weißt Du, der Př. ist dort. Bitte gnädige Frau, bitte Herr Brod, seien Sie so gut und lassen den Max hingehn. Franz K.“[105]

„Das Verhältnis zwischen uns und den jungen deutschen Autoren war sehr freundschaftlich. Man interessierte sich für die Arbeiten, tauschte die Erstlinge aus, und Brod und Pick kümmerten sich damals schon um die tschechische Musik und Literatur und brachten sie über die Sprachgrenzen", schreibt Langer.[106] Max Brod gehörte zu den ersten, die Jaroslav Hašeks und Leoš Janáčeks Bedeutung erkannten. Paul Eisner, Rudolf Fuchs, Otto Pick und andere übersetzten Werke junger tschechischer Autoren für Franz Pfemferts expressionistische Zeitschrift „Die Aktion". Pick übersetzte Prosa und Theaterstücke der Brüder Čapek, aber auch Langers Stück „Peripherie", das Max Reinhardt 1926 in Berlin aufführte.
Die Gegenrichtung in diesem Austausch mag hier Kafkas Brief vom 22. April 1914 an den Verlag Kurt Wolff belegen: „Ich wäre Ihnen sehr verbunden, wenn Sie ein Recensionsexemplar von ‚Betrachtung' an die Adresse: František Langer, Prag – Kgl. Weinberge, Nr. 679 senden würden. Langer ist ein Redakteur des Umělecký měsíčník, einer führenden Monatsschrift, und will ein paar Übersetzungen aus dem Buch veröffentlichen. Vielleicht sind Sie auch so freundlich und zeigen mir die erfolgte Absendung an. Hochachtungsvoll Dr. Franz Kafka."[107]
Die Seele des Kaffeehauses „Union" war der Oberkellner František Patera, ein legendärer Mann, unvergessen dank den Erinnerungen seiner vielen später berühmt gewordenen Gäste – gelegentlich wird die tschechische Avantgarde aus der Zeit vor dem ersten Weltkrieg sogar als „Generation des Kaffeehauses ‚Union'" bezeichnet. Aber auch in den zwanziger Jahren verkehrte dort die Avantgarde: Jaroslav Hašek, Josef Lada, Jaroslav Seifert, Stanislav Kostka Neumann ...
„Die Zeitschriften für ein Kaffeehaus zu besorgen, war damals Sache der Oberkellner, und die Zeitschriftenlektüre war ein Vorwand und ein Grund, ins Kaffeehaus zu gehen. Die Oberkellner bezahlten sie vom Trinkgeld, und das vermehrte sich mit der Anzahl der Gäste, so daß es einen circulus vitiosus zwischen den Zeitungen und dem Verdienst der Oberkellner gab. Herr Patera bekam keine großen Trinkgelder, vier oder sechs Heller, und trotzdem abonnierte er fürs ‚Union' die wichtigsten europäischen Tages-

zeitungen, viele Wiener, alle Prager in mehreren Exemplaren, einen Berg von regionalen und fachlichen Wochen- und Monatsschriften und außer den tschechischen auch viele deutsche und so manche französischen und englischen Literatur- und Kunstzeitschriften, Modejournale, Illustrierte und Revuen. Für diese reiche Auswahl wurde das ‚Union' berühmt, es war wirklich ein Lesecafé; sogar Verliebte, wenn sie sich dorthin verirrten, taten anstandshalber, als seien sie in eine Zeitung vertieft, während sie sich unterm Tisch die Hände drückten. Herr Patera, der von seinen Einkünften soviel für die Lektüre aufwendete, erlegte nämlich seinen Gästen die Pflicht auf, fleißig seine Zeitschriften zu lesen, und er hielt es für sein gutes Recht, auf die Erfüllung dieser Pflicht zu achten. Dafür versorgte er seine Klienten unentwegt mit neuen und immer neuen Stapeln von Lesestoff."[108]
„In Schweden trinkt man Kaffee, in Paris schreibt man Gedichte oder küßt sich, in Brüssel verkauft man Aktien, und in Prag liest man Zeitungen. Jeder Gast eines Kaffeehauses, der eine Tasse Kaffee bestellt, konsumiert elf Glas Wasser und hundertzwanzig Zeitschriften", spottete Ilja Ehrenburg in einem Brief.[109] „In den Cafés hier betrinkt man sich nicht, küßt man sich nicht, gafft man nicht nach allen Seiten. Nein, das sind Lesehallen, und die Tasse Kaffee ist nur die Eintrittskarte. Man vergißt sie schnell. Es rascheln die Blätter", schrieb er in „Visum der Zeit". „Ich machte den Versuch, einfach eine Weile im Café zu sitzen. Hat sich was! Der Kellner bemerkte sofort meine Untätigkeit, er begann den Tisch mit Stößen von Zeitungen zu bedecken. Alle fünf Minuten räumte er die alten fort und brachte neue. Er war bestrebt, mich durch die zehn ‚letzten Ausgaben' zu erfreuen. Nach Verlauf einer halben Stunde langte er bei den ungarischen und serbischen Zeitungen an. Da lief ich davon, verfolgt von verächtlichen Blicken (...)."[110]
Das Kaffeehaus „Union" gab es von den siebziger Jahren des vorigen Jahrhunderts bis Anfang des zweiten Weltkrieges. Der kulturelle Treffpunkt mit erhabener Tradition – hier hatten einst Smetana und Dvořák verkehrt – wurde am 18. März 1941 auf Geheiß der Gestapo geschlossen. Nach der Befreiung wiedereröffnet, bestand es nur kurze Zeit und gewann den alten Glanz nicht wieder. 1949 wurde

das Barockgebäude an der Ecke Národní třída und Perštýn abgerissen. An seiner Stelle steht heute der Zweckbau des Kinderbuchverlages Albatros.
„Im Jahr 1910 war das vorletzte Zimmer, mit den Fenstern zur Ferdinandova (heute Národní třída), in den späten Nachmittagsstunden immer von der gleichen Gesellschaft von Künstlern besetzt. Es war nicht so groß, daß an dem halben Dutzend Tischen alle zugleich Platz gefunden hätten, aber binnen einiger halber Tage wechselten sie sich bestimmt alle einzeln oder in Grüppchen ab. Es waren auch keine Kaffeehausexistenzen, jeder hatte sein Werk oder seine Arbeit oder Prüfungen, aber wenn jemand mit einem Seelenverwandten sprechen wollte, ging er ins Kaffeehaus ‚Union'."[111]

„Irgendwann im Jahre 1909 kamen zu unserer Gesellschaft (...) die Brüder Čapek hinzu. Wir kannten sie vom Sehen, vom Bummeln auf der Ferdinandova. Zwei auffallend gleich und allzu elegant gekleidete junge Männer mit Zylinder und Handschuhen", schreibt Vilém Václav Štech. Eines Tages erschienen sie im „Union" und stellten sich ihm ganz förmlich vor, worauf er sie freundlich, allerdings nicht freundschaftlich, eingeführt habe. „Sie setzten sich an unseren Tisch, obwohl die Zustimmung nicht groß war und es, zumal bei den Malern, nicht viel Herzlichkeit gab. Aber die Čapeks ertrugen den keineswegs innigen Empfang, kamen weiterhin in unsere Gesellschaft und lebten sich ein in den Haufen (...) Verhältnismäßig rasch freundeten sie sich mit František Langer an (...)"[112]
Helena Čapková sah das Dandytum ihrer Brüder im Zusammenhang mit dem Interesse für Oscar Wilde und Joris Karl Huysmans, und sie meinte, es sollte eine Provokation für die Prager Bürger sein.[113] Edmond Konrád, ein späterer Freund der Brüder Čapek, nannte die beiden denn auch „provokative Jünglinge": Vom hochmodernen Hut, dem zweireihigen dunkelblauen Mantel mit gepolsterten Schultern bis zu den breiten „amerikanischen" Halbschuhen, die über den Zehen ungewöhnlich gewölbt waren, erschienen sie ihm damals als ausgemachte „Angeber".[114]
Bei František Langer liest man es anders: „... die Erscheinung der Brüder stand ganz im Kontrast zur dandyhaften,

21 Studienbuch

weltmännischen, metropolitanen Pose ihrer Prosa. Ins Kaffeehaus ‚Union' kamen die beiden im gleichen Anzug, der braun wie Milchschokolade war, und mit der gleichen bürgerlichen Melone und Krawatte; beide hatten sie ein frisches gerötetes Gesicht und die dunklen Haare sorgsam glattgekämmt; sie waren geradezu die Verkörperung von Frische und Gesundheit und hauptsächlich von Einfachheit und vielleicht gar des Provinzlerischen."[115]

Wieviel Spannung und Ambivalenz in den Beziehungen der jungen Avantgardisten herrschten, beschrieb Josef Čapek seiner späteren Frau Jarmila Pospíšilová am 22. April 1911 in einem Brief: „Die Gesellschaft binden gemeinsame Interessen, persönliche Intrigen und Anfeindungen, gegenseitiger Respekt und Angst. Es sind mehr Bekannte als aufrichtige Freunde."[116]

Zum Beispiel V. V. Štech entzweite sich nach einigen Jahren mit den beiden Čapeks, und er wahrt in seinen Memoiren Distanz, wenn er von ihnen berichtet, angefangen vom Erscheinen im Kaffeehaus „Union" bis hin zur literarischen Produktion: „Wir hielten nicht allzuviel von ihren literarischen Versuchen (...) Auch ihre Kunstkritiken fanden keine Zustimmung. Uns waren das betont Geistreiche und die gewisse Exzentrik des Ausdrucks fremd (...)"[117]

So anfechtbar die Bezeichnung „intellektueller Dadaismus" sein mag, die Miroslav Rutte[118] den Feuilletons und Causerien der jungen Brüder Čapek später gab, sie vermittelt den Eindruck, den anscheinend viele Leser hatten, allerdings wohl kaum die Avantgardisten.

Als „Lebensbedingung" eines jungen Autors hatte Karel Čapek in einem Brief an Anielka genannt: Er darf sich nichts daraus machen, wenn die Öffentlichkeit seinen ersten Arbeiten mit Gelächter begegnet.[119] Solche schmerzlichen Erfahrungen verschaffte ihm der führende Literaturkritiker

22 F. X. Šalda (Zeichnung von Adolf Hoffmeister)

František Xaver Šalda. Vertraulich schrieb Šalda am 16. Mai 1909 an den Dichter Josef Svatopluk Machar: „Sieh dir nur die Feuilletons oder das geistlose Geschwätz der ‚Karikatur‘ an, das die Brüder Čapek für jede Nummer schreiben.“[120] Öffentlich setzte Šalda dem jungen Schriftsteller 1913 in einer Polemik zu: „Herr Karel Čapek ist in seinen kritischen Artikeln nur ein Mannequin der letzten Mode, des letzten theoretischen Buches, das er gerade gelesen hat.“[121]
Es trifft zu, daß sich die Brüder Čapek in einer überaus „rezeptiven“ Phase befanden: Parodie, ironische, spielerische Aufnahme und Umformung beobachtet man in ihrer frühen Prosa allenthalben. Auch für die theoretischen Arbeiten entlehnten und mischten sie, was zur Begründung ihres Für und Wider taugte. Während die jungen tschechischen Avantgardisten in der bildenden Kunst Interesse für die in Frankreich oder Deutschland aufgekommenen Richtungen zeigten, vor allem für den Kubismus, aber auch für den Fauvismus und Expressionismus, standen Karel Čapeks theoretische Arbeiten über Literatur damals eher im Zeichen der Auseinandersetzung mit dem einheimischen Symbolismus und Impressionismus, der Abgrenzung von individualistischen und psychologisierenden Tendenzen in der sogenannten „Generation der neunziger Jahre“. Dieser Generation aber, Dichtern wie Sova, Machar, Březina, galt Šaldas Sympathie.
Bemerkenswert ist ein Satz aus Čapeks Kritik an F. V. Krejčís Roman „Juli“, die Šalda den Anlaß zur Polemik gab. Da schrieb Karel Čapek, in der modernen Romanliteratur „wird die Sehnsucht nach der Schönheit der ewigen reinen Formen überwogen vom Forschungs- und Durchdringungsvermögen des modernen Geistes, der sich entweder den großen sozialen Interessen und den kollektiven geistigen Fragen zuwendet oder den führenden Gedanken der Wissenschaft, den Abschätzungen der Zukunft, den Werken der Technik und noch mehr dem Menschen in diesem neuen Milieu, den schwindelerregenden Möglichkeiten der modernen materiellen und geistigen Kräfte, der Energie der europäischen Menschheit“[122]. Das sollte sich als ahnungsvolle Beschreibung seines künftigen Schaffens erweisen.
Die damaligen tschechischen Avantgardisten, die man nach ihrer ersten gemeinsamen Publikation – dem „Almanach

auf das Jahr 1914" – auch die „Generation des Jahres 1914" nennt, bildeten auf literarischem Gebiet eher eine Bewegung als eine Richtung; eine fest umrissene Gruppe mit radikalem künstlerischem und politischem Programm wurden sie nicht. Der erste Weltkrieg unterbrach mögliche Entwicklungen; die ohnehin disparate Gruppierung löste sich auf. Anfang der zwanziger Jahre entstand eine neue, betont linke Avantgarde, sie knüpfte teilweise an das Erbe der Vorkriegsgeneration an.[123] Eine gewisse Kontinuität verkörperte lediglich Stanislav Kostka Neumann, der beiden Gruppierungen angehört hatte.

Neumann, der einst anarchistische und später sozialistische Dichter, war der Präzeptor und einer der theoretischen Sprecher der Vorkriegsavantgarde. Deren Position drückte er 1913 in einer rasanten Beschimpfung der „Generation der neunziger Jahre" aus: „Nieder mit dem Flickschustervers, der Wehmutslyrik, dem ästhetischen Vokabular (...) Nieder mit der wohlgefälligen akademischen und impressionistischen Sauce, der Patina, den einförmigen Künstlern, der Folkore (...), den Pädagogen, den Professoren, dem Historismus und Moralin, den Philologen, den Kulten, der Langeweile (...) Aber es lebe: das befreite Wort, das neue Wort, der Fauvismus, der Expressionismus, der Kubismus (...) Es lebe: die Moderne, das strömende Leben und die zivilisierte Kunst! Es lebe: Vincenc Beneš, V. H. Brunner, Josef Čapek, Otokar Fischer, Otto Gutfreund, Josef Gočár, Stanislav Hanuš, Vlastislav Hofman (...), Stanislav K. Neumann, Otakar Theer, Václav Špala, Wojkowicz (...)"[124]

Neumann wollte Traditionen über Bord werfen, die er als überholt ansah; er wollte aber auch ganz einfach antibürgerlichen Protest hervorkehren – provozieren. Ersteres führte ihn mit den Brüdern Čapek zusammen, letzteres sollte sie später wieder trennen. Denn so provozierend ihre frühe Prosa, auch ihre dandyhafte Pose wirken mochte, den bürgerlichen Boden verließen die beiden Autoren nicht, anders als Neumann. Dieser formulierte das rückblickend voller Sarkasmus: „Ich habe mir den Pragmatismus angesehen, die Brüder Čapek haben in den wirklichen Marx sicher gar nicht hineingeschaut; ich habe den Pragmatismus hassen gelernt wegen seiner argen Praxis, sie haben für den Marxismus sicher das nachsichtige Lächeln behalten, das sie für

23 Die Brüder Čapek, Denkmal in Malé Svatoňovice

alles haben, für den Gendarmen wie für den Dieb, für den Reichen wie für den Arbeiter."[125]

Auf die Brüder Čapek war Neumann früh aufmerksam geworden. Am 20. Januar 1908 schrieb er an Viktor Dyk: „Erlauben Sie, daß ich Sie auf zwei junge Burschen hinweise, die sich ‚Brüder Čapek' nennen. Sie haben sowohl guten Willen als auch Talent. Leider stecken sie bislang noch bis zu den Ohren im Artismus, aber vielleicht bessert sich das mit der Zeit."[126]

1907 waren die Brüder Čapek als Autoren in die Öffentlichkeit getreten. Von diesem Jahr an veröffentlichten sie Erzählungen oder Feuilletons in „Lidové noviny". Ihre Rezensionen oder Kunstkritiken erschienen in „Moravskoslezská revue", vom folgenden Jahr an auch in „Snaha", „Ženská revue", „Česká revue". Gedichte von Karel Čapek brachte „Moderní revue". Von 1908 bis 1910 schrieben die Brüder Čapek für die von Karel Horký herausgegebenen Zeitschriften „Národní obzor", „Horkého týdeník" und „Stopa", fortan – nunmehr als „gestandene Autoren" – für „Národní listy", „Kopřivy", „Přehled", „Volné směry", „Lumír" und F. X. Šaldas „Novina", ab 1911 auch für „Večery", die neue literarische Beilage der „Lidové noviny", und eine Zeitlang arbeiteten sie für „Umělecký měsíčník", eine Zeitschrift der „Generation vom Kaffeehaus ‚Union'".
Unklar war lange Zeit die Urheberschaft gewesen. Erst 1957 fand Miroslav Halík eine Erklärung.[127] Nur bei Gemeinschaftswerken nannten sich die Autoren „Bratři Čapkové" (Brüder Čapek), während Josef eigene Texte mit „J. K. Čapek" oder „J. K. Č." unterzeichnete und Karel mit „K. J. Čapek" oder „K. J. Č."
Rätselhaft waren die Autoren Čapek dem Publikum zumindest eine Zeitlang gewesen. Als sie später eine Sammlung ihrer frühen Prosa unter dem Titel „Rübezahls Garten" herausgaben, machten sie sich in einem „Autobiographischen Vorwort" nachträglich darüber lustig. „Es wurde damals behauptet, die Autoren existierten gar nicht, es handele sich um Bluff oder ein apartes Pseudonym, hinter dem sich nur eine Person verberge, und zwar eine ganz durchtriebene, angeblich ein ruinierter Bankier oder, wie man das nennt, ein Mensch mit Vergangenheit; und später hieß es, der ganze Fall sei eine Mystifikation und die Prosastücke seien Übersetzungen von Werken eines unbekannten französischen Schriftstellers."[128]
Auch ihren Freunden verrieten die Brüder Čapek nicht, wer welchen Einfall gehabt, welchen Stoff gefunden, welche Pointe ersonnen hatte. Doch wie sich die Zusammenarbeit abspielte, konnte sich jeder vorstellen, der sie bei den Debatten im „Union" erlebte. „Gewöhnlich sprach einer die Meinung aus, die sie beide hatten. Das betraf wahrscheinlich Dinge, die sie vorher durchdacht und analysiert und

über die sie sich ein gemeinsames Urteil gebildet hatten. Handelte es sich um ein neues Thema, so daß sie sich auf der Stelle erst ein Urteil bilden mußten, so setzte sich der uns verborgene Arbeitsmechanismus in Gang. Zum Beispiel begann Karel in der Debatte zu antworten, doch bevor ein anderer das Wort ergreifen konnte, ergänzte, erweiterte oder präzisierte Josef, was der Bruder gesagt hatte, worauf dieser rasch noch etwas hinzufügte oder berichtigte, und wenn Josef dann schwieg, war diese Formulierung das Endergebnis der beiden Čapeks", berichtet Langer.[129]

„Zuerst sprechen wir über unseren Einfall, und dann bringt ihn einer von uns so ungefähr zu Papier. Dem anderen obliegt es nun, dies nach seiner Ansicht umzuändern. Das geht dann so lange hin und her, bis das Manuskript definitiv fertig ist", erzählte Karel Čapek seinem Verleger Otakar Štorch-Marien.[130]

Genauso schilderte Josef Čapek den Beginn der Zusammenarbeit: „Es hatte sich so ergeben, daß Karel Čapek eine Geschichte schrieb, aber sie wegwarf, weil er mit ihr unzufrieden war. Ich fand, es sei schade darum, und änderte sie. Daraufhin änderte Karel sie nochmals. Und dann feilten wir beide daran (...) Und so dachten wir, es sei das beste, wir machen gemeinsam Literatur."[131]

Das konnten die beiden von 1907 an beinahe täglich. In diesem Jahr zogen die Eltern nach Prag. Übrigens gingen auch sie einmal wöchentlich ins Kaffeehaus „Union", nicht wegen der Gesellschaft von Künstlern und Literaten, sondern zum Lesen. Auf der Kleinseite, Říční ulice 11, 1. Stock, hatten die Brüder Čapek seither ihr Domizil. Josef studierte Malerei – schon seit 1904 – an der Kunstgewerbeschule (Umĕleckoprůmyslová škola, auch abgekürzt „Umprum" genannt). Und Karel besuchte, nach den zwei Jahren in Brno, noch zwei Jahre das Akademische Gymnasium in Prag. 1909 legte er die Reifeprüfung ab und begann an der Karlsuniversität (damals Karl-Ferdinand-Universität) Philosophie und Literaturgeschichte zu studieren.

„Ich kann Ihnen gar nicht genug empfehlen, Tagebuch zu führen, aber ein Tagebuch, in das Sie die reinste, gegebenenfalls die nackteste Wahrheit über sich eintragen, ohne daß Sie sich Ihren eigenen Augen mit einem Heiligen-

24 Prag, Říční ulice 11

schein darbieten wollen. Dazu gehören allerdings großer Mut und Kraft, aber gerade dadurch wird viel erreicht. Beginnen Sie Ihre literarische Laufbahn mit Ihrem Tagebuch. Da können Sie viel Wahrheit hineinlegen: nur in der Wahrheit liegt Schönheit, wenn auch gewöhnlich kein Glück. Was nützt es und was vollbringen Sie, wenn Sie einen Roman schreiben, sei er auch schön, aber in dem Sie den Menschen nicht so darstellen, wie er ist? Den Menschen mit seiner Seele und seinem Herzen, das viel irrt und viel leidet, und nicht erdichtete Helden, die es nicht gibt und nicht geben kann? Glauben Sie mir, aus Ihrem Tagebuch würde sich im Laufe der Zeit ein Roman mit einem vielleicht allzu tragischen Hintergrund entwickeln." Karel Čapek selbst hielt sich jedoch nicht an diese Ratschläge, die er Anielka erteilt hatte.[132] Fast nie gerieten Stoffe aus dem eigenen Leben in die Frühwerke der Brüder Čapek. „Als sie dann verpflichtet waren, den Zeitungen wöchentlich einen Artikel zu liefern, trachteten sie, sich möglichst schnell und ohne Verlegenheit darüber zu einigen, was geschrieben werden sollte. Den Anstoß zu den Artikeln gaben ihnen meistens die Lektüre der Zeitungen, Aktualitäten, die fließende Zeit und das Wetter; die Form – ihre Unwissenheit und ihre Jugend", so heißt es im „Autobiographischen Vorwort".[133] Diese Selbsteinschätzung war allerdings gar zu bescheiden. „Die Juvenilien der Brüder Čapek sind ein bedeutendes Zeugnis für die Existenz einer eigenständigen tschechischen Jugendstilliteratur", meinte Jiří Opelík. „Es bleibt ein Paradox, daß die Čapeks gerade in der rezeptivsten Phase ihrer schöpferischen Entwicklung aktiv zur Schaffung dieses neuen Typus der tschechischen Literatur beitrugen. Von den Paradoxa, in denen sie damals schwelgten, war es sicher das einzige, das sie nicht beabsichtigt hatten."[134]

In diesem Licht mag man Štechs sarkastischer Behauptung Glauben schenken, die Brüder Čapek hätten erzählt: Als sie aus dem Lexikon erfuhren, was eine Commedia dell'arte ist – „Eine Stegreifkomödie, die in den Fächern streng geschiedene Schauspieler mit Zugrundelegung eines allgemeinen Inhaltscenars durch Improvisationen dialogisch ausführen", steht im alten Brockhaus[135] –, da ließen sie sich das durch den Kopf gehen – und schon entstand „Der Liebe schicksalhaftes Spiel". Und als im „Union" über Stendhal und seine episch dichte Darstellungsweise gesprochen wurde, hätten sie sich gleich an die Lektüre gemacht und viel von seiner Bündigkeit gelernt. „Sie arbeiteten offensichtlich nach Programm, verschwendeten keine Zeit wie wir anderen, hielten sich nicht bei Überflüssigem oder bei unnützen Dingen auf, die für uns anderen oft so wichtig waren."[136]

Daß die Brüder Čapek überaus fleißig und ungewöhnlich systematisch arbeiteten, erwähnt Štech mehrmals, mit einer Mischung aus Bewunderung und Mißfallen. Reserviert vermerkt er: „Sie waren über die Maßen ordentlich und korrekt, so daß sie von der bohemehaften Gesellschaft abstachen, von den Leuten, die tagein, tagaus improvisierten und sich mit Hilfe von ‚wandernden fünf Kronen' durchschlugen." Oder: „Der Vater hatte jedem von ihnen, wenn ich nicht irre, zwanzigtausend Kronen gegeben, und die Söhne zahlten zu Hause Kost und Logis und gewöhnten sich an ängstliche Sparsamkeit, die für beide typisch war."[137] Langer meinte, das Erbteil, das die Eltern den Brüdern Čapek zur Verfügung gestellt hatten, habe ihnen monatlich je sechzig Kronen für den Lebensunterhalt abgeworfen. „Zu damaliger Zeit für einen Künstler eine schwindelerregende Summe."[138] Josef Čapeks Frau, die es genau wissen mußte, schreibt: „Für jeden der beiden Brüder (und ebenso für ihre Schwester) waren 60000 Kronen fest angelegt, die sie nicht ausgeben konnten, doch die Zinsen, monatlich 200 Kronen, verwendeten sie selbständig; sie zahlten ihren Anteil für den Haushalt, und sie konnten auch ins Ausland reisen."[139]
Štech reduziert die Strebsamkeit der Brüder Čapek auf das Ziel, das sie natürlich hatten: „Offensichtlich waren ihr Wille, den Durchbruch zu schaffen, ihr Streben, Erfolg zu erringen." Wer könnte glauben, daß es den anderen hingegen gar nicht darum ging? Dennoch behauptet Štech: die „wollten zwar auch irgend etwas, aber sie spekulierten nicht auf eine Karriere, während bei den Čapeks der Vorsatz zu merken war, den Weg zum Erfolg zu finden. Es war ein Wesensunterschied zu dem unordentlichen Haufen von Exzentrikern, die ihre eigenen Chimären verfolgten. Allmählich kamen wir einander trotzdem näher, denn sie waren ungewöhnlich klug und taktisch ebenfalls. Sie verstanden es, in diesem eigenartigen Milieu möglichst viel zu profitieren."[140]
Offensichtlich will Štech die Distanz, die es später wegen Rivalitäten zwischen ihm und den Brüdern Čapek gab, auf etwas ihm Wesensfremdes zurückführen, das er an ihnen von Anfang an bemerkt zu haben glaubt. Das erklärt wohl auch die Art, wie er die folgende Episode schildert und kommentiert.[141]

Karel Čapek studierte, zusammen mit Štech, im Wintersemester 1910/11 an der Friedrich-Wilhelm-Universität Berlin, „ich glaube, Literaturgeschichte, deren Hauptvertreter war damals Erich Schmidt".
Schmidt hatte, während er 1885/86 Direktor des Goethe-Archivs in Weimar war, den „Urfaust" wiederentdeckt; von 1906 bis zu seinem Tod 1913 war er Vorsitzender der Goethe-Gesellschaft. „Nach den Vorlesungen hielt sich Karel Čapek meistens zu Hause auf. Er beschäftigte sich viel mit deutscher Literatur, vor allem fesselte ihn damals Heinrich Heine, über den er mit dem Verständnis eines Dichters und voller Witz sprach. Er hatte einen angeborenen Sinn für Literatur und Sprache (...) in Diskussionen bewies er stets eine verblüffende Originalität der Anschauung, auch bei unseren abendlichen Spaziergängen, und es zeichnete ihn aus, daß seine Interessen systematisch waren. Er trank überhaupt nicht, doch wollte er die Namen der Drinks wissen, die in unserer damaligen Bierwelt noch kaum bekannt waren, und er wollte ihre Zusammensetzung und ihren Geschmack kennen (...) und trank gewissenhaft die damals exotischen Flüssigkeiten. Einmal saßen wir allein in der Bar der monumentalen germanischen Walhalla des Restaurants Rheingold, wie sonst sprachen wir deutsch, um Übung in der Sprache zu bekommen, und aus wissenschaftlichem Interesse tranken wir uns allmählich wirklich einen Rausch an und öffneten einander das Herz wie nie zuvor. Ich weiß nicht mehr, was ich von mir erzählte, doch dafür klingt mir bis heute sein: ‚Ich will die Macht haben ...' im Kopf."
Diese „zarathustrischen Worte" befremden in der Tat. Zwar wurde Nietzsche von tschechischen Intellektuellen viel gelesen und nicht selten zitiert. Auch in Josef Čapeks Briefen an Jarmila Pospíšilová finden sich Zitate „von unserem teuren Nietzsche"[142]. Aber sollte es den einundzwanzigjährigen Karel Čapek nach Macht im üblichen Sinn gelüstet haben? Ist dies nicht vielmehr eine Abwandlung pubertärer Sehnsüchte, wie sie der Fünfzehnjährige in Briefen an Anielka offenbart hatte? „Nichts an mir ist groß. Nur diese grenzenlose Sehnsucht nach dem Höheren und Besseren, die Sehnsucht, sich noch über die Größe dieser Welt emporzuschwingen, diese Sehnsucht macht mich groß. (...) Wenn ich jenen Punkt der Vollkommenheit erreiche, so

daß sich meine Sehnsucht nicht mehr höher spannt, werde ich ein Gott sein."[143] Ganz ähnlich klingt, was er weiter zu Štech sagte; doch Štech zielt auf argen Verdacht, indem er fortfährt: „Zum ersten Mal war er ganz offen: ‚wenn ich auf anderem Wege zur Macht kommen könnte, würde ich ihn beschreiten. Aber da ich nichts anderes kann als schriftstellern, werde ich durch die Literatur zur Macht gelangen (...)'" Abschließend meint Štech zu diesem Thema: „Er hatte offensichtlich richtig gerechnet, betrachten wir sein Leben insgesamt, in dem er zu Macht und Geld kam."

„Lieber Herr, ich danke Ihnen für Ihren Brief und zugleich für Ihre gute Meinung von mir, ich sei so sehr Dichter, daß ich mich zum eigenen Schaden nicht um die irdischen Güter kümmere. Es stimmt, ich kümmere mich nicht darum, aber nur aus Bequemlichkeit", schrieb Čapek am 5. Januar 1923 an den Anglisten Otakar Vočadlo, der damals Dozent an der Londoner Universität war und ihn ein Jahr später auf der Reise durch England begleitete.[144] Vočadlo informierte ihn regelmäßig über englische und amerikanische Literatur, empfahl Theaterstücke, die für Čapek damals, während seiner Tätigkeit als Dramaturg am Prager Stadttheater in den Weinbergen, von Interesse sein konnten, und vermittelte auch im Verkehr mit englischen Übersetzern, Theaterleuten und Verlegern. Čapeks Briefe an ihn, die Vočadlo mit minutiösen Kommentaren veröffentlicht hat, bestätigen die „gute Meinung". Zwar ließ sich Čapek auf dem laufenden halten, welche Theater seine Stücke spielten, welche Verlage seine Bücher drucken wollten, und er wußte, wieviel – oder wie wenig – Tantiemen er bekam. Aber aufs geschäftliche Kalkül, aufs harte Verhandeln verstand er sich nicht, richtiger: er mochte es nicht. Ein Übereinkommen war ihm selbst dann noch Zugeständnisse wert, wenn die Gegenseite die Toleranz nicht dankte. Zum Beispiel: Sein englischer Übersetzer Paul Selver hatte die Unverschämtheit, sich als Verfasser von „RUR" aufzuspielen, und bei der Ausführung oder Verzögerung späterer Čapek-Übersetzungen ließ er sich offensichtlich von Eigennutz und Eitelkeit leiten. Čapek nahm es hin, weil er irrtümlich meinte, immerhin mache Selver seine Sache gut und übersetze gewissenhaft.

Čapek sah den Verleger als Mitarbeiter, nicht als Geschäftsmann. Sein langjähriger Verleger Štorch-Marien erinnert sich an die erste Begegnung, etwa Ende 1919: „Über den Zweck des Besuches brauchte ich mich nicht weiter auszulassen. Es genügten ein paar Worte, und Čapek sagte: ‚Wenn Sie wollen, gebe ich Ihnen das Stück zum Druck. Es heißt ›Der Räuber‹ und soll im Nationaltheater aufgeführt werden. Ich habe es nicht hier. Kommen Sie morgen gegen drei auf einen Kaffee zu mir, dann mache ich Sie mit meinem Bruder bekannt. Ich möchte, daß er den Umschlag gestaltet.'" Štorch-Marien nahm anderntags ein paar Briefbögen mit dem Kopf seines Aventinum-Verlages mit, um den Vertrag sofort handschriftlich auszufertigen. Tatsächlich einigten sie sich im Handumdrehen. Dann rief Karel Čapek seinen Bruder Josef – Péča, wie er ihn seit der Kindheit nannte – und sagte: „Tut euch zusammen, ich koche unterdessen Kaffee." Josef Čapek legte seine Vorstellungen dar, die Verhandlung mit ihm war überaus einfach, schreibt Štorch-Marien. Unterdessen brachte Karel auf seinem Tablett drei Kännchen Kaffee, und Josef holte ein Blatt Papier und einen Bleistift aus der Tasche, und im Nu war der Umschlag entworfen: dreimal das Motiv eines Baumes, oben der Name des Autors, unten der Titel des Stücks.[145]
Es fällt schwer, sich vorzustellen, daß etwa Thomas Mann, der sich ein halbes Dutzend Hausangestellte einschließlich Gärtner und Chauffeur leistete, seinem Verleger Samuel Fischer eigenhändig den Kaffee bereitet und serviert hätte. Und was waren es für prachtvolle Villen, in denen zu wohnen erfolgreiche deutsche Schriftsteller für schicklich hielten! Die Brüder Čapek ließen sich von einer Baugenossenschaft ein Reihenhaus errichten: je achtzig Quadratmeter Wohnfläche für jeden. In seinem Brief an Vočadlo schlug Karel Čapek am 25. Dezember 1923 eine ehrenvolle Einladung des Londoner PEN-Klubs aus, denn: „ich muß jetzt sparen, weil ich mir ein Häuschen baue, und das kostet mehr als ich habe"[146].

„Lieber und verehrter Herr Čapek! Privat und vertraulich möchte ich mich in einer Sache an Sie wenden, die mir in letzter Zeit mehrfach nahegebracht worden ist. Es handelt sich um die Lage der deutschen Emigranten in der Tsche-

25 „Der Räuber“ (Buchumschlag von Josef Čapek)

choslowakei und um die Maßnahmen, die, wie es scheint, von der Prager Regierung über sie beschlossen worden sind oder beschlossen zu werden drohen", schrieb Thomas Mann am 10. Oktober 1937 aus Küsnacht. „(...) ich hörte gerne, wie Sie über das Problem denken und ob Sie meinen, daß vielleicht noch eine mildernde und begütigende Einflußnahme auf die entscheidenden Behörden möglich ist. Wenn irgend jemand, so könnten gewiß Sie einen solchen Einfluß nehmen."[147] Als der wohl prominenteste tschechische Schriftsteller konnte sich Karel Čapek Gehör verschaffen. Bekannt war seine Freundschaft mit dem Staatspräsidenten T. G. Masaryk, auch seine Verbindung zu dessen Nachfolger Edvard Beneš und anderen. Doch wußten selbst seine Gegner keinen Fall zu nennen, daß er sich selber Vorteil verschafft hätte. Stets waren es öffentliche Angelegenheiten, die ihm am Herzen lagen, notleidende oder bedrängte Menschen, denen er zu helfen versuchte, unter anderem Flüchtlinge aus Hitlerdeutschland.

Čapeks Uneigennützigkeit erfuhr zum Beispiel Stefan Heym, der 1933 als junger, unbekannter Emigrant nach Prag kam. „Es war sicher nicht ganz üblich, daß ein berühmter Schriftsteller, Karel Čapek, die literarischen Produkte eines Anfängers wie Stefan Heym ins Tschechische übertrug. Dank Čapek und weiteren tschechischen Freunden konnte dann der junge Emigrant nicht nur in deutschen, sondern auch in tschechischen Zeitschriften und Zeitungen publizieren."[148]

Warum unterstellt Štech seinem einstigen Freund Karrierismus und Machtstreben? Warum griff S. K. Neumann, der Kritik und Polemik sonst, auch gegenüber Čapek, ideologisch zu begründen wußte, zu dem Anwurf, Karel Čapeks Stellung in der tschechischen Literatur sei die Stellung eines Autors, der sich der Exportmöglichkeiten bewußt ist?[149]

Offensichtlich war, neben Meinungsverschiedenheiten, auch Mißgunst im Spiel: Im Ausland war Čapek *der* Repräsentant der tschechischen Literatur, im Inland *der* Repräsentant der Weltliteratur. Sogar Ränke entsprangen dem Neid. Edmond Konrád berichtet, nach der Premiere von „RUR" habe ihn ein Dramatiker aufgefordert, einen Verriß zu

schreiben, ja, sich mit ihm und anderen gegen Čapek zu verbünden. Der Grund: „Warum soll er Erfolg haben, wenn ich ihn nicht habe?!“[150]
Auf einem anderen Blatt steht, daß die Schriftsteller Durych und Medek sich persönlicher Diffamierungen bedienten, als sie Ende der dreißiger Jahre an der Hetzkampagne der reaktionären, profaschistischen Presse gegen Čapek und seine antifaschistische Haltung teilnahmen. Das war ein schmählicher politischer Kampf.
„Ein kleines Volk hat weniger Mittel, weniger Gelegenheit, weniger Auswahl an Personen und unendlich schwerere Bedingungen, um sich zur Geltung zu bringen, als ein großes Volk. Jeder Erfolg von ihm ist halb ein Wunder und halb Heldentum“, schrieb Čapek einmal.[151] Es traf auch auf seinen eigenen internationalen Erfolg zu, und niemand begriff das besser als seine politischen Gegner. Damit sein Wort den Landsleuten nichts mehr gelte, versuchte Durych, ihn als Schwächling und Feigling hinzustellen.
Die Erinnerung an derlei infame Angriffe erzeugt noch heute Scheu, im Čapek-Bild überhaupt Platz zu lassen für Schwächen und Ängste, die er natürlich hatte, und auch für die Seitenhiebe, die sich unbestritten ehrenwerte Zeitgenossen wie Neumann oder Štech erlaubten. Doch kann man Neumanns spätere Kritiken samt ihren Ungerechtigkeiten nicht ignorieren, will man nicht auch seine schönen Worte über die jungen Brüder Čapek unter den Tisch fallen lassen. Niemand hat ihr unterschiedliches Talent und ihre ersten gemeinsamen Leistungen so früh zu würdigen gewußt wie er. Und Štechs distanzierte, mitunter auf Objektivität verzichtende Darstellungen bringen den Studenten Karel Čapek und auch seinen Bruder in so mancher Hinsicht näher, als es huldvolle Schilderungen vermögen.

„‚Sind Sie mal darauf aufmerksam geworden, daß Baudelaire kein Drama geschrieben hat? Das war bestimmt der Grund für seine Zerrüttung – nichts ist schmerzlicher, als wenn man kein Drama schreiben kann!‘ äußerte Karel Čapek unvermittelt, während er die Leute an den Nachbartischen beobachtete, die betrunken im Takt der schmetternden Musik schunkelten, und er fügte hinzu: ‚Ich habe nur

Phantasie, wenn ich absolut nüchtern bin'", berichtet Štech.[152]
Im Trubel der Berliner Kneipen und Bierhallen setzten Čapek und Štech Diskussionen ihres Prager Kreises fort. Doch das Gefühl der Fremdheit verließ sie, nach Štechs Worten, nur im tschechischen Restaurant des Herrn Krátký in der Alten Jacobstraße, wo sich die tschechische Kolonie einfand: „Schneider, Kürschner, Arbeiter, auch kleine Beamte. Hier hatte der Arbeiterverein ‚Havlíček' seinen Sitz, und im hinteren Saal fanden Vorträge und Versammlungen statt."[153]
Quartier hatten die beiden in der Linienstraße genommen. Štech erinnert sich: Gutsituierte Berliner reagierten, wenn er die Adresse nannte, mit Verlegenheit. Es war der Rand des „Scheunenviertels", von dem eine Zeitgenossin schreibt: „Ein Armenviertel (...) Auch ein Hurenviertel. So eines, wo die Alten, Verbrauchten auf den Strich gingen."[154] Aber – hier gab es die billigsten Wohnungen.

26 In Berlin 1910/11

27 Mit František Langer in Berlin (1910/11)

Wie verdrossen Karel Čapek ohne seinen Bruder war, erwähnt Langer, der ihn in Berlin besuchte.[155] Helena Čapková konnte es ihrem Bruder aus der Ferne nachfühlen: „Auf einem Foto aus jener Zeit sieht er ganz wie Chaplin in dem Film ‚Ein Hundeleben' aus, eine fertige Karikatur der ratlosen Niedergeschlagenheit. Noch nie war der Junge so allein gewesen in einer völlig fremden Umgebung von monströser irdischer Teilnahmslosigkeit. Das war nichts für ihn, und er hielt es nicht lange aus (...)"[156]
Štech bestätigt das. Karel Čapek „sehnte sich nach Hause, vor allem nach dem Bruder. Er konnte sich irgendwie nicht konzentrieren und versuchte vergeblich zu schreiben, es fiel ihm nichts ein, er kaufte sich von mir sogar – und bezahlte mit einer Mark bar – den Stoff für eine Novelle über das Auseinanderbrechen einer Intellektuellenfamilie, in die ein ungebildeter, primitiver Mensch hineinplatzt, der durch Natürlichkeit und Gefühl über Bildung und Konvention siegt. Der Stoff gefiel ihm, doch bald ließ er mißmutig davon ab, weil die Sache nicht gelang, und lag nur auf dem Sofa, las und grübelte."[157]
War dies ein Anlauf zu dem Stück „Der Räuber", das die

beiden Čapeks 1911 in Paris konzipierten und zum Teil schrieben und das Karel acht Jahre später mit beträchtlichen Akzentverschiebungen allein fortführte?
Anfang März 1911 fuhr Karel Čapek zu seinem Bruder nach Paris, um ein Semester an der Sorbonne zu studieren. Jedoch: „Karel Čapek kümmerte sich nicht um die Universität, ebenso wie ich", schreibt Štech,[158] der ihm nach Paris folgte und, ebenso wie die Brüder Čapek, im Hôtel des Américains wohnte, „einem kleinen Studentenhotel im Quartier Latin, an dessen Achse gelegen, dem Boulevard Saint-Michel, und zwar, wie die Hausnummer 133 besagt, am stilleren Ende des Boulevards, hinter sich die Kirche und das Krankenhaus Val-de-Grâce, vor sich das Grün und die Statuen des Jardin du Luxembourg"[159].
Karel Čapek kommentierte später in einem Brief: „Für meine Entwicklung hatte Paris freilich größere Bedeutung als Berlin, und zwar unvergleichlich größere, denn in Berlin ging ich nur in die Universität, in Paris dagegen in alle möglichen Bars."[160]
Entgegen seinen Worten war er aber in Berlin durchaus nicht nur in die Universität gegangen, sondern, wie Štech bezeugt, gleichfalls in alle möglichen Kneipen und Gaststätten – zum Beispiel in das erwähnte Restaurant „Rheingold" am Leipziger Platz, wo sich in den Jahren 1911 und 1912 der Architekt Adolf Loos (den Čapek später kennenlernte) mit Herwarth Walden, Arnold Schönberg und Anton von Webern zum Essen traf.[161] Lassen sich an die Tatsache, daß „alle möglichen Bars" in Paris soviel größere Bedeutung für Karel Čapeks Entwicklung hatten, bestimmte Vermutungen knüpfen? William E. Harkins tut das, indem er die Briefstelle mit eigenen Worten wiedergibt: „... während er in Paris auch das Nachtleben sah."[162] Tatsächlich ist kaum anzunehmen, daß Čapek es übersehen hätte, doch finden sich keinerlei Indizien, aus denen zu folgern wäre, er habe es eventuell nicht nur beobachtet. Es finden sich auch keine in den Erinnerungen an Paris, die er zehn Jahre nach seinem Aufenthalt in „Ein unbekannter Meister" wiedergab: ... „wir waren sehr junge Fremdlinge, verloren in Paris, zu dem wir fast keinen anderen Berührungspunkt hatten als unsere verwunderten Augen; wir waren nicht Paris erobern gekommen wie Balzacs Helden; unsere einzigen Freunde

28 Paris, Boulevard Saint-Michel 133 (1975)

waren ein trauriger Kellner aus dem Studentenhotel – auch er ist schon tot – und das Mädchen Renée, das buntgekleidet war wie ein Amazonenpapagei. Alles andere waren der Louvre, der Jardin du Luxembourg, Kahnweiler, Vollard, Bernheim und noch ein paar Kunsthändler. Ja, hauptsächlich Bilder; die Bilder des Lebens auf den Straßen und die ewigen Bilder an den Wänden der Galerien."[163]

„Über Frauen Aphorismen zu schreiben ist die Sinnenlust, Frauen auszuziehen; über Frauen Romane zu schreiben ist die Sinnenlust, Frauen anzuziehen", lautet ein Aphorismus der Brüder Čapek aus dem Jahre 1909.[164] Über Frauen äußerten sich die jungen Autoren oft genug in Aphorismen. Überhaupt finden sich in den Frühwerken allenthalben erotische Motive und Pointen; Panerotismus, dieser Wesenszug des Jugendstils, zählt zu ihren auffälligsten Kennzeichen.

„Hör mal, ich habe im Kaffeehaus etwas von deinen Söhnen gelesen – die sind ja geradezu pervers. Zumindest sind sie hundertmal erfahrener als wir Alten!" mußte sich Antonín Čapek von einem Freund sagen lassen.[165] Als Dandys, gar als ruchlose Lebemänner zu gelten, war den jungen Autoren nicht unwillkommen, das „Autobiographische Vorwort" verrät es. Indessen berichtet Langer, wie brav die Brüder Čapek in Wirklichkeit lebten: Sie kamen gegen drei Uhr ins „Union" und gingen um fünf; am Sonntag fuhren sie mit zum Tanz in Ausflugsgaststätten, nach Hodkovičky oder Zátiší; jedoch für Prag nach zehn Uhr abends interessierten sie sich überhaupt nicht. Der Scheinheiligkeit, der Askese und des Geizes geziehen, verteidigten sie sich mit dem Hinweis auf ein, zwei Gastmähler, die sie sich jeden Monat in einem Nobelrestaurant leisteten, was allerdings nicht recht geglaubt wurde – „obwohl ‚Rübezahls Garten' bezeugt, daß sie die Weinkarten zumindest gelesen und Millionäre, Spieler, Wüstlinge und andere Geschöpfe der großen nächtlichen Welt zumindest von Tisch zu Tisch erblickt hatten"[166].

Voll koketter Reumütigkeit bekennen die Brüder Čapek im „Autobiographischen Vorwort" dieses Buches: „In der Zeit eurer unverdorbenen Jugend habt ihr grausam und schamlos über Frauen geschrieben. Schmähliche Beweise dafür gibt es auch in diesem Buch, trotz vorsichtiger Auswahl."[167] Nachträglich milderten oder strichen sie manche Formulierungen, ließen einzelne Stellen oder ganze Erzählungen weg. Diese Selbstzensur nach einem Jahrzehnt retuschierte manches – jedoch nicht ganz.

29 Freunde aus dem Kaffeehaus „Union“ auf einem Ausflug (etwa 1909). Von links: A. Matějček, V. V. Štech, F. Langer, V. Hofman, J. Gočár, J. Čapek, K. Čapek

Weggelassen wurde zum Beispiel die Erzählung „Ex centro“ (1911), der Dialog zweier Dandys im Varieté, allerdings nicht der folgende Aphorismus daraus: „Gott schuf den Mann sich zum Bilde und die Frau zum Bild des Lebens. Die Affäre der Urahnen im Paradies ist ein Sieg der Frau über den Mann und folglich ein Sieg des Lebens über Gott. Der Mann ist Gott im kleinen: deshalb schöpft er. Die Frau ist die Natur im kleinen: deshalb gebiert sie.“[168]
Außer acht bleiben kann die haarsträubende Replik, die in der Erzählung darauf folgt: „‚Für eine Frau ist höchstens das Leben einer Pflanze zulässig‘, versetzte Herr Argyl. ‚Die Blume ist das Ideal der Frau: Sie duftet und hat eine Blütennarbe. Doch was an der Frau mehr als pflanzenhaft ist, ist von Übel.‘“ Beachtung verdient vielmehr der voraufgehende Satz: „‚Wann immer ich mich einer Frau nähere, habe ich das peinliche Gefühl, ich hätte es mit dem Leben zu tun.‘“ Das wird in der Erzählung weiter ausgeführt. „‚Immer, wenn eine Frau sagt: Ich bin dein, wird ihr Gesicht unberechenbar und undurchdringlich wie die Maske eines Fechters. Und unter der Maske ist sicher etwas Böses, was die Frau verbirgt und was mich mit Angst erfüllt. In der

Wollust ist die Frau furchtbar geheimnisvoll, vielmehr, sie ist furchterregend. Und ich bin außer mir vor Beklommenheit, wenn ich eine Frau umarme.'" Darauf gründet sich die Pointe: „Das Ideal einer Frau wäre etwas Weiches und Großes, einer Frau annähernd Ähnliches, das wir umarmen und küssen können (...)"

Ideal ist – eine Marionette!

„,... eine Marionette (...), die alle Reize einer Frau und alle Verlockungen einer Illusion hat, künstlich, irreal, phantastisch ist, ein Werkzeug des Traumes, (...) eine Frau, die nicht den brutalen Ausdruck der Wirklichkeit, eine Liebste, die nicht die rohe Materialität des Lebens hat – ach, was für Wonnen der Beziehungen wären das, (...) was für abstrakte Befriedigungen der Gefühle! Ich brächte es fertig, eine Marionette zu lieben.'"

Das hat Ähnlichkeit mit einem Traum Karel Čapeks, mit der seinerzeit von Anielka erwünschten „schönen Lüge von der Liebe". Die Marionette ist hier geradezu die Verdinglichung einer „fiktiven Liebsten".

Die Frau als Marionette – das findet sich schon in der Erzählung „L'éventail" (1910). Im gleichen Zusammenhang kann man „Der Liebe schicksalhaftes Spiel" (1911) sehen, ein Maskenspiel in der Weise der Commedia dell'arte. Masken und vor allem Marionetten aber waren beliebte Attraktionen des Varietés, das nach der Jahrhundertwende eine Blüte erlebte. Die Brüder Čapek priesen es in „Ex centro" mit einem verbalen Kraftakt: „Das Varieté ist der Hintern des Erhabenen. Das Varieté ist das Haus der Illusionen. Das Varieté ist die letzte Welle der Schönheit. Ich liebe das Varieté." Oder anders: „Es existiert eine Institution, wo die Phantasie des Künstler-Dichters Körper wird: das Theater. Es existiert eine andere, wo der Körper des Künstler-Clowns Phantasie wird: das Varieté."

Der Dramaturgie des Varietés entlehnten sie später das Prinzip der Revue – „eine Reihe kurzer, lose verbundener Szenen, deren Ausstattung beträchtliche technische Gewandtheit erfordert"[169], um es für ihre Stücke „Aus dem Leben der Insekten" und „Adam der Schöpfer" zu modifizieren.

Weggelassen haben die Brüder Čapek auch den Schluß der Erzählung „Das System".[170] Diese Erzählung aus dem Jahre 1908 gilt als Vorläufer der Utopie „RUR".

„Die ganze Welt verarbeiten! Die ganze Welt ist nur ein Rohstoff (...) Die Weit muß eine Ware werden", sagt sich der amerikanische Kapitalist Ripraton, und weil „jeder Gedanke nur eine Störung der Disziplin" bedeutet, besiedelt er sein Produktionsimperium mit Arbeitern, denen jeglicher Geist genommen ist: „Der Arbeiter muß eine Maschine werden" – eine menschenähnliche, jedoch völlig seelenlose Arbeitskraft. Die Parallele zu den Robotern in „RUR" liegt auf der Hand. Weniger deutlich ist eine andere.

In Ripratons System läuft nur dann alles reibungslos, wenn neben den geistigen auch emotionelle und ästhetische „Störfaktoren" ausgeschaltet bleiben. Deshalb wird den entseelten Arbeitern ein Stelldichein nur im Stockdunkeln erlaubt. Eines Tages behält ein junger Arbeiter Licht in seiner Zelle, und „das unglücklicherweise sehr hübsche Weib" versetzt ihn in „ästhetische Erregung". Die Folge: Blutiger Aufruhr stürzt Ripratons finsteres System.

Die Namenlose erscheint nicht als Heldin. Obwohl weder ausdrücklich als „pflanzenhaftes" Geschöpf noch als Marionette oder Fetisch dargestellt, ist sie nicht mehr als eine Mischung aus alledem. Jedoch: ihre Natürlichkeit hat ästhetische Qualität. Das war eine Prämisse des Jugendstil, die sich auch in der Erzählung „Olga Desmond" (1909) findet: „In Berlin wurde die nackte Schönheit einer Frau zu einem künstlerischen Erlebnis. Gott sei Dank erleben wir es, daß die Grenzen zwischen Natur und Kunst fallen; und wo früher nur das Geschlecht teilnahm, ist jetzt auch die Kunst beteiligt."

Bedeutungsvoll ist: Den „Sieg des Lebens" über den bösen „Gott" Ripraton bringt eine Frau.

In „RUR" ist es zwar anders: Nicht befreiende Unruhe, sondern weltweites Unheil stiftet eine Frau. Und diese löst auch nicht als Frau die Katastrophe aus. Als Abgesandte der Liga für Humanität wendet sich Helena Glory gegen das Sklavendasein der Roboter und bewirkt, daß den künstlichen Geschöpfen Gefühl eingepflanzt wird, worauf die Roboter sofort menschliche Verhaltensweisen und Aggressivi-

tät entwickeln; die Technik verselbständigt sich, beherrscht und vernichtet die Menschheit, droht, auch sich selbst zu zerstören ... Gleichwohl tut Helena Glory, sehen wir vom Ergebnis ab, im Grunde das gleiche wie jene Namenlose in Ripratons System: In mechanischen Geschöpfen „bewirkt" sie Gefühle, die ins Unabsehbare drängen.
In der gekürzten Fassung gipfelt die Erzählung „Das System" in der Befreiung, die einer Frau zu verdanken ist. Die abschreckende Utopie bleibt im Mittelpunkt. Durch eine ironische Anklage gegen die Verführerinnen, eine Klage der Verführbaren bagatellisierte der ursprüngliche Schluß Ripratons System. Die beiden jungen Männer, denen Ripraton vom Aufstieg und Fall seines Systems erzählt, „sagen seufzend, mit dem Gedenken an ihre überseeischen Freundinnen: O ihr Frauen, wie gefährlich seid ihr mit euren Reizen! Wahrlich, wenn das Ende der Welt kommt, wovor der Himmel unsere Jugend noch behüten möge, wird es nicht euer Werk sein? Und welches Übel wäre schließlich nicht von eurer Hand gesponnen, o ihr Schicksalsgöttinnen des Menschengeschlechts? Ach, Eva, Mutter Eva, welche Frucht ist aus deinem Schoß gekommen!"

Aus dem Feuilleton „Über die verschiedenen Mittel" (1912): „Wir wollen etwas anderes, als wir sollten, doch was wir machen, ist nicht das, was wir gewollt haben; und was schließlich aus unseren Händen hervorgeht, ist etwas anderes als das, was wir eigentlich gemacht haben."[171]

Woran lag es, daß der Pariser Aufenthalt unvergleichlich größere Bedeutung für Karel Čapek gewann als das Semester in Berlin?
In einem nachgelassenen Manuskript heißt es: „Am Anfang war die französische Literatur. Am Anfang waren Stendhal und Flaubert, waren Baudelaire, Rimbaud, Francis Jammes und so viele andere, war Bergson, waren Manet, Rodin und Cézanne; am Anfang war einfach die Faszination. Wie so viele unserer jungen Leute, reiste ich vor dem Krieg nach Paris, in das heilige Rom der Künstler, formal als Schüler der Sorbonne, doch in Wirklichkeit als unbekannter und trunkener Pilger, der zwischen dem Louvre und dem Laden von Ambroise Vollard umherschweifte, von den Bouquini-

sten und der Seine zu den Cafés und Bierlokalen der Boheme am Rive Gouche, vom Jardin du Luxembourg zu den Café-concerts des Monsieur Druet. Das Ergebnis war eine noch tiefere Faszination; ich denke, daß ich sie nicht verliere, solange ich lebe. Ich war fasziniert von den Menschen, vom Leben und von der Kunst. Es ist, wenn Sie so wollen, eine Liebe, die nie aufgehört hat, ein unerfüllter Traum zu sein."[172]

Wie Menschen und Dinge die Faszination nährten und was der Blick des trunkenen Pilgers suchte, zeigt Čapeks Erinnerung an den Maler Léon Chauliac „Ein unbekannter Meister"[173]: „Damals machte uns jemand mit dem alten Meister bekannt (…) Ein kleiner sokratischer Greis mit einem Kinderhütchen auf dem Kopf, einem weißen Bart und unerhört lebhaften Augen, arm wie der heilige Franziskus und munter wie ein Spatz aus dem Jardin du Luxembourg. Wir verstanden kaum ein Fünftel seines halb südfranzösischen, halb pariserischen Redeschwalls; ihm machte das gar nichts aus. ‚Sprecht in eurer Sprache', sagte er immer zu uns, ‚ich verstehe alles'. Im übrigen ist es wirklich nicht schwer, junge Menschen zu verstehen. Er war ein Enthusiast in der Freundschaft, wie so viele Franzosen. Oft trafen wir ihn nachts auf dem Boulevard Saint-Michel; er begleitete uns nach Hause wie ein Verliebter, wir gingen bis zwei, drei Uhr nachts vor dem Haus auf und ab; er sprach unentwegt über die Kunst und darüber, was der Mensch sieht. Nur einmal (…) rückte er mit dem feurigen Stolz seines Lebens heraus: er sei einundsiebzig Kommunarde gewesen und habe eine Proklamation an das Volk herausgegeben (…) Vielleicht war auch das nur eine Phantasie des alten Sonderlings."

„Eines Nachts traf er uns und schleppte uns ans Ende des Montparnasse, bis zu den Fortifikationen. Dort, in einer Sackgasse, ist eine Bar. ‚Ohne mich könntet ihr nicht dorthin.' Tatsächlich war das Publikum nicht vertrauenerwekkend; Männer in Segeltuchschuhen und mit buntem Gürtel, flacher Mütze, einer Zigarette im Mundwinkel; Rotwein, ein Mädchen, das am Tisch schlief, die Männer tuschelten." Dort bewahrte Chauliac Bilder auf, die er ihnen zeigen wollte…

Ein andermal, als sie ihn in seiner Mansarde besuchten, erlebten sie, wie ihn eine Kinderzeichnung in Entzücken versetzte – und in Verzweiflung: So etwas Phantastisches und Reines würde er, der Fünfundsiebzigjährige, niemals malen.

„An einem wundervollen Frühlingsabend schlenderten wir mit ihm an der Seine entlang; als wir über eine Brücke kamen, schwamm unter uns ein Lastkahn durch, vollgeladen mit Apfelsinen; der starke Duft des Obstes überströmte den ganzen Fluß. Und da sagte der Alte, nur in solch einer Menge erkenne man, was eine Apfelsine sei; da habe man nicht nur die Farbe, sondern auch den Duft und den Geschmack (...) ‚Und das ist es dann: eine einzige Apfelsine aus dieser Menge herausgreifen und gut malen.' Nun konnten wir seine Bilder besser verstehen. Denn auch Paris ist eine Menge und eine schwimmende Fracht, die ganze Welt ist eine unerhörte Menge von Dingen; man muß sie vor allem in der Menge sehen und alles bedenken, was mit ihnen und den Menschen geschieht, wozu sie da sind, wie sie leben, und dann ein Gesicht oder ein Ding herausgreifen und gut malen. Dieses malerische Sehen ist ein großes Sehen und Erkennen; das ganze Gehirn wird zum Auge, das ins Panorama der Welt vertieft ist, zum klugen und klaren Auge, das *alles versteht.*"

Es tut wenig zur Sache, ob das Porträt Léon Chauliac entsprach. Für Karel Čapek und vielleicht auch für seinen Bruder war er so. Aufregend fremdartig, voll romantischer Abgründe – und doch auf vertraute Weise väterlich. Wie er die braven Lerneifrigen an die Hand nahm und in unbekannte Gefilde führte, beschützend und belehrend. Wie er über Kunst sprach und die beiden vor allem in ihrer Begeisterung fürs Schauen bestärkte. Ein malerischer Greis, wie zum Bestaunen geschaffen – und zum Hineinprojizieren: Wer hätte sich besser in Phantasien einspinnen lassen, wem hätte Karel Čapek seine eigenen Vorstellungen so überzeugend als Lehren in den Mund legen können?

Der Alte spürte wohl, daß er gewissermaßen ein Lehramt versah. Eine Weile war er zumindest für den Jüngeren so etwas wie ein Meister. Mit Karel Čapeks Worten: Er war „ein Meister, mag er auch nie in die Kunstgeschichte eingehen und keines seiner Bilder in Galerien hängen. Solch lautere künstlerische Leidenschaft, von keinem Ruhm verdorben, eine Flamme, die unbekannt brennt, soviel reine Liebe zur Kunst, soviel weises Sehen, soviel Lernbegierde, das ist das Beispiel eines Künstlerlebens – ein Beispiel, das nicht weniger ermutigt als die Werke der Meister."

„An dieser Bekanntschaft hielten sie fest. Sie gingen oft mit Chauliac, und er malte Karel Čapek sogar, wie immer auf Seidenpapier", berichtet Štech. Denn er war der Jemand, der die Brüder Čapek mit dem alten Maler bekannt gemacht hatte. Štech war ihm bei Emile Antoine Bourdelle begegnet.[174]

„Die Bilder des Lebens auf den Straßen und die ewigen Bilder an den Wänden der Galerien" – ohne Zweifel waren sie es, die dem Aufenthalt in Paris so nachhaltige Bedeutung gaben. Allerdings setzte das Aufgeschlossenheit voraus, die Bereitschaft, Eindrücke überhaupt anzunehmen. Zum einen verstand diese sich von selbst, weil Paris im Blickfeld der tschechischen Avantgarde einen außerordentlichen Platz beanspruchte. Das war bei der vorigen Generation so gewesen.[175] Und die Nachkriegsavantgarde orientierte sich ähnlich. Ilja Ehrenburg vermerkte 1928 staunend: „In Prag kennt man die jungen französischen Dichter viel besser als in Paris. Man frage irgendeinen Pariser Kritiker nach Ribémont-Dessaignes, und er wird nur die Achseln zucken. In dem Pariser ‚Salon der Unabhängigen' sind die ‚linkesten' Bilder mit tschechischen Namen signiert."[176] Wen meinte er, vielleicht unter anderen František (François) Kupka? Der hatte 1911 und 1912 als erster Maler überhaupt ein gänzlich abstraktes Bild gemalt: „La Fugue en rouge et bleu", konzentrische blaue, rote, grüne und schwarze Rhythmen auf weißem Grund; und 1924 erregten seine „Diagramme" und „Arabesques tournoyantes" Aufsehen.

Zum anderen wirkte ein persönlicher Umstand mit, den Čapek nicht erwähnt; vermutlich gab er sogar den Ausschlag. „Karel Čapek hatte sich seit der Zeit in Berlin auffallend verändert, war durch die Gegenwart des Bruders gleichsam erwacht aus seiner Verdrossenheit", schreibt Štech. „Mittags gingen sie essen, tranken im Biard auf dem Boulevard Kaffee, kauften ‚Le Matin', die damals populärste Pariser Tageszeitung, und begaben sich, um die Fortsetzung des Fantomas-Krimis zu lesen, in den Jardin du Luxembourg. Der wundervolle, sonnige Park mit Wasserbecken, Fontänen,

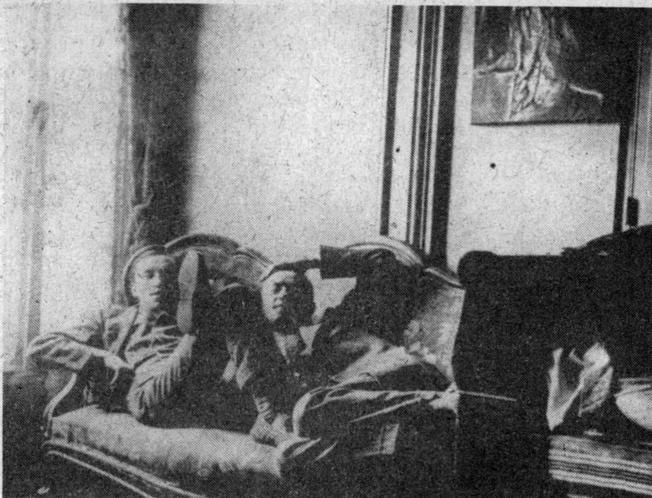

30 Die Brüder Čapek im Hotel in Paris (Frühjahr 1911)

Denkmälern und Alleen (...) verkörperte Weite, eine großartige Komposition von offenen Perspektiven und auch die Intimität müßigen Verweilens." In dieser Zeit entstand das Stück „Der Räuber", jedenfalls der Entwurf. „Obwohl nur Karel schrieb, auf den mittäglichen Spaziergängen im Jardin du Luxembourg erörterten sie nicht allein die Handlung, sondern auch die Entwicklung, die Wendungen, selbst Pointen sprachen sie durch. (...) Was sie gemeinsam ausdachten, brachte Karel am nächsten Vormittag zu Papier. Ich begriff ihr Zusammengewachsensein, begriff, warum Karel in Berlin ständig so verdrossen und labil gewesen war, und sagte mir, so ungefähr haben wohl die Goncourts gearbeitet (...) Arbeitsstunden wechselten ab mit der Besichtigung von Sammlungen und mit dem Besuch in Kunsthandlungen (...), damals begann Josef sich mit der Kunst der Naturvölker zu beschäftigen, worüber er später ein schönes Buch geschrieben hat. (...) Abends aßen sie zu Hause, und sie achteten darauf, daß jeder gleich viel Wein im Glas hatte (...) Nach dem Abendessen gingen sie Bier trinken, auf dem Trottoir vor dem Bierlokal Dumesnil, unweit von unserem Hotel. Sie unterhielten sich kaum mit Václav Nebeský, der ein paar Häuser weiter wohnte (...) Sie genügten sich selbst, vermochten sich ihre eigene Welt zu schaffen im Quartier Latin, in dem es von Studenten und exotischen Besuchern wimmelte (...)"[177]

Kindheitserfahrungen prägten das Verhältnis zwischen Helena, Josef und Karel Čapek. Ihre Eintracht entwickelte sich zu einem guten Teil aus Ungemach. Die beiden Älteren, die Zärtlichkeiten und Lob von der Mutter entbehrten, fühlten sich aus Not zusammengehörig. Karel wiederum brachte der Selbstbehauptungswille den Geschwistern näher. Anhänglich folgte er ihnen und entzog sich der Mutter, die er beschwichtigte, indem er sich vor allem dem Bruder anschloß. Ihm hatte sie ja aufgetragen: „Du, Josef, bist sein Beschützer, sein zweiter Vater!"[178] Die Zurückgesetzten gewannen einen Verbündeten und obendrein ein wenig mütterliches Wohlwollen. Unwillkürlich rückten sie der Mutter sogar näher, indem sie deren Rolle spielten und Karel unter ihre Fittiche nahmen.
So verborgen ihre Wünsche, so tiefgreifend und verwickelt ihre Beweggründe waren, so zäh hielt sich, was daraus hervorging. Die drei Geschwister waren längst aus dem Alter heraus, in dem sie jene Kränkungen und Ängste erlebt und darauf reagiert hatten, doch zueinander verhielten sie sich wie in der Kindheit, im Grunde bis ans Lebensende.
Helena Čapková war über siebzig, ihre Brüder waren längst tot, und sie selbst hatte nicht mehr lange zu leben, als sie ihre Erinnerungen[179] schrieb, doch Karel erscheint darin, selbst noch in der Rolle des berühmten Schriftstellers, als der hochbegabte, aber schutzbedürftige kleine Junge, und Josef bleibt der Benachteiligte, ihr Leidensgenosse von ehedem. Die Nöte ihrer Kindheit waren nicht verblaßt, ihr Zorn auf die Mutter entlädt sich häufig und so heftig, als wäre die Erinnerung an all die Ungerechtigkeiten und Kränkungen frisch wie am ersten Tag. Das ist nichts Ungewöhnliches. Alfred Döblin zum Beispiel schrieb mit fünfzig Jahren seinen unverblümten, zorngeladenen „Ersten Rückblick", der „bezeugt, daß die Wurzeln seines außerordentlich spannungsreichen, von auffallenden Gegensätzen erfüllten Werkes in den Jahren der Kindheit und Jugend zu suchen sind"[180].

Wie sich die Brüder Čapek zueinander verhielten, hat Langer beobachtet: „Der ältere, ernstere und schwerblütigere Josef spielte gegenüber dem zarten und jüngeren Karel immer ein wenig den Beschützer und manchmal auch den Schulmeister. Dabei war er geradezu väterlich stolz auf ihn, wie auf ein begabtes Kind, wenn nicht ein Wunderkind. Karel wiederum gestand Josef die Rechte des Älteren zu, und wenn zwischen ihnen eine Unstimmigkeit aufkam, beugte er sich nach kleinen Äußerungen des Trotzes schließlich doch immer. Sie riefen sich Kódl und Péča. ‚Kódl' klang aufmunternd, als wollte der Ältere den Jüngeren durch den burschikosen Namen zu einem Ebenbürtigen erklären. ‚Péča' – das war ganz das Rufen des Jüngeren. Karel konnte den flehentlichen Tonfall des kleineren Bruders hineinlegen, den der ältere und stärkere Bruder am Straßengraben verlassen hat. Dann klang es wie ein Hilferuf. Noch Jahre später konnte er in diesem Ton den Bruder ans Fenster rufen, wenn ihm im Garten eine seltene Hochgebirgspflanze eingegangen war. (...) Jeder nahm innigen Anteil an der Arbeit des anderen, auch als es sich nicht mehr um Gemeinschaftswerke handelte. Auf der Generalprobe für ‚Die Sache Makropulos' packte Josef mich immerfort an der Schulter und sagte, halb fragend: ‚Das ist gut, was?' Die Mutter einer Debütantin hätte nicht gespannter sein können. Auch bei allen Scherereien, die Karel hatte, war Josef sein tapferer Sekundant. Karel wiederum konnte ausführlich über die Bilder seines Bruders sprechen und sie analysieren wie niemand sonst, besser als Josef selbst."[181]
Auch das hatte eine Vorgeschichte. Josef sollte einen praktischen Beruf ergreifen, so wollten es die Eltern. Vor allem die Mutter sah ihn, im Vergleich zu Karel, als nicht sonderlich begabt an, hielt ihn für untauglich, zu studieren und, wie er selbst es wünschte, Maler zu werden. In der Schule tat er sich wirklich nicht hervor, am allerwenigsten in Zeichnen. Voller Abneigung äußerte er sich später über den Zeichenunterricht, wo durch engstirnige Schulmeisterei abgeschnürt wird, was gerade Kindern oft innewohnt: der Drang, Empfundenes und Erlebtes in eigenen Bildern auszudrücken, statt zurechtgestutzt, „richtig" zu malen. „Die grundlegenden Vorstellungen stammen aus der Kindheit, ebenfalls aus der Kindheit stammen die kostbaren Er-

kenntnisse, denn die Kindheit erkennt die Dinge der Welt zum ersten Mal, sie bietet den Wahrnehmungen einen gierigen und frischen Boden. In der Kindheit ist alles ursprünglich und schön, indes ein erwachsener Mensch abgestumpft und müde ist. Die Dinge wie ein Kind sehen, heißt, sie unmittelbar sehen und dabei mit frischer und reichster innerer Anteilnahme."[182]

Zunächst mußte Josef, als er dreizehn war, für ein Jahr von Úpice ins nahe gelegene Žacléř (Schatzlar) auf eine deutsche Schule überwechseln, um fremdsprachliche Übung zu bekommen; deshalb auch wohnte er dort bei einer deutschen Familie. Danach, von 1901 bis 1903, besuchte er die deutsche Fachschule für Weberei in Vrchlabí (Hohenelbe). Anschließend arbeitete er als Volontär in einer Textilfabrik in Úpice, mußte weben, Maschinen instand halten, Buchführung und Geschäftskorrespondenz erledigen, kurz, von der Pike auf lernen, um später selbst ein Unternehmen leiten zu können. Denn die Eltern trugen sich mit dem Plan, die seit dem Tod des Großvaters Novotný verpachtete Hronover Mühle in eine Weberei für ihn umzubauen. Doch Josef zog es zur Kunst. „In der Zeit, als ich mich entschloß, Maler zu werden, war ich in der Fabrik gerade als Weber, Monteur und Schlosser beschäftigt. Ich kann nicht sagen, daß ich dort unglücklich gewesen und daß mich die Arbeit an den Maschinen angewidert hätte. Keineswegs, doch eines spürte ich ganz klar – sollte ich hier für immer bleiben, so würde mein Leben vergeblich dahingehen, würde ich mein Leben nicht ganz ausleben", schrieb er später.[183] Zuerst die Versicherung, er sei nicht unglücklich gewesen; dann das Eingeständnis der verzweifelten Lage.

Ebenso wie Karel neigte er dazu, die Kindheit im Rückblick zu verklären, oder wenigstens zu verharmlosen, was ihm zu schaffen gemacht hatte, oder aber alles Unangenehme zu verdrängen. In einem Brief an Jarmila Pospíšilová bekannte er am 29. August 1912: „Und das so leicht und einfach fließende Leben des Kindes, ein Leben, das später in den Erinnerungen aus den anmutigsten Augenblicken zusammengesetzt scheint – das alles spüre ich noch gut, und doch ist mir die Vergangenheit niemals schöner erschienen als die Gegenwart, und ich kann mich nicht spontan an sie erinnern, es sei denn, ich zwinge mich gewaltsam dazu."[184]

Wieder zunächst eine Versicherung: er spüre das alles noch gut, was in der Erinnerung angenehm erscheint; dann das Eingeständnis, was er wirklich spürte: solch ein Grausen, daß er es nur mit Zwang über sich brachte, überhaupt an die Kindheit zurückzudenken. Er behalf sich mit einer Legende, die nur Positives in Erinnerung brachte, Wahres und Unwahres. Belegt ist, daß er in jener Zeit der Entscheidung mehr als sonst bedrückt war. Helena Čapková berichtet sogar, er habe sich der Pistole des Vaters bemächtigt, um Selbstmord zu begehen, falls die Eltern ihn hindern wollten, Maler zu werden. Da er zur Schwermut neigte, war das sicher keine leere Drohung. Auch seine Schwermut deutet nicht auf ein „leicht und einfach fließendes Leben des Kindes" hin, sondern auf alte Wunden, die noch den Erwachsenen schmerzten.
Geholfen haben ihm nicht zuletzt die Geschwister. Karel, damals noch in Hradec Králové, legte seinem Zeichenlehrer Arbeiten von Josef zur Begutachtung vor und berichtete dem Bruder vom Urteil: „Péča, juble, denn der Professor (Zeichnen) ist sehr zufrieden (...)"[185] Das war 1904. Im selben Jahr ermöglichte Helenas Mann Josef die Teilnahme an dem mehrwöchigen Ferienkurs für Landschaftsmalerei, den Alois Kalvoda in Hranice veranstaltete. Diesem verdankte es Josef fünf Jahre später, daß erstmals die Reproduktion einer künstlerischen Arbeit von ihm veröffentlicht wurde, was ihn allerdings nicht hinderte, dem vormaligen Förderer bald darauf „dumme Angriffe" auf den Kubismus vorzuwerfen.
Übrigens, in Hranice (Mährisch-Weißkirchen) besuchte Rainer Maria Rilke von 1890 bis 1891, Robert Musil von 1894 bis 1897 die Militär-Oberrealschule. Rilkes frühe Erzählung „Die Turnstunde" mag sich allgemein auf die Schrecken von Kadettenanstalten beziehen, Musil aber hat in seinem Roman „Die Verwirrungen des Zöglings Törleß" Erlebnisse dieser Zeit verarbeitet.
Der Fürsprache seines Schwagers František Koželuha konnte es Josef zuschreiben, daß die Eltern ihn schließlich, vom Herbst 1904 an, studieren ließen, und zwar nicht an der Kunstakademie, sondern, im Hinblick auf eine praktischere Ausbildung, an der Kunstgewerbeschule in Prag. Josef Čapek hat sich seinen Weg zur Kunst buchstäblich er-

trotzt. Doch hatte er fortan noch erhebliche Widerstände in sich selbst zu überwinden, bevor sich seine Talente entfalten konnten. Nicht als Maler, sondern als Literat gelang ihm der Durchbruch, und er schaffte ihn nicht allein, sondern mit Karel zusammen.

Daß es ihm nicht an Begabung mangelte, liegt auf der Hand. „Wieder hatte ich das Gefühl, Josef sei die eigentlich schöpferische Persönlichkeit in diesem einzigartigen Autorengespann", schreibt Štech. „Karel war nach meinem Urteil weniger tief, irgendwie leichter, aber auch gebildeter und geselliger."[186]

Karels Geselligkeit in späterer Zeit beschreibt Langer genauer: „Sicher verheimlichten wir nichts voreinander, aber beide wahrten wir Grenzen in den Vertraulichkeiten, im Anvertrauen und Beichten. Solch einen Widerhall rief Karels Freundschaft wohl überhaupt bei niemandem hervor. Dagegen ging so mancher zu Josef, um sich auszusprechen und zu beichten, um sich Rat oder Absolution zu holen oder ihm etwas auseinanderzusetzen. Offene Arme fand man bei ihm leicht, er war fester, war reif und weise."[187]

Štechs Urteil über das Schöpferische steht im Zusammenhang mit dem Pariser Aufenthalt, trifft aber nicht nur auf diese kurze Zeit zu. Zwar sind die Frühwerke der Brüder Čapek echte Gemeinschaftswerke; sie sind im Dialog entstanden und können nicht in persönliche Anteile zerlegt werden, obwohl sich durchaus sagen läßt, Josef habe vornehmlich Lyrisches, Karel Intellektuelles beigesteuert. Indes war es Josef, der die Einfälle lieferte. Auch nach dem ersten Weltkrieg, als sie noch zweimal kooperierten – nicht mehr im Dialog, sondern getrennt Texte schaffend, die dann besprochen und zusammengefügt wurden –, da kamen der Einfall und die Konzeption von Josef: für die Stücke „Aus dem Leben der Insekten" (1922) und „Adam der Schöpfer" (1927).[188]

Warum bedurften sie der Hilfe? Warum brauchte einer den anderen, um das eigene Talent zur Geltung zu bringen?

Offensichtlich unterschieden sich ihre Begabungen. Karel war, im Gegensatz zu Josef, ein parodistisches Genie: Wieviel Glanzstücke bietet allein der Roman „Der Krieg mit den Molchen"! Er war auch ein Meister darin, Anregungen aufzunehmen und auszuspinnen: Sein Stück „Die weiße

Krankheit" entwickelte er aus einem Einfall von Jiří Foustka, sein Stück „Die Mutter" aus einem Sujet von Olga Scheinpflugová. – Anders als Karel, schrieb Josef später ausgeprägt lyrische Prosa, verzichtete auf Handlung, um einer rhythmischen Flut von Bildern Raum zu geben. Ohne Zweifel neigte sein Denken stärker zum Bildlichen, Karels stärker zum Begrifflichen. Doch fand Josef nicht nur Bilder, sondern auch Begriffe – von *ihm* stammt das Wort „Roboter"! Andererseits konnte Karel sich, wie etwa die „Reisebilder" zeigen, in der bildenden Kunst zu Hause fühlen. Indes, die Behauptung, Karel habe seine relativistische Methode, ein und dieselbe Geschichte oder Person von verschiedenen Standpunkten darzustellen, dem Kubismus entlehnt, ist, wiewohl naheliegend, doch fragwürdig: In der zweiten, „analytischen" Phase des Kubismus, die 1910 begann, gaben die Kubisten simultan mehrere Ansichten ein und desselben Gegenstands, indem sie ihn in Facetten zerlegten; die Brüder Čapek aber bedienten sich einer durchaus ähnlichen Methode bereits 1908 in der „Belehrenden Geschichte". Gleichwohl ist kaum vorstellbar, daß die spätere Verwendung dieser Methode nicht vom Kubismus beeinflußt worden sei.

Gewiß hat das Selbstvertrauen eine beträchtliche Rolle gespielt. Wie sollte Josef Selbstvertrauen besitzen, nachdem er kaum bestärkt, beflügelt worden war? Karel dagegen hatte eines fast von der Wiege an genossen: rückhaltlose Bewunderung von der Mutter. Sie sah als erste und schon früh etwas Außerordentliches in ihm, hegte Hoffnungen, er werde Großes vollbringen, und sprach das häufig aus. Daß solche Worte nicht spurlos geblieben sind, zeigen die Briefe, die der fünfzehnjährige Karel an Anielka schrieb. Neben Selbstzweifeln steht zum Beispiel die Erwähnung, daß „auch andere geglaubt haben, aus mir werde etwas Ungewöhnliches emporwachsen, was vieles bewirkt für die Menschheit, sozial und moralisch und auch fürs Vaterland"[189].

Was es heißt, als Bewunderter den Weg ins Leben zu beschreiten, sieht man aufs schönste an Egon Erwin Kisch. Schon die Hebamme hatte ihn als besonders prächtigen Erdenbürger begrüßt, und seine Mutter wurde nie müde, ihn dementsprechend zu bewundern, sie beschied ihm die

Rolle des Glückskindes. Eine Rolle, in der er sich offensichtlich sein Leben lang wohl fühlte. Wo, wenn nicht hier, hätten wir die Erklärung dafür zu suchen, daß Kisch sich zeitlebens auf ein unverwüstliches und heiteres Selbstvertrauen stützen konnte?
Es gab allerdings noch einen Grund, aus dem Josef Čapek die Zusammenarbeit mit dem Bruder brauchte. An Jarmila Pospíšilová schrieb er am 21. April 1912: „(...) und ich wünschte, wir fänden genügend Fähigkeiten in uns, die Novelle zu schreiben, die mir einfiel, als ich vom Untergang der Titanic las; haben Sie keine Angst, sie wird nicht den Beigeschmack des Sensationellen haben; aber womöglich wird sie seltsam anmuten; ich wünschte, sie wäre schon geschrieben, weil ich viel daran denke, und es wäre mir lieb, wenn sich das Denken realisieren würde. Allein kann ich es nicht schreiben, weil ich zu hart und schwer schreibe."
Er war gehemmt, das auszudrücken, was er empfand, wünschte oder dachte. Eine Hemmung, die er zweifellos als Kind durch die fortwährende Mimikry vor der Mutter erworben hatte. Da dies im Verhalten zu Jarmila besonders hartnäckig hervortrat, kann man allerdings vermuten, daß nicht nur das Ausdrucksvermögen gehemmt war, sondern daß die Mutter ähnlich wie bei Karel auch beim weniger geliebten Sohn der Entfaltung von Liebesbeziehungen im Wege stand. Jarmila erwähnt in ihren Erinnerungen gelegentliche Äußerungen von Frauenfeindlichkeit und führt sie auf die Gemütsbelastungen durch die Mutter zurück, denen sowohl Karel als auch Josef über die Kindheit hinaus unterworfen waren.[190]
Denn auch Josef litt unter Nervenkrisen, deren neurotischer Ursprung nicht zu übersehen ist. Eine Erwähnung findet sich zum Beispiel in einem Brief vom 1. Juni 1912 an Jarmila: „Sie kennen nur meine nervösen Zustände, meine Unruhe und höchstens ein paar eilige Zärtlichkeiten, die ich manchmal zwischen dem übrigen hervorbringen kann."
Noch deutlicher werden die Nöte in dem Brief vom 16. Oktober 1913: „(...) und wenn ich wirklich bei Ihnen bin, überkommt mich so ein scheußlicher physischer Schmerz, mein Kopf ist wie von einem Faßreifen umspannt, und dann kann ich nicht weiter, es ist, als wären Sie ganz fremd."

Kehren wir zurück zu dem Brief vom 21. April 1912; er zeigt, wie eng Gefühls- und Ausdruckshemmung zusammenhängen: „(...) immer, wenn ich Ihnen besonders nahe sein, Ihnen den Schwung meiner Leidenschaft für Sie am meisten zeigen will und vielleicht am ehesten hören möchte, daß ich für Sie nicht nur ein beredter Mund und ein Briefschreiber sei, (...) zanken und streiten wir uns. Es wäre besser, ich könnte, wenn ich bei Ihnen bin, alles das in mir erfassen, was ich empfinde, wenn Sie wieder fern sind und ich mich nur noch erinnere, daß ich Sie gesehen oder mit Ihnen gesprochen habe."
Wie ihn das Unvermögen verdroß, verrät der Brief vom 14. Januar 1913: „Schon als ich letztens von Ihnen wegging, keimte in mir so eine nicht zu beruhigende Verwunderung, warum all die Zärtlichkeit, der ich mich zu Hause völlig und stets gern hingebe, sich nicht auch mit den herzlichsten Worten und mit größerer Überzeugungskraft frei macht, wenn ich bei Ihnen bin – sicher liegt die Ursache dieser Stummheit und Verborgenheit der Gefühle nicht in einer sonderbaren und unaussprechlichen Scham oder in der Besorgnis, es gäbe keine Mittel auf der Welt, das innere Glück und alles Schmerzhafte auszudrücken, was mit ihm verknüpft ist – ich weiß überhaupt nicht, wo die sonderbare Ursache liegt. Die ganze Bezauberung, in der die Liebe leben kann, wird durch diesen Mangel an Mitteilsamkeit nicht im mindesten beeinträchtigt und kann es nicht werden. Doch habe ich dabei an Sie gedacht und mich gequält, Sie könnten vielleicht meinen, in mir gäbe es viel Fremdheit und Unwahrhaftigkeit, nur schwache Gefühle und Trägheit."
Und am 17. März 1913 schrieb er: „Oftmals haben Leute mir beweisen wollen, ich hätte nicht die mindesten Anlagen für ein Gefühlsleben, ich sei so reguliert, daß ich niemals von Gefühlen ergriffen werden könne, ich würde sie unterdrücken, fast noch bevor sie entstehen."
Zu denen, die ihm und seinem Bruder derlei ankreideten, gehörte V. V. Štech. Er warf den beiden ihre „kühlen Gehirne" vor.[191]

Groll über den Vorwurf merkt man noch Karel Čapeks viel später entstandenem Text „Kühl" (aus „Kritik der Worte")

an: „Der Instinkt erledigt tadellos tausendjährige Leistungen, indes der Verstand wenigstens mit etwas Erfolg zu neuen Leistungen führt. Und darum bitte ich Sie um Gottes willen, achten Sie den Verstand und sagen Sie nicht, er sei kühl. Im Gegenteil, ein guter und reger Verstand ist ganz heiß von der starken Reibung an den Bedingungen und Situationen, die er zu bewältigen trachtet. Er ist erfinderisch wie ein Kind und wiederum einfach wie ein Handwerker; er macht sich ehrliche Arbeit, doch wiederum überspringt er mit einem leichten Sprung die Kettenglieder, an die der Trieb sich halten muß. Er gewährt Ihnen die unendliche Möglichkeit von Irrtümern und Abenteuern, aber auch die Möglichkeit der Wahl."[192]
Ein Bekenntnis zur Rationalität, zur Verantwortung des Intellekts. Die Grundlagen dieser Einstellung waren schon in der Kindheit gelegt worden. Zum einen dank dem Vorbild des Vaters, der im Geist der Aufklärung und der Naturforschung von der Kraft des Verstandes überzeugt war. Zum anderen indirekt durch die Mutter. „Er sagte einmal, daß er an keine ‚Tiefheiten' des Lebens glaube, auch nicht an die Seele, nur an Hysterie (...)", berichtet Štech.[193] Čapeks Abneigung gegen alles Irrationale – allerdings auch seine Scheu vor Psychologie – hatte also eine ihrer ältesten Wurzeln in den Erfahrungen mit der Hysterie, in den Leiden an der hysterischen Mutter.

Zum Thema Gefühl kontra Intellekt in der Literatur schrieb Robert Musil 1913: „Wir plärren für das Gefühl und gegen den Intellekt und vergessen, daß Gefühl ohne diesen – abgesehen von Ausnahmefällen – eine Sache so dick wie ein Mops ist. Wir haben damit unsere Dichtkunst schon so weit ruiniert, daß man nach zwei hintereinander gelesenen deutschen Romanen ein Integral auflösen muß, um abzumagern."[194]

Frei von Vorwurf paßt das Etikett „kühler Verstand" durchaus auf eine wesentliche Eigenheit sowohl zahlreicher Werke der ersten Jahre, die im wesentlichen dem Jugendstil verpflichtet sind, als auch der wenigen neoklassizistischen Novellen nach dem Vorbild von Paul Ernst und Jean Moréas.

31 Ausflüglerquintett (etwa 1912). Von links: F. Langer, K. Čapek, J. Čapek, V. Špála, V. Hofman

Die neoklassizistische Komposition bedeutete, daß nach der Art der Renaissancedichtung nicht Charaktere, sondern Leidenschaften im Widerstreit gezeigt wurden, was zwangsläufig abstrakt geriet. Unter den jungen Literaten war es sogar üblich, die Texte förmlich zu konstruieren. Die Brüder Čapek gaben ihren Bekannten aus dem Kaffeehaus „Union" Kostproben „ihrer perfekten Maschinerie und Alchymie", wie Langer schreibt: „So schilderten sie uns einmal von Anfang bis Ende, wie sie die Erzählung ‚L'éventail' aufgebaut und fertiggestellt hatten. Vielleicht erinnere ich mich deshalb genauer an diesen Sonntagvormittag als an andere, weil ich eine Erinnerung daran habe, ein Foto eines Ausflüglerquintetts, das sich am Waldsaum gelagert hat; wir saßen dort, die Čapeks berichteten. Ein schönes Foto mit jungen Gesichtern."[195]

Nicht nur, wenn die jungen Brüder Čapek mit Aphorismen zu glänzen trachteten wie Peter Altenberg und Karl Kraus, mit Paradoxa wie Oscar Wilde, mit Sentenzen wie Friedrich Nietzsche, auch wenn sie Szenen und Verwicklungen erfanden, Erotisches abhandelten oder Frivoles durchblicken ließen, überwog das intellektuell Spielerische, Konstruierte.

Es waren Spiele des Verstandes, wenngleich zumeist mit Gefühlen gespielt wurde. Zuerst in Anlehnung an den Jugendstil, dann nach Art des Neoklassizismus zeigten die Spiele in der Regel chimärische Gestalten, verliefen fast ausnahmslos in einer nahezu ahistorischen Welt. Nur indirekt erfährt man etwas vom Leben der Autoren: Die Pose der ungerührten Dandys ist hier die Haltung unsicherer junger Männer, der kühle Intellekt eine Absicherung gegen Leidenschaften.
Karel war schon als Kind geflohen, wenn ihm Gefühle unheimlich wurden; zum Beispiel ließ er sich besonders gern vom Vater zu Entdeckungen in die Umgebung führen, wenn er den Zärtlichkeiten der Mutter entkommen wollte. Das Gemüt, das Gefühlsleben war belastet durch Dinge, die umgangen oder verdrängt werden mußten, was wiederum Schuldgefühle erzeugte; um so mehr lockten geistige Bemühungen, die von derlei Fesseln und Gefahren frei waren. Wißbegierde und Phantasie wurden angetrieben, und sie konnten sich ungehemmt entfalten, sofern sie den Abgründen der eigenen Seele auswichen. Für das Kind war es unverfänglicher, sich in die Welt hinauszudenken, als die allernächste Umgebung auszuforschen. Für den Jugendlichen wurde es ungefährlicher, Gedanken über Gefühle zu denken, als Empfindungen tatsächlich zu haben und womöglich zu erleben, daß sie sich der Kontrolle entzogen. Und deshalb hatte der junge Autor auch sehr persönliche Gründe, nicht, wie einst empfohlen, schonungslos von sich und seinem Leben zu schreiben, sondern zu meiden, was die Tradition gerade bot: eine Kunst, die sich auf das Subjekt und seine inneren Widersprüche, auf Impressionen und Stimmungen richtete, oder eine Kunst, die sich naturalistisch in Details der Wirklichkeit erging. Sein eigenes Leben legte es ihm nahe, Abstraktion und Verfremdung anzusteuern, wenn er den vielfältigen Strom der Wirklichkeit in seiner Bewegung zu fassen versuchte, gleichviel, ob das den eigenen ästhetischen Grundsätzen entsprach.
Gewinn brachte das vor allem, als die ironische und parodistische Künstlichkeit, die in den frühen Werken blühte, eigenständigen utopisch-phantastischen Konstruktionen wich. Vereinfacht gesagt: als er von Dandys und Marionetten zu Robotern, von den Wundern des Varietés zu den Ef-

fekten des Atomzeitalters überging, getreu der Ankündigung, die Literatur werde sich „den schwindelerregenden Möglichkeiten der modernen materiellen und geistigen Kräfte" zuwenden.

Josef Čapek spürte offenbar früh, in welche Enge es führt, wenn nicht Menschen mit Leidenschaften, sondern Leidenschaften ohne leibhaftige Menschen dargestellt werden. „Zwei ganze Tage habe ich mich mit meinem Bruder gestritten", schrieb er am 4. Mai 1911 aus Paris an Jarmila, „damit in unserer neuen Komödie, die uns jetzt vollauf beschäftigt, die treibende Kraft und die dramatische Achse nicht überbeansprucht und allein dem dramatischen Prinzip unterworfen werden, damit unser Räuber nur ein Liebhaber wird und damit er nicht aufhört, ein Mensch zu sein."

Aber schließlich geriet es dennoch so ähnlich, als Karel das unfertige Stück acht Jahre später allein bearbeitete und 1920 beendete. Da war es nicht mehr ein Konflikt zwischen den Generationen, in dem das Mädchen Mimi zu entscheiden hatte, ein Konflikt zwischen dem nach Freiheit drängenden Liebhaber und dem auf Verantwortung pochenden Vater. Ein Sujet, das womöglich aus Tanzstundenerlebnissen geschöpft war (siehe Anm. 115). In Paris hatte die Arbeit an dem Stück den Čapeks Gelegenheit geboten, rebellisch von Prag zu träumen. In Karels Endfassung spielte das Stück in Nordostböhmen, die Magd Franka stammt aus dem Riesengebirgsvorland, statt wie zuvor aus Helena Čapkovás mährischer Umgebung. Karels einstige, entschwundene Adressatin Anielka meinte, als sie später eine Aufführung des Stücks erlebte, ihre Familie sei angedeutet worden: die unglückliche Schwester Lola, die resolute Fanka ... Vor allem aber hatte Karel den Konflikt verlegt. „Der Räuber" ist kein Liebesdrama mehr, sondern ein Schaustück über verschiedenartige Auffassungen von der Liebe.

Nicht die Psychologie wurde Karel Čapeks Metier, sondern das philosophisch Fiktionale. Nicht die eigene Person trat hervor, sprach, träumte, offenbarte sich, sondern Kunstfiguren, Modelle des Menschen erschienen, Abstraktionen von der Existenz und der Welt umrissen die Realität. Das lyrische Ich wurde verschüttet. Der Lyriker erstickte, aber der Verfasser utopisch-phantastischer oder philosophischer

Dramen, Romane und Erzählungen kündigte sich in den Gemeinschaftswerken bereits an. Ebenso der Essayist, der Feuilletonist – und der Satiriker Karel Čapek.

Brüder Čapek: „Das argentinische Fleisch" (1910), Auszug: „‚Agrarier', sprach der verfassungstreue Redner, ‚bedenkt nur: Es geht um den Staat. Bislang haben wir die Bevölkerung Österreichs mit inländischem Vieh ernährt. Herrschaften, ihr kennt unser Vieh: es ist ernst, lethargisch und friedlich. Wir können sagen, es ist aus dem Stoff, aus dem mustergültige Bürger gemacht sind. Wir kennen unser Vieh, wir haben es selber gezüchtet und erzogen; wir wissen, es ist loyal, geduldig, gehorsam und sanft; es ist schwerfällig, passiv und treu; es ist unserer Sache ergeben. Unser Vieh ist still, konservativ und patriotisch. Mit solchem Fleisch haben wir bislang die Bevölkerung Österreichs gesättigt, aus solchem Fleisch nährte sich das Blut der Bürger, bildeten sich ihre Muskeln und restaurierten sich ihre Hirne. Jetzt aber werden Millionen Kilogramm argentinischen Fleisches auf den Markt geworfen, und bedenkt: Argentinien ist eine Republik, nein, eine Konföderation von vierzehn Republiken und drei Territorien; bitte beachtet das. Die Bevölkerung ist wild, republikanisch und stürmisch; sie liebt Staatsstreiche, Hahnenkämpfe und Pistolenschießen (...) ihr Vieh läuft frei in der Pampa herum (...) dieses Vieh ist reizbar; nicht mal durch Gewalt läßt es sich zwingen, freiwillig zur Schlachtbank zu gehen; es ist anarchistisch, ungezügelt, voll stürmischer Triebe. Agrarier, begreift ihr: Mit diesem Vieh sollen jetzt die Einwohner Österreichs ernährt werden. Aus diesem Fleisch sollen ihr Fleisch, ihr Blut und ihre Hirne werden. Ihr Fleisch wird hitziger, ihr Blut schneller, ihre Hirne werden beweglicher werden, sie werden Pistolen, Freiheit und Demonstrationen lieben, sie werden die unendliche Freiheit der Pampa und die republikanischen, proletarischen Leidenschaften der argentinischen Stiere fühlen. Argentinien wird unser Blut vergiften. Österreich wird eine Konföderation von vierzehn Republiken werden (...) Die Menschen werden sich ungebunden und unbeschränkt fühlen wie die Herden der Pampa, sie werden frei, reizbar und tropisch sein. Verschwinden werden die bürgerlichen Tugenden, Ruhe, Le-

32 Josef Čapek (um 1915)

thargie und Gehorsam. Im ganzen Land wird der kollektive Charakter des Rebellen wachsen. Die Pampa ist Gemeineigentum; das Eigentumsrecht wird verschwinden. Verschwinden wird das stille Kuhstalldenken, das wir unseren Herden und durch sie auch den Einwohnern Österreichs eingeimpft haben. Kultur, Zivilisation, Bürgerrecht und jeglicher Schutz werden verschwinden. Aber das alles wird

nicht auf dem Wege einer ruhigen Entwicklung geschehen. Ihr müßt wissen, es wird ein Tag kommen, den niemand erwartet, und da wird mehr Blut fließen als in allen rechtmäßigen Kriegen des Staates. Das wird die Folge des argentinischen Fleisches sein.'
(...) und die Agrarier fürchteten sich noch mehr vor dem unerwarteten Tag, und endlich kam dieser Tag. Die Agrarier wurden irrsinnig durch das ständige Grausen und fielen über die Stadt her. So begannen gewissermaßen zweite hussitische Kriege, aber sie waren noch schlimmer als jene. Das dauerte ganze dreißig Jahre (1918–1948), und dann trat in Österreich größere Ruhe ein als je zuvor; denn wer hätte wen noch erschlagen sollen.
Und das alles war eine Folge des argentinischen Fleisches."[196]

Geraume Zeit war Karel Čapek ganz einfach unsicher, unselbständig: Sein natürliches Pfund hatte er vergraben, das neue noch nicht recht erschlossen. Mehrere Jahre blieb ihm nichts anders übrig, als Zufälliges, Angelesenes, Aktualitäten und ähnliches zu verarbeiten – und bei seinem Bruder zu borgen.
Karel war ein diskursives Talent, er besaß eine wohl angeborene Neigung, Dinge im Gespräch zu ergründen; den Dialog bevorzugte er auch später als Mittel der Darstellung. Es nimmt nicht wunder, daß er das Zwiegespräch mit Josef in der Anfangszeit besonders dringend brauchte, um etwas beginnen, produzieren zu können. Und da Karel gewandter und jedenfalls besser geschult war, Josef zudem noch „schwer und hart" schrieb, führte in der Regel der Jüngere die Feder.
Dagegen war Josef ein lyrisches Talent, seine spätere Prosa bestätigt es. Wie immer ihn die „Stummheit und Verborgenheit der Gefühle" zunächst beim Schreiben hemmte, so war doch das, was ihn zu künstlerischen Hervorbringungen trieb, dem Zugriff nicht so weit entrückt; es wurde nicht, wie bei Karel, in Philosophie umgemünzt, rationalisiert. „Ich bin ganz erfüllt von süßer Tollheit", schrieb er am 29. März 1911 an Jarmila, „und glauben Sie mir, mein kühles und kalkulierendes Gehirn bestraft gar nichts von dieser Erregtheit. Sie gehen immer parallel und streben immer

demselben Ziel zu; mein kühler, berechnender Verstand und mein ins Schwingen geratenes, plauderndes Herz, meine Tollheit und meine Leidenschaften."
Josef gelang es eher, eigener Themen und Stoffe habhaft zu werden, zumindest ahnte er, wo sie lagen. Nicht von ungefähr erschien er dem kritischen Beobachter Štech damals in Paris als „die eigentliche schöpferische Persönlichkeit".
Einigkeit und Übereinstimmung, in vielen Jahren entwikkelt, bildeten eine Voraussetzung der Zusammenarbeit. Aber der Grund, warum Karel und Josef tatsächlich gemeinsam schrieben, lag woanders. Sie wußten nicht, wie die beiden Goncourts oder Rosnys zusammengearbeitet haben und wie Librettisten arbeiten, erklärten sie. Sie selbst „hatten sich sehr früh, aber dafür im Zustand absoluter literarischer Wildheit in die Literatur gestürzt. Sie wußten nicht mal, daß es hierzulande etwas Ungewöhnliches ist, gemeinsam zu schreiben. Sie kamen vom Lande, wo sie zusammen aufgewachsen waren, hatten in Prag keine Freunde und waren also nur auf sich angewiesen. Sie schrieben gemeinsam, weil ihnen das leichter erschien und weil sie es sich allein nicht zutrauten."[197]
Es war jedoch Unterschiedliches, das sie sich allein nicht recht zutrauten: Josef – zu gestalten, Karel – zu erfinden. Dieser komplementäre Mangel erklärt die schriftstellerische Symbiose – und zugleich deren Ende.

Josef war allein nach Paris gefahren, hatte zurückgezogen gelebt, kontaktscheu. „Sicher ist es mir hier gelungen, meine eigene Lebensweise zu finden, mich auf meine Art in die große und fremde Stadt einzupassen, um hier meine kleinen Freuden zu finden, die diesem fremden Milieu wirklich entrissen werden müssen", schrieb er am 22. April 1911 an Jarmila. Und am 29. März 1913 rückblickend: „Ich bin immer wie ein Hund gewesen, der es nicht mag, wenn ihm zu viele dabei helfen, einen Knochen, den er gefunden hat, zu fressen; ich hatte in Paris sehr wenig Bekannte, und denen bin ich noch regelmäßig aus dem Weg gegangen." – Die Reise war nichts anderes als ein Versuch, sich selbst zu finden.
Karel hatte das zumindest nicht so entschieden angestrebt. Er behielt in Berlin den alten Bekannten Štech zur Seite,

freute sich über František Langers Besuch und reiste schließlich dem Bruder nach, weil er ohne ihn nicht auskam. Josef fühlte sich gewiß nicht unglücklich mit Karel. Die Zusammenarbeit klappte nach wie vor glänzend; auch in späteren Jahren, als sie kaum noch oder gar nicht mehr gemeinsam schrieben, blieb zwischen ihnen Harmonie, gab es häufige Zusammenkünfte, eingehende Gespräche. Jetzt aber verlangte es Josef nach Selbstbesinnung, und er war doch nicht ganz zufrieden. „Ich stelle mir manchmal vor, daß es besser wäre, wenn ich wieder ganz allein in Paris wäre. Alle meine Tage und Stunden gehörten nur mir, auch ich selbst gehörte nur mir und war freier in meinem Denken", schrieb er Jarmila am 4. Mai 1911.
Die Brüder planten im Anschluß an den Paris-Aufenthalt eine Reise nach Spanien. Am 1. Juli 1911 fuhren sie zunächst nach Marseille. Die drückende Hitze, das Menschengewimmel, Lärm, Schmutz und üble Gerüche, die miserable Unterkunft in einem verrufenen Viertel – das alles nennt Štech, der den Čapeks nach Marseille folgte, als Gründe dafür, daß Karel niedergeschlagen war und sich krank fühlte. Vermutlich hatte er einfach Heimweh, das plagte ihn auch auf späteren Reisen. Nach zwei Wochen gab er auf und kehrte heim. Josef fuhr allein nach Spanien.

„Am wohlsten ist mir, wenn mein Bruder vormittags zu den Vorlesungen geht und ich in der Wohnung bleibe", schrieb Josef am 22. Juni 1912 in Prag an Jarmila. Am 24. Februar 1913 beklagte er sich bei ihr: „(...) schon allzu lange mußte ich meine innerliche Wut darüber verbergen, daß ich nicht genug mit mir selbst allein sein kann, wie ich es mir jetzt am meisten wünschte (...) Wie für die Dinge des Lebens und der Kunst, so muß man ständig und vielleicht vergeblich nach Formulierungen für die Gefühle suchen, auch in meinem Verhältnis zu Ihnen ist das so (...) Es gehört mehr Eigenleben und mehr Einsamkeit dazu, als mir jetzt vergönnt ist (...)"
Einsamkeit war Josef in all diesen Jahren nicht in dem Maße vergönnt, in dem er sie wünschte. Neue Bedrängnisse entstanden, unvergleichlich größere. Der erste Weltkrieg brach aus, mehr und mehr Altersgenossen wurden eingezogen, mußten für die ungeliebte k. u. k. Monarchie auf die

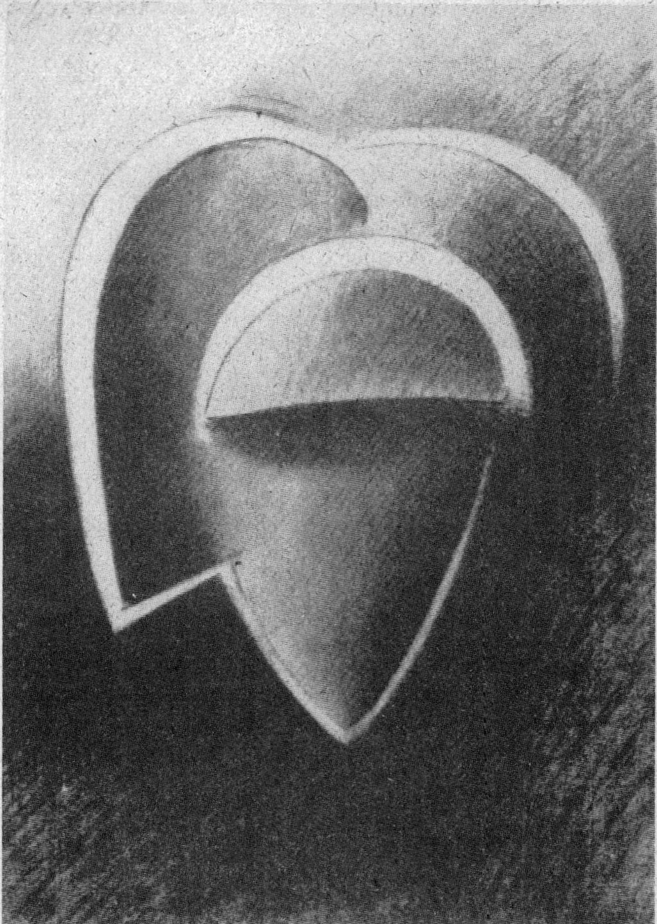

33 Josef Čapek: Frauenkopf (1914)

Schlachtfelder. Ein Prager Bekannter, der tschechisch-jüdische Dichter Ervín Taussig, wurde 1915 Opfer des Krieges, er starb in einem Lazarett an der Ruhr.

Josef kam glimpflich davon, er wurde zwar mehrmals zur

34 Jarmila Pospíšilová (etwa 1915)

Überprüfung geholt, doch wegen starker Kurzsichtigkeit zurückgestellt und wieder entlassen. Die Ungewißheit aber blieb, solange der Krieg dauerte.

Im Oktober 1916 mußte Josef Čapek zu solch einer Prozedur in die Festung Theresienstadt, die damals ein k. u. k. Militärlager war. Am 8. Oktober schrieb er an Jarmila: „Wenn Sie wüßten, was es heißt, nur eine Zahl zu sein,

Vieh, Material zur Verarbeitung in einer langsam zuschnappenden und zermahlenden Maschine, wenn ich mir in diesen Stunden die vergangenen Stücke des Lebens, der Freude, das Freisein, meine Arbeit und alles, was zumindest äußerlich mein Leben geformt hat, vorstelle. Jetzt habe ich fast gar kein Leben, nur das vom Amtsstempel geprägte."

Diese Sätze lassen an Kafkas Erzählung „In der Strafkolonie" denken (sie erschien erst 1919!), vor allem jedoch an Josef Čapeks letzte Lebensjahre: ab 1939 im KZ Buchenwald (dort war übrigens auch V. V. Štech), ab 1944 im KZ Sachsenhausen. Im April 1945, wenige Tage vor der Befreiung, starb er in Bergen-Belsen an Typhus. Seine Spur verliert sich in den Massengräbern. Jarmilas Nachforschungen und ihre Reise 1947 zu den Stationen der Vernichtung waren vergebens.

Der Briefwechsel mit Jarmila Pospíšilová hatte ungefähr acht Jahre gedauert, ehe sie am 3. Mai 1919 seine Frau wurde. Endlich hatte Jarmilas Mutter, eine Patrizierwitwe, die Einwilligung gegeben, wohl nicht zuletzt, weil ihr Vermögen im Krieg geschwunden, der Standesdünkel erschüttert war und ein freier Künstler überdies nicht mehr so unstandesgemäß erschien. Und endlich konnte Josef durch sein literarisches und künstlerisches Schaffen eine einigermaßen gesicherte Existenz bieten; er arbeitete, zusammen mit seinem Bruder, für die Zeitung „Národní listy", und er war Redakteur der satirischen Zeitschrift „Nebojsa", für die auch Karel schrieb.

Für die Annäherung hatte er, seinem Bruder ähnlich, einen Zeitpunkt gewählt, als sogleich wieder Trennung bevorstand. Doch es kam noch kurioser: Er schrieb anonym, erwähnte, daß er in wenigen Tagen in die Sommerfrische fahren werde, nach Svatý Jan pod Skalou bei Beroun (wo der Vater damals, im Sommer 1910, als Kurarzt arbeitete). Jarmila zögerte, hinterlegte die Antwort nicht bis zum angegebenen Termin und mußte ihren Brief dem Unbekannten durch eine Anzeige in den „Národní listy" ankündigen: postlagernd im Ferienort.

Aber es war eine noch längere Trennung zu erwarten. Nach ein oder zwei Stelldicheins fuhr Josef Mitte Oktober 1910

35 Svatý Jan pod Skalou bei Beroun

nach Paris. Nun konnte, mußte er ihr schreiben. Jedoch war Jarmila für ihn mehr, als Anielka für Karel gewesen war. Er wollte sie nicht allein als Adressatin, wenngleich er das, was er ihr zu sagen hatte, lange Zeit am liebsten und am besten schriftlich von sich gab. Über künstlerische Absichten, Arbeiten, über Unternehmungen, Reisen berichtete er ihr in den acht Jahren, auch über Streit und Intrigen unter Künstlerkollegen. Das wichtigste aber war, daß er aus sich herausgehen und von sich selbst schreiben konnte: von seinen Hemmungen, von der Mühsahl, der Qual der Selbstfindung. Alles, was zu sagen ihm nicht gelingen wollte, das schrieb er. Und schließlich, im Brief vom 31. Juli 1918, stellte er fest: „Früher schien mir immer (und so war es wirklich), daß ich Ihnen im Brief mehr sagen kann als beim Zusammensein. Wenn ich heute schreibe, habe ich nichts mehr zu bekennen, nichts anzudeuten, doch ich spüre mehr tiefere Anteilnahme (...)"
Die Briefe spiegeln seinen Werdegang nicht nur, sie trieben ihn wesentlich voran.

Aus Svatý Jan pod Skalou schrieben die Brüder Čapek vermutlich erstmals an Stanislav Kostka Neumann, der damals in Bílovice bei Brno wohnte. Auf einer farbigen Ansichtskarte mit dem Poststempel vom 14. August 1910 ein paar steife Formulierungen der Freude, daß Neumann eine Erzählung abzudrucken gedachte und noch Zeichnungen von Josef angefordert hatte. „Mit dem Ausdruck vollkommener Ehrerbietung – Brüder Čapek." Ende Oktober auf einer Ansichtskarte aus Paris von J. K. Čapek (also Josef) ein „ehrerbietiger Gruß". Am 29. Dezember 1912 – wiederum „Mit dem Ausdruck vollkommener Ehrerbietung" – warben die Brüder Čapek in einem längeren Brief um Mitarbeit an dem geplanten „Almanach auf das Jahr 1914". Im Sommer, während des Aufenthaltes bei ihrer Schwester in Bílovice, hatten sie Neumann kennengelernt. Nun kam ein lebhafter Briefwechsel in Gang, mehr und mehr von Förmlichkeiten befreit, bald ganz persönlich gehalten, geradezu herzlich. Er dauerte bis 1918; ein Jahr zuvor war Neumann aus dem Kriegsdienst entlassen worden und nach Prag gezogen.[198]
Erhalten sind nur die Briefe der Brüder Čapek. Aus ihren Fragen und Antworten, vor allem aus den eingehenden Be-

36 Bílovice an der Svitava

richten läßt sich schließen, daß Neumann gern engere Verbindung zu den Prager Avantgardisten aufnahm und sich die Anhänglichkeit der Brüder Čapek gefallen ließ. Die beiden besuchten ihn jeden Sommer in Bílovice, bis Neumann 1915 eingezogen wurde. „Sie waren immer glatt, freundlich, nachsichtig", schrieb er später, als die Distanz zwischen ihnen groß war. Das Gegenteil wäre allerdings absurd gewesen; warum hätten die beiden jungen Literaten es dem anerkannten Dichter mit Unfreundlichkeiten und Grobheiten vergelten sollen, daß er ihnen Interesse und Verständnis entgegenbrachte?
Neumann, 1875 in Prag geboren, war 1893 verhaftet und dann im „Omladinaprozeß" (siehe Anm. 74) zu vierzehn Monaten Kerker verurteilt worden. Nach der Entlassung aus der Haft wurde er freier Literat, gab eine Zeitschrift heraus. Seit 1905 war er in Mähren ansässig. Er stand damals dem Anarchismus nahe, stritt gegen Religion, bürgerliche Moral und Askese, in seinen Gedichten besang er das Leben. Wie die Čapeks und ihre Altersgenossen huldigte er dem freien Vers, hatte sich dem Bemühen verschrieben, überkommene Formen aufzugeben, um der Wirklichkeit auf neuen Wegen gerecht zu werden. „Ziel des Schreibens soll die Sache, der Gegenstand, die gemeinte Wirklichkeit sein, und nicht literarische Vollkommenheit", schrieb Karel Čapek am 14. Januar 1915 an Neumann. „Immer schätze ich bei Ihnen die Wirklichkeit."
Die Wertschätzung schloß die Kritik nicht aus. Von Gorkis Briefen an junge sowjetische Autoren abgesehen, wird man wohl kaum Beispiele finden, daß Schriftsteller persönliche Schreiben mit einer so schonungslosen Kritik belastet haben, wie sie Karel Čapek in jenem Brief vom 14. Januar 1915 an Neumann übte. Mehr noch, hier zerpflückt der Jüngere, der zwar viele Talentproben geliefert, aber noch kein Buch herausgebracht hat, ein Werk des Älteren, des anerkannten Dichters. „Sie fragten mich noch, welche Mängel in Ihren ‚Sehnsüchten' ich meine. Zwar bringt mich das in Verlegenheit, aber ich werde versuchen, wenigstens etwas zu sagen. Hier geht es nicht mehr um einen Fehler der Pointierung, sondern vielmehr um die Schwerfälligkeit der Darlegung. Fortwährend haben Sie Anschlüsse, Übergänge und Verbindungen gesucht, als ob das überhaupt nötig

wäre. Ich meine vor allem die Anrufung der Arbeiter nach jedem Absatz, das ständige Auffordern, die künstliche Evokation, etwas Gezwungenes, als ob Sie sich vorwärtsschieben müßten. Dadurch bekommt der Traum etwas Gewaltsames, so eine gewisse äußerliche Bewegung neben der innerlichen, unvergleichlich schönen. Solche wunderschönen Dinge sind der Anfang und das Ende, Hamburg, das Schiff, zum Teil auch Amerika; dann Tahiti, Japan, Norwegen, Uganda und, wie gesagt, das Ende. Über Brasilien und Ägypten haben Sie nichts zu sagen gewußt, anscheinend wollten Sie Vollständigkeit. Am schönsten ist es, wo ,die Leidenschaft der Dinge' selber spricht (...), eigentlich nur das Gefühl die ganze Wirklichkeit trägt. Aber dann bringen Sie wieder ganz äußerliche, kunterbunte Dinge hinein, an denen im Grunde überhaupt nichts auszusetzen ist, aber die nicht hierher gehören, die weder zum Anfang noch zu den Gipfeln passen, kurzum, die das ganze Gedicht auseinanderreißen (...) So hat es Ähnlichkeit mit Touristik, Globetrottertum, einer Reise um die Welt in achtzig Tagen (...) Wie Sie sehen, betreffen meine Einwände die Tendenz und den Inhalt, aber nicht die Form. Vielleicht empfinde ich allzu inhaltsbezogen, im Unterschied zu meinen Kameraden unter den bildenden Künstlern."

Im Kontrast zu solcher souveränen literarischen Kritik und den scharfsinnigen, bisweilen scharfzüngigen Auslassungen über das literarische Leben in Prag stehen alltägliche Besorgnisse und Erwartungen der Brüder Čapek. Insbesondere Karels Worte muten manchmal kindlich treuherzig an. Am 29. Januar 1915 schrieb er: „(...) besorgen Sie sich Mehl, Speck, Schokolade (Kakao), Erbsen, eventuell harte Wurst, und rühren Sie die Vorräte frühestens etwa im Mai an (...) Glauben Sie uns, es ist unbedingt nötig; wenn nicht gerade Mangel sein wird, dann zumindest Teuerung und große Einschränkung, und Ihnen würde das nicht gerade gut bekommen, denn Sie sind nicht sehr robust. Seien Sie nicht böse, daß wir uns in Ihren Haushalt einmischen; aber vielleicht ist es auf dem Lande nicht so zu merken, wie es in der Stadt zu merken ist, was uns droht." Und am 23. März 1915: „Bitte kommen Sie uns besuchen bis Anfang April; zum einen wegen der ärztlichen Untersuchung bei unserem Vater, damit Sie wissen, was sich machen läßt; zum ande-

ren, weil Sie uns damit eine Freude bereiten und nicht die geringste Unbequemlichkeit (Sie können in unserem Zimmer auf einem Feldbett schlafen); und schließlich, weil wir Ihnen über das Magazin nicht alles so gut schreiben können und Ihnen schrecklich gern alles sagen möchten, was wir diesbezüglich auf dem Herzen haben."
Ihr Wunschtraum war „ein neuer Zeitschriftentyp", dessen Verwirklichung sie vor allem von Neumann erwarteten. Doch alle Pläne rückten in die Ferne, als dieser entgegen den Hoffnungen nicht vom Kriegsdienst befreit, sondern im April 1915 eingezogen wurde.
Alltägliches spielte auch weiterhin eine Rolle. Karel Čapek am 27. Oktober 1915: „Unsere Mutter läßt um etwas bitten, falls es Ihrer Frau keine Umstände macht (...) hier muß man drei Stunden und länger auf der Straße warten, und man bekommt doch nichts. Die Leute warten schon von Mitternacht an darauf, daß morgens die Läden geöffnet werden. Wenn es Ihrer Frau möglich wäre, könnte sie vielleicht etwa zehn Kilo Weizenmehl schicken? Das Geld senden wir postwendend."
Daß Neumann nach seinen Erfahrungen im Krieg und un-

37 S. K. Neumann in seinem Arbeitszimmer in Bílovice

ter dem Eindruck der Oktoberrevolution Kommunist wurde, kam nicht von ungefähr; schon vor dem Krieg hatte er entschieden links gestanden. Im Briefwechsel mit den Čapeks wurde bis zum Kriegsausbruch Politisches eher beiläufig berührt, gleichwohl finden sich bemerkenswerte Äußerungen. Zum Beispiel hielt es Neumann offenbar für zwecklos oder unsinnig, daß Karel Čapek einen Aufruf „An die tschechische Öffentlichkeit!" unterzeichnet hatte, in dem Persönlichkeiten unterschiedlicher politischer Orientierung am 20. März 1914 gegen Korruption, Pressekampagnen und Sensationslust protestierten. Auf Neumanns Einwände antwortete Čapek Anfang Juni 1914: „Meine Unterschrift in ‚Přehled' muß Ihnen nicht mißfallen; Sie wissen, daß es keine politische Äußerung von mir war, weil mir das Politisieren heute fernliegt. Wenn ich unterschrieben habe, so deshalb, weil die Bekundung gegen *alle* politischen Parteien und vor allem gegen alle Journale gerichtet war. Ich weiß nicht, ob Sie alle Tageszeitungen lesen, zumindest jeden zweiten Tag wie ich; sicher würde Ihnen schlecht werden, wenn Sie alle läsen. Kontrollieren Sie die einen durch die anderen, so sehen Sie, daß alle lügen und von schlechten Kerlen gemacht werden. Der tschechische politische Journalist ist eine schreckliche Kreatur, gleichviel, ob von ‚Čas' oder ‚Národní listy' oder sonstwoher. Darum habe ich den Aufruf unterschrieben, und ich bin froh, daß ich danach politisch ebenso ungebunden bin wie vorher. Man hat mich schon zu den Jungtschechen geschleppt und zu den jungen Realisten gerufen, aber ich werde froh sein, wenn es mir gelingt, mich so lange von allen fernzuhalten, bis ich ganz ernste und feste Gründe habe, mich für ein Programm zu entscheiden. Darum hoffe ich, daß es zwischen uns keinerlei politische Differenzen geben wird."[199]

Die großen Schrecknisse des Krieges blieben den Brüdern Čapek erspart, auch Karel wurde vom Militär zurückgestellt. Im November 1914 schrieb er an Neumann: „Zur Musterung gehe ich am 7. Dezember, aber ich denke, daß ich es nicht zur kriegerischen Dekoration bringe; mich plagt Ischias, und so wird man mich wohl vom Exerzieren nach Hause schicken." Am 7. Dezember 1914: „Heute früh wurde mir gesagt, ich sei untauglich. Man hat mich, wie bei der letzten ordentlichen Musterung, entlassen, weil ich einen kaputten Nasenknochen habe und infolgedessen nicht durch die Nase atmen kann; als Junge habe ich mir an einem Apfelbaum die Nase zerschlagen; jetzt hat es seine Vorteile, daß ich kein stilles Kind gewesen bin."

Trotzdem änderte sich ihr Leben. Josef schrieb Anfang September 1914 an Neumann: „Jetzt bin ich ganz mißmutig und denke nur, wie schön die Zeiten waren, als ich mich mit Karel manchmal einen Abend lang über ein Gedicht streiten konnte, als wir ganz davon absorbiert waren, daß uns ein Artikel oder ein Bild nicht gefiel; jetzt ist das alles Gott weiß wo, man quält sich, und es nagt in einem, man hat seelische Verstopfung, ist stumpfsinnig, und in einem wächst etwas, was in keiner Zeitung steht." Und Ende Januar 1916: „Ich bin auch schon halb kaputt vom Krieg, ich male viel, aber nicht mit jener Freude wie früher. Der künstlerische Reiz fehlt sehr, der in allem, beinahe auch in der Luft gelegen hat. Jetzt muß man es mit Überwindung machen und fast wie Schulaufgaben. Wenn das noch einmal so lange dauert, werde ich blödsinnig."

Besondere Beachtung verdient, was Karel Ende September 1914 schrieb: „Alles vergossene Blut kann den Schmutz nicht abwaschen, mit dem die Journale, die Schmocks und die Patrioten die Welt überschwemmt haben. Und da traut sich jeder zu sagen, der Krieg werde erneuernd auf die Kultur, die Kunst usw. wirken. Ich glaube vielmehr, daß die Menschen und hauptsächlich die Künstler nach dem Krieg traurig und mehr in sich gekehrt sein werden, weil sie die größte Schändung der Völker miterlebt haben, die jemals geschehen ist. (...) Ich weiß nicht, ob Sie in den Zeitungen solche vielsagenden Kleinigkeiten gelesen haben: In Deutschland hat die Militärverwaltung verboten, daß die Leute den gefangenen Soldaten irgendwelche Geschenke geben; zu essen bekommen sie angeblich, und weitere Anteilnahme gegenüber fremden Soldaten wird nicht geduldet. In Brüssel wurde den deutschen Soldaten angeordnet, niemandem auf dem Bürgersteig auszuweichen; und wenn jemand über sie lacht, sollen sie ihn ohrfeigen. Und die Brüsseler dürfen sich natürlich nicht wehren. Auf so etwas sollten die Dehmel und Hauptmann Jubelgedichte verfassen! Das also ist der Triumph des Krieges! Wenn man sich vorstellt, daß dieser Geist bei einer gewissen Wendung der Ereignisse bei uns herrschen könnte! (...) Versteht sich, ans literarische Leben ist nicht zu denken, aber Gedichte machen ist kein literarisches Leben, das ist mehr. – Ich möchte viel mehr schreiben, aber das wäre lauter Geschimpfe, und so was schreibt sich schlecht, beim Schimpfen muß man sich hören ..."

Im Grunde ist das jene Einstellung zum Krieg und überhaupt zur Gewalt, jene bedingungslose Ablehnung jeglicher Unmenschlichkeit, wie sie Karel Čapek – ebenso sein Bruder – auch zwanzig, fünfundzwanzig Jahre später vertrat. Mit einem wesentlichen Unterschied: In den dreißiger Jahren gab er die Zurückhaltung gegenüber dem politischen Geschehen auf, die „Privatheit", wegen der ihn Neumann offenbar schalt, und am Ende auch die Unentschiedenheit. Im Brief vom 7. Dezember 1914 begründete Čapek seine Reserviertheit: „Die jetzige große Zeit hat mir keineswegs große Flügel gegeben, im Gegenteil; darum geniere ich mich nicht für meine egoistische Freude, daß ich dem bürgerlichen Leben erhalten bleibe, daß ich eine Privatperson bleibe, wozu ich übergroße Neigung habe. Ich bin erleichtert und freue mich auf die Arbeit, hauptsächlich darauf, daß ich mich wieder mit der Kunst beschäftigen kann. Allein die Kunst ist tapfer, und andere Tapferkeit und Kraft imponieren mir nicht. Das also ist meine Privatheit und Bürgerlichkeit. Aber ich denke, daß ein Mensch nicht mehr so jung aus dem Krieg rauskommt, wie er reingekommen ist, und daß ihm für ewig weniger Schwung und Begierde bleibt. (...) Viel Melancholie hat einen überkommen, und mir ist es fast widerwärtig, daß am Ende die Kraft Triumphe feiern wird. Mir gefällt Kraft nicht, weder kriegerische noch elektrische. Auch die Kunst darf nicht der Kraft dienen. Der Mensch hat Sinn in sich selbst und nicht darin, daß er zu irgendeiner Kraft beiträgt. (...) Ich denke, allmählich bin ich ein Anarchist; das ist nur ein anderer Name für meine Privatheit, und ich denke, Sie werden sie gut verstehen, entgegen der Kollektivität."

Neumann akzeptierte das offenbar nicht so, denn im Brief vom 18. Dezember 1914 mußte Čapek erklären: „Mit der Privatheit, das ist ein Mißverständnis; nach dem Krieg werde ich mich für die nationale Politik mehr denn je inter-

essieren, und sie wird mich schärfer ergreifen als sonst, daran besteht kein Zweifel. Aber das ist eben eine Sache des persönlichen Lebens, der persönlichen Teilnahme, und nicht des Dynamismus, der Äußerlichkeit und des Maschinellen, was in den sogenannten großen Organisationen steckt. Daran habe ich gedacht und an nichts anderes; es ist nur eine persönliche Reaktion gegen den militärischen Geist, den Energetismus und Monumentalismus, der, wie ich meine, neben dem sentimentalen, intimen Nachkriegskitsch den großen Kitsch des 20. Jahrhunderts bilden wird. Es wird viel Geschrei und Gesten geben, man wird mit metallener Stimme sprechen, und jeder wird sich als Held fühlen, weil um ihn her die Große Zeit geschehen ist, die Kunst (...) wird pfeifen auf Subtilität und sorgfältige Arbeit und danach aussehen, daß sie alles ganz leicht durch bloße Kraft und Willen erreicht. Und ebenso wird es im übrigen Leben und in der Kultur sein, weil auch das Leben selbst verkitscht werden kann, und so wird es rings um unsere Länder werden, falls Deutschland siegt. Darauf reagiere ich eben und wünsche mir Privatheit oder Innerlichkeit. (...) An Ihnen hat die Kirche viel verloren, Sie sind ein zum Glauben fähiger Mensch; Sie glauben völlig an den endgültigen Sieg, während ich hier ständig vor Unsicherheit vergehe; anscheinend bin ich von ängstlichem Charakter."
War Neumann damals schon überzeugt, daß die k. u. k. Monarchie durch den Krieg zusammenbrechen würde? Karel Čapeks Unsicherheit dauerte noch zwei, drei Jahre. Sie fällt allerdings in eine Zeit, als er sich, zumindest vorübergehend, des Lebens nicht sicher wähnte; nicht allein Ischias plagte ihn, sondern rätselhafter fortwährender Rückenschmerz. Die Prognose, so schrieb er später, war düster, jedenfalls sah er schwarz. Mag sein, daß dies ihm jene Zuversicht erschwerte. Hinzu kam all das, was in „Gottesmarter" verschlüsselt ist.

„Ich beschäftigte mich mit nichts anderem als dem Verfassen einer ledernen Doktorarbeit. Sie ist so ledern, daß jeder sich langweilt, sobald ich sie nur erwähne", schrieb Čapek im Oktober 1914 an Neumann. Am 4. Januar 1914: „Meine Gedichte? Um die seufze ich immer, wenn ich etwas trinke, aber das passiert jetzt selten; in nüchternem Zustand schreibe ich ein wenig an der Doktorarbeit und strenge mich an, mich für das zu interessieren, was ich gerade schreibe; es handelt von Kunst, aber irgendwie seltsam." Der Titel seiner philosophischen Dissertation: „Die objektive Methode in der Ästhetik im Hinblick auf die bildende Kunst."[200] Gutachter waren die Professoren František Čáda und František Krejčí. Die Promotion fand am 29. November 1915 statt. Čapek am 30. November 1915 an Neumann: „Ich füge die Anzeige meiner gestrigen Promotion bei; eine einzige Freude habe ich daran, und zwar die, daß ich wieder Freiheit zum Schreiben gewinne. Aber ich bin erschöpft, geistlos; ich weiß nicht, wie mir die Arbeit von der Hand gehen wird …"

Zu den wesentlichen Arbeiten dieser Zeit zählen die Nachdichtungen aus dem Französischen. Ursprünglich sollten sich andere an der Arbeit beteiligen, aber der Krieg machte die Pläne für eine umfangreiche Anthologie zunichte, und so erschien die „Französische Dichtung der neuen Zeit" 1920 als Karel Čapeks alleiniges Werk. Zur Entstehung schrieb er: „Diese Handvoll Übersetzungen französischer Dichtung entstand zum größten Teil im Jahre 1916, also mitten im Krieg; und sie entstand wirklich unter dem Druck des Krieges, als eine literarische Äußerung der Solidarität und des geistigen Bündnisses mit jenem Volk, das damals vor Verdun für eine Sache blutete, die auch die Sache unseres Herzens und unseres Glaubens war." Gewisse Zufälligkeiten in der Auswahl erklären sich aus den Umständen: „Damals, im Krieg, hatten wir einen verzweifelten Mangel an Quellen; in der k. u. k. Universitätsbibliothek waren weder Verlaine noch Verhaeren oder gar die neueren Dichter vertreten; französische Bücher konnte man nirgendwo kaufen oder bestellen; manchmal war es geradezu rührend, wie ärmlich unsere Bibliotheken waren. Schon dadurch war die Möglichkeit einer reicheren Auswahl oder der persönlichen Wahl begrenzt."[201]
Nichtsdestoweniger wurde ein Werk daraus, dessen Bedeutung für die tschechische Literatur gar nicht hoch genug eingeschätzt werden kann. Dazu noch einmal Vítězslav Nezval: „Niemals vor dem Jahr 1920 hat Dichtung mit eigentümlicherer und intensiverer Stimme zu mir gesprochen

38
Vítězslav Nezval
(Zeichnung von
Adolf Hoffmeister)

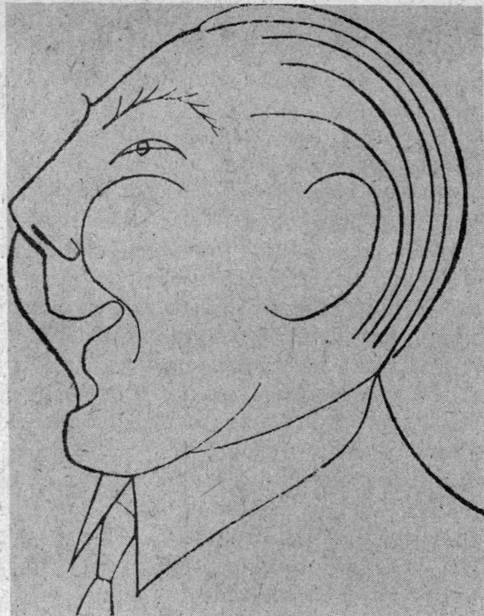

als aus Čapeks Apollinaire, Vildrac, Fort, Birot, Jammes. Ich kann mir mein dichterisches Wachsen, das dichterische Wachsen von Jiří Wolker und unseren Freunden nicht vorstellen ohne das zauberhafte Büchlein, in dem Karl Čapek so anonym wie nur möglich ein neues wunderbares Klima für Dichtung in tschechischer Sprache gefunden hat. Čapeks Erhellung der tschechischen Dichtersprache mit dem Licht der Feierlichkeit, der Straßen, der regnerischen Tage und der schwülen phantastischen Exotik sollte nicht nur ein vorübergehendes Signal sein. Es lebt in den jungen tschechischen Dichtern."[202]

Über seine Situation schrieb Čapek Anfang des Sommers 1916 an Neumann: „Vorige Woche war ich zur Musterung, zwei Tage war ich im Spital (...), nach dem Röntgen wurde ich endlich entlassen; ich habe nämlich Rheumatismus der Rückenwirbel; das ist eine gemeine Krankheit, die immerzu schmerzt und wächst." Ende des Sommers erwähnte er wieder die „sehr unangenehme Krankheit, die schmerzhafte Gicht fast aller Rückenwirbel". Anfang Februar 1917: „Das Rückgrat macht mir ständig sehr zu schaffen, ansonsten bin ich fleißig; aber ich kann keine Stelle finden, nicht mal für fünfzig Kronen monatlich, und so habe ich auch Sorgen, was aus mir werden soll."

Geld verdienen tat not, weil die vorhandenen Mittel wegen der Teuerung nicht mehr reichten. Čapek bewarb sich am Landesmuseum (dem späteren Nationalmuseum) als Assistent, dann als Bibliothekar.[203] Doch am 2. März 1917 konnte er in einem Brief an Neumann mitteilen, daß er vorerst eine andere Stelle gefunden habe: „Ich bin Erzieher beim Grafen Lažanský geworden." Ende April 1917: „Ich fahre vielleicht bald mit der Herrschaft aufs Land; gottlob werde ich dieses Leben nicht lange führen, es ist nichts für vernünftige Menschen." Im Sommer 1917: „(...) ich habe überhaupt die höhere Welt kennengelernt, und freue mich, aus ihr rauszukommen, ich würde verrückt werden, wenn ich in ihr bleiben müßte."

Graf Vladimír Lažanský – während des Krieges auch Comte Russophile genannt – „war zu sehr Aristokrat, als daß er einer von uns hätte sein können; doch verdient er eine ehrenvolle Erinnerung als einer der originellsten Tschechen", schrieb Čapek später.[204] „Damals – Ende des Jahres 1916 – hörte ich, er suche einen Hauslehrer für seinen Sohn, der Gymnasiast war; ich war frischgebackener Doktor der Philosophie, ohne Stelle, vergeblich um irgendein Amt mit einer Bezahlung von dreißig bis fünfzig Kronen monatlich bemüht. Zu der Zeit wollte niemand junge Leute haben, weil man sich sagte, in einem Monat werden sie sowieso zum Militär geholt, also was soll's. Aber essen möchte man, und so bewarb ich mich als Hauslehrer. Ein langer alter Herr mit kranken Beinen und mächtigen Koteletten empfing mich. Er begann auf tschechisch und plagte sich tapfer mit dem Tschechischen ab; er war offensichtlich erleichtert, als zum Deutschen übergegangen wurde. Er kannte mich nicht, ich hatte keinerlei Empfehlungen, er stellte mir zwei oder drei Fragen, und mit einmal: ‚Sagen Sie, Herr Doktor, werden wir siegen oder die anderen?' Ich war verdattert. ‚Wer wir, Herr Graf? Sie meinen Österreich?' Er sah mich mit großen Augen an. ‚Aber nein', sagte er ungeduldig. ‚Wir Russen. Wir Franzosen.'"

Der alte Aristokrat war stolz auf seine Nation, wenngleich er, im deutschen Milieu aufgewachsen und erzogen, das Tschechische fehlerhaft sprach. Er träumte vom unabhängigen Königreich Böhmen. Mit den Habsburgern hatte er nichts im Sinn, noch weniger mit ihren wilhelminischen Verbündeten. „Anfang des Krieges ging er oft in die Weinstube ‚Zum schwarzen Roß'. Eines Tages bewirteten österreichische Generäle dort irgendwelche reichsdeutschen Offiziere und ließen zu ihren Ehren von den Musikern ‚Die Wacht am Rhein' spielen. Der alte Aristokrat richtete sich auf (...) und sagte laut und feierlich auf tschechisch: „Ich erlaube nicht, daß im tschechischen Prag ‚Die Wacht am Rhein' gespielt wird. Ich bin Graf Vladimír Lažanský.'"
Solch ein Politikum war selbst für einen Mann aus höchsten Kreisen halsbrecherisch, und „Oncle Franz" – Franz Anton Fürst von Thun, der damalige Statthalter Böhmens – mußte sich ins Zeug legen und den Vorfall vertuschen. Dem Grafen Lažanský nahm er das Ehrenwort ab, er werde, solange der Krieg dauere, keine Weinstube mehr betreten und, sofern es das Wetter erlaube, sich auf seinem westböhmischen Landsitz Chýše aufhalten.

39 Schloß Chýše

Im März und April 1917 unterrichtete Čapek den dreizehnjährigen Prokop Lažanský in Prag, im Palais Lažanský – das Gebäude im Stil der französischen Renaissance steht in der Národní třída, Ecke Smetanovo nábřeží, gegenüber dem Nationaltheater. Und von April bis September war er im Gefolge des Grafen auf Schloß Chýše in der Nähe von Žlutice.[205]
Einige Spuren hat die Berührung mit dieser „höheren Welt" in Čapeks Werken hinterlassen. „Auf dem Schloß" aus den „Peinlichen Geschichten" – betrifft unverkennbar Chýše. Ein viereckiger Schloßhof mit einer Linde, ein sehr gepflegter Park (Lažanský war Gartenliebhaber). Der Graf ist nach einem Schlaganfall gelähmt; er spielt gern Schach; er verhätschelt den faulen, hochmütigen Sohn. Mr. Kennedy, der junge Sportlehrer, hat Ähnlichkeit mit Čapeks Freund Jiří Foustka, der dort ebenfalls für eine Weile als Hauslehrer sein Brot verdiente. Und was die Hauslehrerin Olga aufgrund der Bevormundung und Demütigung durch die Herrschaft empfindet, ähnelt dem, was Čapek im Sommer 1917 an Neumann schrieb: „Ich habe Ihnen schon so lange nicht geschrieben, daß ich mich wirklich schäme, obgleich wohl niemand in meiner Situation Lust zum Schreiben hätte. Ich bin immer noch im Dienst bei der Herrschaft, diesmal auf dem Schloß; und Sie können sich vielleicht vorstellen, unter solchen Umständen kommen soviel Bitterkeit und Erniedrigung zusammen, daß es, sobald ich zu schreiben anfinge, lauter Klagen wären, und damit will ich nicht mal meine Freunde belästigen. Gott sei Dank, in zwei Monaten ist hier für mich Schluß, und ich werde mich wieder als Mensch fühlen." Und am 4. November 1917: „Ich bin froh, daß ich dem Dienst bei der Herrschaft entronnen bin; es war dort für mich bitter, geradezu entsetzlich, und nur weil ich mit der Zeit die Dinge auch von der lächerlichen Seite zu sehen vermag, hat es mir die Zeit verkürzt. Jetzt kommt es mir schon wie ein Traum vor."
Auch in dem Roman „Krakatit" erinnert einiges an Chýše. Die Atmosphäre des Schlosses, der Park. Der alte Fürst Hagen-Balttin, der hinkt und wegen seiner Leiden oft mißmutig ist. Sein launischer Sohn Egon. Dr. Krafft alias Dr. Jiří Foustka.
Der in dem Stück „Die Sache Makropulos" geschilderte

Erbstreit führt gleichfalls in die Welt des Adels. Die tragikomische Gestalt des schwachsinnigen Comte mag man als Sinnbild verstehen, in dem sich bittere persönliche Erfahrungen niederschlagen.
Als Čapek später zwei kleine literarische Porträts des Grafen Lažanský schrieb, sah er von alledem ab und zeigte den Alten als liebenswert wunderlichen Patrioten. Wo immer jedoch Reminiszenzen in literarischen Werken auftauchen, wird gegenwärtig, wie „bitter, geradezu entsetzlich" Čapek jene überlebte „höhere Welt" empfunden hatte.

Im Oktober 1917 trat Karel Čapek die Stelle als Bibliothekar am Landesmuseum an, um die er sich zu Jahresbeginn beworben hatte. Doch nur für zwei Wochen mußte er, wie er Neumann berichtete, fünf Stunden täglich ohne Bezahlung arbeiten. Am 4. November teilte er mit: „Wie Ihnen mein Bruder schon geschrieben hat, bin ich jetzt in der Redaktion der ‚Národní listy', wo auch Dyk und Machar sind. Es ist ein betriebsames Leben ohne viel Arbeit, es kostet mich zwei, drei Stunden täglich, und die Bezahlung ist ganz anständig. Der Geist der ‚NL' hat sich freilich sehr geändert. Literaturredakteur ist ein junger Mann, unser Freund Dr. Miroslav Rutte. (...) Die ‚NL' sind heute eine sehr anständige unparteiische, städtische Zeitung (...) Natürlich wäre ich nicht hingegangen und wären Dyk und Machar nicht hingegangen, wenn die Veränderung im Geist der ‚NL' nicht wirklich prinzipiell gewesen wäre."
Über seinen Abschied vom Grafen Lažanský schrieb Čapek: „Ich verließ ihn im Herbst 1917; ich sagte ihm, daß ich zur Zeitung gehen werde. – ‚Zur Zeitung?' versetzte er und hob entrüstet die Augenbrauen. ‚Zu Kramář.' – ‚Das ist was anderes.'"[206]
Karel Kramář war seit 1901 Vorsitzender der Jungtschechen und einer der maßgeblichen tschechischen Politiker; 1918 wurde er erster Ministerpräsident der Tschechoslowakischen Republik. Daß er in den dreißiger Jahren erzreaktionäre, faschistische Gruppierungen unterstützen würde, konnte niemand ahnen. Eher schon, daß „die Veränderung im Geist der Národní listy" nicht von Dauer sein würde. Anscheinend war Neumann gleich skeptisch, denn Karel Čapek und sein Bruder Josef, der ebenfalls in die Redaktion

40 In der Redaktion der „Lidové noviny“ (etwa 1921)

eintrat, fühlten sich veranlaßt, den Wandel ihm gegenüber zu betonen. In der Tat hatte sich das früher jungtschechische Blatt im Herbst 1917 zu einer Plattform vieler für die staatliche Unabhängigkeit wirkender Kräfte entwickelt. Doch schon Ende 1920 sahen sich einige Redakteure, darunter die Brüder Čapek, zu einem Protest genötigt, weil die Zeitung sich der äußersten Rechten annäherte. Die Antwort waren „Sparmaßnahmen" – Josef Čapek wurde entlassen. Karel Čapeks enorme journalistische Produktion wollte man sich nicht entgehen lassen, doch aus Solidarität mit dem Bruder kündigte er. Ein willkommener Umstand für Arnošt Heinrich, den Chefredakteur der in Brno erscheinenden Lidové noviny. Er stellte die beiden Čapeks zum 1. April 1921 in der Prager Redaktion seiner populären Zeitung ein.

Verwirrend sind die Mitteilungen, die Karel Čapek in den Briefen an Neumann über seine neuen Prosaarbeiten macht. Anfang Februar 1916 erwähnt er, daß er „wieder eine längere Novelle" schreibe, Anfang des Sommers nennt er sie „detektivky" – also Kriminalgeschichten oder, in seinem Fall zutreffender, Detektivgeschichten. Ende August heißt es nur: „Jetzt schreibe ich irgendwelche Novellen." Mitte November: „(...) ich bereite schon wieder ein neues Buch mit Erzählungen vor, zum Frühjahr könnte ich es vielleicht schon herausgeben, falls Borový will und nicht durch die ‚Leuchtenden Tiefen' abgeschreckt wird. Derentwegen haben wir überall was abgekriegt; (...) F. V. Krejčí hat geradezu wütend protestiert – Gott weiß warum; diese unsere alten Sachen haben nicht soviel Bedeutung, daß sie auf Widerstand treffen müßten (...)" Anfang Februar 1917 kann er berichten: „Ich und Péča, wir haben jetzt jeder eine Sammlung von Novellen beendet (...)" Zwei Novellen und zwei Erzählungen davon – den ersten Teil von „Gottesmarter" bilden fünf Novellen, den zweiten acht Erzählungen – hatte er bereits in Zeitschriften veröffentlicht. Im Sommer 1917, in einem Brief aus Chýše, erwähnt er, daß er mit dem baldigen Erscheinen rechne: „An diesem Buch liegt mir ziemlich viel, es sind fast alles neue, während des Krieges geschriebene Erzählungen. Ich bin sehr gespannt, was Sie dazu sagen." Am 4. November 1917: „Mein Buch ist schon vor dem Erscheinen ins Deutsche übersetzt worden, und das von meinem Bruder wurde übersetzt, kaum daß es erschienen war. Irgendwie brauchen die jungen Deutschen die junge tschechische Literatur sehr; anscheinend fehlt ihnen ein offenes Fenster in die Welt."[207]

Daß ihm „Gottesmarter" am Herzen lag, versteht sich von selbst: Es war sein erstes eigenes Buch. Doch ihn bewegte, ihn beunruhigte mehr. Es sei „ein Buch der Krise und der Zerrüttung alles Rationalen", schrieb er am 5. Dezember 1917 an Neumann; darum vor allem – ein wenig allerdings auch wegen des altbekannten Vorwurfs der kühlen Intellektualität – nannte er es „ein antiintellektualistisches Buch".[208] „Der Schlüssel ist etwa ‚Elegie', dann ‚Der Berg'. Der Mensch befindet sich durch ein inneres oder äußeres Ereignis an einem Kreuzweg, einem Punkt, wo sein rationales, gewohntes Leben, der Mechanismus des Verstandes und der inneren Behaglichkeit endet; er begegnet dem Unbekannten, etwas Rätselhaftem (...), er verliert den Boden unter den Füßen und hält ratlos inne. Und da meldet sich in ihm die Stimme der Seele, die erste und fast kindliche Orientierung; keine Lösung des Rätsels, sondern die Wendung in sich hinein, die Verinnerlichung."

Welches äußere und welches innere Ereignis gemeint war, scheint auf der Hand zu liegen, da Čapek in einem späteren Kommentar erklärte: „Das eigentliche Motiv von ‚Gottesmarter' ist einerseits der Krieg und das Warten auf das Wunder, daß er ein für uns gutes Ende nimmt, andererseits – auf Grund einer falschen Diagnose – die vermeintlich tödliche Krankheit, und darum gewissermaßen eine Bilanz des Lebens."[209] Dennoch sind Zweifel angebracht.

In den Briefen an Neumann erwähnte er mehrmals die Krankheit, nannte sie einmal „Rheumatismus der Rückenwirbel", ein andermal „Gicht der Rückenwirbel". Die richtige Diagnose lautete: Spondylarthritis ancylopoetica, auch Bechterewsche Krankheit genannt. Ein sehr schmerzhaftes Leiden, das allmählich zu Versteifungen des Rückgrats, aber keineswegs zum Tod führt.

Woher die mysteriöse falsche Diagnose stammte – von der die Briefe an Neumann nicht das mindeste andeuten –, läßt sich nur vermuten. „(...) Karel steckte die Nase in die Fachbücher seines Vaters und las von schrecklichen Dingen: Von Rückenmarkschwindsucht, vom Austrocknen des Rükkenmarks und Gott weiß welchen schrecklichen Möglichkeiten. Zum ersten Mal sah seine Schwester ihn todernst tragisch. ‚Weißt du, was mich erwartet? Bei lebendigem Leib in einer Matratzengruft zu verfaulen – wie Heine.'"[210] Demnach waren die schlimmsten Befürchtungen nicht von den tatsächlichen Beschwerden und Befunden, sondern von hypochondrischen Ängsten geweckt worden. Rückenmarkkrankheiten besaßen dafür eine besondere Affinität, wurden sie doch von Pädagogen und Medizinern in aufklärenden Schriften zum Schreckgespenst gemacht.

Erwähnung verdient eine Episode, die Helena Čapková im Zusammenhang mit der Krankheit anführt, leider ohne Angabe des Jahres: In den Wintermonaten (vermutlich 1914) habe Karel oft bis in die Nacht mit einem Mädchen auf dem Petřín gesessen; erst als sich sein Rückenleiden durch die Kälte verschlimmerte, habe er die Spaziergänge eingestellt. So real die Krankheit war, auch hier leistete sie der „Zaghaftigkeit gegenüber dem Leben" Vorschub.

Entgegen Čapeks Kommentar wurde Angst vor der Krankheit, gar Todesangst, kein beherrschendes Motiv von „Gottesmarter", mehr noch, sie kommt als Thema gar nicht vor. Zweifellos sind hinter vielen Gedankengängen oder Sinnbildern Ängste zu ahnen, jedoch haben sie offensichtlich kaum mit der Krankheit, sondern viel mehr mit anderen existentiellen Problemen und Beunruhigungen zu tun.

Angst deutet sich in „Der Stillstand der Zeit" an, der wohl ältesten Erzählung von „Gottesmarter", sie wurde bereits im Oktober 1913 in der Zeitschrift Lumír veröffentlicht.[211] Ein „Mensch am Schreibtisch" fühlt sich in eine „unstoffliche", „glatte Ebene ohne Regung" einbezogen, zu der „der Tisch und die Wände, alle Dinge ringsum" geschrumpft und erstarrt sind. „Überall Ebene mit trauriger toter Oberfläche. Und das, was steht, ist die Zeit (...)"

Dieses Sinnbild einer schicksalhaften Situation wird fortgeführt: „(...) wenn er sich rührte, so fühlt er, würde eine Entgleisung und ein Zusammensturz aller Teile erfolgen (...)" Darum „hat er Angst, sich zu rühren". Er sieht sich in den Umständen gefangen, durch sie – und durch nichts sonst – zum Starr- und Stummsein verurteilt: „mit all seiner Bangigkeit und Machtlosigkeit ruht er in der Stille wie ein Insekt in durchsichtigem Bernstein; er steht einfach still".

Gleichwohl wird er der Unerträglichkeit dieses Zustands inne: Dies ist doch kein Leben, es gleicht dem Nichtsein. Ihn beschleicht „Angst, daß dies vielleicht der Tod sei, der Abgang, die Vernichtung". Um dem Unerträglichen zu trotzen, beschwichtigt er sich: „Nicht fühlen, das ist das positive Gefühl des Nichtseins (...)" Doch das ändert nichts, es bleibt „ein starkes Leiden am Nichtsein; unbewegter Kampf des Unbewußten (...)".
Nicht um Kranksein und Sterben geht es, sondern um tödliche Erstarrung in einem erstarrten Milieu. Zeit und Raum, in denen „der Mensch am Tisch" existiert, bedingen einander. Die Zeit steht still, der Raum ist zu einer Fläche geschrumpft. Selbst der Mensch hat sich in einen Teil der Fläche verwandelt. Aus Leben ist Nichtleben geworden: Abgetötetsein, Nichtsein.
Auch die Erzählung „Spiegelungen" handelt nicht von Krankheit, obwohl die Hauptperson „Der Kranke" genannt wird. Er hat „eine Fläche gesehen, die sich an nichts bricht und nicht zerbricht": die „Ewigkeit". Davor ist er „zu Tode entsetzt" und sagt sich: „Die Ewigkeit ist schrecklich."
Wieder haben wir es mit einem geometrischen Symbol zu tun, mit dem Sinnbild der stillstehenden Zeit. Die Ewigkeit – das ist absolute Erstarrung. „Eine Fläche, die sich niemals kräuselt und kräuseln kann. Die nichts berührt und niemals berühren kann. Und wer hineinblickt, sieht immer nur Spiegelungen der Dinge fliehen, der Wirklichkeit bar." Neben Realitätsverlust bedeutet dies auch Liebesverlust, denn „ein Mädchen ringt vergeblich die Hände, und Anfang und Ende der Welt gleiten vorbei wie eine Spiegelung".
Welche Hoffnung bleibt? „Manchmal bricht sich eine Welle und glitzert schöner als die anderen (...) Und da denke ich mir: warum könnte das nicht Gott sein? Vielleicht ist er gerade das Flüchtigste in der Welt; vielleicht ist auch seine Wirklichkeit ein jähes Brechen der Welle und ein Aufblitzen; unfaßbar, als Ausnahme kommt das vor und vergeht ..."
Was es mit dem Geheimnisvollen und mit Gott in diesem Buch auf sich hat, erklärte Čapek in einem Brief an Neumann am 19. Dezember 1917. Er wollte, „daß die materielle Welt gleichsam versinkt und ein geistiges Rätsel wird, ohne deshalb weniger menschlich zu sein. Das ist die Magie (...):

daß alle künstliche Umformung der Welt immer zum Menschen zurückkehrt und nirgendwohin sonst; das ist ja auch das Ziel des Kubismus. Auch Gott spielt da keine andere Rolle, als daß er den magischen Kreis erweitert, dessen Anfang und Ende das menschliche Herz ist."

Regungen des „menschlichen Herzens", so kann man folglich sagen, sind die Gotteserscheinungen, die jene „tote" Fläche zu „kräuseln", die Erstarrung aufzubrechen vermögen. Dieses Göttliche wird sogleich in den Bereich des Menschenmöglichen gerückt. „Es ist möglich, daß sich auch unter den Menschen ein solches Sichkräuseln oder Aufblitzen ereignet und wieder zerbricht." Das Scheitern ist allerdings Gesetz. „Es muß zerbrechen. Wahrhaftige Wirklichkeit muß mit dem Untergang bezahlt werden."

Und „Gottesmarter" ist folglich „Qual des menschlichen Herzens". Nicht der Schmerz des Scheiterns, vielmehr die peinigende Ungewißheit – angesichts eines „Rätsels", eines „Wunders".

„Die jähen Augenblicke der Freiheit ... Auch wenn es nur Augenblicke sind! Wenn die Dinge so vor sich gingen, wie es unserer Seele natürlich ist, so würden Wunder geschehen", sagt Boura zu Holeček am Ende der letzten Novelle („Elegie" / Untertitel: „Der Fußtapfen II"). Die erste Novelle („Der Fußtapfen") zeigt die beiden vor einem Rätsel. Ist dies nicht die Andeutung eines Wunders? Auf einer schneebedeckten Fläche ein einziger Fußtapfen ... Das Bild erinnert an die unbewegte Fläche, die sich plötzlich „kräuselt". Und so ist es; Holeček sagt: „Aber auch ich möchte gerettet werden und warte auf ein Wunder, ... daß etwas kommt und mein Leben umkehrt." Das vermag die rätselhafte Spur nicht, jedoch ist sie „der erste Schritt ins Ungewisse".

Liest man „Gottesmarter" als philosophische Prosa, so bleibt vieles dunkel, manches verworren.[212] Čapek hatte in einem Brief an Neumann am 5. Dezember 1917 dargetan, was er von solchen Interpretationen seines Buches hielt: „Philosophie oder nicht, das ist Blödsinn; Hauptsache ist die Kunst." Und dann etwas konzilianter: „Für mich liegt der Sinn meines Buches nicht im Gedanklichen, sondern im Künstlerischen (...) Mir kam es gar nicht so vor, als ob meine Protagonisten überlegen oder sprechen, sondern als

ob sie klagen (...) Hauptsache ist die Bewegtheit und gesteigerte Empfindsamkeit, die das Denken meiner Protagonisten in Bewegung setzt."
Zunächst müssen wir die „Erstarrung" enträtseln, die „alle Dinge ringsum" und den „Menschen am Tisch" befallen hat. Sie ist, wie zu erwarten, persönlichen Ursprungs. Die Brüder Čapek wohnten in Prag bei den Eltern. Zumindest zeitweise teilten sie auch die Sommerfrische mit ihnen: 1909 in Svatá Kateřina, 1910 in Svatý Jan pod Skalou, seit 1912 in Trenčianské Teplice. Josefs Frau erwähnt in ihren Erinnerungen, daß es die beiden angesichts der engen Bindungen und Verpflichtungen schwer hatten, ein unabhängiges, eigenes Leben zu führen. Josef schrieb ihr manchmal, wie er die Situation empfand. Am 20. August 1916 aus Trenčianské Teplice: (ich) „fühle die Unangemessenheit dieses Lebens, das hier noch mehr eingeengt, unselbständig ist, gebunden an den häuslichen Frieden, die Nächsten ringsum, die Art, wie die Stunden vergehen und ausgefüllt werden, eine Art, die nicht die meine ist. Um so härter brechen Vorstellungen durch, vergeblich fast wie ein Traum, eine Ahnung des wahren, erfüllten Lebens (...)" Eine Woche später: „(...) dieses eng familiäre Leben hier ist gar zu primitiv, es schluckt einen und läßt nur den Sohn übrig, und was für einen! (...) ich würde mich verloren geben, wenn ich mich schließlich mit solch einem Leben abfände."
Ab August 1916 wohnten die Gebrüder Čapek allein, die Eltern blieben ständig in Trenčianské Teplice. Karel und Josef besuchten sie, zogen sich aber lieber nach Bílovice zurück. An Jarmila schrieb Josef am 18. Juli 1917 aus Trenčianské Teplice: „Ich zähle die Tage und freue mich, wenn wieder einer vergangen oder nach langer, schwerer Agonie erloschen ist. Vielleicht, an nichts will ich mehr glauben als daran, wird es einmal besser, vielleicht ganz gut. Ich warte mehr darauf als auf die Befreiung; wie auf das eigentliche Geschenk des Lebens."
Daß Karel nicht weniger darunter litt, in den alten Bindungen wie gefangen zu sein, belegt sein erstes eigenes Buch. Ein Protagonist der Erzählung „Der verlorene Weg" sagt: „So klar ging mir auf (...), wie elend und sinnlos alles war, was ich bis jetzt gelebt habe. (...) ich entsetzte mich vor mir selbst und begriff, daß ich so viele Jahre, o Gott, nur einem

unaussprechlichen und ungeahnten Schmerz gelebt habe. So viele Jahre! Mir ging auf, was ich gewesen war und wie ich unbewußt gelitten hatte; und alles war vergeblich und irrig gewesen und eng wie ein Kerker; und mir war furchtbar zumute, da von meinem ganzen Leben nichts übrigblieb als ein Fehler, den ich gefunden hatte."

Noch „etwas von der Seele" wollte er sagen, doch: „Es ist mir entglitten. Ich habe alles verloren und werde es niemals mehr wissen." In Bewegung gesetzt aber wurde sein Denken, als er „vom Weg abkam". Darum folgert er: „(...) verlasse dein Haus und deine Familie; deine Logik ist aus Gewohnheiten gewebt und deine Wege aus tausenderlei vergangenen Schritten (...) beginne zu irren, um im Unbekannten zu suchen. Dich selbst findest du dann im Seltsamsten und Ungewohntesten."

Lída, die Titelgestalt einer Novelle, gerät in ein Liebesabenteuer und verschwindet spurlos. Doch nicht dies ist der Kern der Handlung, die überwiegend in Reflexionen vor uns ersteht. Holub – in der Erstfassung hieß er Boura, wie der Held von „Der Fußtapfen" und „Elegie" – sucht Lídas Verbleib zu ergründen, indem er das Zusammenspiel von Alltäglichkeiten und Zufall definiert. Lída wird gefunden, und in einer Fortsetzung, der Novelle „Liebeslied" (Lída II), kommen sich Holub und die reumütige Lída näher.

„Lída", so ließ Čapek am 5. Dezember 1917 in einem Brief an Neumann wissen, gehe auf einen tatsächlichen Vorfall zurück. Besteht irgendein Zusammenhang zu jenen nächtlichen Spaziergängen auf den Petřín? Oder zu einer älteren Geschichte, über die Helena Čapková ebenfalls nur eine Andeutung macht?[213] Oder zu einer Geschichte, von der wir nichts wissen? Oder war Karel nur Beobachter, war der eigentliche Protagonist etwa Josef? Möglich ist auch, daß sich Gedankenexperimente mit einer wahren, aber fremden Geschichte verbunden haben. Die Erzählung „Die Versuchung" deutet diese Möglichkeit an: „Fahre ich weg oder bleibe ich? – Alle Gründe waren abgestorben (...) Sie waren in diesem engen Zimmer verwelkt. (...) Ruhe, Beruf, Gewohnheiten, Lampe, Bett, Lehnsessel ... Mehr brauche ich ja nicht, sagte er sich; ich bleibe und erfülle dies alles mit der Wahrheit des Lebens. Mein Platz ist schmal, aber ich kann ihn vertiefen. Ach, für immer bleiben! Oder wegfahren, sagte er sich beklommen; es aufs neue versuchen und sich in die Welt werfen wie einen Stein ins Wasser ... Wenn man sich nur nicht entschließen müßte! Wenn ich mich (...) irgendwo in der Welt wiederfände und nichts vor mir hätte als den Tag, o Gott, wäre das ein Tag! Ob es mir als Schicksal oder Zufall widerführe, ich würde alles annehmen; aber selbst wollen ist schrecklich."

„Wer kommt dich befreien, der du es selbst nicht vermagst?" heißt es in der Erzählung „Hilfe!". Sie bildet den Schluß von „Gottesmarter". „Ich stehe still, und die Tage sind wie Mauern um mich gewachsen; die Tage haben sich glatt und schwer aufgeschichtet wie eine Wand. Bald werde ich erwachen: aber wird es ein neuer und niedagewesener Tag sein, den ich ringsum finde? Oder ein Tag, zusammengesetzt aus tausend vergangenen – wie Mauern? (...) Das ist ja ein Kerker (...) so viele Jahre habe ich wie im Kerker gelebt! (...) ihm war, als leuchteten all die Jahre traurig auf: sonderbar fremd, noch sonderbarer bekannt (...) Werde ich denn niemals an einem niedagewesenen Tag erwachen? Warte ich denn nicht täglich darauf (...) und habe ich nicht vielleicht immer gewartet (...) bin ich nicht eigentlich nur deshalb stillgestanden, um den niedagewesenen Tag zu erwarten?" Und der hoffnungsvolle Schlußsatz: „Über den Wäldern dämmert es."

Solche Zeilen lassen sich, dank ihrer Vieldeutigkeit, als Bestätigung für Čapeks späteren Kommentar anführen, das Warten auf einen günstigen, befreienden Ausgang des Krieges drücke sich in seinem Buch aus. Schon in jenem Brief an Neumann betonte Čapek die Möglichkeit einer überpersönlichen, sogar historischen Ausdeutung. Gleichwohl erscheint sie, aufs Ganze gesehen, durchaus nicht zwingend, wenn man die wiederkehrenden Motive und Sinnbilder verfolgt: Stillstand, eine „tote" Fläche, eine Kräuselung oder Spur darauf, ein Rätsel oder Wunder, Mauern, das Zimmer, der Kerker, der ersehnte Tag, die Befreiung ... Jedenfalls die Erlebnisse oder Eindrücke, die er literarisch verarbeitete, und die Beunruhigungen und Bedrängnisse, auf die er bei alledem offensichtlich reagierte, haben – die Novelle „Der Berg" ausgenommen – mit Kriegsgeschehen oder mit der Stimmung in der Kriegszeit allenfalls indirekt zu tun, durch Josef.

In jenem Brief berichtete Karel Čapek: „Alle diese Erzählungen haben für mich nicht mit einem Gedanken, sondern mit einem Erlebnis angefangen; in ‚Der Fußtapfen' wollte ich vom Schnee sprechen, in ‚Elegie' von Trunkenheit, in ‚Der Berg' von Schnelligkeit und Langsamkeit; (...) ‚Der Wartesaal' ist in Ustí nad Labem, ‚Hilfe!' in einem Dorf bei Terezín, wo ich mich nachts verirrt hatte, kurz, alle meine Novellen entstanden aus Eindrücken, die mich gefesselt haben. Die handelnden Personen sind nur Verdichtungen dieser Eindrücke. (...) Was mir an meinem Buch gefällt, ist die Realität, die durch die psychischen Ereignisse vergeistigt wird und eine magische, geheimnisvolle Eigenart gewinnt, welche die Wirklichkeit zum Beispiel für kindliche Augen hat."

Nach Ustí nad Labem und Terezín war er gefahren, um Josef zu suchen, der in irgendeinem Militärlager auf das Superarbitrium wartete. Was es mit der Spur im Schnee auf sich haben könnte, hat der Vergleich gezeigt. Doch was bedeuten Trunkenheit, Schnelligkeit und Langsamkeit in den beiden Novellen, die, nach Čapeks Worten, der Schlüssel zum ganzen Zyklus sind?

Folgt man dem Hinweis, die Personen seien Verdichtungen von Eindrücken, so sieht und vor allem hört man Boura und Holeček als eine Person. Es sind Stimmen in einem Menschen. Das Zwiegespräch breitet aus, was er an widersprüchlichen Antworten zu bieten hat – auf eine Frage: Woher kommt und wohin führt die „Gottesspur", also, um bei den Bildern zu bleiben, das Abenteuer eines „menschlichen Herzens"? Eben das ist der „Punkt, wo sein rationales, gewohnheitsmäßiges' Leben" endet und die persönliche Krise beginnt. „Gott ist nicht auf detektivischem Wege auszuspüren", sagt Holeček; man könne nur warten, bis Gottes Axt einem die Wurzeln durchschlage, ihm sei das allerdings noch nicht geschehen. Gleichwohl beunruhigt die Spur, sie ist etwas Fremdes, liegt aber rätselhaft auf der eigenen Lebenslinie von Holeček-Boura, sie ist zugleich „ein inneres und ein äußeres Ereignis".

„Auf die Wahrheit kommt es nicht an", möchte Boura sagen. Er hat viel „widerlegen" müssen, bis er die „Wahrheit" übrigbehielt. Und doch ist er zuvor „etwas anderem und Vollkommenerem näher" gewesen, das mehr ist als die

„Wahrheit". Da war er freier, Wunder erschienen ihm natürlich. Auch jenem Fußtapfen fühlte er sich nahe. „Aber dann, vom Standpunkt der Wahrheit, habe ich ihn gehaßt."

Wahrheit, Zufall, Wunder müssen nicht als philosophische Kategorien, sondern als Chiffren verstanden werden. In der Erzählung „Die Versuchung" lautet die Alternative: „bleiben" und „das enge Zimmer" erfüllen „mit der Wahrheit des Lebens" – oder wegfahren, sich dem Zufall, dem Wunder überlassen, den „Tag" der Freiheit erleben. Nun, Boura hat die Wahrheit noch nicht gefunden, doch scheint er den ersten Weg gewählt zu haben. Zu beklagen hat er den Verlust der Wunder – und etwas in fernerer Vergangenheit Liegendes.

„Zurück" hat Matys – in der Erzählung „Die Inschrift" – irgendwann an die Wand geschrieben, und als er ein paar Tage krank im Bett liegt, betrachtet er das rätselhafte Stichwort und sinniert. Er weiß nicht, was er eigentlich wollte, nur, daß dies nicht geht – „zurück". „Die Vergangenheit ist schwindelerregend." Sie erscheint ihm bekannt, aber nein: „Sie ist unerhört klar. (...) Mir kommt es so vor, als stünde ich am Rand einer halb unbekannten Welt (...) Es ist ein barmherziger Irrtum, daß uns die eigene Vergangenheit bekannt erscheint (...) Ich denke an vergangene Dinge. Sie hätten noch nicht entschwinden sollen. Und woran ich immer nur denke, nichts hätte schon entschwinden sollen. (...) Alles Vergangene ist nur ein Stichwort; alles ist unvollendet geblieben, angedeutet als Anfang und Ahnung."

„Herrgott, nur schnell! Noch bleibt Hoffnung, und alles kann gerettet werden (...)", heißt es in der Erzählung „Der Wartesaal". Glück und Zufall können auf dieser Reise erscheinen, aber ist das die Erlösung vom Warten? Sind das die „großen Dinge"? Oder geht es um die historische Erwartung? Ganz sicher ging es dem Autor um den Bruder, dem er nachgereist war.

Entschwunden und verloren ist auch für Boura – der große Bruder. Plötzlich – in der Trunkenheit? Boura und Holeček sitzen beim Wein – taucht der Bruder auf. Aber nach einer Weile verschwindet er ebenso plötzlich, ja, die Begegnung scheint nur eine Halluzination gewesen zu sein. Boura weiß, der Bruder „hat sich nie darum gekümmert, was er darf, als hätte er weder ein Gewissen noch Grenzen". Jetzt scheint es keine „physischen Grenzen" gegeben zu haben, er ist „gleichsam durch die Wand gegangen". Rationale Erklärungen versagen also. Boura fühlt sich in sich selbst zurückgeworfen. Und da „regt sich ein kindliches Gefühl: das ist er, der ältere Bruder, der alles tun darf, was er will, und der seine Geheimnisse hat. Ich möchte alles wissen, was er tut, aber er sagt mir nicht alles. Ach, nie werde ich ihn verstehen!"

Ein Klage- und Trauerlied: „Elegie".

„Wie oft, wie oft sah ich dich von irgendwoher kommen, das Gesicht abwesend, geheimnisvoll (...) Wie oft ging ich zu den Orten, die du verlassen hattest, um dort zu suchen, was du dort entdeckt oder was du dort verborgen hattest; alles kehrte ich um, doch ich fand, enttäuscht und arm, nur die spinnwebene Kehrseite der Dinge!"

Und „Der Berg", der nächste von Čapek genannte Schlüssel zu „Gottesmarter", zeigt eine Verfolgungsjagd. Von Ort zu Ort wird ein geheimnisvoller Unbekannter von riesiger Statur gejagt. Oder das große Unbekannte, nimmt man auch diese Person als Verdichtung von Eindrücken. Er (oder es) ist, so meinen die Verfolger, schuld am Tod eines anderen Unbekannten, hat ihn in einen Abgrund gestürzt. Am Ende erleidet er den gleichen Tod. „Ich wollte ihn kennenlernen, und deshalb, nur deshalb habe ich ihn verfolgt", sagt der Intellektuelle Slavík. Und der Komponist Jevíšek: „Er war überhaupt nicht rätselhaft (...) er klagte schrecklich über alles (...) Ich habe ihn nicht gefürchtet. Wenn Sie ihn nur gehört hätten – Ach, wie gut hätten Sie ihn verstehen können!"

Slavík wird sich bei der Verfolgung bewußt, daß man ihn, wie einen Soldaten, in einen „ausführenden Körper, der von einem fremden Willen geführt wird", verwandelt; ihm bleibe nichts als die passive Seele, die man als Qual empfindet. Diese Verwandlung, während sie den Unbekannten auf einem Berg einkreisen, bewirkt der Kommissar, der zugleich ein unheimlicher Stratege ist, mit Hilfe der „Technik der Menschenbeherrschung". Eine Technik, versichert er, „denn sie behandelt den Menschen wie ein Werkzeug. Darin liegt Fortschritt; was eine persönliche Kunst war, wird zur Technik. Alles, was wir berühren, verwandelt sich in ein Werkzeug. Auch der Mensch. Auch Sie selbst. Nur *der da oben* entzieht sich uns."

Der Unbekannte? Das Unbekannte? Offene Fragen, im fast allgegenwärtigen Hintersinn erst auf den zweiten Blick erkennbar, gehören zur Magie dieser Prosa.

Offen bleibt zum Beispiel die Situation, in der ein Protagonist seufzt: „Ach, bleibe, Lust! Verzaubere mein Herz nicht mit der ewigen Gebärde des Entfliehens!" (in der Erzählung „Geschichte ohne Worte"). Geht es um die Begegnung mit einem (einer?) namenlosen Unbekannten, der wie später ein Namenloser in dem Roman „Der Meteor" vom Himmel gefallen ist? Oder kommt der Unbekannte nicht von ungefähr aus Spanien – wie einst der Bruder des Autors? Oder handelt es sich um die Begegnung mit dem unbekannten eigenen Ich? Ist der Unbekannte, der in mehreren dieser Novellen und Erzählungen gejagt wird, vielleicht immer auch das eigene unbekannte Ich, das – in der Phantasie – einen Augenblick der Freiheit genutzt und den Aufbruch gewagt hat?

„Aber das Gedankliche in dem Buch, also die Befreiung des Menschen in den Augenblicken der Freiheit, ist – obwohl ich mich nicht darum gekümmert habe – offenbar Besessenheit oder eine persönliche Krise oder vor allem die Stimmung im Krieg", hatte Čapek am 5. Dezember 1917 an Neumann geschrieben. Die anderen Novellen und Erzählungen reflektieren mehr oder minder deutlich die persönliche Krise, und jede Interpretation, die davon absieht, verliert sich in Rätseln. Die Novelle „Der Berg" aber, so kriminalistisch sie dem einen, so philosophisch sie dem anderen erscheinen mag, ist auf bestürzende Weise beides zugleich und obendrein unverkennbar zeitbezogen. Nur in den Zusammenhängen des Buches jedoch wird deutlich, wieviel, außer der Stimmung im Krieg, auch hier die persönliche Krise, ja, eine Art Besessenheit mitgewirkt hat.[214]

Bei „Gottesmarter" habe man nicht den Eindruck, als hätte der Dichter die metaphysische Unruhe des Philosophen in die Dinge hineingelegt, meinte Neumann, „die Dinge selbst sprechen zu ihm vom Geheimnis, er sieht sie geheimnisvoll, und da er ein Denker ist, rufen sie in ihm zugleich den Umriß eines Gedankens hervor, den er gleichwohl ganz in seiner Empfindsamkeit empfängt. Die Zukunft wird zeigen, ob der Dichter die Oberhand über den Philosophen behält (...)"[215]

Die persönliche Krise aber war die Auflösung der Symbiose mit dem Bruder. Seit dem Aufenthalt in Paris hatten beide mehr und mehr selbständig geschrieben. Josef war allmählich eigene Wege gegangen; die Beziehung zu Jarmila mußte ihn natürlich vom Bruder lösen, obwohl die Harmonie fortbestand und auch der geistige Austausch kein Ende nahm.

Daß Karel später nicht diesen Vorgang, sondern die Krankheit als Grund dafür nannte, daß er „den Boden unter den Füßen verloren und ratlos innegehalten" hatte, hing mit der Scheu zusammen, Privates, Allzupersönliches in die Öffentlichkeit zu tragen. Es war kein Geheimnis, daß ihn ein Rükkenleiden plagte, wenngleich er vor niemandem viel Aufhebens davon machte, und er empfand es auch nicht als Indiskretion, einstige Befürchtungen einzugestehen. Hingegen ahnte kaum jemand, wie sehr ihn dieser Verlust schmerzte – das endlose schöpferische Zusammenspiel von einst existierte nicht mehr, das exklusive Zusammensein konnte es nicht mehr geben. Gewohnt, eher die Frohnatur herauszukehren, ließ er sich Trauer nicht anmerken. Nur „Gottesmarter" zeigt sie, verschlüsselt und doch unverhohlen. Und nur seiner Schwester, die ihn an Josefs Hochzeitstag bedrückt und gereizt sah, gestand er seine Verzweiflung ein – fortan würde er für den Bruder endgültig nur noch der Dritte im Bunde sein. „Das hätte er nicht tun sollen, es wird niemals mehr wie früher sein ..."[216]

Die Eltern kamen nicht zu Josefs Hochzeit, aber die Mutter, so erinnert sich Jarmila Čapková, schrieb aus Trenčianské Teplice, sie stelle die Prager Wohnung zur Verfügung, und bat darum, Karel nicht allein zu lassen, er brauche weibliche Fürsorge. Jarmilas Darstellung läßt ahnen, daß vielleicht auch sie sich manchmal nur wie die Dritte im Bunde fühlte. „Wir nahmen das Angebot gern an, und so trat ich ins Leben der Brüder Čapek. Karel blieb bei uns in der Wohnung der Eltern, und sein Interesse, sein Bedürfnis, am Leben des Bruders Anteil zu haben, war unermeßlich. Dabei steckte er voller köstlicher Einfälle, war mitteil-

41 Die Brüder Čapek in der Říční ulice 11

sam, spendete herzliche, überaus lebhafte Anerkennung. Sie brauchten einfach diese Gemeinsamkeit, und als einer von ihnen heiratete, mußten sie den selbstverständlichsten, freundlichsten und natürlichsten Weg finden, um zusammenbleiben zu können." Aber offenbar entschädigte sie Karels jungenhafter Charme. Jedenfalls war sie bezaubert von der spielerisch schöpferischen Welt, die auch den Alltag beherrschte. „Karel verbreitete eine Atmosphäre fröhlicher Geselligkeit. Spaßhaft sagte er mir ins Gesicht, daß er Angst vor mir habe, doch mußte ich mich zu ihm an den Tisch setzen, selbst wenn er ein oder zwei Stunden zu spät zum Mittagessen kam und Josef schon wieder arbeitete. Er wollte sprechen und einen Zuhörer haben, schenkte sensible Aufmerksamkeit, nahm jede Bewegung des Lebens wahr, konnte scherzen und auch ernst sein, zollte der Tätigkeit des anderen Beachtung. Da Josefs Atelier neben Karels Zimmer lag, blieben sie in der einen Hälfte der Wohnung zusammen, und dort wurde gearbeitet und diskutiert, ebenso wie auf dem gemeinsamen Weg in die Redaktion (...)"[217]

„Wir hatten und wir haben wenige Schriftsteller, die von ihren Anfängen an mit soviel Beschlagenheit, Sachkunde und

Sicherheit der Willensanstrengung in die Kunst eingreifen wie die Brüder Čapek. Sie kennen keine Konzessionen und hassen Gefälligkeit. Sie gehen ihren Weg (...) ohne Kompromisse und kokettieren nicht mit Tagesmoden. Ihre Entwicklung ist typisch modern: von der Verschwendungssucht zu Strenge und Askese", schrieb Stanislav Kostka Neumann in einem Artikel über „Gottesmarter" von Karel Čapek und „Lelio" von Josef Čapek. „In ihren neuen Büchern gehen die Brüder Čapek schon nicht mehr in enger Gemeinschaft", sondern nebeneinander auf parallelen Pfaden."[218]

Sie waren selbständige Autoren, als sie aus ihren früheren gemeinsamen Werken einen Band Erzählungen, Feuilletons und Aphorismen zusammenstellten. „Rübezahls Garten" nannten sie ihn, anspielend auf die Sagengestalt des Riesengebirges, ihrer Heimat, obwohl keiner der Texte dieses Buches, ausgenommen das „Autobiographische Vorwort", irgend etwas damit zu tun hat. Es war eine Chiffre ihrer schriftstellerischen Gemeinschaft, eines verlorenen Paradieses.

Das Große und das Kleine

„Das Publikum rief mit seinem Beifall den Autor auf die Bühne. Kein Stutzer, sondern ein schmächtiger junger Mann kam an die Rampe – zweiunddreißig war er. Sein Anzug saß schlecht, die Krawatte war schief gebunden. Er kam wie zum Spaziergang, die Linke auf dem Rücken, und verbeugte sich wie ein braver Schüler vor den applaudierenden Zuschauern. Den Mund hatte er ein wenig offen, auf den knabenhaften Wangen waren rote Flecke. Er war sorgfältig gekämmt, doch am Ende des Scheitels stand ein Haarwirbel in die Höhe, wie auf Hoffmeisters Karikaturen. Er blickte in die Runde, schaute aufmerksam zur Galerie, als suche er jemanden, schüttelte der Dostalová die Hand und ging rasch ab. So sah ich Karel Čapek zum ersten Mal", berichtet František Kubka[219] über die Uraufführung des Stücks „Die Sache Makropulos", die am 21. November 1922 im Prager Stadttheater in den Weinbergen stattfand. Čapek führte auch Regie.

Karel Čapek war dabei, als Dramatiker Weltruhm zu erlangen. Sein Stück „RUR" (Rossums Universal Robots), am 25. Januar 1921 im Prager Nationaltheater uraufgeführt, hatte am 6. Oktober 1921 Premiere im Stadttheater Aachen, am 9. Oktober 1922 im Theatre Guild in New York, am 29. März 1923 im Deutschen Theater in Berlin, am 24. April 1923 im St. Martin's Theatre in London. Dort fand zwei Monate später eine öffentliche Diskussion über das Stück statt, an der Chesterton und Shaw teilnahmen. Resonanz fand „RUR" auch in der Sowjetunion. Gorki und Lunatscharski lobten das Werk, ein Film wurde danach gedreht, und Alexej Tolstoi ließ sich von dem „Kollektivdrama" zu seinem Stück „Der Aufstand der Maschinen" anregen.[220] „RUR" wurde 1922 in Belgrad und Warschau gespielt; 1923 in Wien und Zürich; 1924 in Brüssel, Budapest, Kopenhagen, Paris, Stockholm und Tokio, in Bulgarien und Norwegen; 1925 in Sidney und Tallin; 1927 in Barcelona und Kaunas; 1928 in Helsinki und Neapel. „RUR" wurde in dreißig Sprachen übersetzt. Das Wort „Roboter" ist internationales Sprachgut geworden, der Begriff hat Epoche gemacht.

Internationalen Erfolg hatten auch „Die Sache Makropulos"

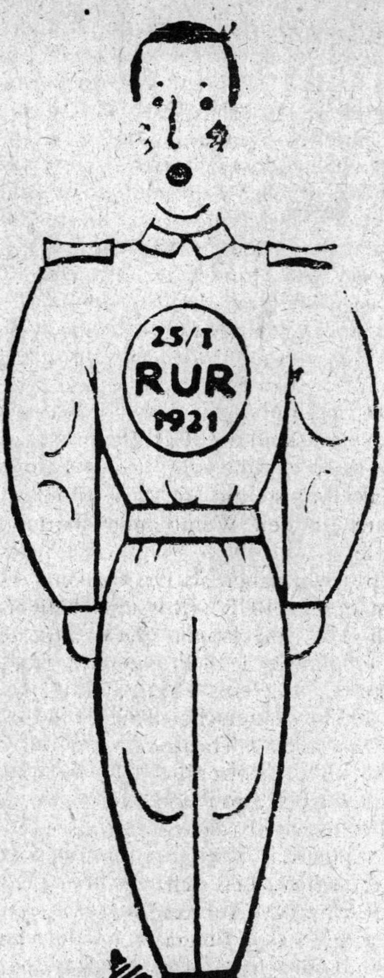

42 Karel Čapek als Autor von „RUR" (Zeichnung von Josef Čapek)

und – ein Gemeinschaftswerk der Brüder Čapek – „Aus dem Leben der Insekten". Die deutsche Erstaufführung dieses Stücks – am 11. Februar 1923 in Berlin im Theater in der Königgrätzer Straße – fand in Anwesenheit der Autoren statt. „Die Regie war gut, zum Teil nach Hilar, in vielen Dingen abweichend und besser", schrieb Karel Čapek am nächsten Tag an Olga Scheinpflugová, „der Landstreicher (Steinrück) war *hervorragend*, der beste, den ich gesehen habe, so, wie wir ihn uns vorgestellt haben (…) Heute habe ich schon ein paar Kritiken gelesen, *Kerr* lobt sehr, ein anderer ist zurückhaltend und lobt hauptsächlich die Regie, ein dritter fühlt sich wegen der Ameisen als Deutscher angegriffen. Also insgesamt: ein unbestreitbarer Erfolg."[221]

Der Ruhm veränderte ihn kaum. „Selbst als er die Vierzig hinter sich hatte, blieb Čapek ein Junge", schreibt Kubka. „In seiner äußeren Erscheinung, der dröhnenden Sprechweise, der Hartnäckigkeit, der Wißbegier und der Neugierde. Auch in der Spiellust. Er spielte mit Worten und ersann neue. (…) Schon zu Zeiten des Stücks ‚Der Räuber' spielte er mit abgegriffenen Worten und Phrasen der Umgangssprache und unterzog sie spöttischer Kritik. In ihnen sah er eine Analogie zur Mechanisierung und Automatisierung des Lebens. Als Gegner jeglicher Mechanisierung, Automatisierung und Uniformität (…) kritisierte er die abgetöteten ‚Worte' im Namen der ewig lebendigen Sprache. (…) Čapek spielte mit der Zeitung. Es gab Zeiten, da sein journalistisches Interesse die Schriftstellerei überwog. Er liebte die ‚Lidové noviny' mit leidenschaftlicher Hingabe, wollte, daß die Zeitung interessant, fesselnd und ‚lesbar' war. (…) Mit leichter Hand warf er einen schönen Lokalbericht, das schönste Entrefilet und den allerschönsten Sloupek aufs Papier." Das Entrefilet war ein kurzer Artikel, der Sloupek eine kursiv gedruckte Kolumne auf der ersten Seite. „Den Sloupek als literarisches Genre hat Karel Čapek zwar nicht erfunden, doch er hat ihn meisterlich vervollkommnet. Alle seine Reisebriefe schrieb er in dieser Form. Oft illustrierte er sie. Er spielte auch mit Stift und Feder, hatte eine eigene zeichnerische Handschrift (…) Čapek spielte mit dem Garten und wurde dabei zum Botaniker. (…) Er liebte Haustiere, vor allem drollige kleine Hunde. Ihr Leben beschrieb

43 Karel Čapek signiert

er für Erwachsene und auch für Kinder. Er zeichnete die Hunde und fotografierte sie. Es war ein weiteres Spiel des großen Jungen. Doch da er jedes Spiel so gründlich spielte, daß er es in eine Kunst verwandelte, wurde er auch im Fotografieren ein Künstler."[222]
Auf Neugierde und Spiellust, zwei ausgesprochen kindliche Erscheinungen, gründe sich Čapeks Talent, so urteilte Otokar Fischer. Und Karel Čapek selbst meinte: „Wenn ich mich auf ein Fach beschränken könnte, wäre ich wohl ein guter Fachmann geworden. Aber da ich mich für alles interessiere, ist aus mir ein Schriftsteller geworden."[223] Er hatte Literaturgeschichte und Philosophie studiert, aber ihn interessierten zugleich Kunstgeschichte, Sprachwissenschaft, Atomphysik, Biologie, Archäologie, Architektur und Städtebau ... Er sammelte Schallplatten, liebte orientalische Teppiche, war Weinkenner, Orchideen- und Kakteenzüchter, passionierter Gärtner, und auch in solchen Nebensachen legte er es darauf an, beschlagen zu sein. So konnte er, was immer er im literarischen Plauderton abhandelte, auf exakte Kenntnisse und präziseste Ausdrucksweise zurückgreifen. Ob er die Arbeit eines Schusters beschrieb oder Henri Bergson, Marie Curie, Anatole France, Karel Havlíček-Borovský, Josef Suk oder Jan Žižka würdigte, ob er das Gedeihen einer Pflanze, das Gebaren einer Katze, das Stadtbild Prags oder die Gemälde niederländischer Meister in Worte faßte, er tat es so natürlich, als sei nichts leichter als das. Vielleicht kann man ihn zu den nicht zahlreichen Polyhistoren unter den Schriftstellern unseres Jahrhunderts zählen, auf jeden Fall gehört er zu den wenigen, die beherzigt haben, „daß man zwar, wo möglich, denken soll wie ein großer Geist, hingegen dieselbe Sprache reden wie jeder andere"[224]. Mag sein, daß es ihm deshalb so leicht fiel, Woche für Woche große Kunst der kleinen Form für die Zeitung zu produzieren. Aphorismen und Apokryphen, Essays, Fabeln und Feuilletons, Glossen und Kolumnen, Kurz- und Kürzestgeschichten, Märchen, Polemiken, Reisebilder ...
Die Reisebilder! 1923 reiste Čapek durch Italien und lieferte seiner Redaktion fortlaufend Reisebriefe oder Reisefeuilletons. Die Zeitung veröffentlichte sie, während er noch unterwegs war. Um einiges ergänzt, erschienen sie im Herbst 1923 als Buch: „Italienische Briefe". 1924 war er

44 K. Č. signiert (Zeichnung von Adolf Hoffmeister)

Gast des Londoner PEN-Klubs. Er traf Nigel Playfair, der seine Stücke aufführte, Galsworthy, den er schätzte, und Chesterton, den er liebte. Wells und Shaw, die er verehrte und deren Bewunderung er genoß, luden ihn nach Hause ein. Noch während seiner Reise durch England, Schottland und Wales schrieb und illustrierte er die „Englischen Briefe", die wiederum sofort in „Lidové noviny" und im selben Jahr als Buch publiziert wurden. In Großbritannien machten sie Furore. Unter dem Titel „How it feels to be in

England" druckte der „Manchester Guardian" sie in Fortsetzungen, bevor sie als Buch herauskamen.
1929 unternahm Čapek eine Spanienreise, 1930 erschien „Ausflug nach Spanien". 1931, während der Teilnahme am PEN-Kongreß in Den Haag, entstanden „Bilder aus Holland", die im nächsten Jahr auf den Buchmarkt kamen. 1936 folgte „Die Reise nach dem Norden". Auch diese Bücher illustrierte der Autor selbst. Ebenso die „Bilder aus der Heimat", die als Torso postum verlegt wurden.
Es verblüfft die Vielfalt der Themen, die in kleiner Prosa behandelt wurden. Da finden sich Erörterungen des Sprachgebrauchs und der Denkgewohnheiten: „Kritik der Worte" (1920).[225] Essays über die Struktur der Märchen, die Funktion der Anekdote, die Herkunft und die Mittel der Kriminal- und Groschenromane, über die Stoffe der Trivialliteratur, die Möglichkeiten der Volkskunst und anderes: „Marsyas oder Am Rande der Literatur" (1931). Ironische Berichte über eigene Erfahrungen als Stückeschreiber, Dramaturg und Regisseur: „Wie ein Theaterstück entsteht und Führer durch die Kulissenwelt" (1925). Zwei Jahre arbeitete er, neben seiner journalistischen Tätigkeit, am Prager Stadttheater in den Weinbergen; er inszenierte neun Stücke, unter anderem „Ein Land mit vielen Namen" von Josef Čapek. Er beschäftigte sich auch mit dem Film; 1922 entstand nach einem Libretto von ihm der Film „Das goldene Schlüsselchen". Auch über Filmproduktion schrieb er. Und natürlich – „Wie Zeitungen gemacht werden" (1937).[226] Erwähnung verdienen die Beobachtungen von Alltäglichkeiten: „Über die nächsten Dinge" (1925), die Gedanken zu Zeitfragen: „Über allgemeine Dinge oder Zoon politikon" (1932). Nicht zu vergessen „Neun Märchen und noch eins von Josef Čapek als Draufgabe" (1932), „Daschenka oder das Leben eines jungen Hundes" (1933) und natürlich „Das Jahr des Gärtners" (1929) …

„Am bekanntesten war er, von seinem Werk abgesehen, durch Fotos und Karikaturen. Und durch seine Briefe. Er hatte einen umfangreichen Briefwechsel mit seinen Lesern. Entweder schrieben sie ihm zu seinen Büchern oder von etwas, worüber er schreiben solle, oder sie vertrauten ihm ihre Probleme an, oder sie wollten vom Autor, dem ‚Millio-

45 Aus: „Englische Briefe“ (Shaw, Wells; gezeichnet von Karel Čapek)

när‘, Geld borgen. Er beantwortete jeden Brief, und es konnten sich in tschechischen Landen sicherlich mehr Leute mit einem Brief von ihm brüsten als damit, daß sie sich mal mit ihm unterhalten hätten“, schreibt František Langer.[227] Er zählte übrigens zu Čapeks engsten Freunden und begleitete ihn regelmäßig auf Spaziergängen. Solche Vertraulichkeit erwies Čapek sonst nur dem Dichter Fraňa Šrámek, den er verehrte und liebte und den er leidenschaftlich gegen die Angriffe der Kritiker verteidigte.[228]
Persönlich gekannt hätten Čapek, trotz aller Popularität, nur verhältnismäßig wenige: Schauspieler und Theaterpersonal, die Redaktionskollegen, die Setzer, ein paar bildende Künstler, viele Gärtner und einige Antiquare und Antiquitätenhändler, so berichtet Langer. Und natürlich die Nachbarn in der Úzká ulice, die heute Bratří Čapků heißt.
Und die Literaten, mit denen er sich zum Beispiel in dem von ihm 1925 mit gegründeten tschechoslowakischen PEN-Klub traf. Er war dessen erster Präsident. Ihm oblag die Begrüßung ausländischer Gäste: Schalom Asch, Georg Brandes, Marie Curie, Georges Duhamel, Gerhart Hauptmann, Thomas Mann, André Maurois, Luigi Pirandello, Romain

46 Karel Čapek und Gerhart Hauptmann im Prager PEN-Klub (1932)

Rolland, Jules Romains, Rabindranath Tagore, Charles Vildrac ...[229]

Ende 1924, nach der England-Reise und dem Kennenlernen englischer Clubs, entstand Čapeks legendäre Gesellschaft der „pátečníci“ (von pátek – Freitag). In seiner Wohnung in der Říční ulice trafen sich jeden Freitagabend ein paar Schriftsteller zum Gespräch: Fraňa Šrámek (der später, als es mehr Gäste wurden, ausblieb), František Langer, Vladislav Vančura, Karel Poláček, Josef Kopta ... Sogar Jaroslav Durych kam damals.[230] Nach dem Umzug ins eigene Haus in der Úzká ulice wuchs die „Freitagsgesellschaft“. Etwa vierzig Männer gehörten dazu. Anwesend war gewöhnlich die Hälfte. Neben Schriftstellern erschienen Philosophieprofessoren, Historiker, Linguisten, Juristen, Mediziner, Nationalökonomen, Verlagsleute, Journalisten, Beamte. Und Politiker: sogar der Staatspräsident Masaryk und der damalige Außenminister Edvard Beneš. „Bei schönem Wetter kam der Präsident oft zu Fuß vom Hradschin, und er ließ sich von den Anwesenden bestätigen, daß die Zeit, die er für den Fußmarsch gebraucht hatte, eine Leistung sei“, berichtet Štorch-Marien. „Für Masaryk war ein Sessel nahe der Tür reserviert, in den sich kein anderer setzte. Wenn der Präsident nicht kam, blieb er leer, selbst wenn es an Sitzgelegenheiten mangelte. (...) Die Anwesenheit des Präsidenten hatte Einfluß auf den Ablauf des Zusammenseins. Er selbst sprach nicht viel, faßte sich eher kurz, stellte Fragen und ließ andere sprechen. Er beschränkte sich meistens auf sachliche Bemerkungen, wohingegen Edvard Beneš, soweit ich Zeuge war, der Beredsamkeit freien Lauf ließ.“[231]

Außer den bereits Genannten zählten zu den häufigeren Gästen der Architekt Bohumil Přikryl, der Historiker Josef Šusta, die Journalisten Karel Zdeněk Klíma, Arne Laurin und Ferdinand Peroutka, der Jurist Václav Bouček, der Karikaturist Adolf Hoffmeister, die Literatur- und Sprachwissenschaftler Vilém Mathesius und Jan Mukařovský, die Schriftsteller Eduard Bass, Josef Kodíček und František Kubka ... Und natürlich Josef Čapek, der, wenn sein Bruder auf Reisen war, die Pflichten des Gastgebers übernahm.

Über Literatur wurde kaum gesprochen. Karel Čapek schien die Diskussion größerer, problematischer Arbeiten zu vermeiden. Er äußerte sich, wie Kubka bezeugt, allenfalls zu seinen Betrachtungen von Trivialliteratur oder zur Entwicklung von Sujets, zum Beispiel zu den „Geschichten aus der einen und der anderen Tasche". Seinen Bekannten schenkte er zwar signierte Bücher, doch eher beiläufig, möglichst unauffällig, geradezu schüchtern.

In seiner „Freitagsgesellschaft" fand Čapek „ein gesellschaftliches Gebilde, wie er es besonders gern hatte: ein regelmäßiges, ziemlich geschlossenes und trotzdem freies Ganzes mit festen Gewohnheiten und fester Ordnung und einer geselligen, männlichen Atmosphäre", berichtet Langer. (Es war eine reine Männergesellschaft.) Čapek habe sich rührend um seine Gäste gekümmert, sei in der Rolle des Patrons aufgegangen und habe sich jedem stets sehr persönlich zugewandt.[232]

Man trank dünnen schwarzen Kaffee und zum Abschied, schon im Stehen, starken Sliwowitz. „Die ‚Freitagsgäste' waren eine Kaffeehausgesellschaft, versetzt in die Wohnung eines berühmten tschechischen Schriftstellers", resümiert

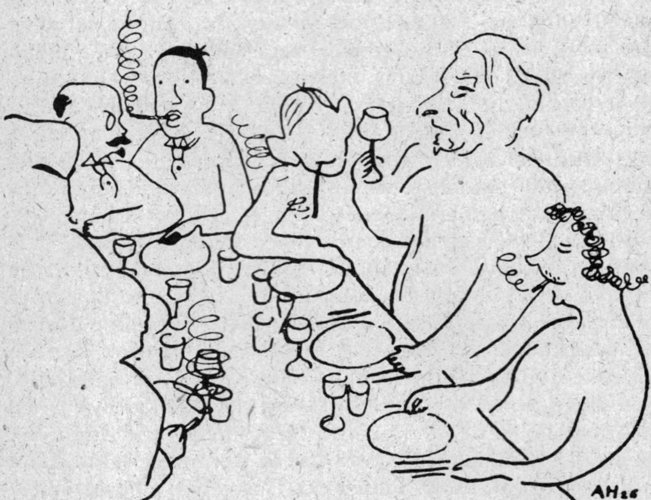

47 Georg Brandes im Prager PEN-Klub, Čapek präsidiert (Zeichnung von Adolf Hoffmeister)

Kubka aus ironischer Distanz. „Sie bildeten weder eine geistige noch eine künstlerische oder politische Einheit. Sie hatten weder ein Reglement noch ein Programm. Häufig stritten sie sich um des Kaisers Bart und schwiegen, wo es um eine ernste Sache ging."[233]
Hieraus werden die weltanschaulichen Differenzen deutlich, die in den Gesprächen offenbar tunlichst umgangen wurden. Neben der gewinnenden Persönlichkeit des Gastgebers und seiner strikten Toleranz gehörte dies sicherlich zu den Voraussetzungen der Geselligkeit in einem Kreis, in dem Kommunisten, wie etwa Vančura, ebenso Platz hatten wie Anhänger der „Burg", also des Staatspräsidenten Masaryk; zu ihnen muß man auch Čapek zählen.
Zweifellos nahm dies den Gesprächen nicht nur die Schärfe, sondern schmälerte gelegentlich die Substanz, wie aus den Erinnerungen Kubkas zu erkennen ist. Ein weiteres Beispiel: „Als einige Gäste von Reisen durch die Sowjetunion zurückgekehrt waren (Josef Kopta, Josef Čapek, Vančura u. a.), konnten sie bei den Freitagstreffen ihre Eindrücke nicht vermitteln. Ihre Begeisterung wurde mit leiser Ironie aufgenommen. (...)
‚Ich fahre nicht nach Moskau. Was könnte ich dort Neues sehen?' verkündete Karel Čapek. ‚Die Leute werden auch nach der Revolution dorthin gelangen, wo sie immer waren. Überstürzte Industrialisierung rechts und links ist gefährlich. Sie führt zu Kriegen. Verschonen Sie mich mit technischer Roboterei. Kehren Sie zurück zur heiligen Kleinarbeit!'
Diese ‚Weltanschauung' paßte nicht zum Format Karel Čapeks. In sie floh er vor sich selbst."[234]

Auch jene „kleinen Leute", die er in den zwanziger Jahren in den Mittelpunkt stellte, passen mitunter nicht zum Format des Autors, so bieder und harmonisch sind sie. Und die „kleinen Dinge", über die er damals bevorzugt und geradezu mit Leidenschaft schrieb, erhalten, aufs Ganze gesehen, allzuviel Raum und Gewicht. Čapek kenne keine Konzessionen und hasse Gefälligkeit, hatte S. K. Neumann gerühmt, als „Gottesmarter" erschien. Dem entsprachen die darauf folgenden, 1921 gesammelt erschienenen „Peinlichen Geschichten", psychologische und sozialkritische Er-

48 Freitagsgäste (Zeichnung von Adolf Hoffmeister)

zählungen voll düsterer Skepsis, Enthüllungen der Zerrüttung menschlicher Beziehungen. Von den „Geschichten aus der einen und der anderen Tasche" (1929) kann man das nicht uneingeschränkt sagen. Ebensowenig von dem Roman „Das Absolutum oder Die Gottesfabrik" (1922). Das weltumspannende Geschehen wird voller Ironie, die Weltkatastrophe voller Schärfe dargestellt. Doch der Schluß des gewaltigen Spektakels ist seltsam kleinmütig, eine Idylle, so versöhnlich wie trivial: Die Protagonisten haben überlebt und sitzen vereint am Stammtisch.
Dieser „Feuilleton-Roman" erschien in Fortsetzungen in „Lidové noviny", während der Autor noch schrieb, und darum wird dies gewöhnlich als Verlegenheitslösung betrachtet.[235] Indessen läßt sich nicht übersehen, daß Čapek auch den Helden seines phantastischen Romans „Krakatit" (1924) am Ende „verkleinert". Prokop hat einen atomaren Sprengstoff, das Krakatit, erfunden und versucht vergeblich, die Produktion und den Mißbrauch zu verhindern. Ein geheimnisvoller mythischer Greis, gleichsam Gottvater, belehrt und ermahnt ihn am Schluß: „Vor lauter Kraft hättest du dich in Stücke reißen mögen. Aber du bleibst heil und wirst die Welt weder erlösen noch vernichten. Vieles wird in dir verschlossen sein wie Feuer im Ofen; nun gut, das sei geopfert. Du wolltest allzu große Dinge vollbringen, du wirst dich mit kleinen begnügen. Und das ist gut so."
Ohne Zweifel sollte der Roman als „Atom-Utopie" verstanden werden. Mit einer Warnung vor dem Mißbrauch der Wissenschaft, ja der schöpferischen Kräfre überhaupt. Mit einer Mahnung für jedermann, der möglichen Folgen seines Tuns eingedenk zu sein. „Der Mensch muß darüber nachdenken, wozu eine jede Sache dient ... Der Mensch ... sollte mehr denken als fühlen."[236]
Gleichwohl ließ Čapek manches einfließen, was auf einer anderen Ebene lag. Für den einen sei „Krakatit" ein utopischer Roman, für einen anderen könne es zum Beispiel ein „Inferno der Sexualität" sein, meint Oldřich Králík. Viele Seiten seien „brutale Aufzeichnungen von aufreizenden Berührungen (...) Čapek verwundert und erregt durch eine eigentümliche scharfe physiologische Bildhaftigkeit, und ‚Krakatit' ist wohl die subtilste sexuelle Dichtung in der tschechischen Literatur."[237]

49
Vladislav Vančura
(Zeichnung von
Adolf Hoffmeister)

„Krakatit" stellt Čapeks Versuch dar, Elemente des realistischen Romans und des Märchens, der Abenteuer- und der Detektivgeschichte, des Zukunftsromans, ja auch des Groschenromans zu einem Science-fiction-Roman zu verschmelzen. Prokop erscheint deshalb als moderner Superman und als altertümlicher Märchenheld. Er gerät in ein Schloß und begegnet einer Prinzessin, während er Machtpolitikern des Atomzeitalters Widerstand entgegenzusetzen versucht. Er sieht Gefahren, wie sie unser Jahrhundert hervorgebracht hat, und lernt Versuchungen kennen, die so alt sind wie die Natur des Menschen. Prokop erweist sich als verantwortungsbewußter Wissenschaftler, jedoch fechten ihn Liebesabenteuer an; das erstere führt zu des Autors „Moral von der Geschichte", das letztere könnte man als Tribut an das Genre – oder an die Mischung von Genres – ansehen. Indes läßt sich der autobiographische Hintergrund nicht verkennen, wenn man Čapeks intime Briefe verfolgt. Mit Recht bemerkt Králík, Prokop sei eigentlich mehr Dichter als Chemiker und experimentiere vor allem mit menschlicher Leidenschaft. Und zutreffend stellt er fest: „Wenn ihr sexuelles Eroberertum scheitert, kriechen Čapeks Helden gleichsam zurück in die ‚Eierschale' der Kindheit (...)" Ihrer „nehmen sich freundliche Großväter an, bei denen das Antlitz vom Vater des Autors durchscheint". Králík vermeidet es grundsätzlich, derlei Beobachtungen biographisch auszuwerten. Jedoch sind sie für nichts anderes wichtig. „Krakatit" ist kein Schlüsselwerk, wenngleich sich hier und da Details oder Anspielungen enträtseln lassen. Schlüsselbedeutung aber hatte offensichtlich der Schluß: Der Held beugt sich der Forderung nach Selbstbeschränkung. Denn Čapek schrieb fortan neun Jahre lang keine „großen Dinge" mehr. Im Sinne der mahnenden Worte schien er sich lieber „mit kleinen begnügen" zu wollen, als er nach einer persönlichen Krise vieles in sich zu verschließen begann.

Auf einer Visitenkarte (undatiert, wahrscheinlich am 20. November 1922): „Hier die Eintrittskarte. Wenn es sein muß, werde ich mich in Ihrer Richtung verbeugen; aber ich werde nur der Schatten eines Menschen sein. Es ist wieder Mitternacht. Die Zeit und das Theater sind meine Feinde. Gute Nacht. K. Č."[238]
Die Adressatin war Věra Hrůzová, die er Ende 1920 kennengelernt hatte. Und die Eintrittskarte war für die Uraufführung seines Stücks „Die Sache Makropulos". Der Autor vergaß sein Versprechen nicht, denn sein Blick ins applaudierende Publikum suchte jemanden, wie Kubka erwähnt.
Erwähnt wird Věra Hrůzová allerdings nicht in den Erinnerungen von Zeitgenossen, obwohl Čapeks Beziehung zu ihr nicht ganz verborgen geblieben sein kann. Und so verblüffte 1979 ein Zeitungsartikel von Jiří Opelík: „Die Prinzessin aus ‚Krakatit'", in dem er aus Čapeks Briefen an Věra Hrůzová zitierte. Ein Jahr später, kurz nach dem Tod der Adressatin, erschienen sie vollständig in einer bibliophilen Ausgabe – „Briefe aus der Schublade".
Věra Hrůzová, verheiratete Skoupilová, hatte die Briefe bereits Anfang der siebziger Jahre dem Herausgeber der Čapekschen Schriften angeboten. Unerheblich ist der Inhalt nicht, zu persönlich auch nicht, jedenfalls nicht mehr als die Briefe an Olga Scheinpflugová.[239] Vermutlich war es Čapeks Beziehung zu Olga und seine spätere Ehe mit ihr, was den pietätvollen Miroslav Halík bewog, die Veröffentlichung abzulehnen. Indessen bergen die Briefe an Věra Hrů-

zová keine Sensationen, und vom Intimen enthüllen sie im Grunde nur, was schon die 1971 veröffentlichten „Briefe an Olga“ mit aller Deutlichkeit zeigen und was auch Olga Scheinpflugovás 1946 erschienenes Erinnerungsbuch „Ein tschechischer Roman“ zur Genüge offenbart.

Čapeks Vorurteile gegen Frauen tauchen in seinen Betrachtungen auf. Zum Beispiel in „Zur Naturgeschichte der Anekdote“: „Man sagt, Frauen hätten einen kurzen Verstand, seien inkonsequent, schwatzhaft und wer weiß was noch. Was mich betrifft, ich werfe ihnen etwas weitaus Schrecklicheres vor: Ihnen gebricht es an Humor. Es stimmt zwar, daß sie gern lachen und sich vergnügen wollen; doch ihre Beziehung zur Komik ist eher passiv als aktiv. Vielleicht liegt es daran, daß es zum Spaßmachen einer gewissen Angriffslust bedarf; ferner muß man seine Würde aufs Spiel setzen, und das weibliche Geschlecht ist empfindlich auf Würde bedacht; sodann scheint es, als schmerze Gelächter aus Frauenmund, wo ein jungenhafter Witz nicht schmerzt. Wie dem auch sei: Anekdoten sind ein männlicher Artikel; die besten aber sind überhaupt ein männliches Geheimnis, ebenso wie höhere Mathematik, spekulative Theologie und andere intellektuelle Interessen.“
Oder: „(...) wenn eine Frau geistreich ist, erweckt es das Gefühl, sie sei gewissermaßen verdorben; ehrbare Frauen entrüstet dies irgendwie; sie spüren darin etwas von Aggressivität, Zynismus und freien Sitten.“
Neben zeittypischen Vorurteilen scheint hier auch das im Spiel zu sein, was heutige Feministinnen „männlichen Chauvinismus“ nennen. Indessen liegt es eher am eingeengten Blickwinkel: Čapeks Blick traf „die Frau“ im kleinbürgerlichen Milieu, ohne sich um ihre soziale Stellung, ihre rollenspezifischen Verhaltensweisen zu kümmern. Übrigens kann man gelegentlich bei verquerer Betrachtung etwas sehen, was bei gerechterer außer acht bleibt. Die folgenden Sätze würde man einer Feministin zutrauen, doch sie stammen aus Čapeks Artikel „Über die Frauenfrage“: „Bei den meisten Völkern und Stämmen der Welt hat es Zeiten des Matriarchats gegeben, da die Frau den Männern sozial übergeordnet war, doch war sie ihnen nicht dadurch übergeordnet, daß sie das gleiche wie sie gemacht und es

50 Selbstkarikatur

besser gemacht hätte, sondern sie machte etwas ganz anderes, vermutlich etwas sehr Weibliches. Ich würde sagen, sie herrschte gerade dadurch über die Männer, weil sie ihnen nicht gleich war. Darum bin ich der Meinung, daß die Frauen einen großen Fehler begehen, wenn sie beweisen, daß sie den Männern gleich sind; wenn sie etwas beweisen wollen, so sollen sie etwas anderes beweisen: daß sie ihnen übergeordnet sind. Die Frauenbewegung ist hoffnungslos, sofern sie für die Frauen die gleichen Rechte wie für die Männer erstrebt; es wäre tiefer und richtiger, wenn sie erstreben würde, daß die Frauen über die Männer herrschen. Eine Revolution beginnt gewöhnlich nicht damit, daß die Knechte den Herren gleich sein wollen, sondern damit, daß sie über sie herrschen wollen. (...) Damit bestreite ich keinesfalls die soziale Notwendigkeit, daß sich die Frau in diesen schlimmen Zeiten ernährt, indem sie die Arbeit von Männern verrichtet; ich meine nur, diese Seite der Sache sollte nicht als besondere soziale Errungenschaft betrachtet werden. Eher ist es nur ein Hindernis mehr im sachlichen Kräftemessen zwischen dem weiblichen und dem männlichen Geschlecht."[240]

Der Vergleich von Briefen, die Čapek etwa zur gleichen Zeit an Olga und Věra geschrieben hat, ist in mancher Hinsicht aufschlußreich.
Am 25. Dezember 1920 an Olga, die er ein halbes Jahr kannte: „Ola, ich würde heute Nacht keine Ruhe haben, wenn ich Ihnen nicht ein paar Worte schriebe. Mein Gott, ich habe Sie zum Weinen gebracht! (...) Mädchen, Sie sind mein Leben. (...) Sie sind mein Leben."
Am 27. Dezember 1920 an Věra, kurz nach dem Kennenlernen: „Ich lebe auf des Messers Schneide. Ich muß auf die eine oder die andere Seite fallen. Genug, genug, darüber können wir nur sprechen. Ich möchte Sie sehen, Sie Amazone, auf Ihrem Wallach. Ihr Haar fliegt, Ihr Mund ist leicht geöffnet – wie Ihnen das steht!"
Ende Januar 1921 brach der Briefwechsel mit Věra ab. Sie verlobte sich mit dem Journalisten und Diplomaten František Bořek Dohalský, und erst nach der Auflösung dieser Verbindung schrieb Čapek ihr wieder – Mitte Juni 1922. Indessen hatte er sich am 1. März 1921 an Dohalský gewandt

51
Olga Scheinpflugová
in der Rolle
der Kristina in
„Die Sache
Makropulos" (1922)

und ihn mit einem Angebot verblüfft: Er wollte ihn als Londoner Korrespondenten für die „Lidové noviny" gewinnen.
Auch in der folgenden Zeit schien Čapek „auf des Messers Schneide" zu leben. Zum Beispiel schrieb er (ungefähr) am 22. November 1922 an Olga, auf einer Visitenkarte, wie zwei Tage vorher an Věra, als er ihr die Eintrittskarte schickte. Olga spielte bei der Uraufführung von „Die Sache Makropulos" die Rolle der Kristina. „Teure Olinka, es ist nicht das erste, aber ganz sicher auch nicht das letzte Mal, daß ich Dir nicht nur aus tausenderlei großen Gründen, sondern auch als Autor danke. Ich küsse Deine lieben Hände für das alles, aber die Hände zu küssen ist zu wenig, ich sollte den ganzen Weg küssen, den Du täglich gehst, aber auch das ist zu wenig für das alles. Ich danke, danke Dir, meine Liebe! Dein Čáča."

Zu Čapeks Briefen an Olga gehörte das Spiel mit den Namen. Manchmal unterschrieb er mit dem Vornamen, meistens – vor allem in späteren Jahren – mit seinen Initialen, in den ersten drei Jahren auch mit scherzhaften Wortbildungen daraus: Čáča, Káča, Kačenka. Die Anrede variierte: teure (oder: liebe) Olga, Ola, Olina, Olinka, Olenka, Oláska, manchmal: Mädchen – děvče, holka oder holčička, dívenka, děvčátko …

Für diese zärtlichen Verkleinerungsformen des Tschechischen, für die zarten Nuancen haben wir im Deutschen nichts Gleichwertiges. Spielerisch mutet auch die Abkürzung an, die er später bevorzugte: D. O. – für: drahá (teure) O…

In den Briefen an Věra spielte er fast nie mit den Namen, unterzeichnete K. Č., nannte sie meistens förmlich: liebe Věra, und nachdem sie geheiratet hatte: gnädige Frau, einige Male sogar altväterlich: gnädige Frau Mutter Věra.

Nicht zu übersehen sind die Unterschiede der Diktion, ja, der Haltung.

Gegenüber Věra wählte er meistens einen betont forschen, gelegentlich kokett großspurigen Ton, kehrte gern den vielbeschäftigten Literaten, gar den Prominenten heraus und gab sich nach Möglichkeit galant.

Am 13. Januar 1921: „(…) ein gehetzter Mann schreibt diese paar Worte im Stehen – in diesen schrecklichen Tagen hat er nicht mal Zeit zum Sitzen (…)“

Am 20. Januar 1921: „Um Gottes willen, veredeln Sie mein Bild nicht; ich würde mich dann wie ein braver Junge fühlen, und das Gefühl wäre un peu gênant.“

Am 14. (oder 16.) Juni 1922: „Schauen Sie, es ist ein Skandal; ich schreibe Ihnen, und dabei blicke ich auf die Uhr, weil ich laufen muß; ich muß Besorgungen machen, muß in die Redaktion, ins Theater, und in der Straßenbahn muß ich noch zwei Akte von irgendeinem Theaterstück lesen! Bah, sich so das Leben zu verderben!“

Am 8. September 1922: „Liebe Věra, mir reicht's! mir reicht's! Gerade habe ich zwei lange englische Briefe wegen meiner verdammten Dramen, meine Selbstbiographie und andere Scheußlichkeiten ausgeschwitzt. Mir reicht's! Wieso soll ich mir dauernd mein junges Leben verderben, weil mich das Unglück getroffen hat und ich sogenannten ‚Erfolg‘ gehabt habe – eine Sache, die mir nicht mal die ausgekühlten Knie wärmt, mit der ich mich immerzu herumschleppen muß usw. (…) heute habe ich eine Sekretärin

eingestellt, diese Funktion am Theater hatte ich Ihnen angeboten, aber Sie haben ich weiß nicht welche technische Kanzlei vorgezogen; das ist Ihre Sache – meine natürlich auch. Meine Sekretärin spricht sechs Zungen; aber wenn ich mich an eine einzige Zunge erinnere, eine rosige, flinke und lustvolle, Donnerwetter!"
Am 7. Oktober 1922: „Liebe Věra, nur ein paar Worte, aber dafür wesentliche. Ich bin am Montag (9.) in Brno (...) Denken Sie sich für den Montag einen schönen Spaziergang oder überhaupt etwas Angenehmes aus; ich lasse mich von Ihnen führen."
Nachdem sie in Prag das Abitur gemacht hatte, wohnte Věra in Brno bei den Eltern; ihr Vater war dort Professor an der Tierärztlichen Hochschule. Čapek besuchte sie, als er auf der Fahrt zu seinen Eltern durch Brno kam.
Veřa blieb für Čapek eine Episode. Sein sentimentaler Weihnachtsgruß 1922 läßt es ahnen. „Schwer sind meine Augenlider; ich möchte sie schließen und mich mit dem Erinnern quälen. Schwere Lider und ein schwerer Kopf; ein schweres Leben und schwere Aufgaben; doch meine Hände sind leicht und möchten leicht die allerschönsten Dinge berühren. Ich weiß, wo sie sind; ich sehe sie, atme sie; es ist unerhört. Der ‚ewige Winkel im Herzen' wird sie nicht loswerden, selbst wenn er wollte, selbst wenn er ihnen verzweifelt auswiche. Was hilft's, Věra: dieser Qual möchte ich niemals entgehen."
Die Beziehung zu Věra war anders als die zu Olga. Unbeschwerter, weniger verwickelt, auch weniger tief.

Gegenüber Olga herrschte von Anfang an ein ganz vertrauliches Mitteilungsbedürfnis vor, ein Drang nach Offenbarung, geradezu eine Leidenschaft der Annäherung. Am 2. Januar 1921: „Olga, Olenka, ich schreibe Ihnen eigentlich ungewollt; dieses Papier hatte ich für einen Artikel vorbereitet, den ich schreiben soll. In ein paar Minuten erwarte ich Besuch (...) Seit dem gestrigen Abend lebe ich im Zustand des Staunens; ich weiß wirklich nicht, ob etwas geschehen ist oder ob ich geträumt habe, aber ich weiß sicher, daß sich die ganze Welt verändert hat. Du Narr, es ist doch sicher, daß sie dich liebt; nichts anderes hast du gewollt, schau, du hast alles; schrei auf vor Freude und reiß die

Arme hoch, – du Narr, warum läßt du den Kopf hängen?"
Am 5. Januar 1921: „Ola, diese Nacht habe ich zuviel mit Ihnen gesprochen, als daß ich Ihnen nicht wenigstens noch ein paar Worte schreiben müßte."
Ob Alltagsmitteilungen, Berichte über seine Arbeit, Geplauder oder Bekenntnisse und Liebeserklärungen, an Olga schrieb er ohne Selbststilisierungen, wenn auch nicht ohne Selbsttäuschungen. Er schrieb ungekünstelt, sosehr er auch mit Sprachreichtum und Sprachwitz spielte. Ihr teilte er sich ausführlich mit, angeregt oder bewegt, aufrichtig, mitunter kindlich treuherzig. Vor ihr erklärte, offenbarte, rechtfertigte er sich inständig, manchmal sentimental, manchmal gequält, verzweifelt. Und selbst in Zeiten, da er sich zurückzog, sie unmißverständlich abwies und nichts als Kameradschaft in Aussicht stellen wollte, erlosch nie das Bedürfnis nach Kontakt. Ob künstlerischer Plan oder persönliche Schwäche, vor Olga drückte er alles ohne Pose aus. Er blieb, hochgemut oder kläglich, doch immer der, der er war. Olga war *die* Liebe seines Lebens, und zweifellos ahnte er es nicht nur, sondern wußte es von Anfang an.

Ungestüm warb er um die achtzehnjährige Olga, die Schauspielerin, Tochter seines Redaktionskollegen Karel Scheinpflug. Im Sommer 1920: „Antworten Sie umgehend, wie auch immer, wann ich Sie sehen werde. Bestimmen Sie Ort und Zeit: morgens, mittags, abends, wann immer. Ihr K."
Im Herbst 1920: „Kommen Sie, kommen Sie, kommen Sie! Ich weiß nicht, ob diese Verrücktheit wie nie zuvor vom Himmel oder aus der Hölle auf mich gekommen ist. Ich muß Sie sehen; wenn Sie heute nicht kommen, wird es schrecklich, ich weiß nicht, was ich dann anfange."
Doch bald mußte er eingestehen, wie irritiert, ja überfordert er war. Im November 1920: „(...) wissen Sie, was ich schrecklich gern möchte? Daß Sie ein Schreibfräulein oder ein Mädchen aus einem Geschäft wären; ein Mädchen, das täglich zur gleichen Stunde zu seiner grauen Arbeit läuft und mittags nach Hause und nach dem Mittagessen wieder und abends wieder; daß ich täglich irgendwo hinter der Ecke warten und Sie abfangen könnte, um Sie ein Weilchen für mich zu haben und Sie und mich selbst zu erfreuen. (...) Aber Sie sind Schauspielerin und denken an die Kunst.

52 Čapek und Olga Scheinpflugová im Juli 1921 in Špindlerův Mlýn

An große Kunst. (...) Nie war ich so allein wie jetzt. Ich war bei weitem nicht so allein, als ich Sie nicht kannte. Jetzt erst lerne ich die Einsamkeit kennen. Der, der mir immer am nächsten stand, sieht meine Qual und betrachtet sie ungeduldig, fast feindselig, weil er beobachtet, wie damit der mögliche Erfolg der gemeinsamen Arbeit in die Ferne gerückt und geschwächt wird. (...) Zeitweise überfällt mich Bangigkeit und Bedauern, daß ich nicht auf die von Ihnen damals angebotene Freundschaft eingegangen bin."
Um so mehr plagte ihn Unsicherheit, wenn sie ihn warten oder zweifeln ließ. Selbstsicherheit gab ihm ein Gedanke, der wie eine Erleuchtung kam. Am 5. Dezember 1920: „Wir müssen zusammen arbeiten, Olga, ich spüre, daß wir einander deshalb begegnet sind. (...) Ich möchte die Stufe sein, auf der Sie nach oben steigen. Das ist meine Aufgabe."
Indessen war Čapeks Traum von einem „einfacheren" und zumindest anspruchsloseren Mädchen nicht ausgeträumt. „Paulina habe ich nicht gesehen, und ich habe auch gar nicht an sie gedacht", versicherte er Olga zwar im Dezem-

ber 1920. Doch zu der Zeit begann ihn Věra Hrůzová zu interessieren. War sie etwa gemeint? Paulina war jedenfalls „ein Mädchen aus der Gesellschaft, die sich bei der Schriftstellerin Anna Lauermannová (Pseudonym Felix Téver) zu treffen pflegte“[241]. Und dort lernte Čapek die zwanzigjährige Věra kennen.

Im Sommer 1921 kulminierte Čapeks Verhältnis zu Olga. Mit ihr verbrachte er den ganzen Juli in Špindlerův Mlýn, in der Gesellschaft seiner Schwester Helena und der Schriftstellerin A. M. Tilschová. Und sie beschlossen zu heiraten, so berichtet Olga Scheinpflugová.[242] Die „Briefe an Olga“ belegen zumindest, daß die Absicht ausgesprochen worden war.

Von Špindlerův Mlýn fuhr Čapek zu seinen Eltern nach Trenčianské Teplice. Wie in anderen Jahren nahm er während des Besuches Kurbehandlung. Dieses Mal aber ging es ihm auch darum, seine Heiratsabsicht kundzutun und sich des elterlichen Segens zu versichern. Offenbar war ihm recht bange davor, denn wider seine Gewohnheit trank er sich Mut an.

Am 10. August 1921 an Olga: „(...) da ich mir für die Reise eine Flasche Wein gekauft hatte, war ich beschwipst und schlief am Ende ein. Morgens begann gleich die Qual der Kur (...) Mutter will mich nicht von hier fortlassen, sie weint, weil ich ihr vierzehn Tage genommen habe, weil ich früher hätte kommen sollen; sie wollen mich hier mästen, mit Injektionen quälen, wie ein Baby behandeln; sie quält mich mit ihrer Liebe. Ich bin geistesabwesend.“

Erst im zweiten Brief erwähnte er das, worauf Olga sehnsüchtig wartete. Doch sein vorsichtiges Abwarten, was für ein Gesicht seine Mutter bei seinen „beiläufigen“ Worten macht, wird sie nicht begeistert haben. Am 11. August 1921: „Mutter gefällt mir, sie spricht ganz besänftigt (Du weißt, wovon), und nur: werd glücklich, Junge, und kein einziges böses Wort. Ich habe nur so beiläufig mit ihr gesprochen. Und hoffentlich, sagt sie, habe die Betreffende genug Zeit für mich und kümmere sich um mich usw., und hoffentlich sei sie eine gute Hausfrau und wer weiß was noch; das alles wurde nur in Form frommer Wünsche und nicht irgendwelcher Zweifel gesagt. Kurz, es war geradezu lieb und hat mich sehr gerührt.“

Die Selbsttäuschung läßt sich nicht übersehen. Als Schauspielerin würde Olga ihrer Karriere viel Zeit widmen, aber nicht der traditionellen Hausfrauenrolle. Die Mutter hatte deutliche Zweifel, und unverkennbar war ihr Wunsch, Karel grundsätzlich „nicht fortzulassen". Sie machte haarsträubende Szenen. Wie in der Kindheit wollte sie ihn bei sich haben, ihn umsorgen. Er fühlte sich gequält, wie geistesabwesend. Und sein Lebenselan wurde gebremst. Von Heirat war in den nächsten Briefen nicht die Rede, dagegen viel von Geduld, Abwarten, Reifen.
Daß die Arbeit an dem Roman „Das Absolutum oder Die Gottesfabrik" allmählich vorankam, berichtete er in den folgenden Briefen. Ein paar Bekenntnisse, die Erwähnung verdienen, am 13. August 1921: „Ich liebe große Flächen im Leben wie in der Kunst; lieber große Sehnsucht als eine Menge kleiner Ereignisse, lieber große Stille als viel kleines Gerede. (...) je älter ich werde, desto kürzer erscheint mir der Tag. Als Kind kam mir eine Stunde wie eine riesige Landschaft vor, in der es Tausende von Vergnügungen, Interessen und Überraschungen gibt; jetzt ist mir ein ganzer Tag etwas so schrecklich Kurzes, daß ich ihn festhalten möchte, auch wenn er nicht glücklich ist. (...) Ich glaube, daß der Wille alles leisten kann, und Du hast einen kranken Willen: einen zu jähen, zu empfindlichen. Ich möchte Dir meinen Willen zum Leben, zur Selbstbeherrschung, zum Glück, zur Harmonie einhauchen. Ich möchte ganz Dein Wille sein."
Am 15. August 1921 die unübliche Anrede „Geliebte Jungfrau" und ein ungewöhnlicher Wunsch: „Ich möchte, daß Du Dich mir ganz in die Hand gibst, nicht zum Lieben, sondern zum Formen." Ähnlich am 17. August 1921: „Ich habe immer gesagt, am liebsten auf der Welt wäre ich Dein Pygmalion."
Olgas Antworten sind nicht erhalten, doch Čapeks Briefe verraten, daß sie sich seinen Willen zum Abwarten, zur Unentschiedenheit nicht „einhauchen" ließ. Sie wartete immer ungeduldiger auf die Bestätigung der Heiratsabsicht, vermißte nicht nur ein klares Wort, sondern überhaupt die ernsthafte Entschlossenheit. Er beschwichtigte sie, aber seine resignativen, ausweichenden Betrachtungen mußten eher mißtrauisch stimmen, wenn nicht alarmieren. Am

16. August 1921 schrieb er: „(...) es kamen zwei Briefe auf einmal. Traurige Briefe (...) ich wiederhole ein für allemal: (...) es gibt keinen Grund zur Besorgnis. Ruhe, Ruhe! Ich schreibe sehr spät in der Nacht; wir haben im Familienkreis Karten gespielt bis nach dreiundzwanzig Uhr. Auch in den Karten habe ich das Schicksal, das mich im ganzen Leben mit ruhiger Resignation erfüllt: weder gewinnen noch verlieren; im Gleichgewicht bleiben, dem Leben so viel geben, wie es mir gibt. Und vorher der wunderschöne Herbstspaziergang (...) Ich sehe in meiner Literatur nicht den Weg zum Erfolg oder zum Ruhm; im besten Fall ist jegliche Kunst so selbstverständlich wie ein Berg oder ein Wacholderstrauch; sie wächst, lebt, *ist* einfach, und was die Leute hinzutun, ist etwas so Scheußliches wie Wegweiser in der Natur. Künstler sein, ja, nichts Besseres als dies; aber Künstler im Leben sein, Künstler in der Harmonie und Größe des Lebens, das ist das Schönste, Edelste und Bescheidenste. (...) die Erinnerung an Deine Qual ist mir tausendmal peinigender, weil die Qual nicht bestünde vor der strengen Prüfung der reifen herbstlichen Schönheit und des kühlen Himmels. (...) Du siehst wenigstens, wie mich *mein* Herbst auf die Füße gestellt hat; wenn Du fürchtest, daß es für Dich einen Sommer nach einem allzu kurzen Frühling bedeutet, gut: sei stark und zufrieden, auch Dich erwartet der Herbst, und wenn Du weise bist, wird er schön, schöner als alles vorher. Was ist daran traurig?"
Olga ließ sich weder trösten noch vertrösten. Offenbar kündigte sie an, sie werde die Dinge in die Hand nehmen und von sich aus Vorbereitungen treffen, denn er wehrte heftig, geradezu entsetzt ab und untersagte ihr jede Eigenmächtigkeit. Am 18. August 1921: „Ich bin nicht einverstanden, daß Du etwas machst, hörst Du? Ich, sofern es auf mich ankommt! verbiete Dir jeden solchen Versuch (...) Ich bitte Dich dringend und äußerst ernsthaft: überlaß es mir, warte, sei ruhig und unbesorgt. (...) Ich freue mich auf die Verantwortung und Sorge, die ich auf mich nehme. (...) Schrecklich freue ich mich darauf, was ich in meinen Briefen nicht beim Namen nenne. Die gewaltigen Schwierigkeiten, die im Weg stehen, habe ich durchdacht, und ich weiß, wie ich die Oberhand über sie gewinne. Verlaß Dich nur auf mich. Ich würde gleich nach Prag aufbrechen, um Dir alles zu sa-

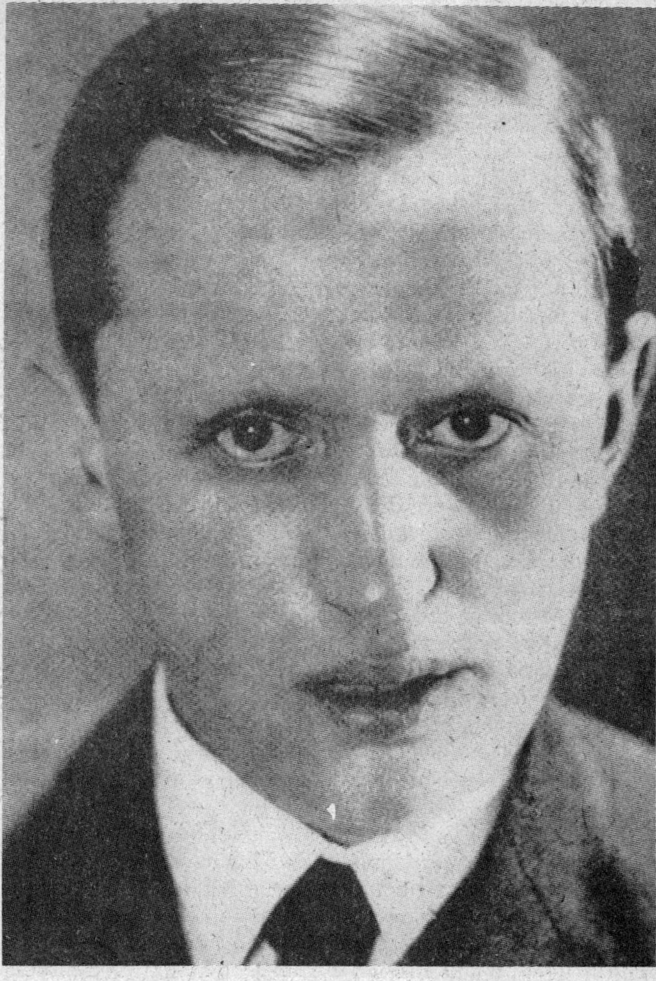

53 Karel Čapek

gen; aber in diesem Stadium ist es gefährlich, meine Kur zu unterbrechen, es könnte eine Verschlimmerung eintreten, und das fürchte ich auch um Deinetwillen. (...) und jetzt verlange ich noch einmal von Dir – nicht Heldentum oder Selbstüberwindung, sondern nur eine kleine Sache: daß Du mir völlig vertraust. (...) Versprich mir, daß Du alles mir überläßt. Versprich mir, daß Du keinen Finger rührst und nur das tust, alles das, worum ich Dich ersuche."

Ob und wie sich die Mutter weiter zu seinem Vorhaben geäußert und was der Vater gesagt hatte, ja, ob es überhaupt zu einer Familienberatung gekommen war, teilte Čapek nicht mit, ebensowenig, was er selbst zu tun gedachte. Die Besorgnis, Olga könne eigenmächtig handeln, entsprang seiner Hilflosigkeit gegenüber der Mutter, die sich an ihn klammerte, weil sie ihn zu verlieren fürchtete. Nicht die Kur hielt ihn in Trenčianské Teplice fest, sondern die Angst, sie durch die Abreise zu kränken. Nicht gesundheitliche oder praktische Gründe machten ihn unschlüssig, wankelmütig, sondern die ungebrochene alte Bindung. Und je deutlicher er das als lästig und qualvoll empfand, desto mehr drückte ihn Schuldbewußtsein. Aus dieser Verquikkung vermochte er sich nicht zu befreien. Der nächste Brief zeugt von seinem Dilemma. Am 19. August 1921: „(...) weder morgens noch abends kam ein Brief von Dir. Ich bin starr vor Angst, was das bedeutet. (...) Am besten wäre es, ich führe gleich zu Dir, aber ich habe Angst, ich habe sehr ernste Gründe, außer der blöden Kur, die ich verfluche. Die Mutter hängt an mir wie nie zuvor, oder zumindest zeigt sie es wie nie zuvor. Es ist richtig quälend und schrecklich; wenn ich wegführe, würde sie Dich, das weiß ich, für lange Zeit hassen. Mir graut vor ihrer Liebe, vor ihren Küssen, vor ihren Dienereien; ich gehöre nicht ihr, diese Liebe kommt mir nicht zu, mein Sinn ist anderswo. Und jetzt die Pflicht, mich zu überwinden, meine Angst nicht zu zeigen (...) Olga, einen Brief! Um Gottes willen, wenigstens jetzt mußt Du auf mich hören! Ich weiß schon, wie wir die Wohnung bekommen usw. Ich sage Dir alles, nur beruhige mich!"

Als diese Briefe ein halbes Jahrhundert später veröffentlicht wurden, fügte Olga eine Erklärung hinzu: „In diesen kritischen Tagen bekam mein Vater von Dr. Antonín Čapek ei-

nen Brief über den schlimmen Gesundheitszustand seines Sohnes. Er schrieb ohne Wissen von K. Č. einen sehr edlen, mehr ärztlichen als väterlichen Brief. Auch er prophezeite seinem Rückgrat ein schlimmes Schicksal usw. Mein Vater legte mir schonend dar, ich müsse mich von K. Č. trennen, ich dürfe ihn niemals heiraten. Ich bekam den ersten Anfall von paroxysmaler Tachykardie, die mich bis heute plagt. K. Č habe ich davon nie etwas gesagt – erst nach der Hochzeit.“[243] Das heißt, mehr als vierzehn Jahre später.
Indes konnte Antonín Čapek weder medizinische noch rein väterliche Gründe haben, dem Sohn die Ehe zu verwehren. Entweder schrieb er auf Geheiß seiner Frau – oder aus der Besorgnis, sie würde, wenn Karel heiratete, den Verstand verlieren. Unglaubhaft ist, daß Karel von dem Brief nichts gewußt habe. In dem Fall hätte er in den folgenden Briefen an Olga wenigstens noch ein Wort zu der geplanten Heirat äußern, sein Ja oder Nein begründen oder sein Zögern, seine Unschlüssigkeit rechtfertigen müssen. Doch nichts von alledem. Im Gegenteil, etwas Schlimmes ist wie vom Himmel gefallen und wird tunlichst nicht beim Namen genannt. Am 20. August 1921: „Ich fühle mich ungemein schwach – nicht körperlich, sondern moralisch und seelisch (...) Ich suche etwas Gutes an alledem, was geschehen ist, aber es ist irgendwie leer um mich herum. Ich fürchte mich, daran zu denken, weil ich mich sonst allzu schwer selbst beschuldigen müßte. (...) Ich, ich, ich, der ich soviel von Harmonie und Weisheit und Glück schwatze, habe dem schönen Leben solch einen schändlichen Streich gespielt! Du weißt nicht, wie bitter mir ist. Deshalb, ja, vor allem deshalb wollte ich alles anders, damit ich selbst die Last der Dinge und die Verantwortung trage und das Schicksal zwinge, den schweren Fehler zu etwas Gutem zu wenden. (...) Jetzt stehe ich vor den Trümmern der guten Absichten, mit denen ich meine Schuld wiedergutmachen wollte. (...) Ich werde das niemals wiedergutmachen. Und damit endet für mich gewissermaßen die Kindheit. (...) Letzte Nacht (...) bekam ich einen äußerst schmerzhaften Ischiasanfall; wegen des Schmerzes schlief ich die ganze Nacht nicht. Den Schmerz opfere ich Dir, es ist wenig, aber es ist etwas. Und es war Schmerz aus Liebe.“
Am 22. August 1921: „Das, was über uns hinweggegangen

ist, hat mich ernster und strenger gemacht; niemals mehr werde ich zu jener Leichtigkeit des Lebens zurückkehren, in der ich gelebt habe.“
Am 24. August 1921: „Etwas tut mir weh, ich weiß nicht, was, es ist irgendwo in meinem Sinn (...) Olga, Olinka, ich bin nur ein verschlafenes Baby, ach mein Gott, wenn jemand käme und mich auszöge.“
Am 25. August 1921: „(...) niemals irrt man sich so radikal, wie wenn man etwas über sich selbst konstatiert.“
Vom seelischen zum körperlichen Schmerz war es nicht weit. Eine Krankheit ließ ihn – zähneknirschend, weil es so offensichtlich unangemessen war und obendrein früheren Beteuerungen widersprach, ihm sei derlei unangenehm –, urplötzlich aufgetauchte Krankheitssymptome also ließen ihn nach alter Gewohnheit mütterliche Obhut suchen, zwangen ihn sozusagen in die Lage eines Babys. Am 27. August 1921: „Daß ich nicht geschrieben habe, hatte einen sehr gewichtigen und sehr prosaischen Grund. (...) ich hatte gestern den ganzen Tag eine fürchterliche Kolik, abends so starke Schmerzen, daß sie mir eine Menge Opium eingeflößt haben. (...) ich habe Wut auf die ganze Welt (...) die größte Wut deshalb, weil Mutter Gelegenheit hat, mich wie ein Baby zu verhätscheln, was ich überhaupt nicht möchte.“ Am 28. August 1921: „(...) ich habe Hausarrest und liege mit warmen Umschlägen auf der Brust; ich habe nämlich einen hartnäckigen Katarrh, ich nehme nur Tee und Zwieback zu mir und bin wütend wegen der erniedrigenden Unannehmlichkeit. Ich bin verblödet von den Krimis, die ich gelesen, und von den Opiumtropfen, die ich geschluckt habe (...) Mein einziger Trost ist es, daß Du mich nicht so lächerlich krank siehst. Gerade zeigt mir Mutter einen Löffel Grieß, woraus sie mir zum Abendessen Brei kochen wird.“
Das war der letzte Brief von diesem Aufenthalt in Trenčianské Teplice. Es war das Eingeständnis der kleinmütigen, kläglichen Rückkehr in die „Eierschale“ der Kindheit.

„Du hast recht, in mir erwacht gewissermaßen der künstlerische Mönch; er war seit jeher in mir, nur schläft er zeitweise, und ich fürchte, er wird Dich in diesem Winter ziemlich beunruhigen. Sei wohlwollend zu ihm und nimm

das wenige Gute, was er Dir für Deine Laufbahn geben kann; verurteile ihn nicht und nimm ihn leicht", hatte er Olga am 22. August 1921 geschrieben. Tatsächlich gab es eine ersprießliche Zusammenarbeit. Olga wechselte vom Švanda-Theater ans Stadttheater in den Weinbergen, wo Čapek vom 1. Oktober 1921 bis 10. April 1923 als Dramaturg und Regisseur arbeitete. Sie spielte unter seiner Regie, und sie verkörperte auch später Rollen in seinen Stücken.
Die Arbeit an dem Roman „Das Absolutum oder Die Gottesfabrik" stockte, so hatte er Olga ebenfalls am 22. August 1921 berichtet. Erst gegen Ende des Jahres schloß er ihn ab. Außer der Zeitnot trug zweifelos die veränderte Gemütslage zu dem „kleinformatigen" Schluß bei.
Aus der persönlichen Katastrophe leitete er bald seine Lebenseinstellung ab – und geradezu ein literarisches Programm. Wie das Fazit klingt ein Satz, den er am 25. August 1921 an Olga geschrieben hat: „(...) nur kleine Dinge zerstreuen uns in Sehnsucht und Liebe; große Dinge konzentrieren uns auf uns selbst und lassen gar zu schmerzhaft unsere Herzen sprechen."

Aus dem Feuilleton „Kleines und Großes" (1926): „(...) Warum uns kleine Dinge mit eigentümlicher Freude und Behaglichkeit erfüllen, das weiß ich nicht recht; vielleicht ist es ein Überbleibsel der Kindheit, da uns alles, was klein war, kindlich und wie etwas Unsriges vorkam. Wollte ich mich als kleiner Junge in meiner eigenen Welt fühlen, so verkroch ich mich unter dem Tisch oder in einer Kiste. Ein Schuppen reichte nicht, er war mir zu groß; deshalb baute ich mir darin aus einer alten Plane ein Zelt. (...) Vielleicht ist unser Gefallen an kleinen Dingen der letzte Rest der Kindheit; vielleicht aber ist es der letzte Rest des Urmenschen in uns. Der alte Adam mußte sich wahrscheinlich sehr fürchten vor allem, was größer war als er selbst; sicher fühlte er sich nur dem gegenüber, was ihn nicht durch seine Ausmaße bedrohte. Man kann sich vorstellen, daß ihn der Anblick eines wilden Kaninchens eher zum Lachen reizte als der Anblick eines wilden Bären. Gewiß fühlte er sich in einer kleinen Höhle wohler als in der großen Welt. Kleine Dinge sind Dinge, die gewöhnlich nicht gefährlich sind. Erst in den kleinen Dimensionen von Sicherheit und Inti-

54
„Über die nächsten Dinge“ (Buchumschlag von Josef Čapek)

mität konnte im Menschen die staunenswerte Blüte der Zärtlichkeit sprießen. Der Mensch hegt wohl vor allem deshalb Zärtlichkeit zu kleinen Dingen, weil er sich nur zu ihnen Zärtlichkeit erlauben kann. Große Dinge sind gewissermaßen ohne Humor; wenn Elefanten wie junge Katzen spielten, so würde uns das, glaube ich, das Grauen einjagen. Wenn Memnons Kolosse sich erhöben und Fußball zu spielen begännen, wäre das ein geradezu apokalyptisches Schauspiel. Große Dinge sind zu schrecklicher Ernsthaftigkeit verurteilt.

Es scheint also, der Mensch hat kleine Dinge nicht deshalb besonders gern, weil er größer und weiser ist als sie, sondern weil er im Umgang mit ihnen selbst klein wird. Ein Mensch, der mit einer jungen Katze spielt, wird sich nicht bewußt, daß er riesig wie ein Berg ist, sondern er hat eher das Gefühl, er sei verspielt und zutraulich wie das Kätzchen. Ein Mensch, der sich zu einer kleinen Blume niederbeugt, macht sich auch in seiner Seele so klein, wie er nur kann, um sich ihr zu nähern. Wenn wir manchmal vor der Welt fliehen, so tut es uns gut, klein zu sein; deshalb lenken wir uns mit kleinen Dingen ab. Wir ruhen bei kleinen Dingen aus; wir ergötzen uns an Kleinigkeiten. Wir können nicht sagen, der Ozean ergötze uns, doch uns ergötzt zum Beispiel ein Aquarium. Wir entfliehen ein wenig der Existenz, wenn wir sie in kleinen Dingen verkleinern; das Leben ist leichter und spielerischer in dem Augenblick, da es in etwas sehr Kleinem erlebt wird. Es ist von Tragik und Schwere entbunden. Die befreiende Schönheit der kleinen Dinge liegt darin, daß sie eigentlich unbezwinglich komisch sind."[244]

Jahr für Jahr reiste Čapek nun ohne Olga. Er schrieb ihr oft und ausführlich, wartete ungeduldig auf Post, war unruhig, ja unglücklich, wenn die Antworten auf sich warten ließen. Von der England-Reise (1924) berichtet Vočadlo: „Čapek verfiel in trübe Stimmung, als ihn auf der Post keine Briefe von zu Hause erwarteten, und es schien, als mache ihm nichts mehr Freude. Zweimal ging er noch hin, aber vergeblich."[245] Das war irgendwo in Schottland.
So war es auch 1922 in Tatranská Lomnica. Er verfaßte „Die Sache Makropulos", ein Stück über Endlichkeit und Glück, und er schrieb lange, gedankenreiche und gefühlvolle Briefe an Olga. Warum nahm er sie nicht mit?
Man könnte meinen, er habe die Einsamkeit gesucht, um ungestört zu arbeiten. Der Brief vom 26. Juni 1922 belehrt eines anderen. „Ich schreibe, schreibe den ganzen Morgen, und in ein paar Tagen bin ich fertig und fange an, nur noch zu feilen und Wörter und Sätze zu verbessern. Nachmittags gehe ich immer mit Frau Calma-Veselá spazieren, das ist eine liebe und gebildete und vor allem sehr ruhige, geradezu beruhigende Frau. Oder noch lieber gehe ich in die Pilze. (...) Diese meine Ferien sind zur Hälfte ein Exil, aber auch das hat seinen Reiz; ich vermag auch den melancholischen Dingen auf den Geschmack zu kommen, sofern sie stark und irgendwie streng sind. Ich bin erstaunlich ernster geworden, bin geläutert, habe viele schlechte und schwache Dinge in mir ausgemerzt; was ein unbestreitbarer

Nutzen ist. Ein Tag vergeht nach dem anderen und bringt nichts Neues. Auch hier hat mein Leben etwas Eisernes, nämlich Gleise. Sogar einen Fahrplan."

Neben angestrengter Arbeit vertrug er durchaus Geselligkeit, ja, er suchte sie sogar. Seine Schwägerin Jarmila sollte nach Tatranská Lomnica kommen. Und da war Marie Calma-Veselá, eine Bekannte Leoš Janáčeks – der das Stück, an dem Čapek gerade arbeitete, bald darauf seiner Oper „Die Sache Makropulos" zugrunde legen sollte. Marie Calma-Veselá war, so schrieb Čapek am 1. Juli 1922 Olga, „eine Dame von ca. 40, eine vorzügliche Sängerin und sehr edle Seele (...) Sie schreibt hier einen Gedichtzyklus über den ‚Idealen Geliebten', dessen Idealität im wesentlichen darin besteht, daß er die ‚Seele der Frau' versteht. Eine sehr eigentümliche Beschäftigung, finde ich." Und über seine Arbeit vergnügt und ironisch: „Fräulein Makropulos dankt für den Gruß; es geht ihr ganz gut, sie ist nämlich schon am Ende; noch ein paar halbe Tage, dann fällt vor ihr der Vorhang. Gerade in diesen Tagen schreibe ich die glanzvollen Čapekschen Szenen, die großen Gespräche über Leben und Tod; ich bin dabei wirklich gerührt."

Indessen finden sich auch andere, resignative Töne, und sie vor allem zeigen die Distanz zu Olga, vielmehr, die betonte Distanzierung. Am 20. Juni 1922: „(...) es gibt Dinge, die man einem Menschen nicht schreiben soll, der von morgens bis in die Nacht allein ist, allein mit sich selbst, allein mit seinen Gedanken, und der nichts hat, womit er sich zerstreuen oder betäuben könnte. (...) Oh, niemals, niemals hast Du gewußt, wie verletzbar ich bin. – Und nun wollen wir *dieses* traurige Kapitel lassen. Ich warte jeden Tag, daß Du mir etwas schreibst über Dein Leben, Deine Freuden, falls Du welche hast. Was mich betrifft, ich kann Dir nicht viel sagen, was Dich interessiert. Ja, ich widme mich morgens immer meiner ‚Großen Arbeit', die Du ironisierst, ziehe mit gebeugtem Kopf meine Furche, unbekümmert darum, ob sie zu etwas taugt oder nicht. (...) Und so habe ich in dieser großen Einsamkeit die Entdeckung gemacht, daß ich eigentlich ein sehr trauriger Mensch bin. Alle meine fieberhafte Arbeit, mein Aktivismus, meine vitale Unternehmungslust sind nur eine Art, mich zu betäuben und zu zerstreuen und zu verausgaben. Oh, wie könnte ich untätig

55
Olga Scheinpflugová
(1920)

sein und ‚innerlich leben'; aber dann wäre all mein Empfinden so eine bange und schreckliche Klage, daß ich ein zweiter Hiob wäre. In mir ist unermeßlich viel Bitterkeit angehäuft; ich kann mich zerstreuen, aber ich kann mich nicht überwinden; meine Bitterkeit werde ich nie loswerden, ich kann nur eines – nicht an sie denken."
Die Wechselfälle des vergangenen Sommers überschatteten die Beziehung, prägten sie auf Jahre hinaus. Čapek suchte distanzierte Nähe. Es war „das postume Leben der Liebe", wie Olga es nannte.[246]

Daß Čapeks Beziehung zu Věra Hrůzová nicht zuletzt ein Versuch war, sich von Olga zu lösen, die Niederlage vergessen zu machen und sich vom tragischen Ernst zu befreien, wäre eine naheliegende Deutung. Sie drängt sich geradezu auf, wenn man das, was er aus Tatranská Lomnica an Olga schrieb, mit einem gleichzeitigen munteren Brief an Věra vergleicht. Am 26. Juni 1922: „Liebe Věra, (...) wie wenig

Sie mich kennen! Wie schlecht Sie meine tiefsten Gefühle verstehen! Meinen Sie denn, daß ich überhaupt Limonade trinke? Pfui! Vor allem schreie ich nicht mal nach Wein; das Gift, das ich brauche, macht weder betrunken noch erheitert es, sondern es erregt. Bitte, ich möchte Genüsse, die kribbeln, exaltieren, erregen; die aus Genußsucht und nicht aus Durst getrunken werden; die den Geist anregen und ihm eine geradezu sündhafte Leichtigkeit geben; die Kaffee, Tee, Liebe und ähnlich heißen. Das ist eine Frage der Nerven und nicht des Bauches oder der Kehle. Um Gottes willen, sprechen Sie mir niemals den Namen ‚Limonade' aus. Und darum finde ich es auch nicht schön von Ihnen, daß Sie jemanden – wer immer es sei – totküssen möchten. Was würden Sie dann mit seiner kalten Leiche anfangen? Wenn schon küssen, dann so, wie wenn eine Katze den Leuten ein Beefsteak wegfrißt. Denn erstens und vor allem ist es eine Sünde, was ungewöhnliche Befriedigung in sich hat; zweitens ist es illegitim und unverbindlich; drittens, eine Katze, die ein Beefsteak gefressen hat, ist dann aufs tiefste auf ihre Katzengedanken konzentriert. Eine Katze denkt nicht ans Beefsteak, sondern sie frißt es. Ebenso soll man nicht ans Küssen denken. Man soll das Küssen hineinfressen, damit unser Geist dann zügellos frei ist für seine Gedanken. Věra, eine einzige Sache im Leben hat Wert: Freiheit. Und wenn sich Liebe und Freiheit ausschließen, so wähle ich Freiheit. Auch Ihnen, die Sie – vielleicht aus Mangel an leichtsinnigeren Vergnügungen – Lust zu lieben haben, predige ich mit evangelischer Eindringlichkeit: lieber schwarze Flügel als rosa Fesseln."

Doch Věra, so verlockend sie ihm erschien, lockte ihn nicht so recht aus dem Elfenbeinturm. Am 20. Juli 1922 schrieb er, schon aus Prag: „Morgen fahre ich nach Brno (...) in der Nacht will ich zurück sein (...) was haben Sie unter solchen Umständen an mir und von mir (...) wann kommen Sie nach Prag? Haben Sie nicht einen unaufschiebbaren Grund, ein paar Tage herzukommen?" Am 1. August 1922 wiederholte er nachdrücklich: „(...) es ist ein großer Fehler, daß Sie Ihre Fahrt nach Prag so lange, gar zu lange aufschieben." Doch als sie ihr Erscheinen ankündigte, teilte er mit (am 5. August 1922): „(...) es ist 4 Uhr 25, und um 5 Uhr 16 fahre ich nach Jindřichův Hradec (...) ich werde gerade

56 Věra Hrůzová

noch Zeit haben, Ihnen die Hand zu küssen (...) Wenn Sie am 10. dieses Monats nach Prag kommen (...), könnten wir uns um 8 Uhr abends treffen (...)"

Im November 1922 nahm er eine eigene Wohnung, zog im Haus Říční ulice 11 eine Etage höher. Er beschrieb Věra die Wohnung und seine „neue Liebe" (am 27. November 1922): „Es sind persische Teppiche, nach denen ich verrückt bin; und wie jemand nicht genug Geld hat für eine Tänzerin, in die er sich verliebt hat, habe ich nicht genug Geld für diese sündhafte Leidenschaft."

Mittlerweile mußte er selber feststellen, daß er Věra selten schrieb – und ausweichend. Am 16. Dezember 1922: „(...) wie immer führe ich ein beschäftigtes und unfruchtbares Leben, vergeude die Zeit, um keine zu haben, und umgehe absichtlich die wahren Ziele, wie zum Beispiel auch in diesem Brief, in dem ich so geschickt alles umschifft habe, was man ‚von Herzen' nennt. Sehen Sie, immer schäme ich mich, aufrichtig zu sein; in der Hinsicht, Věra, werden Sie mich nicht bessern. Ich brumme und brumme, und das ist meine Sprache und mein Schreiben; meine Romanze beginnt, wenn ich schweige."

Zweifellos hat ihn diese Romanze sehr bewegt, als er „Krakatit“ schrieb. So manches Detail erinnert an Věra: Prinzessin Willes dunkler Teint, ihre Reitkünste, ihr Vergnügen am Tennisspiel …

Andererseits war Olga von Anfang an in das Romanprojekt eingeweiht. Schon am 5. Juli 1922 hatte er ihr aus Tatranská Lomnica geschrieben: „(…) außerdem drückt mich im Kopf Krakatit, weißt Du, der Roman über die Sprengstoffe; wenn ich nach Prag zurückkomme, setze ich mich in freien Stunden daran, denn jetzt wird er mir keine Ruhe mehr geben.“ Regelmäßig äußerte er sich zum Fortgang der Arbeit, und kurz vor dem Abschluß ließ er keinen Zweifel daran, daß der Roman viel Persönliches spiegele. Am 24. August 1923 an Olga: „Ich gebe bekannt, daß ich mich wahnsinnig verliebt habe, und zwar wieder mal in ein Weibsbild, sogar in eine Prinzessin. (…) Mindestens zehn Kapitel habe ich mit ihr gemacht. Ich bin schrecklich gespannt, was Du zu ihr sagen wirst. Du mußt wissen, Literatur ist Irrsinn. Wenn Du das nächste Mal auf der Welt bist, laß Dich nicht mit einem Literaten ein. Er ist egoistisch, falsch, liebt Prinzessinnen und geht durch die Welt wie ein Schaf, nur an seine Chimären denkend. Er ist gar kein Mensch mehr.“

In ihrem Erinnerungsbuch beansprucht Olga die Rolle der Muse. „Damals schrieb er einen Roman, der voll war von Liebe, Handlung, Sprengstoff und Philosophie, weibliche Heldin ist eine Prinzessin, schrecklich jung und kompliziert wie Olga.“ Und mit noch größerem Anspruch: „Die Erkenntnis entflammte sie, daß in der weiblichen Hauptgestalt ein Stück ihres jungen Wesens war, das intime Wort, die mitgeteilte Erfahrung. Was sie zusammen erlebt hatten, war also niedergeschrieben, die Zeit und das Vergessen würden es nicht auslöschen, die Kunst hatte jene verlorenen Empfindungen genutzt und bewahrt.“[247]

Seitdem die „Briefe aus der Schublade“ veröffentlicht sind, weiß man, daß die Prinzessin aus „Krakatit“ eher Věra nachgebildet ist. Indessen hat Olga in dem anderen, wesentlicheren Punkt recht, was unschwer zu erkennen ist, wenn man Čapeks Briefe an sie mit der am Schluß des Romans gegebenen „Philosophie“ vergleicht: Darin spiegeln sich verlorene Empfindungen, vor allem die abermals gescheiterte Beziehung zu ihr.

Was war geschehen?

„(...) haben Sie Geduld mit mir, ich bin gründlich – eher seelisch als körperlich – aus dem Gleis; so eine nervliche Abgeschlagenheit oder so etwas. In diesem Zustand tauge ich wirklich zu nichts Anständigem; ich werde meine Leiche ins Bett legen, und ich hoffe nur, daß ich ohne Träume wenigstens eine Woche schlafe und daß während meines Schlafes der Weltuntergang eintritt", schrieb er am 19. Februar 1923 an Věra. Die Arbeit an „Krakatit" stockte seit Jahresbeginn beim 15. Kapitel, ja, er faßte den Roman gar nicht mehr an. Schließlich fühlte er sich vor lauter Verdrossenheit überhaupt unfähig zur Arbeit. Am 8. März 1923: „Ich lebe wie ein Einsiedler, fliehe vor allen Menschen, bin kein bißchen fröhlich, vielmehr böse und traurig, ich arbeite nicht, bin über alles verdrossen, freue mich an nichts. Ein ganz übler Zustand (...)"

Angesichts dieses Zustands gab er seine Stellung als Dramaturg auf – aus „gesundheitlichen Gründen", wie er Věra am 5. April 1923 mitteilte. Genauer: „aus sehr notwendiger seelischer Hygiene; und meine schon sehr baldige Reise nach Italien ist für mich immer mehr so etwas wie eine zeitweilige Flucht ins Kloster. Kurz, mir geht es seelisch nicht gut. Den Roman habe ich wohl schon drei Monate nicht angefaßt (...)"

Aus Italien schrieb er ihr mehr als ein Dutzend Ansichtskarten – lakonische, im Grunde nichtssagende Meldungen, höchstens mit einer Andeutung von Persönlichem. Etwa am 4. Mai 1923 aus Neapel: „Ich bin noch nicht weit genug, um haltzumachen und zurückzuschauen." Oder am 13. Mai 1923 aus Taormina: „Ich habe alles gesehen und bin kein bißchen besser dran."

Der Grund seiner Verdrossenheit und seiner Flucht lag jedenfalls nicht bei Vera. Sie war ihm fast gleichgültig geworden. Und das hatte sie, wie sich zeigen sollte, sehr wohl bemerkt und ihre Schlüsse daraus gezogen.

In den „Italienischen Briefen", seinem ersten Reisebuch, ist von einem persönlichen Dilemma nichts zu merken. Aufschluß bieten indes die Briefe an Olga.

Anfangs äußerte er sich nur kurz über seinen Aufenthaltsort, sein Befinden. Erst allmählich taute er gleichsam auf, schrieb länger, offener. Am 20. April 1923 aus Ferrara: „Ich bin froh, daß ich diese Reise unternommen habe; es gefällt

mir, bereitet mir keine Schwierigkeiten, und dann ist es für mich vor allem geradezu ein Bad in der Kunst. (...) Ich bummele allein herum, und mitunter führe ich Selbstgespräche; auch diese Einsamkeit tut mir gut (...) Allein sein, allein sein! auch das ist ein reinigendes Bad und eine Kur für die Nerven (...)"
Gleichwohl unterwarf er sich bereitwillig der Pflicht des Schriftstellers. Am 25. April 1923 aus Florenz: „Wenn Du in ‚Lidové noviny' meine ‚Reisebeschreibung' liest, wirst Du sehen, daß ich mich zum Schreiben zwingen muß (...)"
Vermutlich half es ihm, nicht vollends in Grübeleien zu versinken. Doch das, wovor er geflohen war, holte ihn ein. Am 30. April 1923 schrieb er aus Rom: „(...) endlich habe ich Deinen Brief (...) Meine erste Regung war es, mich in den Zug zu setzen und geradewegs nach Prag zu fahren, um Dich zu besuchen, wenn Du noch krank bist. (...) Heute bin ich und bin ich nicht in Rom. Körperlich gesund (um es wie jeden Tag gehorsam zu melden), seelisch ganz unglücklich, weil ich mir Sorgen um Dich mache, habe ich nichts von ganz Rom (...) Ich habe ein brennendes Bedürfnis nach so einer Reinigung. Indes hetze ich mich, als würde mich etwas jagen; auf meinen Fersen ist eine schreckliche Unruhe, als sollte ich schnell, schnellstens alles hinter mich bringen und dann – und was dann überhaupt? das weiß ich nicht. Ich kann nicht, kann wirklich nicht menschlich ausruhen; ich hetze mich, eile, fülle meine Augen, um der Unruhe zu entgehen, die mich versengt und verzehrt. (...) Körperlich – ich wiederhole – geht es mir besser als in Prag; ich schlafe gut, in den vierzehn Tagen habe ich kein einziges Mal Migräne oder Kopfschmerzen gehabt, der hartnäckige morgendliche Husten ist verschwunden. In der Hinsicht war, so hoffe ich, meine Reise nicht umsonst. Nur die Seelenruhe habe ich auch hier nicht gefunden, und ich werde sie wohl niemals finden. (...) es kommt mir irgendwie verwerflich egoistisch vor, daß ich durch Italien reise und dem Phantom der Gesundheit nachjage, das ich eigentlich nicht brauche und das mir zu nichts taugt, während Du vielleicht auch heute noch kränkelst (...) Ja, es ist im Grunde verwerflich und ungerecht, und es quält mich, daß ich hier bin."
Offensichtlich fühlte er sich nicht nur durch Olgas Krän-

57 Karel Čapek

keln gequält, das zweifellos seelisch bedingt war, sondern auch durch den stummen Vorwurf, daß er allein sein wollte und ohne sie gefahren war. Anscheinend bezichtigte sie ihn deshalb des Egoismus, denn am 3. Mai 1923 schrieb er aus Neapel: „(...) ich müßte Dir auf vieles, was in Deinem Brief steht, antworten, Dir in vielem widersprechen, was mich betrifft (...) Wenn Du also unbedingt willst, so bin ich ein gewissenloser, schlechter, brutaler Kerl, der Dir absichtlich lauter Schmerz zufügt. Ich hatte von mir gedacht, ich sei ein vielleicht etwas sonderbarer, vielleicht allzu zerstreuter, aber entschieden kein grob egoistischer Mensch; doch Du willst mich vom Gegenteil überzeugen (...)"
Die Vorwürfe und Rechtfertigungen trafen nicht das eigentliche Problem: Olga erhoffte nach wie vor ein enges Verhältnis, das Zusammensein, die Ehe. Doch er wurde sich mehr und mehr bewußt, daß er nicht mit sich selbst ins reine zu kommen vermochte. Er erklärte und entschuldigte seine Unentschlossenheit, seine fortwährenden Rückzüge,

aber auch die seelischen Qualen, die ihm daraus erwuchsen, mit dem Wunsch nach Ruhe, nach Läuterung. Seine Äußerungen klingen so resigniert, als wünsche er sich, mit dreiunddreißig Jahren, nichts sehnlicher als die Abgeklärtheit des Greisenalters. So schrieb er am 9. Mai 1923 aus Palermo: „Ich habe gesehen, daß meine größte Lust die Ruhe ist; deshalb liebe ich das Meer und die Stille. Ich bin nicht mehr jung; vielleicht war meine ganze ‚Nervenkrankheit' nur der Übergang von der scheinbaren und irgendwie untergrabenen Jugend in diesen Zustand ... ich kann noch nicht sagen: der Reife, aber entschieden des Nichtjungseins. Ich werde wohl nie mehr ausgelassen fröhlich sein, wie ich gewesen bin; aber ich möchte ruhig und still und konzentriert sein. Ich habe nicht viel genossen, und ich werde wohl das Leben nicht mehr genießen; doch das bedauere ich nicht, ich bin weder traurig noch enttäuscht; es ist gut so. Wenn ich nur die Seelenruhe finde, damit ich mich nicht mehr selber quälen muß. (...) Ich weiß, daß ich keine Ruhe finde, solange ich nicht zu innerer Reinheit gelange. (...) Ich muß, muß in mir vieles korrigieren."

Schon bald mußte er auf deutlichere Worte von Olga antworten. Dies bereitete ihm die schlimmsten Kopfschmerzen. Am 15. Mai 1923 schrieb er aus Neapel: „(...) heute früh bekam ich Deinen langen und schönen Brief; ich habe mich vor allem gefreut, daß es Dir wieder ein wenig besser geht (...), aber dann tat mir von alledem der Kopf so schrecklich weh wie noch nie im Leben." Er fühlte sich mißverstanden, als Olga ihm wieder vorwarf, er reise aus Egoismus allein. Geradezu entsetzt aber war er über ein anderes Mißverständnis: Olgas Angebot, ein Hausmütterchen für ihn zu werden, ihn zu „pflegen". Offenbar meinte sie, er teile insgeheim die Vorbehalte seiner Mutter gegen sie, die Schauspielerin, und suche Fürsorge und Obhut, anders gesagt, die Gründe für sein Zögern und Ausweichen lägen in ihrer Person. „Schon oft hast Du mir gesagt, daß Du nur dies möchtest, mich pflegen, mir Brei kochen, Umschläge machen und beinahe noch windeln. Ich bitte Dich, Mädchen, wo hast du das her? Man ist nicht Herr seines Geschmacks; und *dieses* Bild des Lebens ist genau das verzwei-
·te Gegenteil meines Geschmacks. Ich bin geradezu
·zt, wie wenig Du mich kennst; entschuldige, meine

Auffassung vom Leben ist männlicher und vielleicht auch härter, und in dem Augenblick, da ich auf solch eine demütigende Pflege angewiesen wäre, würde ich mir einfach das Leben nehmen. Mein Leben, das ist Disziplin, Arbeit, ernste Suche nach Wahrheit, Liebe und andere starke und strenge Beziehungen. Verweichlichung und Willensschwäche sind mir widerwärtig. Auch verweichlichende Zärtlichkeit und Sorgfalt sind mir widerwärtig. Alles um mich soll hart, klar und ruhig sein; keine moralischen Ruhekissen, keine Bequemlichkeiten, keine Hätschelei und Pflege und Kinderei, denn das alles erfüllt mich geradezu mit Entsetzen. Und deshalb sprich mir nicht mehr von solchen Dingen. Du begreifst wirklich gar nicht, wie unerträglich mir das ist." Was er hier als widerwärtig und unerträglich beschrieb, war genau das, womit ihn die Mutter oft genug überschüttet hatte. Von ihr hatte er es sich nicht zu verbitten gewagt, ja, knapp zwei Jahre zuvor war er in die demütigende Lage des Umsorgten zurückgefallen. Um so entschiedener, beinahe ingrimmig wies er nun alles zurück, was ihn daran erinnern konnte.
„Und nun möchte ich geradewegs – ohne Umschweife und Schwäche – zur Hauptsache kommen: Du schreibst von unserer Ehe, und sicherlich erwartest Du von mir eine direkte Antwort (...) Ich habe sie nicht. Bislang nicht, bislang weiß ich mir keinen Rat, bislang ist es nicht rein und klar in meiner Seele. (...) Vor allem zweifele ich überhaupt nicht an Dir, zweifele ich nicht an Deiner Liebe (...) Das, woran ich zweifele, bin ich selbst, aber ich zweifele auch nicht an meiner Liebe zu Dir, sondern – mein Gott, wie soll ich es sagen? (...) Die Sache ist einfach die, daß ich irgendwie zerrüttet bin, in schwerer innerer Unstimmigkeit; wie Du sicherlich gefühlt hast, daß meine Reise nur eine Flucht vor diesem meinem scheußlichen Zustand war."
An dieser Stelle hat Olga Scheinpflugová eine Passage aus dem Brief für die Veröffentlichung gestrichen. Unzensiert ließ sie hingegen die folgende: „Mein Gott, wenn diese Ängste aufhören würden, mich zu quälen! Und denk nicht, meine Sorgen beträfen jenes Physische, was ist oder nicht ist oder nicht sein kann zwischen uns. Mein Gott, daran denke ich gerade jetzt, aus der Ferne, sicher am allerwenigsten; ich denke daran und es quält mich, wenn ich bei Dir

bin und Dich so jung und überaus schön sehe. Aber hier ist es mir irgendwie fern, ich kann es mir gar nicht vorstellen; hier horche ich nur auf die Stimmen meines Inneren und warte, bis es ruhiger und irgendwie menschlicher atmet. (...) Wenn es ein Kloster ohne Religion gäbe, ich würde sofort dorthin gehen. Aber ich bitte Dich, behandle mich nicht wie einen Kranken; Du weißt, daß ich das nicht vertrage. (...) Jetzt ist mir leichter, der Kopf tut weniger weh."
Eines sprach er deutlich aus: Wenn er „Ruhe und Reinheit" suchte, so wünschte er, das Gleichgewicht durch das Meiden von Leidenschaften, durch Enthaltsamkeit zu finden. „Vielleicht ist dieser Zustand nur ein Übergang zum Altern; ich weiß es nicht; ich weiß nur, daß ich *jetzt*, in dieser Krise, als Einsiedler leben muß." Zum selben Thema am 24. Mai 1923 aus Perugia: „Ich habe gar nicht geahnt, wieviel reinen Mönchtums in mir ist; vielleicht wirst Du lachen, aber ich sehne mich auch nach Keuschheit und Armut wie ein richtiger Mönch, nach einem reinen und mustergültigen Leben; ich habe Angst vor allem Leidenschaftlichen, Verwirrenden, Körperlichen und Erregenden."
Ihn plagten Olgas Vorwürfe, weil sie seine Rückzüge mißverstand, und derlei Mißverständnisse vertieften das Dilemma. Dazu am 26. Mai 1923 aus Florenz: „Und ich quäle mich, wenn Du krank bist, ich bin verzweifelt, wenn Du weinst, ich möchte im Boden versinken, wenn Du mir Vorwürfe machst. Ich bin glücklich, wenn ich Dich ruhig und klar sehe, es ist Musik für mich, wenn Du Freude an etwas hast, ich lebe auf, wenn Du auflebst. Begreif endlich diesen zarten, treuen Lebensbund; bei Gott, das ist alles, was ich mit reinem Gewissen, ohne Angst und Zusammenbruch in diesem Augenblick geben kann (...)"
Nach der Rückkehr aus Italien stürzte er in tiefe Beunruhigung. Die Mutter befand sich wegen einer Lungenentzündung und akuter Herzschwäche in Lebensgefahr. Karel und Josef besuchten sie in Trenčianské Teplice. Nach Prag zurückgekehrt, schrieb Karel am 3. Juli 1923 an Olga, die in Norderney auf ihn wartete: „Ich sehe Dich nachdenken am Meeresstrand; auch ich denke nach, und ich denke an nichts Lustiges. Die Natur hat einen Kreis um mich gezogen, den ich nicht überschreiten kann; ich sitze darin, und

ich lerne das Leben wenigstens für andere lieben, wenn nicht für mich selbst (...)"

Dieser Satz tauchte auch in dem Brief vom 6. Juli 1923 auf und wurde – sozusagen mit den Worten der Schriftstellerin Téver (Anna Lauermannová) – richtiggestellt. „Du schreibst mit Deiner ganzen einfachen und aufrichtigen Liebe: ‚Wenn wir heiraten, fahren wir usw.' Nun, gestern schrieb ich Dir, daß Frau Téver bei mir war (...) Sie hatte mir – angeblich schon früher, bevor ich nach Italien gefahren war – Befangenheit angemerkt; sie sprach wie eine Mutter mit mir, über Dich und mich; ich weiß nicht, warum ich mich nicht enthalten konnte, die Worte zu sagen, die ich zuvor Dir geschrieben hatte: ‚Die Natur hat einen Kreis um mich gezogen, den ich nicht überschreiten kann.' Sie begriff es und war konsterniert; fast hätte sie geweint um Dich und mich (...) Sie war strenger zu mir, als ich es selber bin, sie sagte mir, daß ich Dir das Leben verderbe und vernichte, und andere schreckliche Dinge, in denen sie nur allzu recht hat. (...) Es entgeisterte mich geradezu, wie sie erraten hatte, was mich quält: daß es nicht eine Krankheit des Körpers ist, sondern eine Krankheit des Gewissens, Angst, Mißtrauen, Flucht in die Einsamkeit, Einsiedelei und das alles; ebenso wie Du (und wie vielleicht alle sensibleren Frauen) sieht sie in einer Schwäche des Körpers nicht so ein großes Hemmnis, sondern das, was daraus erwächst, diese Krankheit des Willens, der schmerzhafte und empfindliche Hang zur Einsamkeit, die quälenden Zweifel, das Entsetzen vor der Nähe, der Durst nach Schweigen, die Flucht aus der Welt (...) Ich sagte, daß ich Dir das alles nicht erzählt hätte; sie sagte, ich müsse es Dir sagen, sonst würden wir beide wahnsinnig werden. (...) Ich bitte Dich dringend, wenn Du von Zweifeln über mein Handeln geplagt wirst, frag sie, ob es nicht über meine Kräfte und über mein Gewissen ginge, anders zu handeln."

An dieser Stelle hat Olga Scheinpflugová wiederum eine Passage getilgt. Doch das Thema hatte sich ohnehin erledigt. Von Ehe war vorerst keine Rede mehr. Abermals hatten Worte eines Dritten für eine Entscheidung herhalten müssen.

Im Laufe des Juli besserte sich das Befinden der Mutter, und Karel fuhr beruhigt mit dem Bruder und seiner Familie

58 Restaurant in Rudolfov bei Jindřichův Hradec

nach Rudolfov bei Jindřichův Hradec. Plötzlich schien alles, was ihn am Schreiben gehindert hatte, wie weggeblasen. Hatte er nach der Rückkehr aus Italien Mühe gehabt, wieder in die Arbeit an „Krakatit" hineinzufinden, so schrieb er nun in wenigen Wochen – von Ende Juli bis Anfang September 1923 – den größten Teil des Romans. Es war wie eine Eruption. Er schrieb, als müsse er etwas aus sich herausschleudern. Einfälle strömten ihm zu, die Handlung entfaltete sich, wuchs sich aus, überstieg alle früheren Vorstellungen. Am 30. Juli 1923 teilte er Olga mit: „(...) gerade habe ich das 28. Kapitel beendet (...)" Am 1. August 1923: „Ich habe schon das dreißigste Kapitel angefangen. (...) Ich freue mich auf morgen; ich werde eine erotische Szene von Prokop und der Prinzessin schreiben, und ich habe doch schon lange nichts Erotisches geschrieben; leider scheint mir, daß ich es nicht mehr ganz ernst zu nehmen vermag." Am 4. August 1923: „Ich bin schon beim 36. Kapitel. Noch ungefähr fünf Kapitel, dann ist's fertig (...) Es wird immer romantischer, es fesselt mich ganz fürchterlich, abends kann ich es nicht erwarten, was ich am nächsten Tag schreiben werde. Die schönste Sache auf der Welt ist das Schreiben. Ich denke nicht mal, daß das, was ich schreibe, irgendeinen besonderen Wert hätte; aber ich gebe dem Leben und der Welt, was ich kann, so ernst und gewissenhaft, wie ich es vermag. (...) Ich bin am glücklichsten, wenn ich über dem Papier sitze und den Stoff aus mir hervorströmen spüre, ich weiß nicht woher. Wo nimmt man das her? Das ist so rätselhaft, daß ich manchmal staune. Ein Mensch, der schreibt, ist sicherlich ein Instrument von etwas Unbekanntem." Am 17. August 1923: „Mein Prokop stirbt, ich muß ihn retten; ich bin ergriffen wie von einem wirklichen lebendigen Menschen. (...)" Am 24. August 1923: „Mich hält immer noch die Arbeit hier fest; ich schreibe fieberhafter als bisher, bin schon beim 47. Kapitel, es geht aufs Ende zu; Du kannst Dir nicht vorstellen, was das für eine Spannung ist, ich gehe umher wie berauscht (...) Noch ein paar Kapitel, dann ist's fertig; ich kann Dir gar nicht sagen, wie es mich erleichtern wird. Ich bin verloren, solange ich es nicht vom Hals habe. Wie lange bin ich hier? Noch keinen Monat, und ich habe 24 Kapitel geschrieben; und darunter manche, die ich zum Schwersten zähle, was ich bisher geschrieben habe." Und Anfang September, als er seine Rückkehr nach Prag ankündigte: „Gottlob, heute wird es beendet."

Was trieb ihn, was beflügelte ihn zu dieser unglaublichen Produktivität? Ins Stocken geraten war die Arbeit an „Krakatit" zu Beginn des Jahres, während einer Mißstimmung, als er eingestand, seelisch „aus dem Gleis" zu sein. Was konnte jetzt den plötzlichen Aufschwung bewirkt haben, wenn nicht das Gefühl, seelisch wieder „im Gleis" zu sein? Für dieses Gefühl aber läßt sich nur ein Grund entdecken; Gegenüber Olga waren, im Brief vom 6. Juli 1923, offene Worte gefallen, die Spannung, die ihm monatelang schwer zu schaffen gemacht hatte, wurde, zumindest vorerst, gelöst. Und dies beschwingte ihn so sehr, daß selbst Ungemach die Schöpferlaune nicht beeinträchtigte.

Am 3. Juli 1923 hatte er Olga noch geklagt: „Die Arbeit geht langsam voran, auch daraus hat mich das Unglück mit Mutter herausgerissen." Die Besserung erleichterte ihn natürlich, gab ihm Ruhe zum Arbeiten. Jedoch nicht für lange. Am 16. August 1923 teilte er Olga mit: „Meine Schwester schreibt, daß unsere Mutter dem Morphinismus verfällt; das ist gräßlich und beunruhigend. Sie hat angeblich ständig starke Schmerzen, ansonsten ist sie relativ gesund." Am 24. August 1923: „Ich hatte mich schon entschlossen, den Roman in Prag zu beenden; doch gestern bekam ich einen Brief von Mutter, Vater habe definitiv die Praxis in Trenčianské Teplice verkauft, und sie beide würden gleich nach dem Ersten endgültig nach Prag ziehen; und ich solle nun so lieb sein und die Wohnung saubermachen lassen, die Möbel vom Dachboden holen und in den Zimmern aufstellen lassen und noch fünfzig andere Dinge erledigen. Versteht sich, daß ich sonst immer so lieb gewesen wäre, aber jetzt, da ich gerade meine Arbeit beende, kann ich das einfach nicht tun; ich würde durch diese dummen und wichtigen Sorgen völlig aus dem Zusammenhang gerissen werden; (...) ich schreibe ihnen, sie sollen warten, ich sei noch im Urlaub. Du verstehst sicher, daß mich dieser Umstand auch sonst mit allerlei Sorgen erfüllt."

Diese Sorgen betrafen indes nicht so sehr praktische Dinge, das verrät der nächste, Ende August geschriebene Brief. „Die Eltern ziehen schon am Ersten nach Prag; vielleicht ist meine Schwester dort und trifft an meiner Statt die Vorbereitungen für sie. Mutter ist wieder sehr krank, allem Anschein nach ist es eine sehr schwere Hysterie mit schrecklichen neuralgischen intestinalen Schmerzen und Erbrechen; auch Vater schwinden schon die Kräfte, das alles zu ertragen. Mädchen, ich fürchte mich vor diesem Winter; Mitleid kann einen ebenso totquälen wie eigener Schmerz."

Gleichwohl minderte das nicht die Besessenheit, mit der er an „Krakatit" schrieb. Denn nach diesen düsteren Sätzen heißt es in dem Brief weiter: „Am Roman schreibe ich leicht, in einem Schwung; es ist gut, daß ich hiergeblieben bin, solch eine ungestörte Stimmung hätte ich unter den jetzigen Umständen in Prag überhaupt nicht."

Was hat ihn so stark inspiriert? War es Věra? Immerhin entstanden die meisten Kapitel, in denen Spuren von ihr zu finden sind, gerade in dieser Zeit. Věra hatte ihm einen Korb gegeben ...

„Věra Hrůzová heiratet, aber ich weiß nicht, wen." Das teilte er am 3. Juli 1923 Olga mit, woraus ersichtlich ist, daß Věra für sie zumindest keine ganz Unbekannte war. Was aber war Věra nun für Karel Čapek?

„Teure und verehrte Věra, Sie haben mir so selbstverständlich von Ihrer bevorstehenden Hochzeit geschrieben, als verstünde es sich von selbst, daß ich bereits davon weiß. Ich wußte gar nichts; und es bleibt mir jetzt nichts weiter, als allen Segen des Himmels herabzurufen auf Ihr Haupt und das Haupt Ihres Erwählten, von dem Sie mir zu schreiben vergaßen, wer er ist, von welcher Farbe usw.", schrieb er am 5. Juli 1923. Und von seiner Arbeit und seinen Plänen: „Krakatit entsteht langsamer, als es sollte; Sie werden kaum damit zufrieden sein, es dehnt sich etwas und macht sich mitunter einen Spaß aus heiligen menschlichen Gefühlen, wie etwa der Liebe. Ansonsten entwickle ich alle Tugenden eines Einsiedlers (...) Ich freue mich sogar, daß ich nächstes Jahr Gott weiß wohin außerhalb Prags ziehe, wo ich zusammen mit meinem Bruder ein Häuschen baue; dort werde ich vollends in einem Blumenbeet verschwinden, und nur einmal im Jahr wird eine Blase von mir an die Oberfläche der Welt steigen, ein Drama oder ein Roman, von dem weise Leute sagen werden, daß ich verkomme oder etwas Ähnliches."
Aus Rudolfov schickte er Věra nur einen freundlichen kurzen Brief. Nach Prag zurückgekehrt, schrieb er ihr jedoch so leidenschaftlich und anzüglich wie nie zuvor. Am 7. September 1923: „(...) votre linge endiablé, le voile impudique qu'une nuit un autre déchirera, ah, c'est trop pour moi; et vous, insensée, vous me parlez de ce qui n'est plus pour moi qu'un rêve furieux et impossible; eh bien, je vous hais. Ich schreibe es französisch, denn tschechisch würde ich es viel ordinärer schreiben, und Französisch kann ich nicht so gut, daß ich es so zu sagen verstünde, wie ich es meine. Denken Sie sich auf tschechisch alle meine Wut und die anderen Gefühle hinzu, die sich gar nicht schreiben lassen. (...) Wenn ich Sie sehe, werde ich Ihnen auch etwas von einer gewissen Prinzessin erzählen; aber das alles hat noch Zeit; alles hat Zeit, nur ich nicht.[248]
Er nahm sich nicht die Zeit, Věra noch einmal zu besuchen, obwohl sie offensichtlich damit rechnete. Doch schrieb er ihr weiter in ungezwungenem vertraulichem Ton. Das Leidenschaftliche verlor sich in den nächsten Monaten. Aber erst nach mehr als einem Jahr erlahmte der Briefwechsel spürbar, wurde seltener, erschöpfte sich in konventionellen,

wenngleich mitunter geistreichen Freundlichkeiten. Bisweilen tauchten Sätze auf, die seinen Feuilletons entnommen schienen. Am 19. Dezember 1926 meinte er zu seiner Zeitungsarbeit: „Ja, Sie haben ganz richtig bemerkt, daß ich fast nichts über Politik schreibe; das liegt wohl daran, daß ich etwas mehr darüber weiß als früher. Nur wer von einer Sache schrecklich wenig weiß, hat den Mut, andere Leute darüber zu belehren; darin liegt zum Beispiel das Wesen des Lehramtes und der Lehrer." Zwar waren die Briefe noch ausführlich, doch immer häufiger mußte er sich für Säumigkeit entschuldigen. Nach 1927 versiegte die Korrespondenz. Sein letzter kurzer Brief an Věra, vom 24. Februar 1931, endet mit den bezeichnenden Worten: „Ich danke für die Nachfrage, wie es mir geht; ich habe gerade einen katastrophalen Schnupfen, so daß ich vor lauter Nässe fast nichts sehe. Mit Handkuß. Karel Čapek."

Was also bedeutete ihm Věra im Sommer 1923, als er „Krakatit" schrieb? Mit ihrer Heiratsankündigung hatte sie die Beziehung unmißverständlich für beendet erklärt. Nun konnte er den Erinnerungen und der Phantasie freien Lauf lassen, ohne jene Ängste und Gewissensqualen fürchten zu müssen, die er gegenüber Olga oft genug ausgestanden und gerade eben von sich geschoben hatte. Für einige Zeit wurde Věra das, was er als Gymnasiast eine „fiktive Liebste" genannt hatte.[249] Sie existierte, und ihn verbanden reale Erinnerungen mit ihr; indes zwang sie ihn nicht, sich der „schweren inneren Unstimmigkeit" bewußt zu sein, sich qualvoll und unentwegt zweifelnd zu prüfen, wann er endlich „rein und klar" in seiner Seele sein würde. Die Wirklichkeit war entrückt, nichts hinderte die Phantasie, die angenehmsten Seiten jener Märchenwelt auszumalen, die – unter anderem – zu „Krakatit" gehört.

Verzicht und Selbstbeschränkung, diese geradezu göttlichen Gebote am Schluß von „Krakatit", hatten keinen Sinn mehr gegenüber Věra. Denn Věra war ihm längst entschwunden, als die Resignation episch ausgeführt und formuliert wurde. Nicht entzogen hatte sich ihm hingegen Olga, trotz aller Wechselfälle und Katastrophen, und sie machte sich nach wie vor Hoffnungen, denen er so oder so begegnen mußte. Während seine Phantasie sich in „Kra-

59 In England (1924)

katit" auch in erotischen Abenteuern erging, wollte er schließlich zu einem Fazit finden, das nicht allzuweit von dem entfernt war, worauf er sich in der Wirklichkeit zumindest unbewußt bereits eingestellt hatte. „Vieles wird in dir verschlossen bleiben wie Feuer im Ofen (...) Du wolltest allzu große Dinge vollbringen, du wirst dich mit kleinen begnügen." Es war, auf Čapek bezogen, der Abgesang auf seine große Liebe, von der er kaum drei Jahre vorher gemeint hatte, sie sei sein Leben.

In der Wirklichkeit wurde es ein alles andere als glanzvoller, ja, ein schmählicher Schluß. Am 9. Juni 1924 schrieb er Olga aus London: „Mädchen, vor meiner Abreise sagte mir Prof. Syllaba Dinge, die ein Schlag sind für mich und auch für Dich. Ich bitte Dich um Gottes willen, verlange nie von mir, daß ich sie Dir wiederhole, denn es schmerzt entsetzlich; es sind gewisse sehr schlechte nervliche (*nur* nervliche, ich versichere es Dir) Zustände, für die niemand kann; weißt Du, so eine seltsame Form der Neurasthenie, solche schlimmen Phobien, – aber ich habe mir vorgenommen, daß ich Dir das niemals schildern werde, denn Du bist ein schrecklich empfindlicher Mensch. Ich denke, daß ich etwas für meine Mutter leiden muß; dies ist ihr Erbteil. Syllaba tröstete mich, vielleicht verleihe mir gerade diese seelische Sprödigkeit (bitte nennen wir es *nur* so) die Gabe, schöpferisch zu sein, – nun gut; ich möchte mir nur innig wünschen, daß nicht ein anderer wegen meiner seelischen Unzulänglichkeit leiden muß. Und jetzt, mein teures, edles Mädchen, wenn Du mich lieb hast, berühr nicht *diese* vernarbten Dinge. Bitte sag Deinem Vater, er solle zu Prof. Syllaba gehen und ihn selbst fragen. Ich möchte, daß er mich nicht für einen schlechten Menschen hält."

Tatsächlich teilte Prof. Syllaba seine Diagnose Olga am 11. Juni 1924 in einem Brief mit.[250] Als Arzt durfte er dies

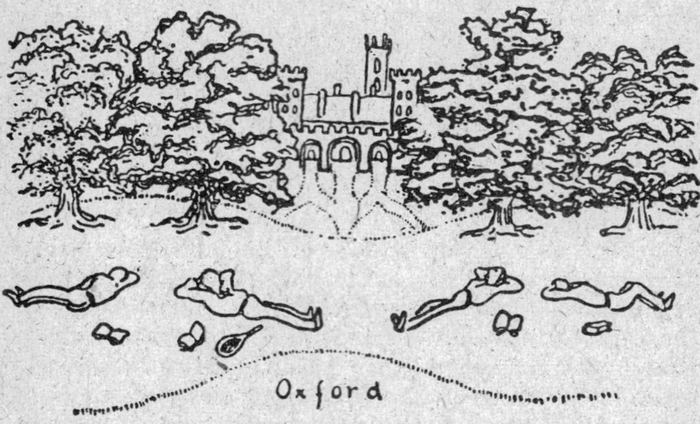

60 Aus: „Englische Briefe" (Campus in Oxford. Zeichnung von Karel Čapek)

nur auf ausdrücklichen Wunsch seines Patienten, und es ist unvorstellbar, daß er es von sich aus und hinter dessen Rükken getan haben könnte. Čapeks Erstaunen über den Brief ist unglaubwürdig, sein Heucheln allerdings nur zu gut verständlich. Die Diagnose war eine unabänderliche Botschaft, die ihn entlastete, indem die ihm unerträglichen Erwartungen zurückgewiesen wurden, ohne daß er Olga, die er trotz allem liebte, zurückstoßen und verlieren mußte.
So wird verständlich, warum Čapek mit geradezu ängstlicher Ungeduld auf Briefe von Olga wartete, während er durch Großbritannien reiste. Es nimmt nicht wunder, daß er häufig an Migräne litt und mißmutig oder unfroh war, während doch die Aufnahme, die ihm englische Prominente bereiteten, nur zu Jubel Anlaß gab. Andererseits brach sich Erleichterung Bahn, daß seine Beziehungen zu Olga – auf welchem Wege auch immer – einigermaßen geklärt worden waren. Am 20. Juni 1924 schrieb er aus London: „Oh, eine große Angst ist von mir gewichen; ich bin glücklich, daß ich ohne Schuld vor Dir stehe und daß Dir mein oftmaliges Schweigen und Ausweichen und die Dinge, derentwegen Du gelitten hast, nun klar sind. (...) Es hat mich überrascht, daß Dir Prof. Syllaba geschrieben hat; aber ich bin dankbar dafür, denn er hat Dir wahrscheinlich Dinge gesagt, über die ich doch ungern spreche. Endlich bin ich ruhig, – ich war nicht mal eine Sekunde ruhig, aber jetzt ist mir leichter; wie soll ich Dir danken?" Und am 20. Juli 1924: „(...) ich freue mich wie noch nie, nach Prag zu kommen. (...) Du weißt warum. Wie schön wird es für mich sein, wenn ich Dich mit dem Bewußtsein ansehen kann, daß Du alles weißt und alles verzeihst und keine Bitternis gegen mich im Herzen hast."

Unmißverständlich war etwas für beendet erklärt. Ausgesprochen aber wurde die Erklärung gewissermaßen von einer anderen, nicht zu beeinflussenden Instanz, nicht von ihm selbst. Er schickte sich nur darein. Und das gab ihm das Recht, auch künftig nicht nur Olgas Nähe zu suchen und ihr zu schreiben, sondern sogar eine gewisse Reizbarkeit an den Tag zu legen. Im Untergrund der Kameradschaft, die sie nun über viele Jahre pflegten, brodelten Leidenschaften.

61 Aus: „Englische Briefe" (Club. Zeichnung von Karel Čapek)

Olga umgab sich mit Freunden, von denen manche auch mit Čapek persönlich bekannt waren, so der Journalist Ferdinand Peroutka und der Arzt Karel Steinbach. Sicher ist es keine reine Selbststilisierung, wenn Olga ihre Freundschaften und Tändeleien im Rückblick als Flucht darzustellen versucht: Sie habe die Einsamkeit geflohen, sich ins Vergessen gerettet. Gleichzeitig war es, wie sie eingesteht, auch Protest und Provokation.
Čapeks Haltung dazu war begreiflicherweise zwiespältig. Zum Bespiel schrieb er ihr Anfang Juli 1925: „Und wie geht es Dir und Deiner ganzen Clique?" Die Frage war freundlich und arglos, denn er billigte und wünschte – wie er oft genug betonte –, daß sie ihr Leben lebte und nicht Trübsal blies. Indes zeigt der Brief vom 11. Juli 1925, den Olga übrigens nur mit mehreren Kürzungen zu Veröffentlichung freigegeben hat, daß selbst für heftige Eifersucht Raum war. Er hatte ihr Vorwürfe gemacht, nachdem ihm Klatsch hinterbracht worden war, und nun rechtfertigte er sich damit,

daß er einer „finsteren und bösen Lüge“ aufgesessen sei. „Es ist bitter für mich, Du weißt gar nicht wie sehr; ich, der ich ein geradezu verzweifeltes Bedürfnis nach Harmonie und Reinheit habe, um mich am Leben zu erhalten, muß einer solchen lächerlichen Lüge und Verdrehung begegnen. Ich bin ein schwacher Mensch, schwächer, als Du es weißt; meine Lebenskraft gründet sich auf Kredit, auf Vertrauen zu den Menschen; ich verliere alle Sicherheit, wenn ich mit unsinniger Lüge und mit Haß zu tun habe. Ich war verdrossen, als ich Dir letztens schrieb; heute entschuldige ich mich, aber ich bin traurig. Warum geschieht mir dies? Wer hat mir das angetan? Ich bemühe mich ängstlich, niemandem weh zu tun; das ist ein geringes Verdienst, aber ich möchte mir damit die Unversehrtheit und Reinheit des eigenen Lebens erkaufen; und wenn das egoistisch ist – dafür gebe ich der Welt alles, was ich kann. Es bedrückt mich, Mädchen; Du wirst sagen, es stehe nicht dafür; mag sein, aber es hat mich an der empfindlichsten Stelle getroffen. Diese Dinge könnten einen Einsiedler aus mir machen, dem vor den Menschen graut.“
Bemerkenswert sind indes nicht Einzelheiten des Tratsches, der den Anlaß des Briefes bildete, und auch nicht die Eifersucht, die im Gekränktsein hervorbricht, sondern diese Klage: „ein geradezu verzweifeltes Bedürfnis nach Harmonie und Reinheit (...), um mich am Leben zu erhalten“. Er schien vergessen zu haben, daß er gerade dieses Bedürfnis immer wieder ins Feld geführt hatte, um seine Entfernung von Olga zu begründen. Nun sollte es seine Eifersucht entschuldigen, seine anhaltende Empfindlichkeit. Olga stand ihm kaum weniger nahe als früher, wenn auch hinter mittlerweile gefestigten Barrieren.

Am 13. April 1924 hatte er an Olga geschrieben: „(...) heute früh (...) ist Mutter gestorben. Vater habe ich vorläufig bei mir einquartiert; der Ärmste ist sehr erschüttert. (...) Für die arme Mutter ist es die Erlösung; der Tod war leicht. Jetzt muß ich vor allem den Vater ein wenig trösten.“ In die Trauer mischte sich Erleichterung, denn zu qualvoll waren Božena Čapkovás letzte Monate gewesen.
Es schwand die quälende Ambivalenz. Solange die Mutter lebte, hatte er sich des Übermaßes ihrer Liebe zu erwehren

versucht und sich trotz aller eigenen Zuneigung irgendwie gegen sie auflehnen müssen. Nun war sie nicht mehr. Was sollte den Widerstand wachhalten? Trauer und auch Schuldgefühl lösten ihn auf. Nichts konnte die Liebe zu ihr einschränken. Die stumme Verehrung entrückte, was einst geschmerzt hatte, ließ vergessen. Und er nahm ihr „Erbteil" an, das ihn belastete, stellte sein Leben darauf ein. Wegen der „schlimmen Phobien" entsagte er der Liebe zu Olga. Und das mögliche Zusammenleben mit ihr opferte er dem Vater. Anstelle der Mutter wohnte er mit ihm zusammen. Zunächst in seiner alten Wohnung, seit April 1925 im neuerbauten Haus mit dem Garten, auf den er seine Liebe, ja, seine Leidenschaft richtete.

Und Olga? „Es war bitter für sie; sie biß sich auf die Lippen und fragte nach keiner Einzelheit, so war es erträglicher für beide. Sie ließ ihn behutsam erzählen, und hin und wieder nickte sie. Er bemühte sich um einen humorvollen Ton. (...) Seine Wohnung war also aufgelöst, und sie würde sie nur noch mit den Augen der Erinnerung sehen. Nie mehr würde sie den rührenden Junggesellenschrank mit den Büchern (...) sehen, denn sie hatte beschlossen, jenes neue Haus, das nur für einen gebaut war, niemals zu betreten. (...) Es war auffällig, wie es beide lernten, den Worten ‚Garten', ‚Arbeitsraum', ‚Halle' auszuweichen, weil sie das nicht kannte. (...) sie selbst hatte es so bestimmt, und doch empfand sie es als ungleiches Spiel, aber da er darauf eingegangen war, war es wohl in Ordnung. Das einzige, was sie gereizt und bisweilen schwach machte, war sein ruhiges Harmonieren mit dem, was nicht aufhörte sie niederzudrükken." So schilderte sie es in ihrem Erinnerungsbuch, und man hat keinen Grund, sich ihre Lage anders vorzustellen.

„Das neue Haus brachte Čapek dazu, sich ungemein zu sammeln, es war, als hätte er in den eigenen Wänden noch mehr sich selber gefunden. (...) auf seinem Gesicht sah man ein seliges Strahlen der Zufriedenheit, wenn er das Wort ‚Haus' oder ‚Zuhause' aussprach. (...) Es schien, als hätte er sich vollends mit dem abgefunden, was sie unablässig und unvermindert niederdrückte: mit der verlorenen Liebe. Er hatte seine Gefühle in diese festen, zuverlässigen und beständigen Formen geschmiedet und blickte wohl nie mehr verzweifelt und sehnsüchtig zurück."[251]

62
Olga Scheinpflugová
(1921)

Das traf nicht zu, wie jener Eifersuchtsausbruch beweist. Jedoch erfaßt Olgas Darstellung sehr genau, daß jene „festen, zuverlässigen und beständigen Formen“ und die Lobpreisung des „Hauses“, des „Zuhauses“ gleichsam Symbole der Resignation waren.
Hatte sich Čapek nicht irgendwann in solchen Bildern ausgedrückt? Das Zimmer, Wände, Tisch, Bett, Lehnsessel und alle Dinge ringsum sind erstarrt ... Die Zeit steht still ... Abgestorben sind alle Gründe, aufzubrechen ... auszubrechen aus der Logik der Gewohnheiten ... Aber Haus und Familie verlassen? Sich selbst finden im Seltsamsten, Ungewohntesten? Nein, bleiben. Bleiben und den schmalen Platz vertiefen ... Die Wahrheit des Lebens ... Das war „Gottesmarter“, geschrieben von 1913 bis 1916.

1924 schrieb Čapek das Feuilleton „Die Türklinke“. Einige der alten Bilder werden darin wiederaufgenommen. Unverkennbar soll die sich anbahnende Lebenslage erfaßt, die künftige Lebenshaltung begründet und gerechtfertigt werden. Nicht vom Erschrecken über Erstarrung und Nichtsein ist jetzt die Rede. Nicht auf ein Wunder, einen Zufall richtet sich Hoffnung. Eine Änderung wird nicht erwartet. Vergessen ist die Möglichkeit, im Ungewohnten sich selbst zu finden. Nein, nur das Unveränderte erweckt nun Vertrauen, schafft Behagen. Abweichungen entsetzen. Ständige Veränderungen sind höllisch. Am „Zuhause“ soll sich nichts ändern. Es muß alles unverrückbar an seinem Platz bleiben. In der festen Ordnung seines Hauses, sagt Čapek, sei er selbst enthalten.
Was aber hat sich seit „Gottesmarter“ noch verändert? In der Erzählung „Der Stillstand der Zeit“ hieß es: „(...) wenn er sich rührte, so fühlt er, würde eine Entgleisung, ein Zusammensturz aller Teile erfolgen (...)“, darum „hat er Angst, sich zu rühren“ und „steht einfach still“. Die Erstarrung, in die „der Mann am Schreibtisch“ einbegriffen war, verhinderte einen Zusammenbruch. Andererseits bedrückte sie, machte es schier unmöglich zu leben. Jetzt dagegen ist die erstarrte Ordnung der Dinge keine aufgezwungene Lebensbedingung, sie wird als gut und vernünftig bejaht. Und nicht nur das. Sie wird sogar als Grundlage gepriesen, auf der sich alle Menschen verständigen könnten. Sie soll nicht nur im Haus gelten, sondern in der Welt ...

„Die Türklinke“
„Ich kam mal im Dunkeln in ein Zimmer, in dem ich einst viele Jahre verbracht hatte. Mit untrüglicher Sicherheit bog ich im Dunkeln meinem einstigen Bett aus, ging sicher und hellsichtig um meinen einstigen Tisch herum und ertastete mit einem einzigen unbeirrbaren Ausstrecken der Hand den Schalter und machte Licht. Doch da war weder mein einstiges Bett noch mein einstiger Tisch, sondern ein anderer Tisch an einer anderen Stelle und ein anderes Bett in der entgegengesetzten Ecke. Ich kann Ihnen nicht sagen, wie ich mich erschrocken habe. Es war etwas Entsetzliches daran.
‚Sich irgendwo zu Hause fühlen‘ ist eine höchst kompli-

63 Mit Dášenka im Garten

zierte Empfindung, und es läßt sich gar nicht aufzählen, was alles darin steckt: moralisches Vertrauen und körperliches Behagen, poetische Erfahrungen und praktische Motive, Gewohnheit und auch so ein heidnischer Mystizismus;

64 Čapeks Haus in Prag-Vinohrady

aber in aller Kürze würde ich sagen, ‚sich irgendwo zu Hause fühlen' bedeutet, die Türklinke im Dunkeln mit einem Griff finden. Ich denke dabei nicht nur an die verschiedenen physischen und räumlichen Vorteile, zum Beispiel, daß Sie sich dabei nicht am Stuhl das Knie aufschlagen, die Standuhr umrennen und mit der Stirn gegen die Schrankecke stoßen; ich denke an das blinde und mystische Vertrauen, daß die Türklinke da ist, wo sie ist, daß sie sogar dort ist, wo sie sein soll; daß sie an ihrer Stelle ist und in einer besonders günstigen Richtung; daß sie nicht zu hoch und auch nicht zu niedrig ist; daß sie genau dort ist, wo Sie die Hand hinstrecken; daß sie gerade auf Sie wartet und Ihnen beflissen die Hand gibt; daß sie Sie sicher führt und Sie nicht in einem Abgrund von Unsicherheiten umhertasten läßt; daß Sie sich nicht jählings in kosmischer Leere befinden, wo das Unendliche und Unerkennbare und andere Schreckgespenster der Finsternis auf Sie lauern. Es ist, kurzum, eine gute und zuverlässige Türklinke, eine er-

65 In Čapeks Haus

gebene und nicht versagende Türklinke, die einzige heimische Türklinke.

Ich bin, wie die alten Gallier, ein Freund von Neuerungen; doch selbst der wildeste Gallier und Neuerer würde sich nicht wünschen, daß seine Türklinke und, sagen wir, sein Bett und fünf oder sechs andere grundlegende Dinge des Lebens täglich aus eigener Initiative oder aus teuflischer Willkür ihren Platz wechseln. So etwas geschieht wahrscheinlich in der Hölle, und es gehört zu den schwersten Martern. Wir alle sind schrecklich konservativ hinsichtlich der Türklinken und einiger anderer Dinge, die irgendwie unausweichlich zu uns gehören. Das Zimmer, in dem ich mich im Dunkeln auskenne, ist ebenso in mir enthalten, wie ich in ihm enthalten bin; doch, bei allen Göttern, leichter ist es, einen Stuhl zu verrücken, als die Vorstellung vom Stuhl im Gehirn zu verrücken; der Stuhl wehrt sich nämlich nicht sonderlich, das Gehirn aber wehrt sich. Das Gehirn will den Stuhl an seinem alten Platz haben, zum einen deshalb, weil es daran gewöhnt ist, und zum anderen deshalb, weil es sich mit etwas anderem als mit dem Stuhl oder der Türklinke beschäftigen will. Die Dinge funktionieren glatter und sparsamer, wenn sie an ihrem Platz sind. In gewisser Hinsicht ist es leichter, das Gesellschaftssystem oder die Weltordnung ändern zu wollen, als zu versuchen, die Ordnung oder Unordnung auf seinem Schreibtisch zu ändern. Was mich betrifft, ich würde lieber den Völkerbund reorganisieren, von dem ich nur eine unklare Vorstellung habe. Und ich muß zugeben, wo immer ich in der Welt war, stets suchte ich im Dunkeln die Türklinke meines Zuhauses; ich tastete aufs Haar genau, doch sie war nicht dort, wie so viele anderen guten Dinge nicht dort waren.

Der Mensch fühlt sich also zu Hause, wenn er von Dingen umgeben ist, die in besonders wesentlichem Sinne, eingefleischt und beständig an ihrem Platz sind; oder wenn ich es Ihnen anders sagen soll, die Idee des Zuhauses ist unausweichlich und unverbesserlich konservativ. Ich wage sogar zu behaupten, daß es ohne einen gewissen Konservatismus überhaupt kein Zuhause gibt; wo Ihnen nichts wert erscheint, daß es an seinem Platz verbleibe, dort sind Sie nicht zu Hause. Ich behaupte weiter, daß letzten Endes alle Menschen im Grunde patriotisch sind, weil sie im Grunde

66 Die Brüder Čapek – Gärtnerei (Zeichnung von Adolf Hoffmeister)

konservativ sind, weil sie zum Beispiel nicht verkünden, die Moldau sei nicht an ihrem Platz und der Pulverturm müsse dorthin umgesiedelt werden, wo der Žižkover Viadukt ist; denn erst diese schrecklichen Ansichten würden die Idee des Zuhauses untergraben. Ich denke, daß sich die Menschen in gewissen konservativen Vorstellungen ungemein gut verständigen und annähern könnten. Sie werden sich

67 Karel und Josef Čapek in ihrem Garten

bestimmt bis aufs Messer streiten, sofern sie ihre Ansichten darüber austauschen, was es in Zukunft Neues geben soll; doch wenn sie zu formulieren versuchten, was in der Zukunft an Altem und Heutigem bleiben soll, so meine ich, daß sie sich beim Reden die Friedenspfeife anzünden würden, damit es sich besser rede.

Doch vor allem wäre es notwendig, daß sich jeder Mensch dort, wo er ist, möglichst zu Hause fühlt; daß ihm wenigstens einige unausweichliche Dinge des Lebens an ihrem Platz zu sein scheinen. Der ganze Witz der politischen Tendenzen, die man subversiv nennt, ist der, daß sie in einem fort wiederholen, es sei nichts, aber auch gar nichts an seinem Platz. Was die einzige wirklich subversive und amoralische Behauptung auf dieser Welt ist."[252]

Mit Bedacht wurde Čapeks Zuhause so arrangiert, daß es ihm die Qualen der Entscheidung ersparte, die ihn jahrelang aufs äußerste belastet hatten. Sein Haus, das er sich bauen ließ, beherbergte den Vater, für Olga blieb es tabu. Das Leben wurde in beruhigende Formen geschmiedet, die der „Angst vor allem Leidenschaftlichen, Verwirrenden ..." keinen Raum ließen. Die Forderung, daß die grundlegenden Dinge im Haus unveränderlich sein sollen, hatte einen tiefen Sinn. Nur dann sicherte das Zuhause „moralisches Vertrauen und körperliches Behagen", schützte vor einem „Abgrund von Unsicherheiten". Das Zuhause war gleichsam

68 Zu Hause

die Verdinglichung jenes Kreises, den, wie er meinte, die Natur um ihn gezogen hatte. Daran konnte und wollte er nicht rühren – und nicht rühren lassen. Bestimmt bedrängten ihn Zweifel, ob „einige unausweichliche Dinge des Lebens“ tatsächlich am angemessenen Platz seien. Gewiß empfand er die Kritik, die er von Olga zu spüren und vermutlich auch zu hören bekam, nicht nur als störend und lästig, sondern als bedrohlich und zerstörerisch. Doch sein Haus und sein Zuhause wollte er wohlweislich so lassen, wie es nunmehr war.

Daß jene „gewissen konservativen Vorstellungen“ kaum etwas mit der Politik konservativer Parteien zu tun hatten, liegt auf der Hand. Indessen ist nicht zu übersehen, daß Čapek, wenn er in den zwanziger Jahren zu politischen Fragen Stellung nahm, etwas wesentlich Konservatives vertrat: das Bedürfnis, die Dinge möglichst an ihrem Platz zu lassen.

Natürlich nicht die, die zum Himmel schrien. Zum Beispiel die Not der Kinder der Ärmsten, die „der schmutzigen, stinkenden, tödlichen Gräßlichkeit des Elends“ entrissen werden müssen. „(...) lieber auf sonstwas verzichten, nur damit schnell, dringend begonnen wird, diese größte Schande der Menschheit, diese eitrigste Wunde zu beseitigen: das Verderben Unschuldiger durch Elend.“ Er hatte es 1921 bei Streifzügen durch Elendsquartiere der Prager Vorstädte in Augenschein genommen. „Was ich gesehen habe, das werde ich nie vergessen“, schrieb er Anfang April 1921 an Olga. Und in dem Bericht, den er kurz darauf in „Lidové noviny“ veröffentlichte, heißt es: „Ich wünschte, alle unsere Gesetzgeber sähen diesen Abgrund des Elends einmal aus der Nähe. Ich glaube, dann könnten sie an nichts anderes denken als an die Rettung der Kinder.“

Dabei blieb fraglich, was er sich damals von den Gesetzgebern eigentlich erhoffte. Er schlug vor, die Kinder der Ärmsten in Kinderkolonien umzuquartieren, sie dort für „ein anderes Leben“ zu erziehen und auszubilden; eine Wohltätigkeitsmaßnahme, die sich kaum von den schon im Mittelalter bestehenden kirchlichen Einrichtungen für Armeleutekinder unterschied. Andererseits meinte er, ganz im Widerspruch zum eigenen Vorschlag: „Ich glaube, daß keine Wohltätigkeit ausreicht, um das äußerste Elend aus der Welt zu schaffen.“ Und: „Sprechen wir nicht davon, daß

man dem Elend durch Barmherzigkeit abhelfen soll; das Elend muß unbarmherzig beseitigt werden. Es muß so bekämpft werden, wie man Infektionen bekämpft."[253]
Später setzte er dennoch eher auf Wohltätigkeit und betrieb vermittels der „Lidové noviny" eine Hilfsaktion für notleidende Kinder. Und grundsätzlich erklärte er 1924 in dem Artikel „Warum ich nicht Kommunist bin"[254]: „Ich kann nicht Kommunist sein, weil seine Moral nicht eine Moral der Hilfe ist."
Von der Klärung seines Standpunktes versprach er sich Erleichterung: „denn was ich sehr nötig habe, ist keineswegs, mit dem Kommunismus zu polemisieren, sondern vor mir selbst mich dafür zu verteidigen, daß ich nicht Kommunist bin und es nicht sein kann. Für mich wäre es leichter, wenn ich einer wäre. Ich würde in der Vorstellung leben, daß ich tunlichst zur Weltverbesserung beitrage, ich würde meinen, ich stünde auf der Seite der Armen gegen die Reichen (...)" Und er würde auf der Seite der tschechischen künstlerischen Avantgarde gestanden haben, die kommunistisch war und vor der er sich, bewußt oder unbewußt, zu rechtfertigen versuchte.
Am Problem der Armut, fand er, scheiden sich die Geister. „Zu glauben, das Problem der Armen sei eine Aufgabe der heutigen und nicht erst der künftigen Ordnung, das bedeutet freilich, nicht Kommunist zu sein. Zu glauben, ein Stück Brot und Wärme im Ofen heute sei wichtiger als die Revolution in zwanzig Jahren, das bedeutet ein sehr nichtkommunistisches Temperament." Jedoch „nicht Kommunist sein bedeutet Nichtkommunist sein; nicht Kommunist sein ist nicht bloße Verneinung, sondern ein gewisses Credo".
Elend sei ein Unglück und als solches ein moralisches, kein soziales Problem. Schuld daran seien „alle", und die Schuldigkeit aller sei es zu helfen. Ebenso verschwommen ist die Folgerung: „Die heutige Welt braucht nicht Haß, sondern guten Willen, Bereitschaft, Übereinstimmung und Zusammenarbeit (...) ich denke, mit ein wenig gewöhnlicher Liebe und Herzlichkeit ließen sich Wunder vollbringen." Es gerade daran fehlen zu lassen, warf er den Kommunisten vor. Mehr noch: mit der Erziehung zum Klassenbewußtsein säten sie Haß, malten die Welt in düsteren Farben und beraubten die Proletarier, die „von Natur aus zu einer nachge-

69
Karel Čapek, 1928
(Zeichnung
von Emil Stumpp)

rade fröhlichen und kindlichen Lebensauffassung neigen", ihrer „primitiven Lebensfreude". „Ich verstehe die Ideale des Kommunismus, aber ich begreife seine Methoden nicht (...)" Die „psychische Welt des Kommunismus" sei ein „pathologischer Negativismus", man lasse „kein gutes Haar an der ganzen heutigen Ordnung".

Anscheinend hatte der überaus belesene Čapek tatsächlich „nicht in den wirklichen Marx hineingeschaut"[255] und auch nicht Engels oder Lenin gelesen. Die zahlreichen Gemeinplätze und Unsinnigkeiten lassen sogar argwöhnen, er habe nur gelegentlich in der kommunistischen Presse geblättert. Vergessen waren die Träume des Gymnasiasten, die Welt zu verbessern. Radikale Kritik ging ihm auf die Nerven. Von Umstürzen, Revolutionen versprach er sich nichts. So schrieb er Ende 1923 in der Kalendergeschichte „Die Kerze": „(...) nichts ist süßer als Ruhe; und darum gebt uns Ruhe, ihr alle, die ihr denkt, ihr wärt erwählt, die Welt zu verwalten und zu verbessern. (...) Ruhe, das ist die Größe der kleinen Dinge und die Tiefe der alltäglichen (...)"[256]

Aufschlußreich ist am Schluß des Feuilletons „Die Türklinke“ der Hieb gegen die subversiven politischen Tendenzen, die verkünden, „es sei nichts, aber auch gar nichts an seinem Platz“. Ebenso wie jene „gewissen konservativen Vorstellungen“ wird dies aus einer Lobpreisung des unveränderlichen „Zuhauses“ abgeleitet. Also darf man annehmen, daß Čapeks Ablehnung des Umstürzlerischen, Revolutionären etwas zu tun hatte mit seinem Beharren auf Unveränderlichkeit in der eigenen Seele.

„Olga gewöhnte sich an häufige, eilige Entschuldigungen; ein Dritter war zwischen sie getreten (...) Čapek nannte ihn (...) den ‚alten Herrn‘. – ‚Verzeih, morgen komme ich nicht, vielleicht auch ein paar Tage nicht, ich fahre nach Lány, der ›alte Herr‹ wünscht mich zu sprechen.‘ Immer mehr bezaubert von der ruhigen und strengen Persönlichkeit (...) kehrte er zurück von diesen Begegnungen. Karel Čapek, bislang ziemlich gleichgültig gegenüber der Politik, gewann die schwere und unbequeme Erkenntnis, daß sie eine der Notwendigkeiten der heutigen unvollkommenen Welt sei. (...) Olga begann also, bereitwillig und liebevoll mit dem ‚alten Herrn‘ zu teilen; Karel fuhr zu den Feiertagen zu ihm und dann für die ganzen Ferien; sie blieb allein (...)“[257]

Im Januar 1923 hatte Tomáš Garrigue Masaryk ihn erstmals in die Prager Burg eingeladen.[258] Gespräche zwischen ihnen gab es fortan häufiger, in Prag und später auch auf Masaryks Landsitzen, den Schlössern Lány und Topol’čianky.
Am 21. März 1926 schrieb Čapek an Věra, zur letzten Freitagsgesellschaft „ist der Herr Präsident Masaryk gekommen und hat drei volle Stunden unter meinem Dach (genauer: unter der Decke des Parterre) gesessen“.
Im Mai 1926 rechtfertigte er sich gegenüber Olga, die sich vernachlässigt fühlte: „Am Sonntag bin ich zum Herrn Präsidenten bestellt; aber das ist natürlich eine Pflicht, über die nicht diskutiert wird, nicht wahr?“
Mitte September 1926: „Morgen oder übermorgen fahre ich nach Topol’čianky; der alte Herr hat mich sehr herzlich eingeladen, so lange zu bleiben, wie ich will.“
Im Sommer verbrachte er eine kurze Zeit mit Olga in der Tatra, dann fuhr er nach Topol’čianky. Wohl am 19. Sep-

70 Čapeks Freitagsgesellschaft bei Präsident Masaryk im Park von Schloß Lány

tember 1927 schrieb er von dort: „(...) ich bin gesund und genieße die schöne Zeit (...) Morgen kommen Herr Švehla und Dr. Beneš, aber von Politik werde ich Dir nichts schreiben, obwohl ich gezwungen bin, viel darüber zu sprechen und nachzudenken. Der Herr Präsident ist gesund und gu-

ter Dinge, nur verärgert von all den Niederträchtigkeiten und Nichtigkeiten, von denen die Luft erfüllt ist; ich versuche ihn auf andere Gedanken zu bringen, und wenn ich gerade nicht mit ihm zusammen bin, denke ich nach, was ich ihm erzählen werde, oder ich lese Sachen, die er mir gibt und über die er meine Meinung hören will; kurzum, ich bin ganz ausgefüllt, aber ich würde gern noch mehr tun. Also sei nicht böse, daß sich mein Urlaub in die Länge zieht (...)"
Und im nächsten (undatierten) Brief: „Denk im Guten an mich, nimm es mir nicht übel, daß ich nicht bei Dir bin (...)"

Indessen war Olga nicht bereit, „liebevoll zu teilen". Wie sie es selbst schildert, schlug sie Čapek die endgültige Trennung vor. Seine Antwort ist undatiert; der Herausgeber Miroslav Halík vermutet, sie stamme noch aus der ersten Septemberhälfte, also vom Beginn des Aufenthaltes in Topoľčianky 1927: „Teure Olina, das einzige, was ich in diesem Augenblick schreiben kann, das einzige, was ich schreiben darf und worauf ich vor mir selbst nur ein Recht habe, ist mein inniger Wunsch, daß Du glücklich bist. Selbst der Tod könnte mich nicht zwingen, Lebwohl zu sagen, doch statt dessen sage ich Dir und beschwöre Dich, glücklich zu sein. (...) Ich will nicht mehr glücklich sein, nur ausgesöhnt. (...) ich habe keine Worte zu meiner Entschuldigung; wenn ich hart zu Dir war, so war ich auch zu mir selbst hart und bin jetzt zehnmal härter; Du mußt mir nicht mehr sagen, womit ich Dir weh getan habe (...) Vielleicht ist es zur Rettung meiner Seele nötig, daß ich überhaupt nicht mein eigenes Leben lebe." Und als Postskriptum: „Mitten in der Nacht: Olinka, Du hast entschieden. Ich akzeptiere. Es beginnt mir klarer zu werden, nicht im Herzen, sondern im Kopf. Sei glücklich. Mein Gott, wie möchte ich Dir Deine Entscheidung leichtmachen! Oli, Du hast es verdient, sei glücklich."
Olga schreibt, in ihrer Ratlosigkeit habe sie, als sie diese Antwort erhielt, einen Selbstmordversuch unternommen.[259] In Čapeks Briefen finden sich keine Hinweise darauf. Jedoch vermerkt Halík, es seien nicht alle Briefe erhalten.[260] Wie dem auch sei, Čapek entschuldigte sich mehrmals, daß

71 In Topol'čianky 1927. Von links: E. Beneš, T. G. Masaryk, A. Švehla, Frau Benešová, K. Čapek

er nicht öfter und länger schreibe. Vom Aufenthalt in Topol'čianky im Jahre 1927 sind aber immerhin neun Briefe vorhanden, zumeist längere, und der Aufenthalt dauerte nicht mal zwei Monate. Daraus läßt sich folgern, daß zumindest nicht viel aus dieser Zeit verlorengegangen sein kann. Die vorliegenden Briefe, ausgenommen der zitierte, beziehen sich überhaupt nicht auf eine erneute Krise der Beziehungen, Dramatisches ist nicht einmal zu ahnen. Vielmehr fällt auf, wie gelassen, ausgeglichen und frohgemut Čapek war.

Im Bewußtsein der Wichtigkeit seines Aufenthaltes berichtete er von seiner Nähe zu Masaryk. Am 3. Oktober 1927 weihte er Olga in ein Vorhaben ein, das ihn mehr und mehr beschäftigte und das er in den nächsten Jahren in Topol'čianky fortsetzte. „(...) da sich mein Aufenthalt viel länger hinzieht, als ich angenommen hatte (ich hatte mit einer Woche gerechnet), muß ich Dir doch schreiben, warum es so ist. Ich habe hier eine Arbeit, ich schreibe die intimen Erinnerungen und Betrachtungen des Herrn Präsidenten; es wird ein ganzes Buch, das im nächsten Jahr erscheinen soll; sein ganzes Leben, seine Kindheit, seine Liebe usw. sind darin, mit seinen eigenen Worten; halb Autobiographie, halb so etwas wie Eckermanns Gespräche mit Goethe. (...) Täglich spricht er etwa zwei Stunden mit mir, und dann suche ich rasch ein Stündchen Zeit, um es kurz aufzuzeichnen oder es lieber ganz niederzuschreiben." Dazu am 6. Oktober 1927: „(...) das Buch wird ganz ohne meine Bemerkungen sein, nur die eigenen Worte des Herrn Präsidenten, aber gerade dazu ist ein Stück Kunst notwendig: die Kadenz, den Stil, die Flüssigkeit des Gesprächs usw. zu erfassen. Übrigens denke ich, daß ich das Buch nur mit meinen Initialen signieren werde. – Es wird politisch eine gute Sache und in vieler Hinsicht sehr wertvoll; ich möchte es als Präsent zum zehnten Jahrestag der Republik machen."
Wie erklärte sich das Engagement für die Republik, das sich Čapek viel Zeit und Mühe und auch nicht wenig Ärger kosten ließ?[261] Sicher beruhte es auf Patriotismus: Hier war die langersehnte Unabhängigkeit, der Staat der Tschechen und Slowaken. Jedoch verlangte der Patriotismus keineswegs, daß er das Gesellschaftssystem und die Staatspolitik tole-

72 In der Tatra 1927. Von links: die Schwestern Božena und Olga Scheinpflugová, Karel Čapek, stehend ihr Gastgeber A. Schwarcz

rierte, zumal sich genügend Anlässe zu Zweifeln boten, ob das Land den sich verschärfenden ökonomischen, sozialen und nationalen Konflikten und schließlich einer militärischen Bedrohung gewachsen sein würde.
1923 hatte Čapek das Apokryph „Pseudo-Lot oder Über den Patriotismus" geschrieben. „Sodom, das sind wir alle", läßt er seinen Lot sagen. Und deshalb haben alle, Gerechte wie Sündige, Lots Anteilnahme, er will sie alle vor dem Untergang bewahren. „Ich weiß nicht, was ich tun werde; aber bis

zum letzten Augenblick werde ich glauben, daß ich ihnen helfen muß."

Wie sehr Čapek sich selbst darstellte, zeigt nicht zuletzt Lots Liebeserklärung an seine Landsleute: „Sie haben gesündigt, ich weiß (...) Aber habt ihr wenigstens unsere Handwerker gesehen? Es hat immer den Anschein, als spielten sie; und wenn sie einen Krug töpfern oder ein Stück Leinen weben, so schlägt einem das Herz höher, wie schön sie das machen. Die Leute sind so geschickt, daß man ihnen den ganzen Tag zuschauen könnte (...)"[262]

Čapeks nachdrückliches und häufiges publizistisches Eintreten für die Tschechoslowakische Republik begann nicht schon bei ihrer Gründung im Jahre 1918, sondern erst nach 1923. Offensichtlich ist Olga Scheinpflugovás Darstellung richtig, daß er durch die Freundschaft mit Masaryk der Politik Interesse zu widmen begann.

Gewann er dadurch auch seine politische Orientierung? Zum positivistischen, religiös gestimmten Philosophen Masaryk hatte er sich als Student nicht hingezogen gefühlt, und auf diesem Gebiet trennte sie auch später vielleicht mehr, als er zu erkennen gab. In den „Gesprächen mit T. G. Masaryk" kommt natürlich gerade der philosophierende Staatsmann zu Wort; verallgemeinerte politische und Lebenserfahrung ist das, was dargeboten werden soll. Indessen macht sich Čapek nicht zum Verkünder des Philosophen, sondern zum Porträtisten des greisen Staatsmannes oder richtiger: des weisen Landesvaters. Es handelte sich, genaugenommen, um eine persönliche Orientierung. Nicht allein, ja, vielleicht gar nicht so sehr auf den „Vater der Unabhängigkeit", wie Masaryk in der bürgerlichen Presse, aber auch im Volk oft tituliert wurde, auf die weißbärtige Bilderbuchgestalt des „Philosophen auf dem Thron", sondern auf den bewunderten und verehrten, gleichwohl menschlich vertrauten und nahen „alten Herrn", die Vatergestalt, den Über-Vater, in dessen Händen die Geschicke des Landes lagen. Und je mehr er Masaryk persönlich nahekam, ihn sogar in sein Innerstes einzuordnen begann, desto mehr ließ er sich das angelegen sein, was er als dessen Werk betrachtete: die Tschechoslowakische Republik, wie sie mittlerweile geworden war, und die Sicherung ihrer Zukunft, um die sich der seit fast einem halben Jahrhundert politisch tätige „Great Old Man of Europe“[263] seine Sorgen machte.

Im Juli 1929 starb Antonín Čapek. „Der alte Herr Doktor wurde im Gewächshaus bei den Blumen des Sohnes aufgebahrt, es war heiß, und der Körper begann bald zu verwesen. Unaussprechliches Entsetzen vor dem Tod hatte Karels ganzes Wesen erfaßt, er kämpfte dagegen an. (...) Sein schwacher Körper überzeugte sich allzu klar von der Leichtigkeit des Untergangs, und sein starker Geist sehnte sich nach Selbsterhaltung, darauf gründete er wohl seinen Glauben an die jenseitigen Dinge (...) Er ging ungern nach Hause, fürchtete die Konfrontation mit dem verwesenden Körper zwischen den Orchideen und den blühenden Opuntien. Am Nachmittag kam Masaryk zu ihm (...) Schweigend schüttelte er ihm die Hand. ‚Nun bin ich bei Ihnen‘, sagte er mit einem Lächeln und strich über Čapeks Schulter. ‚In dem Augenblick verstand ich ihn‘, erzählte Čapek gerührt, ‚er wollte mir ersetzen, was ich verloren hatte. Seitdem liebe ich ihn noch mehr (...) irgendwie als Sohn.‘“[264]

Auf Kongressen des internationalen PEN-Klubs oder des Völkerbundes, in der Arbeit des tschechoslowakischen PEN oder bei Begegnungen mit ausländischen Schriftstellern, Čapek war unermüdlich in seinem Bestreben, die ČSR nicht nur zu vertreten, sondern ihr Ansehen zu mehren. Hatte er einige Jahre vorher in Briefen an Věra noch mit der Bürde der Berühmtheit kokettiert, so sah er jetzt eine Pflicht aus ihr erwachsen. Und fern war ihm die Eitelkeit, wenn er sich zum Beispiel am 5. Juni 1927 in einem Brief aus Paris bei Olga über die Belastungen beklagte: „(...) schrecklich: lauter Besuche, Banketts, Interviews von früh bis spät; bislang hatte ich kaum ein paar Stunden für mich, und von Paris habe ich bisher wirklich nichts gesehen. Nun, eigentlich ist es öde; aber was hilft's, das nennt man ‚Pflicht‘.“
Eine Pflicht sah er auch darin, das Bild des Staatsmannes Masaryk in journalistischer und literarischer Form zu zeichnen. Seine „Gespräche mit T. G. Masaryk“ erschienen in drei Teilen – 1928, 1931 und 1935. Sie stempelten Čapek

73 Bei Masaryk in Topol'čianky

zum „offiziellen" Schriftsteller. Darüber hinaus machte er mehrere Interviews mit Masaryk, schrieb zahlreiche Feuilletons und Skizzen über ihn sowie Rezensionen seiner Bücher, berichtete von Begegnungen und Begebenheiten, erging sich sogar in Belanglosigkeiten, ja, Lächerlichkeiten – in dem rührenden Bemühen, dem Monument des „Landesvaters" um jeden Preis und in jeder Hinsicht ein menschliches Gesicht zu geben. Kaum jemals verstieg er sich sonst zu pathetischen, gar schwülstigen Worten. In Artikeln über Masaryk sind sie nicht selten.
Als der Siebenundsiebzigjährige 1927 für eine zweite Amtszeit kandidierte, litt Čapek unter dem, wie er fand, unwürdigen und schädlichen Streit der Parteien. Die Wiederwahl erschien ihm dann wie eine Erlösung. Er pries sie – und ließ keinen Zweifel, daß ein anderer Ausgang für ihn undenkbar gewesen wäre. Einen demokratischen Präsidenten kann man abgewählt sehen, eine psychische Instanz nicht.

So politisch indifferent sich Čapek zehn Jahre zuvor in den Briefen an Neumann erwiesen hatte, so verschwommen, ja nachlässig blieb, zumindest vorerst, seine Sicht auf das politische Programm. Zum Beispiel schrieb er am 1. August

1927 an Olga über den damaligen Regierungschef: „Mit Švehla habe ich mich in Karlovy Vary gut und viel unterhalten; er ist ein interessanter und starker Mensch und meint es gut mit dem Präsidenten. Mit dem Herrn Präsidenten habe ich dort auch viel Zeit verbracht; er ist in weitaus besserer Laune als im vorigen Jahr; ein wenig gealtert ist er, doch er befindet sich in guter Verfassung und befaßt sich wieder mit seiner Philosophie." Ob es jemand „gut meinte" mit dem Verehrten – das war entscheidend. Und die politische Praxis, die gesellschaftlichen Realitäten?
1931 schoß die Polizei in Frývald auf eine friedliche Demonstration von Arbeitern. Prominente Persönlichkeiten protestierten. Čapek war nicht darunter. Wie konnte er die verurteilen, die es sicherlich „besser meinten" mit ihrem obersten Herrn?
Und wie hätte er ablehnen können, als ihm im März 1927 durch Vermittlung des Präsidenten die Einladung zu einer Jagd zuteil wurde, die der Großbankier Jaroslav Preiss veranstaltete? Gemeinsam mit dem Unterhaltungskünstler Karel Hašler durfte er die erlauchte Gesellschaft mit eigens zu diesem Zweck verfaßten Texten erheitern. „Ich weiß nicht – und er hat es nie gesagt –, wie ihm (...) zumute war", schreibt František Kubka. „Ich bin überzeugt, daß er dabei angestrengt die Menschentypen studierte und – litt."[265]
War er damals politisch blind? Zumindest legen die beiden Beispiele die Feststellung nahe, er habe, wenn es die Rücksicht auf den Über-Vater erforderte, die Augen zugemacht. Andererseits bewies er Gespür für eine Gefahr, die nicht nur hinter den Landesgrenzen wuchs. Am 13. Juni 1926 vermerkte er in einem Brief an Věra: „Und der Faschismus geht mir auf die Nerven – wenn ich einen Spaten in der Hand halte, habe ich Lust, nach Prag zu laufen und jemanden damit zusammenzuschlagen."
Die Bemerkung bezog sich auf ein provokatorisches Manifest von Gajdas „Nationaler faschistischer Gemeinde". Čapek veröffentlichte am 19. Juni 1926 in „Lidové noviny" eine scharfe Entgegnung, verwahrte sich gegen den Mißbrauch der Begriffe Nation und Patriotismus „zu Hetze und Verleumdung, zu Großmäuligkeit, schmutziger Mißachtung und unverschämter Demagogie". „Der Teufel soll mich holen, wenn ich jemals im Leben dümmeres und schmutzige-

74 In Paris, Juni 1927

res Gerede gehört habe als das, was in der faschistisch gewordenen Bourgeoisie kolportiert wird."
Läßt sich seine von Anfang an kämpferische antifaschistische Haltung trennen von seinem Gefühl, mitverantwortlich zu sein für die Republik, wie sie war – wie immer sie war?

In Masaryks Schatten gab er sich als Mann der Mitte. Kritik traf ihn demzufolge von allen Seiten. Die Linken vermißten ihn in ihren Reihen, wo er, wie sie meinten, aufgrund seines sozialen Verantwortungsgefühls eigentlich hingehörte, statt an die Seite des Präsidenten, der mit seiner Autorität die kapitalistischen Verhältnisse festigte. „Mit gewöhnlicher Liebe und Herzlichkeit" politisch etwas bewirken zu wollen, fanden sie begreiflicherweise töricht. Übrigens scheiterte Čapeks Versuch, zusammen mit anderen Intellektuellen eine bürgerlich liberale „Partei der Arbeit" ins politische Spiel zu bringen. Die Partei fiel bei den Parlamentswahlen 1925 durch und war bald vergessen.
Für die Rechten aber wurde Čapek, je länger er ihnen als unverdrossener und streitbarer Demokrat entgegentrat, zu einem der am meisten gehaßten Gegner. Nicht nur, weil er zum Beispiel die Dummheit des Nationalismus und den Wahnwitz des Faschismus unerbittlich geißelte. Čapek versuchte auch jenes Publikum aufzurütteln, das für nationalistische Parolen besonders anfällig war: das Kleinbürgertum.
1927 stellte er in dem Apokryph „Die Kreuzigung" seine Not als „Mann der Mitte" dar. „Haß zur Linken, Haß zur Rechten und in der Mitte jener, der es (...) mit Vernunft und Liebe schaffen wollte." Vielleicht geschah es unbewußt, daß er einen Vergleich darin versteckte: Auch der Gekreuzigte hatte das alles für seinen göttlichen Vater auf sich genommen.

•

16. Juli 1928 – „Teure Olina, den Brief schreibe ich eigentlich auf Vorrat, denn (...) ich habe bisher von Dir keinen Brief mit der Adresse und habe keine Ahnung, wo Du bist. Ein wenig beunruhigt es mich, denn wenn ich die Tage an den Fingern abzähle, komme ich zur Einsicht, daß Du entgegen meinen Bitten und meinem Drängen eine *Reihe* von

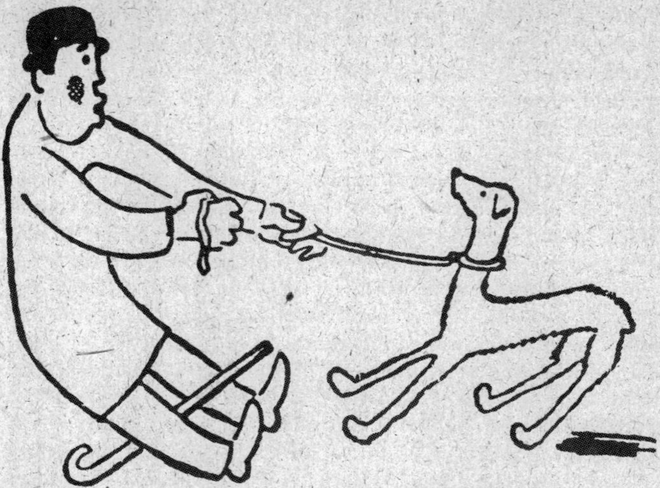

75 Aus: „Ich hatte Hund und Katze" (Zeichnung von Karel Čapek)

Tagen in Paris geblieben bist, also keine Rücksicht auf Deine Gesundheit genommen hast. (...) Hier ist es natürlich genauso schwül wie überall in Europa, heute waren 35° im Schatten. Ich verbringe den ganzen Tag barfuß, nur in Hose und Hemd, und schreibe (...); täglich mache ich eine Erzählung, neun habe ich schon geschrieben. Alle zehn Minuten bade ich Hände, Kopf und Füße in kaltem Wasser, damit ich mich nicht in Schweiß auflöse, und dabei schreibe ich eine Erzählung nach der anderen; aus dem Haus krieche ich fast gar nicht, erst gegen acht Uhr abends in die Redaktion, – draußen ist es schrecklich, wie im Ofen; zu Hause ist es etwa wie in der Backröhre, wenn Buchteln gebacken werden. Es ist merkwürdig, am meisten arbeite ich immer im Sommer, vielleicht deshalb, weil ich den Sommer nicht liebe und mich am meisten zu Hause einschließe."

20. Juli 1928 – „T.-O., danke für den heißen Gruß (...) Jetzt habe ich zwei Tage im Schreiben nachgelassen; aber ich habe schon wieder neue Stoffe, sogar für einen neuen Zyklus und folglich einen neuen Erzählungsband. Na, ich

werde schreiben, solange der Vorrat reicht. Wahrscheinlich habe ich jetzt wenig Sorgen, weil ich solch einen leichten Kopf habe. – Von Deinem Gesundheitszustand weiß ich natürlich wieder nichts; zum Teufel, lernst Du es nie, ordentlich über Dich zu referieren?"

24. Juli 1928 – „T. O., sehr oft schreibst Du mir ja nicht (...) Ich habe gerade wundgeschriebene Finger, ich habe eine schöne Detektivgeschichte von einem ermordeten Schauspieler beendet (...) Nun habe ich schon elf Detektivgeschichten (...) ich werde ungefähr anderthalb Dutzend machen – zwei Dutzend wären wohl zu viel. Es ist kühler, und darum fühle ich mich auch bei der Arbeit besser; es ist nicht mehr so ein schweißtriefendes Bemühen."[266]

Topol'čianky, 7. September 1928 – „T. O., ich gebe Nachricht von mir, daß ich mich bei guter Gesundheit befinde und daß es mir auch sonst gut geht. Du würdest gar nicht glauben, Mädchen, wie wenig Zeit ich bei diesem gut eingeteilten Müßiggang habe: früh bis zehn oder halb elf Spaziergang mit dem Herrn Präsidenten; dann gehe ich die Zeitungen lesen und kratze etwa eine Stunde an den ‚Gesprächen' herum; dann gibt es schon Mittag, gewöhnlich draußen unter den Bäumen, denn hier ist glühendheißes Wetter ohne ein einziges Wölkchen; man sitzt bis drei Uhr, und halb vier geht es mit der Kutsche hinaus, irgendwohin, wo Kartoffeln und Mais geröstet werden; dann Rückkehr, rasch umziehen und zum Abendessen gehen. Hier ist es immer voller Leute von allen Enden der Welt (...) teures Mädchen, ich bin sehr unzufrieden damit, was Du von Dir schreibst, daß Du Dich ständig so matt und erschöpft fühlst. Weiß Gott, das muß irgendeine physische Ursache haben (...) Ich habe große Sorge um Dich und würde am liebsten nach Prag fahren, um nach Dir zu sehen und zu versuchen, Dich zum vernünftigem Auskurieren zu drängen. Ich weiß, Du würdest nicht auf mich hören, nun aber fühle ich mich doppelt hilflos und unglücklich. (...) Die Arbeit an den ‚Gesprächen' geht bei der hiesigen Zeiteinteilung und bei dem ständigen Umarbeiten und Erweitern schrecklich langsam voran. Es wird ein dickes Buch. – Ich bin froh, daß die Erzählungen den Leuten nach dem Geschmack sind; ich bin nicht eitel, aber diesmal habe ich gekocht, damit es den Leuten schmeckt, und ich will zufrie-

76 Čapek schreibt im Garten (Zeichnung von F. Bídlo)

den sein, wenn sie es gern fressen. (...) Nimm einen Kuß auf beide Hände wie auch aufs Gelenk und die Schulter (an das andere will ich lieber gar nicht denken, damit ich nicht anfange zu heulen).

Herzlich K."

Nichts endet

Nach neun Jahren begann Čapek wieder einen Roman zu schreiben. Wieder handelte es sich um Prosa, „voll von Liebe und Philosophie". Wieder plagte er sich in der Jahreszeit, die er nicht mochte, die ihn körperlich belastete und, vor allem, seelisch quälte. Nach schleppendem, zögerndem Beginn kam der Durchbruch. Die Lust am Schreiben entfaltete sich, ja, wie bei „Krakatit", dem „Roman über die Sprengstoffe", packte ihn geradezu Schreibwut. Es wurde buchstäblich ein Arbeitsrausch.
18. Juli 1932 – „T. O., ich bin froh, daß Du in London viel sehen wirst. Hier gibt es nichts Neues, die tote Saison, gerade die rechte Zeit, um sich zu Hause einzuschließen und einen Roman zu schreiben; doch ich hoffe, nicht alle Prager tun das. Ich komme langsam voran, es ist schwer, hält mich jedoch fest; ich habe schon dreißig Seiten. (...) Mir wäre ganz bestimmt traurig zumute, wenn ich nicht den Roman hätte; so aber ist es eine schöne Zeit. (...) ich könnte Dir so manches Subtilere schreiben, doch das spare ich mir für den Roman auf."
„Hordubal", eine wahre Geschichte, balladesk erzählt: Der slowakische Bauer Hardubej (im Roman: Hordubal), der nach Amerika ausgewandert war, um Geld zu verdienen, kehrt zu Frau und Kind zurück, sehnsüchtig, erwartungsvoll. Aber die Frau lebt mit einem anderen.
Hordubals Hoffnungen werden von der Frau eine nach der anderen zerstört. Der Nebenbuhler stößt ihm schließlich eine Nadel ins Herz. Aber war es ihm nicht schon gebrochen? Kriminalisten rekonstruieren den Fall, im zweiten Teil des Romans. Der dritte bringt die Ansicht des Gerichts und der Öffentlichkeit. Hordubals Herz aber geht auf dem Weg der gerichtsmedizinischen Untersuchungen verloren.
2. August 1932 – „T. O., ich habe gerade Seite 129 angefangen und habe für heute genug; morgen werden sie den armen Hardubej umbringen, und dann beginnt ein neuer Teil. Ich denke, es ist in Ordnung, aber ich muß es liegenlassen und dann erneut lesen. Der zweite Teil wird ganz anders im Ton, ich weiß noch nicht, wie ich es anpacken soll,

habe aber schon ein wenig Wind davon. (...) Gestern wartete ich gerade zu dieser Zeit am Telefon darauf, daß Du mich anrufst, und Du riefst an. Eine Weile später kamen die ersten Nachrichten über die Wahlen in Deutschland, und man sah gleich, daß sich die Verhältnisse dort nicht geändert haben. Ich habe bedauert, daß ich es Dir nicht sagen konnte (...) Was ich noch von Dir wissen möchte, das läßt sich nur mündlich sagen; ich muß mir das neugierige Maul wischen und warten, bis Du nach Prag kommst. (...) Mit der Gesundheit steht es ganz gut, ich muß auf Holz klopfen. Aber seelisch bin ich völlig hardubejisiert, ich bin ernst und traurig wie mein Held, ein Wunder, daß ich nicht taumelnd und schwer gehe wie er, und ich schäme mich meiner Gefühle wie er und bin wortkarg wie er. Ich werde froh sein, wenn ich wieder in meine alte (mehr oder minder gepolsterte) Haut schlüpfe."
Auch vor neun Jahren hatte er mit seinem Helden gefiebert, war „gerührt wie von einem lebendigen Menschen". Der Wissenschaftler Prokop, in „Krakatit", bot sich als Identifikationsfigur an. Nicht so, sollte man meinen, der rechtschaffene, aber einfältige und nicht eben tiefsinnige Hordubal. Doch die Qualen des Mannes, der den Liebesabenteuern seiner Frau zuschauen muß, bewegten Čapek nicht von ungefähr. Ihn bedrängten Fragen, die er Olga nur mündlich stellen mochte. In „Hordubal" konnte er seine Befürchtungen ausmalen, ohne daß Vergleiche mit seiner Lage zutage traten. Mit Hordubal hatte er keine Ähnlichkeit. Gerade deshalb scheute er sich nicht, dieser Gestalt soviel Emotion aufzuladen.
Čapek verbot es sich grundsätzlich, die eigene Person unmittelbar darzustellen. Selbstenthüllungen lagen ihm fern. Er wollte nicht über sich schreiben, sondern über sich hinausgelangen. Persönliches ließ er nur sublimiert zu. Wenn er sich etwas vom Herzen schrieb, wählte er seit jeher den Weg philosophischer Betrachtung. Intime Beweggründe wurden nicht nur entrückt und verfremdet, sondern möglichst unkenntlich gemacht. Was ist wahr? Wie gerät oder mißrät das Bild von einem anderen Menschen und „seiner Wahrheit", das man vom eigenen Standpunkt aus gewinnt? Solche Fragen bildeten den philosophischen Hintergrund von „Hordubal".

77 Mitte der dreißiger Jahre

Im folgenden Jahr entstand der Roman „Der Meteor", der die gleichen Fragen noch methodischer behandelte, wie Čapek in einem Brief an einen Leser erklärte. Von einem direkten Zusammenhang der beiden Bücher war vorerst nicht die Rede, jedoch: „dieses Thema ist für mich noch nicht erschöpft".[267]

Čapeks Situation war die gleiche wie im Vorjahr. Olga auf Reisen, er in Arbeit vertieft, erst mühsam vorankommend, dann von seiner Phantasie beflügelt.

13. Juli 1933 – „T. O., also schönen Dank. Den Brief habe ich erhalten, aber Deine Adresse in Bad Gastein war natürlich nicht darauf. (...) Was meine Erzählung betrifft, sie nimmt langsam zu, ich arbeite irgendwie langsam und schwer, aber es geht halbwegs. (...) Jetzt schreibe ich diese Liebesgeschichte (‚Die Erzählung der barmherzigen Schwester'), und dafür bin ich natürlich zu sehr allein. – In Prag ist es ruhig, schön, ein wenig bedrückend, bislang (von drei Tagen abgesehen) gar kein Sommer. Aber ich werde lieber wieder zu meiner Erzählung zurückkehren (...)"

24. Juli 1933 – „T. O., also, ich schreibe natürlich wie besessen; ich bin schon auf Seite 90, und insgesamt werden es, wenn Gott will, etwa hundertfünfzig. ‚Die Erzählung der barmherzigen Schwester', ‚Die Erzählung des Hellsehers' und die ‚Diagnose der Ärzte' sind fertig; es bleibt nur noch ‚Die Erzählung des Dichters', die das schönste werden sollte. Der Hellseher ist mir, denke ich, ziemlich gelungen. Wenn es so weitergeht, bin ich in 14 Tagen fertig. Aber ich schinde mich, verliere nicht mal eine Viertelstunde, gehe nicht mal an die Luft, nun, Irrsinn. (...) Ansonsten ist mit mir nicht zu reden, kurzum, es wird geschrieben."

Karlovy Vary, 28. August 1933 – „(...) ich korrigiere hier den Roman, und nun werde ich fertig damit, ich denke, daß er doch nicht übel ist, und freue mich sehr auf Dein Urteil (...)"

„Der Meteor": Aus einem abgestürzten Flugzeug wird ein schwerverletzter Mann geborgen. Weder sein Name noch seine Herkunft lassen sich ermitteln. Der rätselhafte Bewußtlose verlockt zu Mutmaßungen über seine Lebensgeschichte. Die Ärzte stützen sich auf Diagnosen, eine Nonne auf Träume, ein Hellseher auf Intuition, ein Dichter auf Phantasie.

Vermutlich handelt es sich um einen Europäer, der in Westindien gelebt hat, abenteuerlich und ausschweifend, wie die ärztlichen Befunde ergeben.
Der Unbekannte war vor einer Frau geflüchtet, die ihn liebte. Das träumt die Nonne. In ihrem Traum läßt Čapek den Unbekannten sagen: „Das Strenge und Verpflichtende ihrer Liebe machten mir himmelangst (...) Heute weiß ich, daß sie weiter war als ich, daß in ihr alles entschieden war und in mir nichts, daß sie reif war, während ich ein verwirrter, unerwachsener verantwortungsloser Junge geblieben war. (...) Meine Flucht war die Flucht eines zahlungsunfähigen Schuldners. Ich blieb ihr eines schuldig – mich selbst." Nach Jahren eines unsteten, gefahrenreichen Lebens bekennt er: „(...) ich bin immer noch nicht reif, um mich endgültig zu entscheiden." Doch während einer fast tödlichen Krankheit reift schließlich die Entscheidung, und danach bricht er auf, will zur Geliebten zurück. Auf dem Rückflug ist er nun verunglückt.[268]
Der Hellseher macht seine Gesprächspartner zu Zeugen seiner Intuition. Er findet heraus, daß der Unbekannte Chemiker ist und „auf der Schwelle zu etwas Großem" zurückgeschreckt sei. Er „hatte seine Forschungen, die ihn überforderten, aufgegeben; seither führte er ein haltloses und verkorkstes Leben (...) Er kehrt zurück, ein organisch zerstörter Mensch, verseucht von Trunkenheit und Müdigkeit, aber reif. Nun weiß er um die schreckliche und unabdingbare Verpflichtung des Lebens, denn er spürt die Pflicht zu sterben." Er findet, wie auch immer, zu „seiner Pflicht" zurück.[269]
Beide Fiktionen enden mit der Rückkehr, im Mittelpunkt aber steht die Flucht. Anders in der Erzählung des Dichters. Er klärt die Flucht am Ende auf: Der Unbekannte hat gegen den überstrengen reichen Vater aufbegehrt und der vorgezeichneten Lebensbahn eines Fabrikanten ein Vagabundendasein vorgezogen. Im kolonialen Kuba wird er Opfer einer Gewalttat und büßt das Erinnerungsvermögen ein. Jedoch birgt das Geschehen, wie der Dichter es sich vorstellt, einen tieferen Sinn. „Der Fall X erlitt einen geistigen Schock, so daß er, aufgrund ihm innewohnender Ursachen, sein Gedächtnis verlor, ja verlieren mußte; es war der einzige mögliche Weg für ihn, der einzige Ausweg, aus sich selbst herauszufinden; es war gewissermaßen die Flucht in

78
Olga
Scheinpflugová

ein anderes Leben. (...) Aber es ist möglich, daß auch die Flucht aus der eigenen Identität mit der angeborenen, mit der menschlichen Sehnsucht verbunden ist. Das Gedächtnis zu verlieren muß im Grunde das gleiche sein, als wenn man ganz von vorn beginnt; aufhören, das zu sein, was man war (...) ist gleichsam eine Befreiung."[270]

Indes steht X in seinem „anderen Leben" vor dem gleichen Konflikt, nur im exotischen Milieu. Wieder muß er, um seinen Anspruch auf Glück durchzusetzen, gegen eine übermächtige Vatergestalt kämpfen: gegen einen einflußreichen kubanischen Geschäftsmann, dessen Juniorpartner er geworden ist, der ihn aber davonjagt, als er der Tochter Maria den Hof macht. Gewinnen wird er Maria nur, wenn er sein Gedächtnis wiederfindet – und seine Identität. Im Chaos der tiefsten Erniedrigung fällt ihm sein entschwundener Name ein, der Rückweg zu sich selbst kann beginnen. Er fliegt nach Europa zurück, doch da stürzt er mit dem brennenden Flugzeug ab wie ein Meteor.

Dieses Ende war auch der Fiktion des Dichters vorgegeben. Hier aber wird die Katastrophe zum Sinnbild. Die Flucht aus der eigenen Identität hatte „gleichsam eine Befreiung" bringen sollen. Mußte das nicht katastrophal enden?
Die Irrsale des Namenlosen enthalten in allen Erzählungen Motive, die aus Čapeks Leben geschöpft sind. Das Ausweichen des „Unerwachsenen" vor der Frau, die er liebt, sein eingestandener Mangel an „Reife, sich endgültig zu entscheiden", die Flucht vor sich selbst, das Zurückschrecken vor „etwas Großem", der Verzicht auf „seine Aufgabe", die ihn „überforderte", und das Sichverkriechen …
Nach fast einem Jahrzehnt schrieb Čapek also wieder großangelegte Prosa, und aufs neue reflektierte er dabei sein eigenes Leben: in „Hordubal" unglückliche Liebe, in „Der Meteor" die Flucht vor sich selbst. Beides, die Wiederaufnahme von „etwas Großem" und die erneute literarische Beschäftigung mit der eigenen Person, trat nicht von ungefähr zusammen hervor. Denn er hatte es einst gleichzeitig aufgegeben, als er sich in sein unveränderliches, unantastbares „Zuhause" einordnete und sich mit „kleinen Dingen" zu begnügen gedachte. Die eine Selbstbeschränkung bedingte die andere, und sie konnten nur gleichzeitig außer Kraft gesetzt werden durch schöpferische und seelische Befreiung.
Nicht nur das philosophische Thema von „Hordubal" und „Der Meteor" war für Čapek noch nicht erschöpft, ebenso das, was versteckt damit verbunden war: das Thema der Selbsterkenntnis.
Jeder Erzähler in „Der Meteor" dringt nach Kräften zur mutmaßlichen Wahrheit vor, doch stets spiegelt sich in dem, was er zu erkennen meint, auch sein eigenes Ich. Was lag näher, als den nächsten Roman dem „Herumwühlen im Innern des Menschen" zu widmen?
„Was immer wir betrachten, ist zugleich die Sache als solche und etwas von uns, etwas uns Gehörendes und Persönliches; unser Erkennen der Welt und der Menschen ist so etwas wie unsere Beichte", schrieb er zu „Der Meteor".[271] Was hätte die versteckten Selbstdarstellungen krönen sollen, wenn nicht tatsächlich „so etwas wie eine Beichte"? Eine wie auch immer verkappte, aber schonungslose Selbstprüfung mußte es sein, eine Untersuchung von Grund auf.

79 Studien zu einem Selbstporträt

Und deshalb mußte sie mit der Kindheit beginnen, mit den halb vergessenen, halb verdrängten frühen Eindrücken.

In den beiden nächsten Briefen an Olga – mehr ist aus dem Jahre 1933 nicht erhalten – spielt „Der Meteor" keine wesentliche Rolle. Olga gerät in den Vordergrund, vielmehr: ihr Lebenswandel wird zum Thema.
Karlovy Vary, 2. September 1933 – „(...) ich habe Sorgen um Dich. Aber da ich Dich besser kenne als die Ärzte, weiß ich, diese körperlichen Schmerzen (Herz, Schlaflosigkeit usw.) sind bei Dir immer die Folge von anderer, seelischer und moralischer Qual. Das kurieren nicht die Ärzte, sondern das kuriert das Leben (...) Wegen der öffentlichen Verhältnisse gräm Dich nicht; sie sind böse, und infolgedessen wachsen in uns und in der Menschheit ganz organisch Schutzstoffe gegen dieses Böse; das ist der Lauf des Lebens, und darauf kann man vertrauen. (...) Ansonsten habe ich eine Reihe von Besuchen, sogar zu viele; ich finde mit Mühe ein Stündchen, um an meinem Manuskript zu kritzeln; aber im ganzen ist es schon fertig, und mehr läßt sich nicht daraus machen. (...) denk nicht, daß Du alles erleben mußt, es genügt auch zu beobachten, und das geht nicht ohne Ruhe. Du müßtest nicht mehr so jung sein; ein Mensch, der viel durchlebt hat, wird eher zum Zuschauer, und glaub nur, er kommt auch auf seine Kosten."
Es gab Klatsch über Olgas private Affären, und das nicht zum ersten Mal. Diesmal aber verbreitete sich die Boulevardpresse über ein Verhältnis zwischen ihr und dem Sohn des Staatspräsidenten, dem damaligen Botschafter in London Jan Masaryk. Was immer erfunden sein mochte an derlei Geschichten, sie waren Čapek nie gleichgültig, nur reagierte er jetzt souveräner als früher. Zum Beispiel in seinem Brief aus Topol'čianky vom 22. September 1933 – „(...) sei sehr vorsichtig mit allem, was Dich in dieses scheußliche Gerede der Leute bringen könnte."
War sein Verhältnis zu Olga abgekühlt? Das ist schwer zu sagen, zumal von 1929 und 1930 nur wenige Briefe erhalten sind und von 1931 kein einziger vorliegt. Von 1932 sind es zwei, von 1933 fünf, von 1934 vier. Wie häufig tatsächlich Briefe gewechselt wurden und wie oft sie sich durch Telefonate oder Begegnungen erübrigten, läßt sich nicht feststellen.

Die Briefe aus den frühen dreißiger Jahren wirken eher nüchtern als kühl. Jedenfalls ist der Ton ruhiger. Zehn Jahre zuvor haben Ratschläge oder Zurechtweisungen nicht selten der Selbstrechtfertigung gedient, jetzt sind sie frei von Doppelbödigkeit. Selbstsicherheit wird erkennbar, sogar Abgeklärtheit, so in dem Brief vom 18. Juli 1934. „Mir gefällt nicht, daß Du immerzu so schmerzerfüllt bist. Als ob es, zum Teufel, darauf ankommt, ob sich jemand entschuldigt oder nicht, ob er seine Schuld einsieht oder nicht. Das ist die hysterische moralische Welt Dostojewskis: jemand macht eine Sauerei, und dann schlägt er sich gegen die Brust, und siehe da, die sittliche Ordnung der Welt ist gerettet und die menschliche Seele erlöst; man bedauert den Sünder, und fertig. So billig und lumpig ist es nicht; das ist Literatur und Sentimentalität, aber nicht das wahre Leben. Man muß ein Stück Kristall in sich haben, etwas Glattes, Reines und Hartes, was sich mit nichts mischt und an dem alles abgleitet. Vor allem ein Künstler muß das haben, damit er nach Vollkommenheit streben kann. Ich bitte Dich, sieh zu, daß Du Dich aus diesen emotionellen Lumpen herauspellst, aus dieser Gefühlsduselei in bezug auf Dich selber und auf andere; fang endlich an zu kristallisieren. Das erkennt man daran, wie sich in einem Menschen die ganze Welt spiegelt: je genauer und reiner, desto vollkommener ist der Kristall. Das bedeutet vor allem, sich aus diesem Egozentrismus herauszuwinden, aus diesem besessenen Erleben seiner selbst, das eine qualvolle Form der Eigenliebe ist."
Das bedeutet nicht den Verzicht auf eine kritische Betrachtung der eigenen Persönlichkeit. Ganz im Gegenteil. Der Roman „Ein gewöhnliches Leben", den er zu der Zeit schrieb, trug so viele Züge einer Selbstanalyse wie kein anderes seiner Werke.

Dieser Roman entstand in ähnlichem Tempo wie „Hordubal" und „Der Meteor". Am 11. Juli 1934 teilte er Olga mit: „Ich bin gerade auf Seite 19 angelangt, es geht mir bislang recht gut von der Hand; jetzt erst versenke ich mich in die Arbeit, wie es sich gehört. Es ist gerade die richtige langweilige Zeit dafür." In dem bereits erwähnten Brief vom 18. Juli 1934: „Mit dem Roman bin ich erst oder schon auf

80 Karel Čapek an seinem Arbeitstisch

Seite 56; es geht gerade so, es wird ein recht graues Buch, erst ungefähr in einer Woche fängt es an, dramatischer und komplizierter zu werden, worauf ich mich schon freue. Ich arbeite daran von morgens bis abends, gehe nicht mal in die Redaktion, bin barfuß, unrasiert, in Leinenhosen, – kurzum, der typische Sommer von K. Č."
Ein pensionierter Eisenbahnbeamter verbringt seine Einsamkeit damit, daß er seine Lebenserinnerungen schreibt. Es entsteht das Bild eines unauffälligen, gewöhnlichen Lebens. Ausführlich berichtet er von den Kinderjahren Ende des vorigen Jahrhunderts in einer böhmischen Kleinstadt, als wohlbehüteter Sohn eines tüchtigen Tischlermeisters

und seiner empfindsamen Frau, vom Besuch eines Gymnasiums in einer fremden Stadt, wo er zum ersten Mal auf sich allein gestellt war, und vom Studium in der Großstadt, die ihn überwältigte und auf Abwege lockte. Verführt wurde er aber vom ungeahnten eigenen Talent – er schrieb Gedichte und fühlte sich zum Dasein eines freien Künstlers und Bohemiens berufen. Der Vater verweigerte die Unterstützung, so mußte er sein Brot selbst verdienen und wurde Eisenbahner. Ein Blutsturz zwang ihn zur Selbstbesinnung, schließlich zur Einkehr in die Idylle eines kleinbürgerlichen, biederen Lebens. Er heiratete die Tochter des Chefs, machte Karriere, wurde Stationsvorsteher und glänzte vor der Obrigkeit wie vor seinem inneren Auge: Alles auf seinem Bahnhof war in mustergültiger Ordnung, und ebenso erscheint das Leben nun im Rückblick.

Die späte Selbstdarstellung enthält Reflexionen über Zusammenhänge und Zufälle auf seinem, von der kurzen Dichterexistenz abgesehen, geraden, unbeirrten Weg, der ihn nach dem ersten Weltkrieg auf einen Posten im Eisenbahnministerium des neuen Staates führte. Allenthalben ist von festgefügter, möglichst unveränderlicher Ordnung die Rede: von der Ordnung der Dinge, sogar der Ordnung der Gewohnheiten, kurz, von der „schönen und einfachen Ordnung des Lebens“, in der er Geborgenheit und auf seine Weise Glück fand. –

Beruf, Ehe, Lebensumstände des Protagonisten lassen nicht zu, daß man ihn mit dem Autor verwechselt.

Doch Milieu und Einzelheiten der Kindheit schilderte er unverblümt aus eigenem Erleben. Die Handwerker und Geschäftsleute in der kleinen Stadt – das sind die Nachbarn der Čapeks in Úpice. Die Eltern – das sind Božena und Antonín Čapek. Der Junge – das ist Karel, „Ičinek“, der Einzige, den die Mutter liebt. Hat er deshalb als Romanfigur keine Geschwister? Wahrscheinlicher ist, daß Čapek seine Geschwister nicht in die Darstellung einbezog, um sie nicht – als Romanfiguren – bei der Zerstörung einer Familienlegende mitspielen zu lassen.

Der Vater war nicht nur tüchtig und bewundernswert, sondern auch ängstlich sparsam, ja geizig. Die empfindsame Mutter neigte zu Gefühlsausbrüchen, und sie provozierte manchen Ehestreit. Überhaupt herrschte nicht immer Eintracht im Elternhaus. Und der Junge vertiefte sich nicht unentwegt ins selbstvergessene Spielen in seiner kleinen Welt oder ins wißbegierige Beobachten der geschickten Handwerker, er lernte auch manches kennen, was anrüchig oder tabu war, zum Beispiel jene seltsame Erregung, als er sich mit einem Zigeunermädchen in einer dunklen Hütte verkroch.

Der Junge wollte sich gern seinen Altersgenossen anschließen, allein „er wurde ein wenig als ein Muttersöhnchen und Angsthase verachtet". Das versuchte er durch Ehrgeiz in der Schule auszugleichen. Sein Selbstwertgefühl stieg, doch die Rolle des Außenseiters wurde er nun erst recht nicht los. Ebensowenig verlor er die „Zaghaftigkeit gegenüber dem Leben". Am schwersten aber trug er zeitlebens an der Hypochondrie. Er stellte seine Gewohnheiten, seine Ehe, sein ganzes Leben darauf ein.

Kopfzerbrechen bereitete Čapek der Schluß. Davon berichtete er Olga am 13. August 1934, bevor er in die Sommerfrische reiste, auf das Landgut seiner Schwester Helena. Der Schwager, den er in dem Brief erwähnt, ist der Dichter Josef Palivec, mit dem Helena Čapková, verwitwete Koželuhová, in zweiter Ehe verheiratet war.[272] „T. O., heute fahre ich aufs Land, nach Prohoř zum Schwager. Ich habe mich ganz in den Roman vergraben, muß die letzten Kapitel überarbeiten; alles würde klappen, doch am Ende ist nur Meditation, und was ich auch mache, die Meditation hat niemals solch eine Intensität wie die Wirklichkeit. Also muß ich es zu Wirklichkeit umändern – vertrackt schwer! Ab September soll der Roman erscheinen, so daß ich es schaffen muß. Es ist die Sache eines Einfalls (mehrere Einfälle), und ich habe sie beinahe schon; ich denke, daß ich in ein paar Tagen damit fertig bin, die kleineren Korrekturen lasse ich für später. Und noch etwas für die Mitte ist mir eingefallen, was ich noch machen muß. Ich könnte vielleicht Ende der Woche fertig sein und würde dann gleich kommen; aber solange ich es nicht unter Dach und Fach habe, ist mit mir nicht zu reden, ich laufe wie geistesabwesend herum, und alles geht mir auf die Nerven. Es ist kein leichtes Handwerk; ich bin sehr müde, doch ich kann es nicht lassen. (...) über den Roman könnte ich endlos reden, aber ich fürchte, es wird Dich nicht interessieren, solange Du ihn nicht gele-

81 Čapek und Olga vor der Hochzeit

sen hast. Mit vielem bin ich zufrieden; auch das Ende wäre nicht schlecht, doch taugt es nicht als Finale. Es ist schrecklich, wie vergeblich selbst die tiefste Philosophie neben einem Stück Leben aussieht. Und das Leben muß ich hineinkriegen in die letzten Tage des vereinsamten und sterbenden Menschen. Das ist eine harte Nuß. Aber es wird gehen; ich habe ein paar Einfälle, die ich probiere. Du siehst, ich bin schon wieder dabei. Ich werde schrecklich froh sein, wenn ich es hinter mir habe. Man ist davon wie besessen und zerquält. Meine Adresse für die nächsten paar Tage: Hrádek – Prohoř bei Žlutice, Post Štědrá. Das ist mit dem Auto eine halbe Stunde von Karlovy Vary. Völlige Einsamkeit, nur ein Teich, Felder und Wälder. Dort wird wohl mein Stationschef sterben."

Erkenntnis und Beichte, so wollte es der Autor, sind eins. Deshalb kulminieren sie gleichzeitig, unbarmherzig und beinahe vernichtend, schließlich jedoch läuternd, befreiend. Dem Rückschauenden wird bewußt, daß seine Lebensdarstellung geradezu ein Lügengebäude ist, und er bricht zusammen. Doch dann wächst ihm die Kraft zu, sich und sein Leben zu durchleuchten, am Ende sich selbst zu erkennen. Er sieht sein Ich in widersprüchliche, gegensätzliche

Personen geteilt: Da ist der gewöhnliche Mensch, der Hypochonder, der Ehrgeizling ... Eine ganze Schar – in einem Menschen. Mit einmal fühlt er sich den Mitmenschen näher, denn er sieht: „ihr Leben ist *auch* eine der unzähligen Möglichkeiten, die in dir stecken!“[273]. Indem er sich selbst findet, entdeckt er die anderen und spürt den Wunsch, ihnen näherzukommen. Das kann durchaus als Sinnbild für den Erfolg seiner Selbstanalyse gelten: Aus seinen neurotischen Panzerungen gelöst, wird er fähig, sich anderen Menschen zuzuwenden und Bindungen einzugehen. Selbsterkenntnis macht ihn frei, kurz bevor er stirbt. Der Tod verhindert, daß er seine neuen Möglichkeiten nutzt, doch darauf beruht die Überhöhung der Erkenntnis: Dies ist die große Lebensbeichte, nach der Absolution erteilt wird.
Karlovy Vary, 17. September 1934 – „T. O., nun werde ich Dich hier wohl nicht mehr sehen; am Sonnabend kehre ich höchstwahrscheinlich nach Prag zurück. (...) ich habe nicht mal Zeit, ‚Ein gewöhnliches Leben‘ zu korrigieren. Verzeih, daß Du es bisher nicht zum Lesen bekommen hast; ich habe es erst Sonnabend gekriegt, und es sind eine Menge Fehler darin. Neues gibt es nicht; ich freue mich schon auf Prag, auf Dich und auf mein eigenes gewöhnliches Leben.“

Elf Monate später unternahm er mit Olga eine Reise in die Alpen. In Gnadenwald in den österreichischen Dolomiten machte er ihr einen Antrag, und nach Prag zurückgekehrt, heirateten sie am 26. August 1935. Welche Bedeutung das hatte, kann man nur ermessen, wenn man die lange Vorgeschichte bedenkt, die Kapriolen der Verweigerung, mit der er Olga und sich selbst oft genug gequält hatte, die Flucht vor ihr und vor jeder Leidenschaft, die Rationalisierung, ja, philosophische Sublimierung seines Rückzugs in das „Zuhause“, die „Ruhe“ der Unveränderlichkeit, die „kleinen Dinge“ ... Wenn er sich nun, nach mehr als zehn Jahren, über all das hinwegsetzte, war wohl kaum noch ein unbeschwertes Glück zu erwarten. Doch es war der Versuch, über den eigenen Schatten zu springen. Und dies setzte eine innerliche Befreiung voraus. Der Roman „Ein gewöhnliches Leben“ hatte sie, soweit es möglich war, vorangetrieben, indem er sie beschrieb.

82 Nach der Eheschließung am 26. August 1935

In „Hordubal" geht es um subjektives Einordnen und Bewerten von Tatsachen, um die fahrlässige oder böswillige Verquickung von Wissen und Meinen, Vermuten und Glauben. In „Der Meteor" um das Scheitern grundsätzlich subjektiver, streng ichbezogener Wahrheitssuche. In „Ein gewöhnliches Leben" um die Erforschung eines Ich, eines Subjekts der Erkenntnis. Mit gutem Recht bezeichnete Čapek die drei ansonsten völlig selbständigen Romane als Trilogie.

Er fügte dem dritten Roman eine Betrachtung an – „Was ich sagen wollte". Sie ist das „Schlußwort des Autors" zur gesamten Trilogie. Čapek versuchte nun, in die beiden ersten Bücher das hineinzudeuten, was die Meditationen am Ende des dritten beherrscht: die „Vielheit" eines Menschen. Nun stellte er anheim, daß womöglich alle jene gegensätzlichen Aussagen über Hordubal und seine Frau Polena richtig seien, weil „die Wahrheit etwas Weiträumiges" ist. Als Autor habe er geradezu ein Chaos angerichtet. Um das „in Ordnung zu bringen", sei „Der Meteor" da. Das „ist nicht mehr solch ein Chaos, sondern Vielstimmigkeit; was uns als blinder Widerspruch bedrohte, sagt uns nicht nur, daß wir verschiedene und ungereimte Zeugenaussagen hören, sondern daß wir verschiedenen Leuten zuhören"[274].

Letzteres kann man jedoch ebensogut von „Hordubal" sagen. Insofern besteht überhaupt kein Gegensatz zwischen den beiden Romanen, es wird auch kein noetisches Chaos beseitigt, sondern, wie Čapek es in einem früheren Kommentar (siehe Anm. 267) genannt hatte, „der Versuch wird methodischer durchgeführt".

Als erster wurde Oldřich Králík auf die Unstimmigkeit im „Schlußwort des Autors" aufmerksam. Seine Folgerung: „Mit seinem Kommentar schrieb Čapek gewissermaßen einen Roman über sein Werk, einen Roman, der nicht ganz unwahr ist, der indes auch nicht ganz mit der Realität seines Schaffens übereinstimmen kann."[275]

Der „Roman über sein Werk" konnte die autobiographischen Hintergründe nicht tilgen, die mit dem Sinnbild des leidenden Herzens alle drei Romane durchziehen. Hordubals Herz wird zerstochen, und bei den Prozeduren der Nachforschung geht das Herz verloren. Die Lebensgeschichte, das „verlorengegangene Herz" des vom Himmel

gefallenen Unbekannten soll wiederentdeckt werden. Am Ende ist indes auch die Rede von der Obduktion, die das geplagte Herz ans Licht befördert, aber keinen Aufschluß bringt. Und der alte Eisenbahnbeamte schließlich versucht, bevor sein krankes Herz versagt, sein „gewöhnliches Leben" zu erforschen. Auch die Noetik, die der Autor nachträglich darlegt, läßt in ihren Begriffen, ihren Widersprüchen und Perspektiven spüren, wie all das Autobiographische sublimiert wird. „Hordubal" zeigt keineswegs ein Chaos, ein Chaos aber war sicherlich das, was sich der Autor in dem Buch von der Seele zu schreiben begann. Um das „in Ordnung zu bringen", bedurfte es eines zweiten, methodischeren Versuchs. Die „Wirklichkeit" im zweiten Roman, die „Platz für so viele verschiedene Interpretationen" bietet, war weder Kuba noch sonst ein geographischer Ort, sondern eine Seelenlandschaft, jenes „verlorengegangene Menschenherz", das es „wiederzuentdecken" galt. Literarisch wiederentdeckt und psychologisch aufgeschlossen aber hatte Čapek die eigene Person. Er drang in zugeschüttete Schichten seines Wesens vor, in die „Vielheit" eines „gewöhnlichen Lebens". Und indem er sich der eigenen Kompliziertheit vergewisserte, spürte er erleichtert, wie er sich „öffnete". Und so schloß er geheimnisvoll, hoffnungsvoll: „Nichts endet, auch die Trilogie nicht: statt zu enden, öffnet sie sich weit, so weit, wie der Mensch reicht."[276]
Die Entdeckung, mehr noch, die Aneignung der eigenen Vielschichtigkeit war ein umwerfendes Ereignis. Die „Vielheit" im Menschen wurde nicht nur in die früher entstandenen Teile der Trilogie hineinprojiziert, sie wurde ein „Rezept" schlechthin, geradezu eine Verheißung. „Es gibt nicht mehr nur Ich-Menschen, sondern Wir-Menschen, wir können uns in den vielen Sprachen verständigen, die in uns sind. Jetzt können wir den Menschen achten, weil er anders ist als wir, und verstehen, weil wir ihm gleich sind. Brüderlichkeit und Mannigfaltigkeit!"
Ähnlich, so scheint es, hatte er zehn Jahre zuvor etwas aus seinem Seelenleben ins Allgemeine übertragen – „gewisse konservative Vorstellungen", auf deren Grundlage sich die Menschen „ungemein gut verständigen und annähern könnten"[277]. Doch ist dies am Ende der Trilogie ein weitreichender Aufruf zu Humanismus und Toleranz? Ist es nicht viel-

83 Čapek und Olga in Osov

mehr ein Ausruf der Erleichterung, der Genugtuung über das Erkannte? Mit wem und worüber hatte er sich denn auf mehreren hundert Seiten verständigen wollen, wenn nicht mit sich selbst über das eigene, komplizierte Leben?

„Dies war das Schönste an der Sache – das Verschmelzen mit den anderen, die männliche Liebe zu den Kameraden. (...) Weggeblasen war meine Einsamkeit, es existierte unsere gemeinsame Sache“, erinnert sich der alte Eisenbahnbeamte an eine ferne Episode, an die Konspiration gegen den Krieg und für die nationale Unabhängigkeit.[278] Diese Episode ist nicht autobiographisch. Trotzdem beschreibt oder umschreibt sie etwas Wesentliches aus dem Leben des Autors.

In dem geheimen Schülerzirkel hatte Čapek als Gymnasiast den natürlichen, bisher unerfüllten Wunschtraum verwirklicht, in einem „Haufen" von Gleichaltrigen anerkannt zu werden. In dem Zirkel glückte es, der Absonderung als Muttersöhnchen zu entgehen, und entsprechend glücklich war der junge „Anarchist". Doch als er Hradec Králové verließ, hatte er die Anerkennung verloren und fühlte sich wie ein ausgepfiffener Schauspieler.[279] Weder in Brno noch in Prag fand er Anschluß an solch einen „Haufen". Er lernte strebsam, was ihn natürlich desto mehr isolierte. Das Zusammensein und Zusammenarbeiten mit dem Bruder war für ihn auch deshalb so außerordentlich wichtig, weil es andere Kontakte ersetzte. In der Gesellschaft der Künstler und Literaten im Kaffeehaus „Union" wurde er akzeptiert, doch gab es nie ein „Verschmelzen mit den anderen", mit der ganzen Gesellschaft, allenfalls Freundschaft mit einem einzelnen, zum Beispiel mit František Langer. Erst während des Weltkrieges, als die einen eingezogen waren, die anderen auf die Einberufung warteten, spürte er ein tragisches Gemeinschaftsgefühl wachsen: das Gefühl, daß ihnen allen das gleiche Schicksal drohte. Als Čapek später des Auseinandergehens seiner Generation – der, wie Zeitzeugen und Literaturhistoriker sagen, „Čapekschen Generation" – gedachte, klang Melancholie an. Er trauerte um die damals empfundene Solidarität, wie vage sie auch gewesen sein mochte. Und er stellte sie in dem Roman „Ein gewöhnliches Leben" dar: Der Eisenbahner erinnert sich an eine „heldenhafte Episode", es gab eine „gemeinsame Sache", die lebensgefährlich war, aber er beteiligte sich selbstverständlich und genoß die „Freude über die wunderbare Truppe".

Diese Freude war Čapek kaum zuteil geworden. Und was er später in seiner Freitagsgesellschaft fand, war etwas anderes: geistiger Austausch und geselliger Umgang, aber nicht jene einfache, geradezu naturhafte Einigkeit. So nimmt es nicht wunder, daß er noch einmal und sogar noch direkter

darauf zurückkam. Er schrieb ein Buch über eine „parta“, einen Haufen, eine Truppe, Mannschaft oder Kolonne. „(...) ich wollte mal ein Buch schreiben über männliche Tapferkeit, über die verschiedenen Typen und Motive dessen, was man Heldentum nennt, über männliche Solidarität, kurz, über gewisse physische und auch sittliche Werte, die wir zu den höchsten zählen, sobald den Menschen oder einem Volk ganze und wahre Männer vonnöten sind. Es hätte ein Buch über Soldaten sein können, aber dafür bin ich im Grunde des Herzens zu sehr Pazifist; oder über eine Schiffsbesatzung, über die Mannschaft einer gefährlichen Expedition oder über jede beliebige andere Situation, in der sich eine Handvoll Männer, die das Äußerste an Kraft, Mut und Kameradschaft aufbieten, verfolgen läßt. Ich habe eine Rettungsmannschaft bei einem Grubenunglück gewählt, schon deshalb, weil der Bergbau so ein großes Stück unserer tschechischen Welt ist; aber eine Rolle spielten hier, denke ich, auch jenes kindliche Grauen vor den Stollen in Malé Svatoňovice und die Erinnerung an die wortkargen schwarzen Bergleute, die erst nachts mit Arschfleck und Grubenlicht nach Hause kamen. Nie habe ich als Kind zu begreifen vermocht, daß jemand soviel Mut besitzt, in jene Finsternis hinabzusteigen.“[280]
Der Blickwinkel des Kindes – das ist die Perspektive des jugendlichen Standa Půlpán in dem Roman „Die erste Kolonne“. Er schämt sich seiner geringen Körperkräfte und bestaunt die muskulösen Männer, die das Wagnis des Rettungsversuches als unvermeidliches Übel hinnehmen und keine großen Worte machen. Furcht empfinden auch sie, denn sie kennen die Gefahren. Standa aber sieht überall Katastrophen lauern, ihm ist unheimlich. Noch tiefer trennen ihn von den Bergleuten die Beweggründe für das heldenhafte Handeln. Die Bergleute stehen ganz selbstverständlich füreinander ein. Sie setzen ihr Leben aufs Spiel, um die Verunglückten zu retten, weil jene es im umgekehrten Fall für sie getan hätten. Standa dagegen ringt wie ein Kind um Beachtung und Anerkennung. Er will als Held anerkannt werden. Deshalb schaut er, von der Rettungsaktion heimgekehrt, in der Zeitung nach, ob sein Name erwähnt wird. Er will den anderen imponieren, vor allem dem schwedischen Ingenieur Hansen, den er anhimmelt, und auch dessen Frau

Helga. Ihn führt Kindliches zu „Heldentaten": sich als erster zum Einsatz zu melden und Hansen in der Gefahr beizuspringen. Zwischen den Bergleuten und Standa, der einige Jahre eine höhere Schule besucht hat, bis er sie aus sozialer Not verlassen mußte, bestehen weniger soziale oder sozialpsychologische Unterschiede als vielmehr ein anderer Gegensatz: Er ist ein kleiner Junge.

„Der soziale Roman eines Relativisten oder Bergmannsleben zur Belustigung", überschrieb S. K. Neumann seinen Verriß. Čapek fühlte sich mißverstanden. „Die erste Kolonne" sei kein Buch über das Leben der Bergleute, „es ist hier kein Platz für die sozialen Probleme oder für ein breiteres Ausmalen des Bergmannsmilieus. Es ist ein Buch über ein paar ordentliche und tapfere Kerle, die zufällig Bergleute sind."[281]

Indes drängen sich hier auf engem Platz soziale Probleme, nur sind sie, ähnlich wie die psychologischen, Standas Vorstellungswelt angepaßt – auch da, wo sie nicht aus seiner Sicht, sondern vom Standpunkt des Autors gezeigt werden. Das geht bis zur Lächerlichkeit. Die Grubenverwaltung, die für das Unglück zumindest mitverantwortlich ist, schickt der Rettungsmannschaft nach dem ersten Einsatz als Dank eine Flasche Kognak ... Die Bergleute geben dem verhaßten Aufseher Andres etwas davon ab: Er ist ein Hund, aber er versteht seine Sache, außerdem war er freiwillig mit eingefahren ... Und ein Gläschen schicken sie auch dem Ingenieur Hansen, den sie alle mögen. Vielmehr: Er darf als erster trinken, aus dem sauberen Glas, wie es sich für einen feinen Herrn gehört ...

Abends in der Kneipe wollen Andres und Hansen sich den Kumpels erkenntlich erweisen. Taktvoll bedienen sie sich eines Vermittlers. Standas große Augenblicke! Vor Eifer überschlägt er sich fast, um alle und alles unter einen Hut zu bringen. Eines Tages wendet sich sogar Frau Hansen an ihn, fleht ihn an, er solle seine Kameraden darum bitten, daß sie bei den gefährlichen Arbeiten unter Tage auf ihren Mann achtgeben ... Es ist Standas Schicksal, Vermittler zu sein. Diese Rolle spielt er auch bei den Wirtsleuten, dem Häuer Adam, der ebenfalls der Rettungsmannschaft angehört, und seiner Frau, der sehr empfindsamen Marie. Zwischen den beiden herrscht seit der Hochzeit vor fünf Jahren

leidvolles Schweigen, und sie schlafen getrennt. Sie sind froh, als sie in Standa einen Mittler finden: Er bringt Botschaften von einem zum anderen. Dabei ist er selbst in Marie verliebt.
Es schimmert so manches von Čapeks Kindheitserinnerungen durch, nicht nur im Bild der Bergleute. Krach und Eisigkeit zwischen den Eltern, der Junge dazwischen ... Doch Züge des Autors trägt auch der grüblerische Adam, der so verbissen in seinem Garten arbeitet, als könne ihn das darüber hinwegtrösten, daß Erfüllung nicht möglich ist, obwohl er und Marie sich lieben. – Zumindest Anspielungen finden sich bei den Hansens: Er hat gegen den Willen des Vaters geheiratet, und ihr Name, Helga, ist die schwedische Form von Olga.
Wie in früheren Werken, spielen autobiographische Motive und Details eine Rolle. Daß sie Čapek im stillen sehr beschäftigt haben, läßt eine der Unstimmigkeiten, die den Roman schwächen, deutlich erkennen. Es nimmt sich nämlich in diesem Buch über „männliche Solidarität" und „männliche Tapferkeit" seltsam aus, daß man über die drei Verschütteten nur erfährt, wie sie heißen und daß sie Familienväter sind. Hingegen seitenlang, mit einer Ausführlichkeit, als sei dies der Hauptgegenstand des Romans, dehnen sich Standas Bemühungen, die Kameraden nach Adam und seiner Ehe auszufragen und herauszufinden, ob und wie sich bei den beiden doch noch alles zum Guten wenden könne. Die Nachforschungen und Mutmaßungen verraten Standas dauernde, geradezu innige Anteilnahme. Im Vergleich dazu bewegen ihn die Verunglückten wenig. Der Gedanke an ihre Familien ist, wenn er doch auftaucht, im Grunde nur lästig.
Dennoch, „Die erste Kolonne" ist „im Gesamtwerk Čapeks ein Buch von außergewöhnlicher Bedeutung", wie Julius Fučík am 21. November 1937 in „Rudé právo" schrieb. Trotz aller Einschränkungen, die er wegen des „Zurechtfrisierens der Klassengegensätze" machte, rühmte Fučík es als „ein herrliches Lied von der Solidarität der Arbeiter". Und er bemerkte, worüber der Autor in seinem Kommentar hinwegging: In einer Zeit, als dem Volk „ganze und wahre Männer vonnöten" sind, holt Čapek seine solidarisch handelnden Helden keineswegs „irgendwoher", sondern „aus dem Leben der Arbeiter".[282]

84 Čapeks Sommerhaus in Strž

„Diesen Roman habe ich unter glücklichen Umständen geschrieben, auf dem Lande. Den ganzen Sommer, in den Wäldern der schönen Gegend bei Dobříš. Den ganzen Sommer. Und nur am Tage", erzählte Čapek in einem Interview, das am 9. Dezember 1937 erschien. [283]
In Strž bei Dobříš hatten er und Olga ihren Sommersitz. Ein herrliches Anwesen, ein Haus unter alten Bäumen an einem Bach ... Es war das Hochzeitsgeschenk vom Bruder seines Schwagers, von Václav Palivec, dem Gutsherrn im nahe gelegenen Osov.
In jenem Interview sprach Čapek nicht nur über „Die erste Kolonne", sondern auch über seinen Arbeitsalltag. „Ich schreibe überhaupt nur am Tage, niemals in der Nacht. Und dabei rauche ich immer, wie Sie sehen, halbe Zigaretten." Halbe Zigaretten in einer Zigarettenspitze zu rauchen, hatte er sich als Student angewöhnt. Selbstironisch erwähnt er andere, noch ältere Gewohnheiten: „Beim Schreiben denke ich nach, und dann kaue ich auf dem Federhalter wie auf Süßholz. Könnte ich auf einer Schreibmaschine kauen? Oder ich kratze mich mit dem Federhalter in den Haaren.

85 Aus: „Ich hatte Hund und Katze“ (Zeichnungen von Karel Čapek)

Könnte ich … Na sehen Sie, eine Schreibmaschine ist nichts für mich.“ Und zur Arbeitsweise: „Ich arbeite täglich bis zu sechs Stunden hintereinander. Und beim Schreiben lebe ich nur mit den Romanfiguren, und die Welt tritt zurück. Ich denke an nichts anderes. Dann schreibe ich auch nicht für Lidové noviny, man gibt mir in so einem Fall immer Urlaub. Ich arbeite am liebsten draußen, wo ich nicht so abgelenkt werde wie in der Stadt. Kein Telefon, keine Besuche, keine Störung. Ich rauche. Ich rauche stark. Indessen belästigt mich der Rauch. Ich schreibe immer nur eine Sache, und gleich definitiv. Aber ich streiche fürchterlich im Manuskript herum, und die Seiten sind dann für mich selbst unleserlich. Im Sommer etwas schaffen! Mein Gott! Reine Luft haben, die uns hier in Prag fehlt! Tja, und wenn ich schreibe, stelle ich mir das Radio an. Musik. Aus einem praktischen Grund. Ich nenne es ‚Geräuschkulisse'. Die Musik übertönt jeden anderen Laut. Sonst würde ich immer von der Arbeit ans Fenster laufen, um nachzusehen, was für ein Vogel da singt. Und beim Schreiben blättere ich oft zurück, lese bis zu zwanzig Seiten noch einmal, füge ein, schreibe um, streiche, ändere, also – entsetzlich. Aber dann bin ich zufrieden, daß es so ist, wie es sein soll."

Ein Schriftsteller, der nichts hören und sehen will, um ungestört schreiben zu können ... Ähnlich lautete die Kritik an der literarischen Beschäftigung mit „kleinen Dingen", dem Thema, das er von Mitte der zwanziger bis Anfang der dreißiger Jahre bevorzugt hatte. Aber auch die Verehrung Masaryks hatte ihn zumindest für längere Zeit in einen Elfenbeinturm geführt, dazu, daß er „zu seinem Schaden so überaus offiziell ist"[284]. Nicht nur Kritik und Polemik setzten ihm zu. Ihn bedrängte das Gefühl, von der jungen Generation tschechoslowakischer Schriftsteller isoliert zu sein. 1933 legte er deshalb den Vorsitz im Prager PEN-Klub nieder.

Doch gerade Anfang der dreißiger Jahre begann ein Prozeß, der ihn letztlich den Linken näher brachte, als sie es zu seinen Lebzeiten anzuerkennen vermochten.

Deutlich veränderte sich nicht so sehr sein Weltbild als vielmehr seine Bereitschaft, soziale und politische Zustände zur Kenntnis zu nehmen und kritisch darauf einzugehen. Die Wirklichkeit ließ kaum eine andere Wahl. Die Weltwirtschaftskrise hatte das vom Export abhängige Land verheerend getroffen. Die Industrieproduktion war von 1929 bis 1933 um vierzig Prozent gesunken. Es gab eine Million Arbeitslose. „Eines jedoch ist so gut wie sicher", resümierte Čapek 1935, „die wirtschaftliche Misere bei uns und überall ist eine Folge des Zerfalls des kapitalistischen Liberalismus, und das Einzige, was eine Besserung *nicht* bringen kann, ist die vom Kapital geführte Politik."[285]

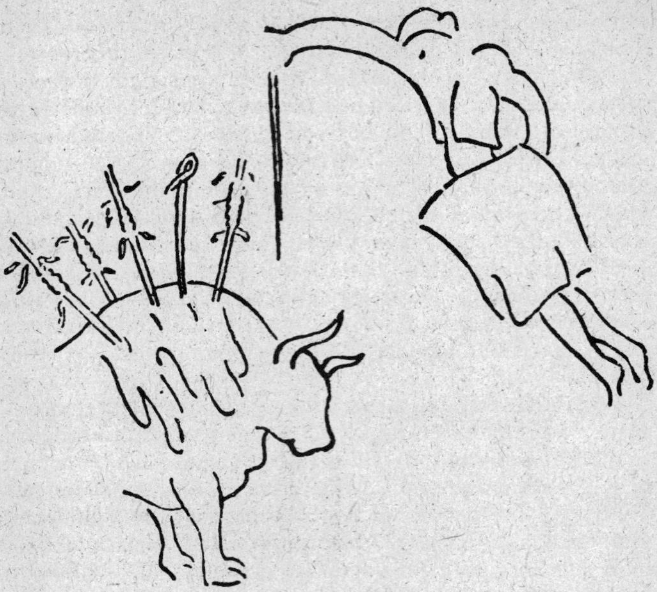

86 Aus: „Ausflug nach Spanien" (Zeichnung von Karel Čapek)

Schon in dem 1932 erschienenen Buch „Über allgemeine Dinge oder Zoon politikon" hatten sich mitunter bemerkenswerte Nuancen gezeigt.[286] Etwa in solchen Sätzen: „(...) sei es Sozialismus oder nicht: ich glaube an die Vergesellschaftung der Produktionsmittel und die Beschränkung des Privateigentums, an die Organisation der Produktion und des Konsums, an das Ende des Kapitalismus, an das Recht eines jeden auf Leben, Arbeit, Wohlstand und Geistesfreiheit, ich glaube an den Frieden, an die Vereinigten Staaten der Welt und an die Gleichheit der Völker, ich glaube an die Humanität, an die Demokratie und an den Menschen, amen." Der ironische Ton kann das Gewicht der Worte kaum mindern, jedoch verdeckt er Čapeks Ratlosigkeit. Denn „(...) in dem Konflikt unseres Zeitalters ist auf der einen Seite der Kapitalismus und die Bourgeoisie, auf der anderen der Sozialismus; trotz verschiedenartigster De-

nominationen auf beiden Seiten gibt es nur diese beiden Fronten, und es ist nicht möglich, zwischen ihnen zu sein oder mit dem einen Bein auf dieser und mit dem anderen auf jener Seite. Du bist entweder hier, oder du bist dort. Du bist rechts, oder du bist links."
Das aber war die Frage: Stand er rechts oder links?
„Einige haben es sich in den Kopf gesetzt, mich einen bourgeoisen Menschen zu nennen. Wenn ihr damit meint, daß ich lieber zu Hause sitze, Geschichten kritzele oder ‚die Blätter der Pelargonien abklaube', anstatt im Kaffeehaus über die Strangulation von Bürgern nachzudenken, so kann

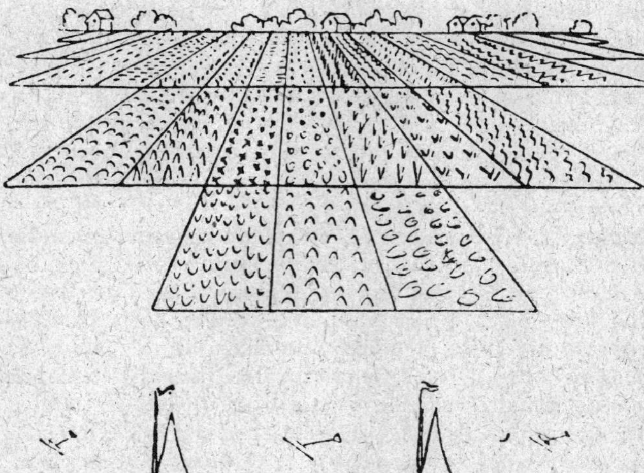

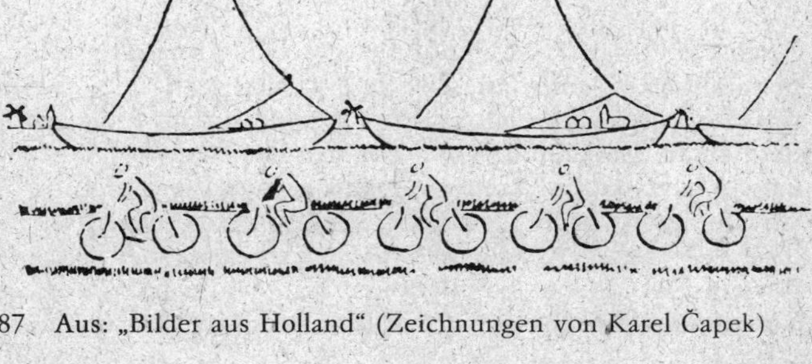

87 Aus: „Bilder aus Holland" (Zeichnungen von Karel Čapek)

ich dem nichts entgegensetzen; aber wenn ihr mir damit anlasten wollt, daß ich die Ansichten der Rechten teile, dann, liebe Leute, geht ihr zuweit, und ich kann euch nicht recht geben. Ob einem etwas gefällt, das ist zwar kein Argument, aber die Bourgeoisie – besonders die unsrige – will mir nicht gefallen. Ich habe ein intensives Mißfallen an ihren Ansichten und Standpunkten, ihrer kulturellen Indolenz, ihrem geistigen Typus; ich kann nichts finden, was an ihr, von einigen Leuten abgesehen, zu verteidigen oder zu schonen wäre. Nicht zu ihr zu stehen, nicht zu ihr zu gehören, das ist wahrlich weder eine Kunst noch ein Verdienst; man braucht sich nur ihre Ideale, Vorlieben und Sympathien anzuschauen, dann hat man gehörig die Nase voll."
Gleichwohl hatte er auch mit der Gegenseite seine Schwierigkeiten. „Aber was die Doktrin und die Taktik betrifft, so stimme ich mit dem Sozialismus – oder sagen wir es geradezu: mit dem Kommunismus – in der Mehrzahl seiner Ideale überein; indes kann ich mich mit unserem Kommunismus – oder genauer gesagt: mit seinem heutigen und vorläufigen Zustand – in der Mehrzahl seiner Methoden nicht abfinden."
Welche Seite Čapek entschieden ablehnte, daran ließ er nie einen Zweifel, wenn er auf seiner Position der Mitte beharrte und die Hoffnungen auf die bürgerliche Demokratie aufrechterhielt. Welcher Seite er trotz aller Vorbehalte zuneigte, wurde desto deutlicher, je mehr ihn der politische Alltag herausforderte. „Vieles von dem, worin sich Čapek von uns unterschieden und worin er uns ferngestanden hatte, fiel früher als er selbst", schrieb später Bedřich Václavek, einst einer seiner schärfsten Kritiker auf der Linken.[287]

Auch die literarischen Meinungsverschiedenheiten und die persönliche Gereiztheit zwischen Čapek und F. X. Šalda traten zurück, als gemeinsames Handeln nottat. 1933 gründete Šalda das „Hilfskomitee für Emigranten aus Deutschland", kurz Šalda-Komitee genannt. Im Prager Radiosaal versammelten sich namhafte tschechische Kulturschaffende. „Neben F. X. Šalda sah man Karel Čapek, den Dichter Otokar Fischer, die Schriftsteller Ivan Olbracht, Vladislav Vančura und Marie Pujmanová, Professor Matějček und eine

88 Zu Besuch in der Redaktion der „Prager Presse".

Reihe weiterer Universitätsprofessoren, bildende Künstler, Juristen, Journalisten und andere Persönlichkeiten des öffentlichen Lebens. F. C. Weiskopf hielt vor ihnen eine sehr eindrucksvolle Rede, in der er die humanistischen Traditionen der tschechischen Kultur hervorhob und zu aktiver Hilfe für die Opfer des deutschen Faschismus aufrief. Die ersten, die lebhaft darauf reagierten, waren Karel Čapek und Otokar Fischer", berichtet Vilem Nový. „Čapek übergab Šalda einen Scheck über einen hohen Betrag, und Fischer legte an Ort und Stelle einen kleinen Stoß Banknoten auf den Tisch."[288]
Noch 1931 hatte Čapek sich aus formalen Bedenken an einem Protest gegen die Niederschlagung der Arbeiterdemonstration in Frývaldov nicht beteiligt. Doch 1932 zögerte er nicht, eine Petition zu unterzeichnen, die ihm ein unbekannter Bulgare vorlegte – Georgi Dimitroff inkognito. Die Petition forderte die Freilassung von Antifaschisten, die nach dem Septemberaufstand von 1923 in Bulgarien eingekerkert waren.
1933 wirkte Čapek an der tschechischen Ausgabe des „Braunbuchs über Reichstagsbrand und Hitlerterror" mit. 1934 unterstützte er eine internationale Ausstellung antifaschistischer Karikaturen in Prag, wodurch er sich, wie so

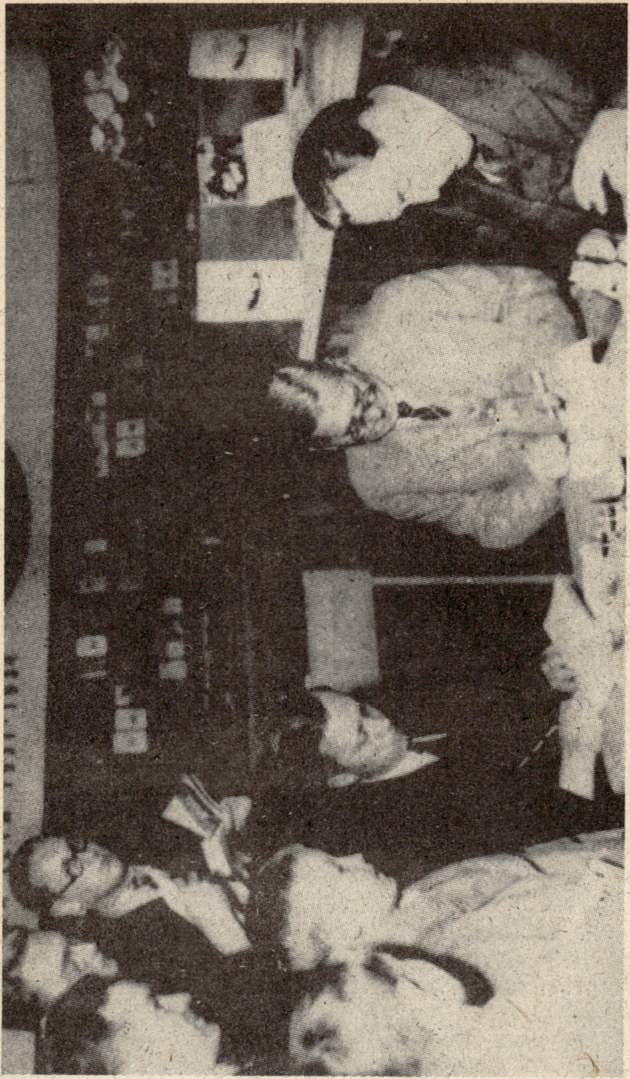

89 Von links: Karel Čapek, Josef Čapek und Vítězslav Nezval signieren (November 1934)

oft, Angriffen der reaktionären Presse aussetzte. Er beteiligte sich an einer Solidaritätsaktion für die kämpfenden österreichischen Arbeiter, gehörte dem Initiativkomitee zur Gründung einer deutschen Freiheitsbibliothek und dem „Komitee für die Rettung Ossietzkys" an ...

Ehrenburg berichtete von seinem Aufenthalt in Prag Anfang 1934: „Ich lernte Karel Čapek kennen. Einige linke Kritiker waren über ihn hergefallen: Die Zeit sei ernst, er aber schreibe über kleine Hunde. Äußerlich glich Čapek einem Londoner Klubgast: er war höflich, zurückhaltend. Aber hinter dieser Maske spürte ich seinen Schmerz. Nach einer Stunde sagte Čapek: ‚Früher hieß es von einem alten Menschen, er krümme sich unter der Last der Jahre. Heute müßte es heißen – unter der Last der Jahrhunderte ... Wir gehen einer Zeit militanter Dummheit entgegen ...'"[289]
Čapek traf sich mit Ilja Ehrenburg, Alexander Fadejew, Michail Kolzow, Alexej Tolstoi, Sergej Tretjakow ... Gewiß, dies entsprach seiner Weltoffenheit. Aufgrund seiner liberalen Haltung hatte er sich in den zwanziger Jahren für die Aufnahme diplomatischer Beziehungen zur UdSSR eingesetzt, hatte gegen das Verbot sowjetischer Filme protestiert. Bei alledem war sicher nicht ohne Belang, daß er die russische Literatur schätzte: Puschkin, Gogol, Dostojewski, Lew Tolstoi, besonders Tschechow. Begeistert hatte er 1921 über ein Gastspiel des Moskauer Künstlertheaters geschrieben, Aufführungen von Tschechows „Drei Schwestern" und Gorkis „Nachtasyl". Gorki würdigte er 1936 in einem Nachruf als „einen Mann des zwanzigsten Jahrhunderts. Es gibt viele Schriftsteller, die höhere, feinere oder polyphonere Dichter sind, als es der große russische Bosjak war; aber es gibt wenige, die so repräsentativ für ihre Zeit und ihr Volk sind, wie er es war. Gorki ist für uns nicht nur Literatur; er ist auch und besonders das wirkliche Leben und ein wirkliches Menschenschicksal (...) Literaturen gehen unter, und geistige Richtungen vergehen; Maxim Gorki aber wird für uns und auch für die Künftigen eine Quelle erschütternder menschlicher Erfahrungen und überdies ein lebendiges Beispiel eines ganzen Mannes sein: das heißt, ein Schriftsteller, der nicht zögerte und nicht aufhörte, ein Dienender und ein Mitkämpfer in seiner schweren Zeit zu sein."[290]

Indes, Čapeks persönliche Kontakte mit sowjetischen Autoren waren etwas Neues. Bemerkenswert war seine Bereitschaft, mit offiziellen sowjetischen Delegationen zusammenzukommen und sogar – 1938 – in der sowjetischen Botschaft an einer Feier zum Jahrestag der Oktoberrevolution teilzunehmen. Eine „Expedition in die Zukunft" hatte er die Sowjetunion genannt, als er sich im Sommer 1936 über den Entwurf der sowjetischen Verfassung äußerte. Freundliche Worte für ein Land, in dem er als Schriftsteller sehr geschätzt wurde? Gewiß, doch gab es einen tieferen Grund, wie eine Feststellung verrät, die Čapek am 28. Oktober 1934 getroffen hatte: „Vor zwanzig Jahren glaubten wir an Frankreich und stützten unsere Hoffnungen auf Rußland; in gewisser Weise wiederholt sich die Situation."[291]

„Hart ist der Stiefeltritt der Reaktion; Vorsicht vor dieser Dame auch bei uns!" schrieb Čapek 1933.[292] Im Jahre 1934 gehörte er zu den Initiatoren der Tschechoslowakischen Schriftstellergemeinde, die ein programmatisches „Manifest tschechischer Schriftsteller gegen den Faschismus" veröffentlichte. Er stritt in der Presse gegen die tschechischen Nationalisten, stellte sich vor S. K. Neumann und Nezval, als der „General oder Schriftsteller Rudolf Medek" den kommunistischen Dichtern drohte, das Volk brauche sie nicht.

Anläßlich des Streites um die Insignien der Karls-Universität hatten tschechische Chauvinisten Ende 1934 in Prag Ausschreitungen begangen. Čapek und andere verurteilten das öffentlich, worauf Medek mit einem offenen Brief antwortete. Čapeks Erwiderung ist berühmt geworden. „Du schreibst, Du möchtest nicht sehen, ‚wie Karel Čapek, S. K. Neumann und A. M. Tilschová zusammen mit Jindřich Vodák in einem Konzentrationslager geschurigelt werden!' Es wird um nähere Erläuterung gebeten. Wird damit vielleicht die (bei einem hohen tschechoslowakischen Offizier verblüffende) Befürchtung ausgedrückt, daß die Tschechoslowakei dem Dritten Reich angeschlossen und von SS- und SA-Leuten beherrscht wird? Konzentrationslager sind schließlich keine tschechoslowakische, sondern eine reichsdeutsche Institution, nicht wahr? Ich möchte nämlich Deinen Ausspruch nicht gern so auslegen, als werde dem tschechischen Volk das Verlangen unterstellt, tschechische Schriftsteller in Konzentrationslager einzusperren und sie wie ein preußischer Feldwebel zu schurigeln; solch eine grobe Beleidigung, Rudolf Medek, kann doch ein tschechischer Schriftsteller nicht über das tschechische Volk schreiben. (...) Wen, bitte, beschuldigst Du der unmenschlichen Absicht, sie zu schurigeln. Es hilft nichts, Rudolf Medek, der Ausspruch über die Konzentrationslager muß näher und sehr klar erläutert werden.“[293]

Die reaktionäre Presse zeige „hitlersche Mentalität“, es „fehlt nur noch das Bücherverbrennen“, schrieb Čapek am 12. Dezember 1934 an Josef Knap. „Die Dinge sehen, zumindest vom kulturellen Standpunkt, so aus, daß wir die Begriffe ‚Linke‘ und ‚Rechte‘ zum alten Eisen werfen müssen. Hier wächst etwas anderes, was gleichermaßen die Bauern wie die Sozialisten fressen wird, falls wir dem nicht beizeiten wehren. Es ist ein Jahr her, daß mir Švehla ans Herz legte, darüber nachzudenken, warum die deutsche Intelligenz so tragisch und schändlich gegen die Straße verloren hat. Es geht darum, größere kulturelle Verantwortung zu wecken, egal, zu welcher Partei einer gehört; Parteien gibt es viele, aber es gibt nur ein Volk und einen Staat. (...) Ich hoffte und hoffe immer noch, daß wir alle voneinander lernen könnten, natürlich unter der Bedingung, daß wir uns alle treffen, zumindest diejenigen, denen an der Demokratie und der Aufrechterhaltung der Geistesfreiheit liegt. (...) Ich werde hinter Ihnen allen herrennen und Ihnen bis zum Überdruß wiederholen, daß wir zu einem Haufen gehören; ich habe darauf schon allein deshalb ein Recht, weil ich von allen am einsamsten bin, am meisten parteilos von allen.“[294]

Wenn auch Čapek „vom kulturellen Standpunkt“ das politisch Wesentliche gar nicht weiter analysierte, so konnte er doch ganz entschiedene Folgerungen aus ihm ableiten: Einer Ausgeburt des Ungeistes, einem Rückfall in die Barbarei müsse jeder Widerstand leisten; da der Faschismus nicht nur die Linken „frißt“, sondern auch jene Liberalen und Rechten, denen „an der Demokratie und der Aufrechterhaltung der Geistesfreiheit liegt“, erfordere ihr gemeinsames Lebensinteresse, sich zu verbünden. Und vor allem diejenigen, „denen diese Werte durch Bildung, Beruf und Berufung anvertraut sind", dürften dabei nicht versagen. Sie müßten zueinander finden, denn: „Noch ist es möglich, der fanatischen Verblödung der Welt zu wehren" ...[295]

„Wer vorigen Freitag den Deutschlandsender anstellte, hörte eine Stimme, die den Tönen, die gewöhnlich aus dem Lautsprecher kommen, höchst unähnlich war; ein Kreischen, mit dem ein drittklassiger Schauspieler etwa den Götz von Berlichingen spielen würde, ein hervorgepreßtes Röcheln: ‚Verrat', das pathetische Rufen der Worte ‚Recht', ‚Aufstieg' oder ‚Volk', dann wieder Tigergebrüll, nun, eine richtige Vorführung. Eine Frau, die sich sonst wenig um den Lauf der Welt kümmert, blieb entsetzt vorm Lautsprecher stehen. ‚Jejej, was spielen sie denn? Das ist wohl ein Gewaltverbrecher!'
Es sprach der Kanzler des Deutschen Reiches, der Führer Adolf Hitler, zu Tausenden seiner Parteigänger im Berliner Sportpalast. (...) Jedesmal, wenn er ‚das deutsche Volk' sagte, machte er eine rhetorische Pause, wartete auf Beifall. Und der Beifall stellte sich jedesmal ein. Applaudiert wurde keinem Gedanken, ja, nicht mal einer demagogischen Losung, nur jedesmal und frenetisch den drei Worten. Nicht mal ‚Verrat' zog mehr: nur ‚Verrat an dem deutschen Volke'." Das schrieb Čapek am 14. Februar 1933.[296]
Und am 3. Januar 1934 in dem Essay „Winter 34", einer Art Bestandsaufnahme: „Wir assistieren einem der größten kulturellen Debakel in der Weltgeschichte; ein ganzes Volk, ein ganzes Reich hat sich geistig eingelassen auf den Glauben an das Tierische, die Rasse und ähnlichen Unsinn; bitte, ein ganzes Volk mitsamt den Universitätsprofessoren, Pfarrern, Literaten, Ärzten und Rechtsanwälten. Meinen Sie, solch eine animalische Doktrin könnte verkündet werden, wenn jeder Gebildete in jenem hoch gebildeten Reich die Schultern zucken und trocken sagen würde, daß er solchen primitiven Blödsinn nicht mitmache? Hier ist nichts Geringeres geschehen als ein unermeßlicher Verrat der Gebildeten, und es weckt eine schreckliche Vorstellung davon, wessen die Intelligenz fähig ist. Es ließen sich mehr Beispiele anführen, und nicht nur aus jenem Land. Überall, wo der kulturellen Menschheit Gewalt angetan wird, finden wir Gebildete, die das massenhaft mitmachen und dafür

auch noch ideelle Gründe bemühen. Das ist nicht mehr nur eine Krise oder Ohnmacht der Intelligenz, sondern ihre stille oder äußerst tatkräftige Komplizenschaft am moralischen und politischen Kahlschlag des heutigen Europa. – Ich weiß, an dieser Stelle schütteln Sie den Kopf und fragen, was ein einsamer und sozial abhängiger Intellektueller tun soll und kann; gewiß reicht es nicht, wenn er zwar mit tiefer Überzeugung, aber schwacher Stimme gegen die entfesselten Kräfte protestiert. Überlassen wir es ihm, was er darüber hinaus tun *kann*; unbestreitbar ist, was er tun *soll*. Negativ gesagt, er soll nicht und darf nicht seine geistige Disziplin verraten. (...) unter keinen Umständen, unter keinem Druck den unbegrenzten und sehenden Geist in sich unterdrücken. Darin, und darin allein, ist die besondere Freiheit und Vornehmheit des Geistes; lassen wir sie uns nicht nehmen, denn sie ist schwerster Opfer wert. (...) Wenn die Intelligenz lügt oder versagt, ist es ein schwereres Verschulden als die Unwissenheit oder Lüge der anderen. – Und sagen wir uns nicht, bei uns sei nichts zu befürchten! Lassen Sie nur, es droht uns von außen, und angeknackst ist auch bei uns und in uns etwas; unter dem Druck der Zeit kann es in der Tiefe zum Platzen kommen. Zählen Sie den allgemeinen Geisteszustand hinzu: Mißtrauen, Bedrückung und Enttäuschung; den Leuten den Kopf verdrehen kann heute jeder beliebige politische Primitive oder Gaukler, der ihnen scheinbare Sicherheiten oder die Massensuggestion der Hoffnung bringt. Die Menschen wollen glauben und flüchten sich in Kirchen, sie wollen hoffen und hören auf Scharlatane; sie wollen Sicherheit finden, die nicht in ihnen ist. Es ist ein Chaos, das sich mit jeder beliebigen Parole entfachen läßt; aber es ist auch ein Chaos, in dem Boden unter den Füßen gesucht werden kann. Ihn zu finden, würde auch bedeuten, sich selbst zu finden und sich darauf mit anderen zu treffen."[297]

Den Gedanken, daß die Menschen „glauben wollen" und darum leicht verführbar sind, stellte Čapek auch in den Mittelpunkt seines ersten Kommentars zur „noetischen Trilogie". Das war der Artikel „Der Meteor. An einen Leser".[298] Čapek nahm Bezug auf „Hordubal" und „Der Meteor". „Anscheinend lesen wir größtenteils deshalb, weil wir unser Bedürfnis zu glauben befriedigen wollen. Ein Roman bringt uns eine gewisse Bequemlichkeit und Erholung: wir können einfach hinnehmen, was uns gesagt wird, ohne uns mit irgendwelchen Fragen und Zweifeln zu beunruhigen. (...) Aber das betrifft nicht nur Bücher. Bekanntlich lesen wir nicht nur Romane, sondern zum Beispiel auch Zeitungen; und wir lesen nicht nur mit den Augen, sondern auch mit den Ohren. In allen diesen Fällen beherrscht uns allzuoft das Bedürfnis, einfach zu akzeptieren, was uns gesagt wird; die Wirklichkeit so zu nehmen, wie sie uns geschildert wird; Standpunkte, Werte und Sympathien uns zu eigen zu machen. Das Leben ist schwer, und wir wollen es uns wenigstens auf dem Gebiet des Denkens bequem machen. Die Wirklichkeit ist schrecklich kompliziert, als möge man uns ein simplifiziertes Bild von ihr bieten. Wir wollen nicht an Unsicherheit leiden und an Fragen danach, wie es eigentlich ist. Zeigen Sie uns die Dinge getrost nur von einer Seite, damit uns die anderen Seiten und ihre Kehrseite nicht verwirren."

In der Handlung der beiden Romane erschienen soziale und politische Fragen allenfalls am Rande. Angesprochen aber wurde der politisch denkende Leser, wenn Čapek „den Versuch unternahm, zu demonstrieren, wie verschieden das Schicksal eines Menschen und die Gesichter von Menschen erscheinen können, wenn sie von verschiedenen Seiten gesehen und bewertet werden: welche Verzerrung und gewaltsame Konstruktion in unseren Gesichtspunkten enthalten ist". Ebenso, wenn er zeigte, „wie sich ein und dasselbe Stückchen Wirklichkeit auf den verschiedenen Wegen konstruieren läßt, auf denen sich unsere Erkenntnis bewegen kann; denn das kleinste Fragment der Wirklichkeit ist etwas so Gewaltiges, daß verschiedene Wege dorthin führen und es von diametralen Seiten entdeckt werden kann". Die Folgerung: „Der *unermeßliche* Wert des Lebens kann nicht nur von einer Seite abgeschätzt werden" – diese Folgerung war auch auf den politischen Alltag gemünzt, denn, so das Fazit jenes ersten Kommentars zur Trilogie: „Ich meine, hier irgendwo berühren wir den nicht lokalisierten, aber quälenden Schmerz der *Menschen von heute*."

Auch im zweiten Kommentar zur Trilogie, im „Schlußwort des Autors", heißt es: „(...) das Leben eines Menschen ist

90 Josef und Karel Čapek

zu groß, als daß es nur ein einziges Gesicht haben und mit einem Blick erfaßt werden könnte."[299] Dieses Schlußwort leitet Čapek hauptsächlich aus dem Roman „Ein gewöhnliches Leben" ab. Doch in dem Roman wird keineswegs ver-

sucht, ein Menschenleben wiederum von verschiedenen Seiten zu betrachten. Vielmehr werden jetzt verschiedene Seiten im Menschen erforscht. Nicht mehr um die Vielfalt äußerer Gesichtspunkte geht es. Entdeckt und erschlossen werden soll nun die reale „Vielheit" in der Persönlichkeit, im Charakter und in der Seele. Und das bedeutet nicht zuletzt, da Čapek ja sich selber analysiert: das „Chaos" in seinem eigenen Innern. Was er im „Schlußwort" als Gewinn aus seinem philosophischen Roman verbucht, hat nicht so sehr noetischen als vielmehr ethischen Wert: die Möglichkeit, ja die Fähigkeit zur Verständigung mit anderen.
Dasselbe Fazit gibt der erwähnte Essay „Winter 34": Der Mensch müsse in dem Chaos in sich selbst festen Boden finden, wolle er nicht auf scheinbare Sicherheit hereinfallen und sich selbst betrügen; und er müsse sich selbst finden, um mit anderen zusammengehen zu können.
Der letzte Roman der „noetischen Trilogie", so privat er sein mag, hat offenkundig weiter reichende Bedeutung: Er gehört zu Čapeks Selbstverständigung angesichts des notwendigen politischen Engagements.

„In den Zeitungen steht nichts Neues: nur, daß Krieg unausweichlich ist. So etwas nennt man heute ‚nichts Neues'", notierte Čapek am 27. September 1935. Und über seine Arbeit: „Heute habe ich das letzte Kapitel eines utopischen Romans beendet. Held des Romans ist der Nationalismus. Die Handlung ist ganz einfach: der Untergang der Welt und der Menschheit. Ein widerwärtiges Kapitel, allein auf die Logik gegründet. Ja, so muß es enden: ‚Keine kosmische Katastrophe, lediglich Staats- und Wirtschaftsinteressen, Prestigefragen u. ä. Dagegen ist nichts zu machen.' (Das heißt, solange diese Dinge respektiert werden.) – Eine Satire schreiben: das Schlechteste, was man den Menschen sagen kann; es bedeutet, sie nicht anzuklagen, sondern nur Schlußfolgerungen aus ihrer aktuellen Wirklichkeit und ihrem Denken zu ziehen."[300]
Eigentlich hatte er einen ganz anderen Roman schreiben wollen, so berichtete er in einem Rundfunkvortrag. Ein Buch über einen Landarzt wie seinen Vater – „eine ärztliche Idylle und zugleich ein Stück gesellschaftliche Pathologie". Doch konnte er sich mit dieser Figur nicht genügend

identifizieren und diesen Stoff nicht recht gestalten, „während die ganze Welt über die Wirtschaftskrise, nationale Expansionen und den zukünftigen Krieg sprach. (...) Es ist wahr, ich kann nicht abwenden, was die menschliche Zivilisation bedroht; doch ich bin außerstande, nicht wenigstens hinzusehen und fast ständig daran zu denken."

Ausgangspunkt jenes neuen Romans – „Der Krieg mit den Molchen" – wurde ein Gedanke, auf den er zufällig gestoßen war: „Wir können nicht ausschließen, daß unter günstigen Bedingungen ein anderer Typ des Lebens, sagen wir, eine andere Art von Lebewesen als der Mensch, zum Vehikel der kulturellen Entwicklung hätte werden können." Daran knüpfen sich Fragen: „Wenn eine andere Art von Lebewesen als der Mensch diese Stufe erreicht hätte, die wir Zivilisation nennen, was meinen Sie: Hätte sie den gleichen Unsinn gemacht wie die Menschheit? Hätte sie die gleichen Kriege geführt? Hätte sie die gleichen historischen Katastrophen durchgemacht? Und wie würden wir den Imperialismus der Eidechsen, den Nationalismus der Termiten, die ökonomische Expansion der Möwen oder der Heringe betrachten? Was würden wir sagen, wenn eine andere Gattung von Lebewesen als der Mensch verkündete, angesichts ihrer Bildung und ihrer Zahl habe nur sie das Recht, die ganze Welt zu besetzen und das Leben zu beherrschen?"[301]

František Kubka erinnert sich: „Auf den Roman ‚Der Krieg mit den Molchen' reagierte die Kritik 1936 wie gewöhnlich mit Mißgriffen. Für sie war es ein humoristischer Roman, Čapeks alter Kampf ‚Menschen gegen Roboter', eine witzige, sogar handfeste Satire und purer Journalismus. Čapek ärgerte sich. Er wußte, daß er einen höchst aktuellen und demaskierenden Roman geschrieben hatte. Die Molche waren geboren aus dem geschäftemacherischen Geist der Demokratien, die blutleer, egoistisch und vor lauter Geldgier verdummt waren. Die Molche sind marschierende, auf Befehl arbeitende und auf Befehl schießende entmenschlichte Scharen, die eines Tages den blutleeren Demokratien ein blutiges Ende bereiten und sie durch einen Krieg, den sie von ihnen gelernt haben, vernichten werden. Es ist keine Antikriegs-Utopie, sondern ein Protest gegen die unmenschliche Kommerzialisierung der Welt. Der Chief-Sa-

lamander war, ähnlich wie Hitler, vom Kapitalismus und von den Regierungen des Kapitals hervorgebracht worden. Er wuchs auf und legte unter die alte Welt jene Sprengstoffe, die die alte Welt erdacht hatte."
Indessen gab es Mißverständnisse nicht nur bei der Kritik, wie Kubka, ein häufiger Gast in Čapeks Haus, weiter erzählt. „Während der Freitagstreffen bei Čapek wurde auch über dieses Buch geschwiegen. Viele hielten es nur für ein neues witziges Extempore des Schriftstellers, der zu größeren Dingen berufen war. Aber es gab keine größeren Dinge, über die Čapek hätte schreiben können, und ihm war auch das Lachen vergangen. Er sah weiter, als es schien. Er kannte so manche Väter seiner Molche persönlich. Mit manchen verkehrte er auch gesellschaftlich, obwohl ihre Zeitungen ihn beschimpften."[302]
Angesichts der Mißverständnisse verwahrte sich Čapek sogar dagegen, daß „Der Krieg mit den Molchen" als ein „utopischer Roman" bezeichnet wurde, obwohl er selbst ihn gelegentlich so genannt hatte, allerdings unter Hinweis auf die Aktualität des Stoffes. Und er beließ es nicht bei der Erläuterung, wie gegenwartsbezogen dieser Roman sei, sondern gab eine grundsätzliche Erklärung ab, was er von Literatur erwarte und was er selbst als Schriftsteller zu geben bemüht sei. „Die Konfrontation mit der Menschheitsgeschichte, und mit der aktuellsten Geschichte, zwang mich an den Schreibtisch, um den ‚Krieg mit den Molchen' zu schreiben. Die Kritik hat dies als utopischen Roman bezeichnet. Ich wehre mich gegen das Wort. Es ist keine Utopie, sondern das Heute. Es ist keine Spekulation über etwas Zukünftiges, sondern eine Spiegelung dessen, was ist und worin wir leben. Hier ging es nicht um Phantasie; die bin ich jederzeit bereit, umsonst und obendrein zu liefern, soviel einer will; aber mir ging es um die Wirklichkeit. Ich kann mir nicht helfen, aber eine Literatur, die sich nicht um die Wirklichkeit kümmert und darum, was wirklich mit der Welt geschieht, eine Literatur, die darauf nicht so stark reagieren will, wie es dem Wort und dem Gedanken gegeben ist, eine solche Literatur ist nicht mein Fall."[303]

„Über ‚Die erste Kolonne', als das Buch 1937 erschien, wurde bei den Freitagstreffen wieder nicht gesprochen.

Niemand merkte, wie sich Čapek von einem Beobachter zu einem Kämpfer entwickelte", erinnert sich Kubka. „Nach vielen Jahren hatte er wieder ein Drama geschrieben. Es war ‚Die weiße Krankheit', die Anklage eines Diktators und der Aufruf, die Militaristen mit allen Mitteln zu vernichten. Gerade das – die Massenmörder mit allen Mitteln zu vernichten, etwa, indem man ihnen Arznei verweigert, falls sie ihre Kriegspläne nicht aufgeben – wurde von einer gewissen Kritik als ‚unwillkürlich unmenschliche' Utopie bezeichnet. Doch gerade in diesem Drama entsagte Čapek erstmals ausdrücklich der ‚Humanität für alle', die eine Gleichstellung der Mörder mit den Gemordeten zur Folge hatte. ‚Die weiße Krankheit' nimmt visionär das Recht vorweg, Kriegsverbrecher zu bestrafen, also die Rechtsphilosophie des Nürnberger Tribunals. Nicht unmenschlich, sondern allmenschlich ist der Gedanke des Doktor Galén: Tod denen, die morden wollen! Niemand von uns hat Karel Čapeks gewaltige Entwicklung wahrgenommen."[304]

Oder war es gar keine „gewaltige Entwicklung"?
„Sein Auftreten gegen den Faschismus, in dem er die Verneinung aller menschlichen Werte sah, ist nur die konsequente Fortsetzung im Kampf für das ewige Ziel des menschlichen Geistes, für eine gerechte Welt der ausgesöhnten Menschheit. Es bedeutet keinen Umbruch, keine grundsätzliche Wende in Čapeks Leben und seinem journalistischen Schaffen", schreibt Miroslav Halík. Čapeks publizistische Arbeiten seien „nur ein Beleg für die unzerstörbare Linie seiner politischen Anschauungen, die auf sittlichen Prinzipien gründeten, so daß Čapeks Übergang zur antifaschistischen Front nicht als eine grundlegende Wende in seinem Denken und Handeln interpretiert werden kann."[305]
Tatsächlich lassen Čapeks Arbeiten, aus welcher Zeit sie auch stammen, stets die gleichen sittlichen Prinzipien erkennen. Und da er Politik kaum jemals anders denn unter sittlichen Gesichtspunkten beurteilte, entstand hier Kontinuität gleichsam von selbst. Deutlich wurde das angesichts jener extremen Herausforderung: Sein Abscheu vor dem Faschismus war im Jahre 1935 und 1937 nicht anders als etwa 1926. Schon damals hätte er am liebsten dreingeschla-

91 Karel und Josef Čapek im Prager Botanischen Garten

gen, und seine Einstellung äußerte er auch damals unverblümt und kämpferisch.
Indes haben die Zuspitzungen der politischen Lage, zu denen es Anfang und Mitte der dreißiger Jahre kam, Čapek mehr und mehr zum politischen Engagement herausgefordert. Die Wirtschaftskrise, vor allem aber die zunehmende Bedrohung durch den Faschismus und nicht zuletzt der spanische Bürgerkrieg ließen es nicht zu, wie ehedem selbstvergessen „die Blätter der Pelargonien abzuklauben". Čapek reagierte auf das, „was wirklich mit der Welt geschieht". Und er reagierte „so stark (...), wie es dem Wort und dem Gedanken gegeben ist". Dadurch aber gelangte er weit über die „konsequente Fortsetzung" alter Bemühungen hinaus. An seinen Dramen, Romanen, Erzählungen und auch an der Publizistik ist die Hinwendung zu aktuellen politischen Themen zu verfolgen. Mehr noch, diese Themen verdrängten nicht nur die Neigung zum Idyllisieren des Alltags, sondern auch die Neigung zum Relativieren oder Harmonisieren, zum Zurücknehmen der dargestellten Konflikte. Seine globalen Utopien aus den frühen

zwanziger Jahren lösen sich am Ende mehr oder minder friedlich in nichts auf. Die Romane und Dramen aus den dreißiger Jahren hingegen gehen mehr und mehr tragisch aus. Gleichviel, ob sie anklagen oder die Menschen „nur" beunruhigen, indem sie „Schlußfolgerungen aus ihrer aktuellen Wirklichkeit und ihrem Denken ziehen".

„Es gibt Dinge, über die wir nicht flüchtig hinweggehen können, wollen wir nicht das Gefühl haben, daß wir, wir alle, die heutige Menschheit, aufhören, Menschen zu sein. Zweiundfünfzig Kinder wurden in der Schule des katalanischen Lérida durch eine Fliegerbombe zerfetzt. Zweiundfünfzig Menschenkinder saßen in den Schulbänken, und mit einemmal waren es nur blutige Stücken Fleisch. Wir werden wohl nicht erfahren, wie der erfolgreiche Bombenwerfer heißt. Vielleicht war es ein patriotischer Spanier aus Francos Armee, vielleicht ein junger Deutscher, vielleicht ein Italiener; aber fast mit Sicherheit können wir sagen, daß es kein professioneller Kindermörder war, sondern ein Soldat, der einfach den Befehl erfüllte, die Stadt zu bombardieren. Vielleicht wird er dafür im Rapport der Armee gelobt. Vielleicht ist es ein großer militärischer Erfolg, auf einen Schlag zweiundfünfzig Kinder zu töten. Womöglich nennt man das Demoralisierung des Hinterlandes. Trotzdem wird sich wohl die Mehrzahl der Europäer angesichts dieser Nachricht des Eindrucks nicht erwehren können, daß eines der größten und barbarischsten Verbrechen unseres Jahrhunderts geschehen ist. Wir werden nicht die Flugzeugbesatzung dieses Verbrechens anklagen. Die Verantwortung fällt höher. Auf jene, die Befehle erteilen. Auf jene, die führen. Auf jene, die die Massaker dieser schmachvollen Jahre finanzieren. Vor den Leichen der Kinder von Lérida möchten wir Sie und Sie und Sie, die Sie über das Schicksal der heutigen Welt entscheiden, möchten wir Sie fragen: Exzellenz, was sagen Sie über die Kinder von Lérida? Und im Namen des Menschen: Ersparen Sie uns ein bloßes Achselzucken."[306]

Am 12. Februar 1938 wurde Čapeks letztes Drama in Prag uraufgeführt: „Die Mutter".
„Inspiriert war es vom tragischen Spanien", schreibt Franti-

92 Čapek und Olga (1935)

šek Kubka. „Von den Kämpfen um Madrid: Der Feind fällt ins Land ein. Eine Mutter, die den Mann und alle Söhne verloren hat, bis auf den jüngsten, ihren Liebling, so einen zarten und schwachen Jungen, wie Karel Čapek es in seiner

Kindheit gewesen ist, sie drückt ihm ein Gewehr in die Hand und sagt antikisch: ‚Geh!'
‚Geh!' sagte der Pazifist, der jedem Zorn feind, dem jeder Tod verhaßt war, der lächelnde Philosoph der Lebensfreude. Geh und stirb für dein Land!
So dachte sein Volk. Der Dichter sprach es aus."[307]
„Die Mutter". Fünf Männer aus einer Familie sind „im Interesse einer Sache" in den Tod gegangen. Der Vater fiel als Kolonialoffizier. Ondra, der Arzt, steckte sich an, als er den Erreger einer tödlichen Krankheit erforschen wollte. Jiří, der Pilot, stürzte bei einem Rekordversuch ab. Der Reaktionär Kornel und der Revolutionär Petr kämpften im Bürgerkrieg gegeneinander. Doch sie alle sind, als Tote, mit ihren Stimmen im Hause gegenwärtig, als es um Toni, den Jüngsten, geht. Das Vaterland ist in Gefahr, und er will, genauso wie es seine Klassenkameraden tun, in den Kampf ziehen. Die Mutter aber widersetzt sich auf das entschiedenste, um nicht ihr letztes Kind zu verlieren.
Dies ist der Konflikt zwischen dem „männlichen Element" und dem „weiblichen Element", wie ihn Čapek sah: „Das männliche Element zeichnet sich dadurch aus, daß es ständig etwas außerhalb seiner selbst verfolgt, ständig für etwas kämpfen muß, ständig für etwas fällt. Das weibliche Element schaut dem zu, leidet und zahlt stets drauf, gleichviel, wofür gekämpft wird, und die Frau selbst kämpft immer für die Erhaltung des Lebens."[308]
Neben der aktuell politischen und der allgemeinmenschlichen Bedeutung, die Čapek dem Stück gab, finden sich jedoch so viele autobiographische Anspielungen und Details, daß man eine verborgene dritte Ebene entdecken kann. Hier handelt es von Čapeks schmerzlichen Erinnerungen an die eigene Mutter. Auf dieser Ebene ist es das Drama einer Mutter, die ihre Söhne, hauptsächlich den Lieblingssohn, nicht hergeben will.
„Vater: (...) wieviel Jahre ist es eigentlich her?
Mutter: Das solltest du wissen. Siebzehn.
Vater: Schon? Sieh mal, wenn der Mensch siebzehn Jahre tot ist, bleibt herzlich wenig von ihm übrig, Liebes. Es wird weniger, immer weniger. Ich bin nicht mehr zu gebrauchen. (...)"[309]
Vor fast siebzehn Jahren war nicht jemand, sondern etwas

gestorben: in jener entwürdigenden Situation, als Čapek 1921 zu den Eltern nach Trenčianské Teplice kam und sie ihre Einwilligung für die Ehe mit Olga verweigerten. Im Hintergrund eines ganz anderen Geschehens resümierte er nun, daß herzlich wenig von ihm übriggeblieben, ja, daß er nicht mehr zu gebrauchen sei. Ein Grund mehr, der schmerzlichen Szenen von damals zu gedenken, der realen, aber auch jener, die sich nur in seinen Gedanken abgespielt haben.

Höhepunkt des Stücks ist der dritte Akt. Toni will dem Aufruf zur Verteidigung der Heimat folgen. Die Mutter versucht mit allen Mitteln, ihn zurückzuhalten. Hier kulminiert der Grundkonflikt auf der aktuellen politischen und der allgemeinmenschlichen Ebene. Ebenso auf der autobiographischen Ebene, deren Geschehen unschwer herauszuhören ist.

Eine weibliche Stimme (im Radio) ruft aus der Ferne ernst und eindringlich. Die Mutter ist ungehalten, sagt: „Du möchtest dem Toni wieder den Kopf verdrehen, wie? (...) Du kannst verkünden, was du willst, aber nicht hier. Hier nicht. Hier bin ich. Meinem Toni wirst du nichts mehr einreden. (...)“

Toni, der heimlich gelauscht hat, findet, es sei „eine so schöne und aufregende Stimme“, und kann sich „die Frau ganz lebhaft vorstellen: sie ist groß und blaß ... und hat sehr große Augen ...“.

Die Mutter wittert Gefahr. Sie bringt die Stimme zum Verstummen, schaltet das Radio ab und will sicherheitshalber sogar das Zimmer, in dem es steht, verschließen. Toni soll sich mit ihr im Keller verkriechen.

Aber Toni will das tun, wozu ihn die Stimme aufgerufen hat. „(...) ich bitte dich, Mutter, laß mich fort!“ Und noch eindringlicher, nachdrücklicher: „Ich bitte dich, Mutter, laß mich, laß mich (...) Ich kann nicht hierbleiben ...“

Die Mutter läßt nicht mit sich reden. Toni sei „zu jung“. Er sei „zu schwach“. Auf diesen Punkt wird sie zurückgreifen, wenn alles andere nichts nützt. Und sie sagt ganz unverhohlen „basta!“, als sei Toni ein quengelndes Kind: „Und weil ich es nicht möchte, mein Junge. Genügt das?“

Sie bleibt hart. Und sie wirft um so härtere Fesseln, wenn sie ihn durch Erinnerungen weich zu stimmen versucht.

„Du bist kein Mann, Toni. Du bist mein Kind. Weißt du, was ich sehe, sobald ich die Augen schließe? Ich sehe einen kleinen Jungen, der auf der Erde sitzt und ein Spielzeug in seinen Mund steckt."
Was hilft es, daß Toni dagegenhält: „Ich bin kein Kind mehr, Mutter!" Sie bleibt unbeugsam. „Nein, Toni. Ich bin ein altes ... und starrsinniges Weib. Ich gebe meinen Sohn nicht her (...) Du wirst nicht gehen. Ich lasse dich nicht."
Und noch deutlicher, als sie spürt, wie er sich ihr zu entziehen versucht: „Nun, ich verliere also deine Zuneigung, mein lieber Sohn. Ich bin hart geworden ... auch dafür. Schließlich ist auch die Liebe hart und böse, mein Lieber. Ich komme mir vor wie eine Wölfin. Nichts auf der Welt ist so besessen wie Mutterliebe ... Wenn du also willst, so geh, Toni, geh, aber du erschlägst mich. Nun, warum gehst du nicht?"
Wie sollte er gehen? Wenn sie klagt: „Ich habe immer nur euch gesehen, Kinder (...) Vielleicht konnte ich mich nie daran gewöhnen, daß ihr herangewachsen seid!" Oder wenn sie appelliert: „Dann darfst du doch nicht zulassen, daß sich die alte, wunderliche (...) Mutter zu Tode härmt. Du weißt nicht, was ich anstellen würde." Oder wenn sie an seine „Pflicht" erinnert: „Du mußt deiner Mutter eine Stütze sein ... und ein Schutz. (...) Ich weiß, für dich bedeutet das ein Opfer ... aber als Mann, Toni, mußt du auch ein solches Opfer bringen."
Toni beißt sich auf die Lippen, um die Tränen zurückzuhalten. Die Mutter küßt ihn auf die Stirn: „Na siehst du. Ich habe gewußt, was ich von dir erwarten kann. Du bist ein verständiger ... und tapferer Junge." Sie stützt sich auf seine Schulter und führt ihn hinaus.
Ondras Stimme im Finstern: „Arme liebe Mutter!"
Des Vaters Stimme: „Armer Toni."
Kornels Stimme: „Schrecklich muß das für den Jungen sein."
Genauso hat Helena Čapková diese Kindheitsszenen beschrieben. Die Mutter nahm „ihren" Ičinek und ging „zu sich". Schrecklich muß das für den Jungen sein, dachten der Vater und die Geschwister. Übrigens kommt es nicht von ungefähr, daß die Mutter im Drama nur Söhne zu beklagen hat, keine Tochter. Božena Čapková hat den Weggang Hele-

nas nicht nur mühelos verschmerzt, sie hat ihn sogar beschleunigt, ja, verlangt.
Das Drama zeigt nun eine Art Familienrat. Die Toten sind versammelt. Toni fehlt. Der Vater und die Brüder legen Fürsprache ein. Die Mutter ist auf der Hut: „Also deshalb seid ihr hergekommen, wie? Das hab ich mir gedacht! ... Aber Toni gebe ich euch nicht, hört ihr, Toni kann nicht gehen! Toni nicht!" Der Vater wendet ein: „Das wäre sehr schade, Mutter. Würde mir schrecklich leid tun für den Jungen." Auch Ondra meint: „Du mußt das begreifen, Mutter. Toni würde das entsetzlich demütigen, wenn er zu Hause bleiben müßte, Toni ist so sensibel! ... Für ihn ist das eine Gewissensfrage." Auch die anderen sind dafür, daß Toni gehen darf: Jiří wegen der Ehre, Kornel wegen der Pflicht, Petr wegen der Überzeugung. Die Mutter blickt sich um wie gehetzt (...) „Ihr seid also alle gegen mich!" Darauf der Vater: „Aber meine Liebe, das richtet sich doch nicht gegen dich!" Die Mutter: „Doch! Und wie ihr mir hier zusetzt!"
Selbst „der alte Herr", ihr Vater, setzt ihr zu, indem er all den Begriffen, die von den anderen ins Feld geführt wurden, eine Begründung, einen tieferen Sinn gibt. Er ist, was immer „seine schöne Laufbahn: ein hohes Amt und Orden und Titel" ihm bedeutet haben mögen, unverkennbar ein Philosoph, jenem nicht unähnlich, den Čapek den „alten Herrn" genannt hatte.
Indes, die Mutter gibt sich nicht geschlagen. Sie greift auf ein unanfechtbares Argument zurück. „Toni ist zu schwach (...) Du, Ondra, kennst ihn: du warst Arzt, sag doch, wie schwächlich Toni stets war! Du hast ihm doch selbst Medizin verordnet, erinnerst du dich? Ondra, du hast Vaterstelle an ihm vertreten. Sprich, sag endlich, daß Toni nicht gehen kann!"
Einen „mehr ärztlichen als väterlichen Brief" mußte Dr. Antonín Čapek 1921 schreiben. Das war damals eine Entscheidung, aber keine Lösung. Und jeder, der als Familienangehöriger von der ganzen Geschichte berührt wurde, mußte sich später fragen, ob es so „das Beste" war.
Fragen, Zweifel, Begründungen im Widerstreit auf der Bühne. Der Vater: „(...) der Junge grämt sich zu Tode, wenn er zu Hause bleiben muß." Kornel: „Uns mußtest du ... doch auch lassen, Mutter." Ondra: „Nimm es uns nicht

übel, Mutter, aber diesmal geht es wirklich um etwas sehr Ernstes ..."
Doch für die Mutter zählt das alles nicht. „Wenn es Toni betrifft, will ich nichts hören. Ihr habt eure Gründe und ich meine."
Schließlich beginnen auch die anderen, Gründe herzusuchen, die gegen Tonis Aufbruch sprechen. Ondra: „Toni ist wirklich ... physisch schwächlich." Jiří: „Exaltiert und dabei sehr ängstlich. Ich habe noch keinen Jungen mit so wenig Lebensmut gesehen." Kornel: „(...) es sind seine Nerven. Toni ist begabt, aber fürchterlich nervös. Ich weiß nicht, was aus diesem Jungen noch werden soll." Petr: „Schade um ihn. So wird er zu nichts nütze sein."
Das wiederum geht der Mutter gegen den Strich. Auf ihren Liebling läßt sie nichts kommen. „Nein, so dürft ihr auch wieder nicht sprechen! Ihr tut ihm unrecht! (...) Toni ist einfach ... zu gefühlvoll, aber sonst hat er sich herausgemacht (...) Toni kann nichts dafür. Ich habe ihn nicht weggelassen. Ich werde ihn nicht lassen." Und warum? „Weil ich nicht allein sein will. Vielleicht ist das egoistisch von mir (...) Habe ich denn kein Recht auf das Leben, das ich geboren habe?"
Die Mutter will das Leben, das sie geboren hat, schützen und bewahren, aber sie will auch unangefochten darüber herrschen. Das ist ihre Logik auf allen drei Ebenen des Dramas.
Mit einem abrupten Sinneswandel endet das Stück. Die weibliche Stimme im Radio meldet einen barbarischen Fliegerangriff des Feindes. Kinder wurden erschossen, durch Bomben zerfetzt. „Kinder?" Die Mutter ist entsetzt. „Tötet man denn Kinder?" Sie reißt das Gewehr von der Wand, gibt es Toni, mit beiden Händen. Mit großer Geste. „Geh!"
Dieser kategorische Imperativ wirkt unvergleichlich stärker als der Schlußsatz der ersten Variante. Da hieß es: „Geh, Toni, du mußt gehen!" Doch enthält die Aufforderung in beiden Varianten die ganze Qual der Selbstüberwindung. Da herrscht Entschlossenheit: Jetzt ist nichts anderes mehr möglich, also geh, du mußt gehen! Zugleich äußert sich Resignation: Ich kann dich nicht halten. Wenn ich dich auch verliere, du darfst gehen.

Der Schluß hat indessen auch symbolischen Charakter, und das nicht zuletzt im autobiographischen Zusammenhang. Indem die Mutter Toni das Gewehr reicht, gibt sie ihm endlich die Manneswürde, die sie ihm bisher verwehrt und unmöglich gemacht hat. In jener Geste der Mutter erfüllte sich der intimste Wunsch, den Čapek jemals auf die Bühne brachte. Und wie ein zusätzliches Symbol mutet die Tatsache an, daß ihm die Idee zu dem Stück von Olga geschenkt worden war.[310]

Mit ihrem Erinnerungsbuch „Ein tschechischer Roman" (1946), einem Versuch, Čapeks Beziehung zu ihr zu verewigen, brachte sich Olga Scheinpflugová bei so manchen Bewunderern des Schriftstellers in ein schiefes Licht. Nicht zuletzt wohl deshalb, weil die große, aber eitle Schauspielerin, die literarische Ambitionen hatte, in der romanhaften Darstellung auch sich selbst glorifizierte.
Doch die mittlerweile veröffentlichten „Briefe an Olga" belegen, welche außerordentliche Rolle Olga in Čapeks Leben gespielt hat. Wie immer er zwischen 1920 und 1938 die eigene Person reflektierte, wann immer er auf der Flucht vor sich selbst oder auf dem Weg zu sich selbst war, er setzte sich direkt oder indirekt mit ihr auseinander. So hinterließ sie mehr Spuren in seinem Werk, als sie selbst bemerkt, zumindest weitaus mehr, als sie zu erkennen gegeben hat. Beispielsweise erwähnt sie zwar, daß das Sujet seines letzten Dramas von ihr stamme – er hatte das selbst öffentlich kundgetan –, jedoch deutet sie nicht im mindesten an, daß die „Frauenstimme", bezogen auf den autobiographischen Hintergrund, niemand anders ist als sie selbst, ja sie läßt nicht einmal durchblicken, daß es diese verborgene Ebene überhaupt gibt. Sollte sie den gleichwohl offensichtlichen Mutter-Sohn-Konflikt nicht zu deuten gewußt haben?
Die Mängel ihres Buches fallen seltsamerweise gerade da sofort auf, wo es Bemerkenswertes bringt. Zum Beispiel von der Skandinavien-Reise 1936: „Karel Čapek war schon seit einigen Jahren Nobelpreiskandidat, doch sein letztes Buch ‚Der Krieg mit den Molchen' war allzu aggressiv, und darin wurde der Führer einer gewissen politischen Richtung zu sehr tangiert. Man ließ Čapek wissen, er solle einen Roman von etwa dreihundert Seiten liefern, der nichts und

93 Aus: „Reise nach dem Norden“ (Hammerfest. Zeichnung von Karel Čapek)

niemanden angreife. ‚Danke für den guten Willen‘, sagte er zu dem Mann, der ihm das übermittelte, ‚meine Doktorarbeit habe ich längst hinter mir.‘“[311]
Unerwähnt bleibt, daß ihn der Roman „Ein gewöhnliches Leben“ unter die Kandidaten gebracht hatte. Nicht genannt wird leider auch die Quelle jenes Ratschlags, der Licht auf

die Maßstäbe und Rücksichten der Preisverleiher wirft – Rücksichten, die so manches Mal zuungunsten progressiver Schriftsteller ausschlugen. Erwähnung verdiente auch, daß französische Schriftsteller, darunter Louis Aragon, Jean-Richard Bloch, Romain Rolland und Jules Romains, im Oktober 1938 forderten, „im Namen der Geistesfreiheit, die gegenwärtig in Spanien und in der Tschechoslowakei bedroht ist, (...) den Nobelpreis für Literatur dem großen tschechischen Schriftsteller Karel Čapek zu verleihen."[312]

Ist es abwegig zu vermuten, Čapek habe vielleicht doch auf die Ehrung gehofft, als er im Herbst 1938 das Vorhaben aufgab, einen unverkennbar auf die politischen Umstände bezogenen Roman mit dem Titel „Die schwarze Stunde" zu schreiben, und statt dessen etwas anscheinend Zeitloses wählte? Ebensogut könnte man jedoch fragen, ob Rücksicht auf die Zensur eine Rolle gespielt habe, als er den, zumindest nach außen hin, völlig unpolitischen Roman „Leben und Werk des Komponisten Foltýn" schrieb. 1937 hatte er einige politische Anspielungen in dem Stück „Die weiße Krankheit" entschärfen müssen, nachdem die hitlerdeutsche Gesandtschaft Protest gegen die Uraufführung eingelegt hatte. Und für die Verfilmung mußte er wegen der tschechoslowakischen Zensur ein „milderes" Ende liefern: Galén wird nicht von der fanatisierten Menge erschlagen.

Als lückenhaft und ungenau erweist sich Olga Scheinpflugovás Darstellung oft gerade da, wo man von einem Bericht aus persönlicher Sicht Aufschluß gewünscht hätte. Beispielsweise über Čapeks ausweichendes Verhalten, als ihm die Präsidentschaft im internationalen PEN angetragen wurde. Am 4. Juli 1935 übermittelte Hermon Ould die Bitte des damaligen Präsidenten H. G. Wells, Čapek möge das Amt übernehmen. Čapek antwortete erst am 6. Oktober 1935, denn: „Erstens war ich im Ausland, zweitens habe ich geheiratet, drittens habe ich einen Roman beendet. Was die Präsidentschaft im internationalen PEN angeht, so ist es für mich eine allzu große Ehre, doch wenn Mr. Wells es wünscht, kann ich nicht ablehnen – unter zwei Bedingungen: daß das Internationale Komitee einverstanden ist und daß wir die Entscheidung so lange hinausschieben, wie Mr. Wells unser Präsident ist. In der Zeit kann sich viel ändern."[313]

94 Aus: „Reise nach dem Norden“ (Nordkap. Zeichnung von Karel Čapek)

Hatte sich das Komitee schon im voraus für Jules Romains entschieden, oder fiel die Entscheidung erst, als Čapek nicht am 14. Internationalen PEN-Kongreß teilnahm, der am 15. und 16. September 1936 in Buenos Aires stattfand? Und warum nahm er nicht teil? „Es würde eine Menge Zeit kosten, und hier wird jeder ruhige und sorgfältige Mensch gebraucht“, sagte er – nach Olgas Darstellung.[314] Gebraucht wurde er zweifellos, um Edvard Beneš zu unterstützen, der im Dezember 1935 gegen den Widerstand der äußersten Rechten zum Nachfolger Masaryks gewählt wurde. Doch war Čapek ein dreiviertel Jahr später, als Beneš längst Staatspräsident war, nicht abkömmlich? Zumal der PEN ein internationales Forum darstellte, dessen Bedeutung im antifaschistischen Kampf Čapek gerade im Hinblick auf die

95 Karel Čapek und H. G. Wells auf dem internationalen PEN-Kongreß 1938 in Prag

wachsende Gefährdung der Tschechoslowakei zu schätzen wußte. Deshalb gehörte er ja 1938 zu den Organisatoren des Internationalen PEN-Kongresses in Prag.
Warum also fuhr er 1936 nicht nach Argentinien? Tat er sich, wie schon manchmal, allzuschwer, eine weite Reise zu unternehmen, noch dazu in ein ihm fremdes Land? Jedoch reiste er im Sommer 1936 zusammen mit Olga und ihrem Bruder Karel Scheinpflug nach Dänemark, Schweden und Norwegen. Oder scheute er die lange Reise, weil Olga während der Theatersaison vielleicht nicht hätte mitfahren können? Jedenfalls reisten sie im Juni 1937 gemeinsam zum PEN-Kongreß nach Paris. Ein Jahr zuvor – am 9. Juni 1936 – hatte er ihr aus Budapest, wo er an einer Debatte des Ständigen Komitees für Wissenschaft und Kunst beim Völkerbund teilnahm und einen Vortrag hielt, in einem Brief geschrieben: „Teure Oli, erwarte keinen schönen Brief von mir; ich konstatiere nur feierlich, daß ich Sehnsucht habe und es nicht mehr lange aushalte. Ich zähle die Tage und fast schon die Stunden bis zur Rückkehr; Frau Mann spottet über mich und sagt, nach einigen Jahren würde ich nicht

mehr so verloren sein, wenn ich ohne Ehefrau reise; aber ich glaube ihr nicht. Es ist öde. (...) So ein Komitee, das ist (...) lauter Pflicht und überhaupt kein Spaß. Ich fürchte, Du wirst am Sonnabend tragische Nachrichten lesen: daß in Budapest dreißig hervorragende Professoren und andere Kapazitäten aus ganz Europa auf einen Schlag sitzend dahingeschieden sind; wie man feststellte, durch Entkräftung. – Valéry, Duhamel und andere sind schon am Sterben; Thomas Mann zeigt noch etwas Lebendigkeit, aber der ist ja fein raus, der hat seine Alte mit! (...) Nächstens mußt Du einfach mitkommen, sonst reise ich nirgendwohin."
Den Brief hat Olga übrigens in ihrem Erinnerungsbuch nicht verwendet, obwohl er zu dem wenigen zählt, was Čapek ihr in den dreieinhalb Jahren der Ehe brieflich mitzuteilen Gelegenheit hatte. Ebensowenig die beiden anderen Briefe aus dieser Zeit. Der erste vom August 1937, als er in Strž war und „Die erste Kolonne" schrieb. Olga fuhr für einige Tage in die Slowakei, und Čapek berichtete von seiner Arbeit, von einigen Besuchern. „Ansonsten ist es hier sehr traurig ohne Dich, aber bislang kann ich nicht über aktuelle Sehnsucht klagen, weil dazu gar keine Zeit ist."
Der zweite Brief wurde am 24. Oktober 1938 im Schloß Osov geschrieben. Čapek hatte sich, als die allgemeine Mobilmachung ausgerufen wurde, in Strž befunden. Privatautos waren beschlagnahmt, das Reisen bereitete Schwierigkeiten, und er blieb vorerst dort. Doch die Telefonverbindung war unterbrochen, deshalb zog er es vor, im nahe gelegenen Schloß Osov Unterkunft zu nehmen.

Am 22. September 1938 hatten Großbritannien und Frankreich Hitler zugestanden, die Sudetengebiete zu okkupieren, und ein diesbezügliches Ultimatum war von der tschechoslowakischen Regierung und dem Präsidenten Beneš akzeptiert worden. Die Bevölkerung war empört. „Wir lassen die Republik nicht zerschlagen!" erklärte Klement Gottwald auf einer Kundgebung vor dem Parlament. Die KPTsch rief zum Generalstreik auf. Regierungschef Hodža trat zurück. Das Amt übernahm General Syrový. Es wurde mobilisiert – jedoch nur zur Beschwichtigung der Bevölkerung. Denn die Regierung machte weder vom Beistandspakt mit der UdSSR Gebrauch noch von der so oft beschwo-

renen Bereitschaft des Volkes, die Landesgrenzen, deren Befestigungsanlagen mit großem Aufwand ausgebaut worden waren, zu verteidigen.
Am 30. September 1938 unterzeichneten Chamberlain, Daladier, Hitler und Mussolini das völkerrechtswidrige Münchener Abkommen. Vom 1. bis 10. Oktober 1938 besetzten deutsche Truppen die Sudetengebiete, die dem „Großdeutschen Reich" zugeschlagen wurden. Polnische Truppen rückten ins Gebiet von Český Těšín ein, das Polen angegliedert wurde. Die Tschechoslowakische Republik verlor ein Drittel ihrer Bevölkerung und ihres Territoriums, mehr als vierzig Prozent ihrer Industrie und einen bedeutenden Teil ihrer Rohstoffe. Vor allem aber büßte sie ihre Verteidigungsfähigkeit ein und wurde politisch völlig von Hitlerdeutschland abhängig.
„Für die Sache des Friedens ist kein fremdes Opfer groß genug", schrieb Čapek. Und: „Verträge sind da, um vom Schwächeren eingehalten zu werden." Und: „Dank den Anstrengungen der Staatsmänner wurde die internationale Unsicherheit gewahrt."[315]
Einen Monat später, nach dem „Wiener Schiedsspruch", okkupierte Ungarn die Südslowakei und die Karpatoukraine. Nun sollte es nur noch vier Monate dauern bis zur Liquidierung des tschechoslowakischen Staates. Beneš resignierte. Hácha trat an seine Stelle, und er war es dann, der im März 1939 die Schaffung des „Protektorates Böhmen und Mähren" zu akzeptieren hatte.
In Sentenzen und Aphorismen machte Čapek seinem Herzen Luft. Sie spiegeln die Stimmung im Herbst 1938. „Es gibt große und kleine Mächte. Es gibt auch große und kleine Machtlosigkeiten." – „Einen Konflikt lokalisieren: das Opfer seinem Schicksal überlassen. Einen Konflikt liquidieren: es zu Fall bringen."[316]
Čapek ahnte, was dem Land drohte, jedenfalls wußte er, daß in der schier ausweglosen Lage eines gewiß nichts nützte: hysterisches Geschrei und starke Worte. In dem Brief vom 24. Oktober 1938 wies er Olga zurecht. Doch wenn er aussprach, was nun allein übrigbleibe und worauf er hoffe, so war doch nicht zu verkennen, wie wenig Hoffnung er sich machte und welch schmales Leben er vor sich sah. „Teure Olinka, ich wollte heute nach Prag zurückkeh-

ren, vor allem Deinetwegen, um bei Dir zu sein; doch ich habe jetzt ernste Bedenken, die Leute könnten sagen, ich sei damals nur aus Prag verschwunden, weil fast schon Bomben über der Stadt schwebten, deswegen habe ich ein unangenehmes Gefühl, ich denke, es ist besser, wenn ich noch ein Weilchen draußen bleibe und meine Arbeit hier mache. Wenn Du nicht heute oder morgen zu mir kommen kannst, gib mir bitte schriftlich einen Rat. Schrecklich gern würde ich nach Strž fahren, das würde mich zutiefst erleichtern (...) wir müssen den Umbau fertigkriegen, damit wir einen Ort haben, wo wir in Ruhe schreiben können. (...) bitte, reg Dich jetzt nicht auf und meide aufgeregte Leute. Es ist nichts zu machen. Sich mit der Lage der Dinge abzufinden, ist eine Sünde, weil an uns eine große historische Brutalität verübt wurde; und die zu verfluchen, die uns da hineingebracht haben, ist auch eine Sünde, weil es uns im In- und Ausland schaden könnte; und das können wir uns jetzt nicht erlauben. Wir können nicht mal mehr den verfluchen, gegen den zu kämpfen wir schon bereit waren (...) Es gibt keinen Ausweg, wir haben nichts, um uns zu erleichtern; darum bitte ich Dich dringlich (...), Du mußt wie so viele die Zähne zusammenbeißen und alle Leidenschaften beiseite lassen. Wenn jeder das tut, stehen wir es zumindest so durch, daß wir uns wieder sammeln. (...) Ich möchte Dich hier haben, ich hasse das Theater, das Dich in dieser so bedrückenden Zeit von mir trennt. (...) Unter Menschen zu gehen ist eine Qual; ich lebe hier wie ein Einsiedler unter den Menschen, so lieb sie auch sind, weil ich es nicht mehr aushalte, immer die gleichen Reden und Reaktionen zu hören. Teure Olinka, Hauptsache, ich sehe Dich bald. (...) In die Zukunft schaue ich ruhig, (...) es wird nicht so schlimm, wie man es sich in seiner Gefühlswallung ausmalt; und was uns beide betrifft, ich dürste geradezu danach, daß wir uns aneinander schmiegen und mehr für uns selber leben können als bisher."

Gescholten, ja, verunglimpft hatte man Čapek schon oft. Der Generalstäbler Moravec warf ihm „ungesunden Pazifismus" vor, sah in seinen Werken einen Mangel an Heldischem, Soldatischem. Infam wurde der Schriftsteller Durych. Er erklärte, als alter Militärarzt pflege er Männer in

Tauglichkeitskategorien einzuteilen und wisse, daß eine jede Kategorie auch ihre eigene Moral habe. Čapeks Werk – es ging um „Die weiße Krankheit“ – lese er als Produkt der untersten Kategorie, und wenn deren Moral um sich greife, so sei um die Nation zu fürchten.[317] Anonyme Schmähungen ließen nicht auf sich warten. Es gab auch Drohungen. Und einmal entging Čapek nur durch Zufall einem Überfall auf der Straße. Kollegen aus der Redaktion der „Lidové noviny“ erboten sich deshalb, ihn abends auf dem Heimweg zu begleiten. Wie naiv gutherzig er selbst für seine Sicherheit sorgte, berichtet sein Schwager Edmond Konrád: Er legte sich eine Schreckschußpistole zu. „Wissen Sie, die blitzt und knallt mächtig. Und das sind doch Feiglinge, sie rennen beim ersten Schuß weg – und ich kann völlig sicher sein, daß ich keinem was zuleide tue.“[318]

Indessen spitzte sich die Lage im Herbst 1938 auch für Čapek zu. Als einer der geistigen Repräsentanten der Ersten Republik wurde er für deren Zusammenbruch mitverantwortlich gemacht – von der tschechischen Reaktion, die die nationale Katastrophe benutzte, um mit Liberalen sowie Linken abzurechnen und die Kollaboration mit den Hitlerfaschisten vorzubereiten. Das reaktionäre Regime setzte Werke von ihm auf den Index, um den Antifaschisten Čapek mundtot zu machen. Die reaktionäre Presse denunzierte ihn als Volksfeind, um den Patrioten Čapek unglaubwürdig erscheinen zu lassen. Es war eine Stimmungsmache, die er buchstäblich auf Schritt und Tritt spüren mußte. In der Erzählung „Zehn Centavos“ hat er das beschrieben. „Jetzt erst konnte er lesen, was in der Zeitung stand. (...) ‚Das Volk rechnet schon ab mit ihrer ›volkserzieherischen‹ Tätigkeit, Herr Varga, mit der Sie jahrelang die Seele unseres Volkes vergiftet haben! Das Volk legt keinen Wert auf Ihre verfaulte fremdländische Bildung, die in ihm nur moralischen Verderb, Schwäche und innere Zerrüttung sät; und es wird nicht zulassen, daß Sie weiterhin Ihre als nützliche Kenntnisse getarnten subversiven Ansichten unter der Jugend und dem einfachen Volk verbreiten‘ ... Herr Manoel Varga ließ die Zeitung sinken und wurde traurig. (...) Er glaubte einfach an die Bildung, und er liebte das Volk (...) und jetzt schreiben sie hier, das Volk lege keinen Wert darauf und lehne das voller Abscheu ab. Herr Varga schüttelte den Kopf und versuchte weiterzulesen. ‚Wenn die Behörden nicht gegen Ihr Treiben einschreiten, wird das empörte Volk selber Ordnung schaffen; und dann sehen Sie sich vor, Herr Manoel Varga!' (...) Das ist das Ende, sagte er sich. Es wollte ihm zwar nicht in den Kopf, was sich so plötzlich in der Welt und in den Menschen geändert hatte und warum das, was gestern gut war, heute im Handumdrehen schädlich und subversiv war; aber noch weniger vermochte er zu begreifen, wo mit einmal soviel Haß bei den Leuten herkam. Herrgott im Himmel, soviel Haß!"[319]

Es kam eine Flut von anonymen Schmäh- und Drohbriefen und öffentlicher Verunglimpfung, nachdem Jaroslav Durych unterstellt hatte, Čapek sei vor der Gefahr eines deutschen Luftangriffs nach Strž geflohen. Darüber schreibt František Langer: „Es war nicht wahr, und ich unternahm alles, versuchte auch persönlich, Durych zur Zurücknahme seiner Behauptung zu bewegen, doch er wies mich geradezu verächtlich ab und hielt fest an seinen Nachrichten aus dritter und vierter Hand. Sein Auftritt war wie ein Signal für die Gemeinheit der Gosse und der Zeitungen und für den jahrelang aufgestauten Neid und Haß, und sie schütteten Kanäle von Verleumdungen und Wut über ihn aus. München war für Čapek wie eine Verstümmelung seiner selbst. Er war verletzt, war erschlagen. Die Angriffe, die über seinen Kopf alles trafen, was er liebte, waren für ihn eine tiefe Demütigung und Entehrung. Gleichsam fragend schaute er umher, ob in einer Zeit, da seine Gedanken am meisten gebraucht wurden, jemand auf ihn hören würde. Diese Kampagne war einer jener Schläge, die sich in seiner letzten Stunde addierten."[320]

Und wie gibt Olga Scheinpflugová Čapeks Reaktion auf die Verleumdungskampagne wieder? Mit Worten aus einem Brief von ihm, wie es die Methode ihres „Tschechischen Romans" ist. „Ich sehe, ich bin ein Opfer (...) einer finsteren und bösen Lüge, die ich nicht begreifen kann. Es ist bitter für mich, Du weißt gar nicht wie sehr; ich, der ich ein geradezu verzweifeltes Bedürfnis nach Harmonie und Reinheit habe, um mich am Leben zu erhalten, muß der Lüge und Verdrehung begegnen. Ich bin ein schwacher Mensch, schwächer, als Du es weißt; meine Lebenskraft gründet sich auf Kredit, auf Vertrauen zu den Menschen, ich verliere alle Sicherheit, wenn ich mit unsinniger Lüge und mit Haß zu tun habe. Ich bemühe mich ängstlich, niemandem weh zu tun; das ist ein geringes Verdienst, aber ich möchte mir damit die Unversehrtheit und Reinheit des eigenen Lebens erkaufen; und wenn das egoistisch ist – dafür gebe ich der Welt alles, was ich kann."[321]

Diese Worte kennzeichnen die Lage des Gejagten und Mißverstandenen, als der er sich im Herbst 1938 fühlen mußte. Indes – sie stammen gar nicht aus diesem Jahr! Olga hat sie fast unverändert einem Brief entnommen, den Čapek ihr am 11. Juli 1925 geschrieben hatte, nachdem er durch hinterbrachten Klatsch zu Eifersucht provoziert worden war.[322]

Im Bemühen um Authentizität legte Olga Karel Čapek in ihrem „Tschechischen Roman", wo immer es ging, Zitate aus seinen Briefen in den Mund, jedoch willkürlich, ohne Rücksicht auf den zeitlichen und sachlichen Zusammenhang der Äußerungen. Zum Beispiel bezog sie Dinge, die er ihr während der Arbeit an „Krakatit" im Jahre 1923 und an „Ein gewöhnliches Leben" im Jahre 1934 geschrieben hatte, auf „Die erste Kolonne" (1937). Sie gab durchweg keine Datierungen und kennzeichnete nicht die Auslassungen; oft fügte sie Briefstellen nach Belieben zusammen. Statt des angestrebten authentischen Bildes entstand ein Mosaik, von dem selbst die als authentisch gekennzeichneten Teilchen nur mit Vorsicht zu betrachten sind. Zweifellos handelt es sich bei allen Textstellen, die in „Ein tschechischer Roman" in Sperrschrift stehen, um Zitate aus Čapeks Briefen. Ein Vergleich mit den über die Zeitläufte geretteten und als Buch veröffentlichten „Briefen an Olga" zeigt allerdings, daß ein beträchtlicher Teil der Korrespondenz verlorengegangen ist, was Olga im Geleitwort zur Buchausgabe vermerkt. Ihre Antworten sind ohnehin nicht erhalten, da Čapek seine Post, von wem auch immer, zu vernichten pflegte.[323] Es fehlen aber von seinen Briefen an Olga allem Anschein nach einige, die sich auf Spannungen zwischen ihnen bezogen, so daß der Verdacht nicht von der Hand zu weisen ist, Olga habe manches Mißliche beseitigt. Andererseits hat sie alles, was in den sechziger Jahren noch vorlag, zur Veröffentlichung in dem Band „Briefe an Olga" freigegeben. Und das waren immerhin dreihundertsechzig Schriftstücke, die insgesamt ein zuverlässiges Bild vom Verhältnis zwischen ihr und Čapek ergeben. Sie hat also selbst dafür gesorgt, daß „Ein tschechischer Roman" als das gelesen werden kann, was er letztlich ist: ihre persönliche Version, niedergeschrieben in den ersten Jahren nach Čapeks Tod, in der Zeit der faschistischen Okkupation. So unverzeihlich es bleibt, daß sie Briefstellen aus ihrem Zusammenhang gerissen und nach Gutdünken da in den Roman eingesetzt hat, wo sie ihr hineinzupassen schienen, sollte man doch ihr damaliges Bestreben verstehen, das Erlebte, das Erlittene, das Verlorene in einer verklärten, aber gleichsam unumstößlichen Darstellung zu bewahren. Ein romanartiger Bericht taugte dazu, eine Dokumentation nicht. Aber trotz allem, was gegen die Methode des Buches eingewendet werden muß, und trotz der Lücken, Ungenauigkeiten, Glorifizierungen, Schwülstigkeiten und sonstigen Mängel läßt sich immerhin manches Wesentliche von Čapeks seelischen Wirrungen und von den Höhen und Tiefen seiner Beziehung zu Olga herauslesen oder zumindest ahnen.

Schwerste Vorwürfe gegen Olga Scheinpflugová erhebt Oldřich Králík: Sie habe ihre Beziehung zu Čapek systematisch in ein falsches Licht gerückt, habe mittels postdatierter Zitate ihre Ehe als glückliche Idylle geschildert, auf die nur durch die politischen Ereignisse Schatten gefallen seien. Jedoch: „Ich möchte beim Verfolgen von Čapeks Schaffensweg nicht in die Niederungen des Biographischen, ins Enthüllen des pikanten Privatlebens verfallen." Genau das aber tut er, wenn er schreibt: „Als Čapek im Jahre 1937 ‚Die erste Kolonne' schrieb, trat er unter der Maske des tragischen Adam in den Roman. Und wir können vermuten, in Adams Schicksal habe er auch ein Bild seiner Ehe chiffriert."[324]

Der Roman „Die erste Kolonne" läßt die Vermutung zu. Indessen wird das mutmaßliche Bild so von Kindheitserinnerungen überlagert, daß ein Deutungsversuch spekulativ bleiben müßte.

Olga Scheinpflugová schreibt: „Nach kurzer Zeit verließ er sein Schlafzimmer, um neben ihr einzuschlafen (...) Einmal vertraute er sich ihr an (...): ‚Seit ich geheiratet habe, bin ich das Schlimmste, Quälendste losgeworden, was mich früher jeden Abend und jede Nacht überfallen hat. (...) Die Angst vor dem Tod.'" Daß solche Darstellungen aus Olgas Feder auf Wahrheit beruhen, findet man in den Erinnerungen von Čapeks Freunden indirekt bestätigt: Seit er mit Olga zusammenlebte, sei er ausgeglichener, ungezwungender, freier gewesen.[325]

Im Zorn über Olgas Methode des pseudoauthentischen Zitierens kommt Králík zu einer haarsträubenden Interpretation von Čapeks letztem, unvollendet gebliebenem Roman „Leben und Werk des Komponisten Foltýn": „Mit allen Mitteln drängt sich die Autorin des ‚Tschechischen Romans' von 1935 an in die Nähe des Lebens und vor allem des Schaffens ihres Gatten, doch das Ergebnis ist erbärmlich. Mit seinem ‚Foltýn' hat Čapek schon im voraus eine Kritik des falschen Zeugnisses des ‚Tschechischen Romans' geschrieben. Selbstverständlich konnte er das Werk nicht kennen, doch offenbar kannte er dessen Autorin nur zu gut. Die Traurigkeit wegen der Frau, die er Anfang der zwanziger Jahre irrsinnig geliebt hatte, chiffrierte er genial in sein Romantorso, und es ist eine Ironie des Schicksals, daß O. Scheinpflugová das Werk aus seinem Nachlaß veröffentlicht hat. Nicht nur das, sie versah es auch mit einem ‚eingeweihten' Nachwort, in dem sie so tut, als hätte Čapek vor ihr keine Geheimnisse gehabt, als sei sie seine Mitarbeiterin gewesen."[326]

So haltlos Králíks Hypothese ist, so absurd erscheint die Vorstellung, im tragischen Herbst 1938 habe Čapek nichts anderes im Sinn gehabt, als eine bitterböse Karikatur seiner Frau zu schaffen, der er zur gleichen Zeit schrieb, wie sehr er sie brauche und auf sie warte.

Andererseits sollte nicht übersehen werden, daß auf Olgas Äußerungen über Čapeks Werke wirklich wenig Verlaß ist. Beispielsweise berichtet sie im besagten Nachwort, Čapek habe ihr über Foltýn gesagt: „Vielleicht war in ihm doch etwas, was ihn so besessen machte, (...) aber seine Verlogenheit hat diesen armen Kerl getötet; er verstrickte sich in eine Lebenslüge und fand nicht mehr aus ihr heraus. Er war voll verlogener Phantasie und ohne jede wahrhafte Verbindung zur Wirklichkeit, mit der er moralisch gebrochen hatte – wie und woraus sollte dieser Unglückliche schaffen?"[327]

Demnach wäre Foltýn im Grunde eher ein armer, bedauernswerter Kerl als ein elender, erbärmlicher Schwindler gewesen; erst der verhinderte Künstler wurde zum skrupellosen Hochstapler.

Hingegen erzählt Olga in ihrem Erinnerungsbuch, Čapek sei durch die Hetzkampagne deprimiert gewesen, habe sich aber dann wieder ans Werk gemacht: „Antwort auf alles gab er auch sich selbst durch die Arbeit. Er begann den ‚Foltýn' zu schreiben, die Tragödie eines Untalentierten, der geschlagen ist mit Ehrgeiz, Lüge, Hochstaplertum. Ein eitles, posierendes, exaltiertes Wesen, das er gewählt hatte, um die ewigen und unanfechtbaren Gesetze wahrer Kunst zu bestätigen (...)" Und über den Kontext des Werkes habe Čapek gesagt: „Die Welt ist voller Foltýns, in der Politik und auch in der Kunst, man muß sie dorthin verweisen, wohin sie gehören."[328]

Schon Miroslav Rutte schrieb 1939, Čapek habe seine Bitterkeit über gewisse gefährliche Erscheinungen im tschechischen Kulturleben ausdrücken und, in der Vorahnung des ‚Großen Schweigens', sein künstlerisches Vermächtnis geben wollen.[329] Doch warum wählte Čapek als Hauptgestalt ausgerechnet einen Pseudokünstler oder Kunstdieb? Und warum dreht sich das meiste um Diebstahl geistigen Eigentums, geheucheltes Künstlertum, Ruhmsucht und ähnliches? Das waren doch wohl nicht die schlimmsten, die eigentlichen Gefährdungen des Kulturlebens. Oder nehmen wir an, Čapek habe, wie offenbar Rutte, wegen der Zensur „Kunst" und „Kultur" gesagt, zugleich aber auch Politik und Gesellschaft gemeint: Sah er im Herbst 1938 nicht ganz andere, ungleich größere Gefahren? Sollten „Der Krieg mit den Molchen" und beispielsweise „Winter 34" dem Autor völlig entrückt gewesen sein?

Am Tag nach dem Münchener Abkommen war Erika Mann bei Čapek in Strž, um ihn zum Verlassen des Landes zu bewegen. „Natürlich kann ich nicht hierbleiben", sagte er verzweifelt. „Aber könnte ich im Ausland ein Buch wie ‚Hordubal' schreiben?"[330]

Ein zermürbender Zwiespalt, nachdem so viel gescheitert und zusammengebrochen war.

Gescheitert waren Čapeks politische Bemühungen. Im Auftrag der Regierung hatte er am 31. März und 3. April 1938 in Schloß Osov Informationsgespräche mit dem deutschen Gesandten Ernst Eisenlohr geführt. Am 22. Juni 1938 hatte er über den Sender Mělník an seine deutschen Mitbürger appelliert, im Interesse des Friedens die Verständigung zu suchen. Aber Henleins faschistische Sudetendeutsche Partei beherrschte längst die Stimmung, und Hitlerdeutschland war nach dem „Anschluß" Österreichs auf weitere Annexionen aus.

In der Erwartung, daß der internationale PEN sich für sein Land einsetzen werde, hatte Čapek den Prager Kongreß mit organisiert. Doch nach dem Münchener Abkommen schrieb er verbittert an Ould, den Sekretär des Londoner PEN-Klubs, „über die unselige oder vielmehr erschütternde Rede" des Jules Romains. „Wenn das, was ich gelesen habe, der genaue Wortlaut der Rede ist und wenn Herr Jules Romains ihre ungewöhnlich deprimierende Wirkung auf unsere Schriftsteller und unser Publikum nicht gehörig zu korrigieren vermag, so ist es für mich undenkbar, weiterhin Mitglied einer internationalen Organisation zu sein, deren Präsident das gebilligt hat, was für uns die schlimmste Erniedrigung und das schlimmste Unrecht bedeutet. Mein lieber Ould, es geht nicht nur um ein großes Stück Land, das verloren ist, sondern auch um ein großes Stück Freiheit, Demokratie und viele andere sittliche Werte. Es mag den Anschein haben, als gäbe es keinen anderen Weg, als es mit Resignation hinzunehmen, aber dies billigen und die Welt beglückwünschen zu dem, was geschehen ist, – nein, meine Londoner Freunde: das ist es nicht, was wir oder sonst jemand von den im PEN Vereinigten erwartet hätten."[331]

Am wenigsten erwartet aber hatte Čapek den sang- und klanglosen Zusammenbruch der Republik. Im Sommer 1938 unterstützte er enthusiastisch das Sokol-Treffen, das zu einer patriotischen Manifestation wurde, stellte sich für antifaschistische Propaganda zur Verfügung, besuchte Einheiten der Armee, erklärte sich schließlich bereit, nach England und in die Schweiz zu fahren, um kraft seines Namens für die Unterstützung seines Landes zu werben. Er solle fahren, wurde ihm von der Regierung beschieden; aber dann, im September, hieß es plötzlich: Nein, es ist zu

96 In Osov 1938

spät ... Chamberlain und Daladier betrieben „Beschwichtigungspolitik“ und beugten sich Hitlers Forderungen. Und die herrschenden Kreise der Tschechoslowakei waren zur Kapitulation bereit.
„Es ist nicht so schlimm: Sie haben uns nicht verkauft, sie haben uns umsonst ausgeliefert.“ Čapeks Aphorismen aus

dieser Zeit sind oft sarkastisch, mitunter auch verzweifelt. „Wie man sieht, gibt es Leute, die schon freiwillig mehr als nur Land ausliefern wollen."[332]
„Vielleicht hätte Beneš anders handeln müssen, sicherlich hätte er das", sagte er zu Erika Mann. „Aber verstehen Sie, unser ganzer Staat, der Staat von Masaryk und Beneš, stützte sich auf den Glauben an die Demokratie des Westens. Als England und Frankreich diese Idee verrieten, verrieten sie auch uns und überließen uns unserem Schicksal. Wir sind nicht nur im praktischen, militärischen Sinne ruiniert, wir sind auch innerlich ruiniert, denn alles, worauf wir gebaut haben, ist zusammengebrochen."[333]
Zusammengebrochen war sein eigener „Glauben an die Demokratie des Westens", seine Hoffnung auf England und Frankreich, sein Vertrauen auf den Staatsmann Beneš und den tschechoslowakischen Staat. Zusammengebrochen war so vieles, das ihm am Herzen lag, nicht zuletzt das Lebenswerk Masaryks, den er wie einen Vater verehrt hatte. Gescheitert waren Ideen, Ideale und eben auch Illusionen, die Čapeks Überzeugungen bestimmt hatten und in seine Persönlichkeit integriert waren. Das war der Grund, aus dem er „München" sowohl als nationales Unglück als auch, darüber hinaus, als seine persönliche Katastrophe empfinden mußte.

In dieser Situation schrieb Čapek „Leben und Werk des Komponisten Foltýn". Nichts von alledem wird in dem Roman direkt wiedergegeben. Und doch findet sich etwas Wesentliches als zentrales Motiv: das Scheitern.[334]
Foltýn war ein Gescheiterter. Er scheiterte mit seiner Sehnsucht, Künstler zu sein, und schließlich mit dem skrupellosen Versuch, sich ein Werk zu erschwindeln. Am Ende verlor er den Verstand und starb im Irrenhaus. Geschildert wird buchstäblich ein „gewesener Mensch". Es berichten Männer und Frauen, die ihn gekannt oder ihm sogar nahegestanden haben, und ein wenig spiegelt jeder auch sich selbst, während er von Foltýn erzählt. Anders als in „Der Meteor" hat aber jeder etwas Vorgefallenes, Beobachtetes mitzuteilen, so daß sich aus Facetten die wirkliche Lebensgeschichte des armen Möchtegerns und gemeinen Betrügers zusammenfügt. Ähnlich wie in „Der Meteor" hat auch

hier das Geschilderte nichts mit Čapeks Leben zu tun, wenngleich in Motiven und Sinnbildern wiederum ein wenig Autobiographisches durchschimmert. Zum Beispiel kehrt Foltýn als Gymnasiast den angehenden Künstler heraus, um ein Mädchen zu beeindrucken, und als er sie geradezu betört hat, zieht er sich zurück. Eine wesentlichere Anspielung liegt in Foltýns Charakteristikum: Er ist ein Scharlatan und Hochstapler. Man hatte Čapek manchmal vorgeworfen, er verarbeite zu oft und zu schnell fremde Einflüsse, worauf er ironisch erklärte, er könne drei, vier Schriftsteller nennen, die ihn nicht beeinflußt hätten.[335] Foltýns einziges Werk, die Oper „Judith", erweist sich als ein zusammengeklittertes Machwerk, die wertvollen Teile des Librettos und der Musik sind sämtlich gestohlen.
Daß Čapek mit dem „Foltýn" sein Gesamtwerk denunzieren oder die eigene literarische Leistung für nichtig erklären wollte, kann mit aller Wahrscheinlichkeit ausgeschlossen werden. Im übrigen hatte er hinsichtlich seiner literarischen Produktion weniger denn je Grund zu zerstörerischem Selbstzweifel. Katastrophal zusammengebrochen aber waren seine Bemühungen und Hoffnungen auf anderem Gebiet, gescheitert war er als „offizieller Schriftsteller". Durch „München" war seine Welt zerbrochen. Und jenes Amt, das er mit soviel Ernst und Leidenschaft auszuüben getrachtet hatte, mußte sich im Rückblick so darbieten, als sei daran „alles eitel und Haschen nach Wind" gewesen. Vielleicht schrieb Čapek diesen Künstlerroman deshalb und machte einen Scharlatan zur Hauptgestalt? Auch Foltýn versuchte sich auf einem Feld, wo er nichts zu bestellen hatte. Konfrontiert mit dem „Werk", das er zu verantworten hatte, wurde er wahnsinnig.
Gleichwohl ist Foltýn, aufs Ganze gesehen, weit mehr als nur eine verschlüsselte Karikatur. Das Romanfragment läßt sich ebensowenig wie vergleichbare frühere Werke auf reale Umstände reduzieren; persönliche Hintergründe wurden, wie in anderen Fällen auch, sublimiert. Doch je deutlicher man sich die bedrückte Stimmung vergegenwärtigt, in der Čapek lebte, desto weniger wird man sich des Eindrucks erwehren können, er habe sich gerade mit dieser Figur die Verzweiflung von der Seele schreiben wollen. Vielleicht handelt der Roman deshalb ausschließlich von einem

bereits geschehenen Zusammenbruch, ohne auch nur im mindesten auf künftiges Unheil, auf nahende Gefahr zu weisen? Oder war dies auch ein Zeichen der Resignation?

Und Trojans Darlegung am Ende des Romanfragments? „Dein Werk ist dir nicht auferlegt, damit du dich darin aussprichst, sondern damit du dich reinigst, dich von dir selbst befreist; du schaffst nicht aus dir, sondern über dich hinaus und ringst dich mit Entsetzen und Geduld durch zu besserem Sehen und Hören, klarerem Denken, größerer Liebe und tieferer Erkenntnis als der, mit der du dich an dein Werk gemacht hast. Du schaffst und bildest, um an deinem eigenen Werk die Form und die Vollkommenheit der Dinge zu *erkennen*. Dein Dienst an den Dingen ist Gottesdienst."[336]

Ist dies nichts anderes als Čapeks Bekenntnis zur Kunst, die unbeirrt nach Erkenntnis strebt? Oder deutet die Tatsache, daß nur von Kunst gesprochen wird und nicht auch von der Welt, auf die sie „so stark reagieren" müsse, wie es ihr gegeben sei, auf Resignation hin, auf Rückzug und hingenommene Beschränkung? Oder mehr noch: Sollten dies „letzte Worte" sein? Jedenfalls waren es wohl die letzten Zeilen, die er schrieb. Hier endet der Text von Karel Čapek.

Aus den Artikeln, die er von Anfang Oktober bis Mitte Dezember für „Lidové noviny" schrieb, spricht jedenfalls noch der Wille zum Durchhalten. Die Aphorismen sind geradezu trotzige Aufrufe. „Nur der glaubt wirklich, der vorwärts arbeitet." – „Den Staat wiederaufbauen ... dafür lohnt es noch zu leben." – „Mögen wir unglücklich sein, nur nicht klein." – „Neue Menschen sind nur diejenigen, die neuen Aufgaben gewachsen sind."[337]

Sicher zeugt das alles von Selbstdisziplin. Und doch war es mehr: die Erkenntnis, gar nicht anders zu können als weiterzuarbeiten. „Ja, vieles hat sich verändert, aber die Menschen sind die gleichen geblieben; nur wissen wir jetzt besser, wer wer ist. Wer anständig ist, war immer anständig; wer treu war, ist auch jetzt treu. Wer sich mit dem Wind dreht, hat sich auch früher mit dem Wind gedreht. Wer denkt, jetzt sei sein Augenblick gekommen, hat auch früher nur an sich gedacht. Niemand wird ein Überläufer, der nicht immer einer war; wer seinen Glauben wechselt, hatte keinen; einen Menschen änderst du nicht, er kann sich dir nur entpuppen. (...) Eine harte Prüfung ist auch eine harte Erkenntnis. Der künftige Foliant unserer Geschichte dieser Zeit wird einen Untertitel haben: Wer war wer. Auch ein gutes Gedächtnis gehört zu den ständigen Dingen, die nötig sind und nötig sein werden."[338]

„England schickte zu Karel Čapek nicht einen seiner Übersetzer. Zu ihm kam keines der bedeutenden Mitglieder des britischen PEN-Klubs. Die Redaktion der ‚Times', die regelmäßig Literaturbeilagen herausgab, schickte keinen ihrer Literaturkritiker, sondern diesen Musikreferenten, diesen abgerissenen Bohemien mit tränenden Augen und einem weichen Herzen. Vielleicht hatte man Mr. Esquire wegen seines guten Herzens gewählt, damit er Karel Čapek tröste." František Kubka begleitete ihn nach Strž. Er berichtet: „Der Wagen hielt. An einer Mühle? Nein. An Čapeks Haus. Wir stiegen aus. Der Boden war schlammig, ein Bach murmelte tückisch, und von den Bäumen tröpfelte es. Es war ein langgestrecktes, schmutziggelbes Haus, sonderbar altertümlich, wenigstens hundertfünfzig Jahre alt, mit wenigen Fenstern, aus lauter Gestrüpp hoch aufragend, über unsichtbarem zornigem Gewässer, düster und verlassen wie unsere ganze damalige Welt. Karel Čapek erhob sich am Eichentisch. Er trug seinen kurzen Hausrock. (...) Es war kühl in der ländlich eingerichteten Stube. Ein schwerer Tisch, rustikale Stühle, an den Wänden Regale mit Keramik, auf dem Tisch ein mährisch-slowakischer Krug und ein paar Gläser. Čapek goß den gelben Sliwowitz ein." Das Gespräch drehte sich darum, was Čapek zu tun gedenke – ob er nicht nach England emigrieren wolle. „‚Das muß ich nicht, ich bin nicht so eine wichtige Person. Und überhaupt ...' Čapeks Stimme wurde jungenhaft rauh und laut: ‚Ich will nichts und brauche nichts. Was ich gewollt habe, existiert nicht. Was ich gebraucht habe, ist mir genommen worden. Auch England habe ich geliebt. Mr. Chamberlain hat es mir genommen. Können Sie mir geben, was mir genommen worden ist? Können Sie mir mein Land zurückgeben? My country? Sie können es nicht. Warum interessieren Sie sich für mich, wenn Sie sich in München nicht für mein Land interessiert haben. Ich will Sie nicht beleidigen, Mr. Esquire. Sie haben eine weite Reise in ein unbekanntes Land unternommen. Das ist schön von Ihnen. Aber ich will von niemandem etwas, ich will nichts. Grüßen Sie die Herren aus der Redaktion Ihrer berühmten Zeitung. Sie sollen sich keine Sorgen um mich machen. Irgendwie wird es werden. Ich weiß, es wird schlimm. Für uns und auch für Sie. Ich will es nicht sehen. Ich will es nicht hören. Ich habe alles satt. Alles, sage ich Ihnen! Mir steht es bis zum Hals ... Sprechen wir über etwas anderes.' Mr. Esquire konnte über nichts anderes sprechen. Er war sehr still. Traurig schaute er zum dunkler werdenden Fenster hinaus und trank einen Sliwowitz nach dem anderen. Čapek erhob sich, machte Licht und wünschte auf tschechisch einen guten Abend. ‚Dobrý večír' – so sagte er auch immer auf seinen Freitagstreffen, wenn er Licht machte. Mr. Esquire fragte mich flüsternd: ‚Sollen wir gehen?' – ‚Wir müssen', sagte ich. ‚Es ist schon spät.' Mr. Esquire verabschiedete sich ritterlich, mit barocken Gesten von Karel Čapek, wünschte ihm frohe Weihnachten, die noch weit waren, aber doch vor der Tür standen. Čapek schüttelte den Kopf. Er begleitete uns zum Tor. In einem kurzen Hausrock, die Linke auf dem Rücken, den jungenhaften Kopf zur Seite geneigt. Auf tschechisch sagte er uns Lebewohl: ‚Tak teda sbohem!' Und schloß hinter uns ab. Auf der ganzen Rückreise nach Prag sprachen Mr. Esquire und ich kein Wort."[339]

Die Stimmung des Gesprächs und des Abschieds kehren gleichsam wieder in Čapeks Artikel „Grüße". Wehmütig erinnerte er sich kleiner Begebenheiten und zufälliger, aber doch bezeichnender Eindrücke von seinen Reisen. England, Spanien, Deutschland, Italien, Frankreich ... So nah und vertraut einst, so schmerzlich fern jetzt. „Grüße" – wie zum Abschied. „Was tun, es ist furchtbar weit von einem Volk zum anderen; wir alle sind mehr und mehr allein. Am liebsten möchtest du keinen Schritt mehr vor dein Haus tun; lieber das Tor zusperren und die Fensterläden schließen, und jetzt habt uns alle gern. Mich kümmert niemand mehr. Und jetzt kannst du die Augen zumachen" ...[340]

Der Artikel erschien in „Lidové noviny" am 25. Dezember 1938.

Am 1. November 1938 war Čapek von Strž nach Prag zurückgekehrt. Er arbeitete am „Foltýn", schrieb Artikel. Seine Stimmung war düster. Professor J. B. Kozák, einer seiner alten „Freitagsgäste", erinnert sich an einen Satz in einem Telefongespräch: „Die Welt ist für mich gestorben."[341]

Aus Marina Zwetajewas „Klage des Zorns und der Liebe"[342] (geschrieben nach der hitlerdeutschen Besetzung der Tschechoslowakei 1939, als „Böhmen in Tränen" war, „Zeit, dem Schöpfer hinzuwerfen den Paß"):

„Ich weigre mich, zu leben
im Tollhaus, unter Vieh.
Ich weigre mich, ich heule
mit den Wölfen nie.

Ich weigre mich, zu schwimmen
als Hai des Lands, stromab
den Strom gebeugter Rücken –
ich weigre mich, lehn ab.

Ablehn ich, daß ich höre,
ablehn ich, daß ich seh.
Auf deine Welt des Irrsinns
gibt es nur eins: ich geh."

Mitte Dezember 1938 erkrankte Karel Čapek an Grippe. Als es ihm vorübergehend besser ging, stand er auf, empfing Freunde. Aber nachdem er die Besucher wieder hinausgeleitet hatte, erlitt er einen Schwächeanfall. „Am Montag, dem 19. Dezember, verschlechterte sich sein Zustand, so daß er erneut das Bett hüten mußte. Zum Rückfall kam eine Nierenentzündung hinzu. Am Freitagabend gipfelte die Krankheit in einer schweren Lungenentzündung. Am Sonnabend schien eine Besserung einzutreten. Sie dauerte bis zur vierzehnten Stunde des Sonntag, des ersten Weihnachtsfeiertages. Dann setzte jäher Kräfteverfall ein. Am Krankenlager waren die Professoren Pelnář und Charvát, die der behandelnde Arzt schon am Vortag hinzugezogen hatte. Dem schwächer werdenden Herzen war nicht mehr zu helfen. Die Herzmittel wirkten nicht mehr, der Puls ließ

97 Der Dichter Josef Hora spricht an Karel Čapeks Sarg

nach. Gegen 18 Uhr verlor Karel Čapek das Bewußtsein und fiel in Agonie. Professor Charvát unternahm noch einen letzten Versuch mit einer intravenösen Injektion, doch sie wirkte nicht mehr."[343]
Am Abend des 25. Dezember 1938, ein Viertel vor sieben Uhr, starb Karel Čapek.

Zum Begräbnis auf dem Friedhof Vyšehrad kamen Scharen von Menschen, darunter Delegationen von Prager Arbeitern und Bergleute aus Kladno. Dort war Čapek ins Bergwerk eingefahren, als er „Die erste Kolonne" schrieb, und gerührt hatte er den Kumpeln gedankt: „Das werde ich mein Lebtag nicht vergessen."[344] Nach dem Dichter Josef Hora, dem Schriftsteller und Redaktionskollegen Eduard Bass und anderen Prominenten sprach der alte Bergmann Toncar letzte Worte.
Tausende Prager zogen am zweiten Januarsonntag an Karel Čapeks frischem Grab vorbei. „Es war wirklich ein Defilee der Lebenden vor dem toten Schriftsteller; Tausende Menschen der verschiedensten Berufe, Arbeiter, Angestellte, Lehrer, Studenten, Handwerker, zogen hier in stillem Ge-

leit am Grab vorüber, als wollten sie dem toten Čapek damit etwas sagen, etwas versprechen und wiederum selbst hören, was er ihnen sagte. Ja, dieser stumme Umzug war beredt."[345]

Der 15. März war in Čapeks Kalender angekreuzt. Dann, so hatte er geplant, könnte er nach Strž zurückkehren.
Am 15. März 1939 zogen hitlerdeutsche Truppen ins Land und besetzten Prag. Noch am selben Abend klingelte bei Olga Scheinpflugová die Gestapo: Auf den „schwarzen Listen" stand noch der Name Karel Čapek.

98
Karel Čapeks Grab auf dem Vyšehrad

Anmerkungen

Sämtliche Zitate aus fremdsprachigen Quellen habe ich für dieses Buch übersetzt.
In den Anmerkungen und Literaturangaben werden russische Namen und Titel transliteriert (z. B. Malevič), im Text hingegen in der üblichen Weise transkribiert (z. B. Malewitsch).
Auslassungen in Zitaten wurden mit (...) gekennzeichnet.

Wieviel Platz einzelnen Werken Čapeks in der Lebensbeschreibung zugestanden wurde, hing von ihrer Ergiebigkeit in biographischer Hinsicht ab. Indes gewinnen auch die Werke, die hintanstehen mußten: Einblicke in Čapeks Leben kommen letzten Endes dem Verständnis seines Schaffens zugute.

Für die Unterstützung meiner Arbeit danke ich Monika Heinker, Antje Pose, Dr. Tomáš Halík, Fritz Mierau, Dr. Jiří Opelík, Prof. Dr. Ludwig Richter sowie dem Schriftstellerverband der DDR.

Eckhard Thiele

Frühe Eindrücke

1 Karel Čapek, Bilder aus der Heimat. Deutsch von Eckhard Thiele. Berlin 1988, S. 3.
2 Ebenda, S. 9.
3 Ebenda, S. 7. – Jan Balcar (1832–1888). Die Sekte war in der zweiten Hälfte des 19. Jahrhunderts in Nordostböhmen verbreitet.
4 Ebenda, S. 5.
5 Helena Čapková, Moji milí bratři, Praha 1962, S. 69.
6 Karel Čapek, Ein gewöhnliches Leben, in: Hordubal/Der Meteor/Ein gewöhnliches Leben, übersetzt und mit einer Nachbemerkung von Eckhard Thiele, Berlin 1981, S. 381.
7 František Langer, Byli a bylo, Praha 1963, S. 110.
8 Helena Čapková, a. a. O., S. 28.
9 Ebenda, S. 25.
10 Ebenda, S. 104f. – Vgl. Jan Kábrt, Krakonošova zahrada bratří Čapků, Hradec Králové 1985; Studie über „die Jahre des Aufenthalts von Dr. Antonín Čapek und seiner Familie in Úpice (1890–1907)". – Dasselbe Thema behandelt romanhaft Marie Šulcová, Čapci, Praha 1985. – J. Kábrt berichtet (S. 17f.), Karel Čapek sei auf Ersuchen des Vaters ein Jahr vorzeitig in die Grundschule aufgenommen worden (1895). Da man aber erst mit 11 Jahren aufs Gymnasium kam, mußte Karel von 1900 bis

1901 in Úpice die Bürgerschule besuchen. (Vgl. Miroslav Halík, Karel Čapek – život a dílo v datech, Praha 1983, S. 13.)

11 Meyers Lexikon, 7. Auflage, Leipzig 1928, Bd. 9, Sp. 1412/13.

12 Karel Čapek, Bilder aus der Heimat, a. a. O., S. 7 f.

13 Karel Čapek, Jak jsem k tomu přišel. Vorgetragen am 8. 5. 1932 im Prager Rundfunk. – In: Karel Čapek, Poznámky o tvorbě, herausgegeben von Miroslav Halík, mit einem Nachwort von Jiří Brabec, Praha 1960, S. 75 ff.

14 Karel Čapek, Pragmatismus čili Filozofie praktického života. In: Univerzitní studie. Mit einem Nachwort herausgegeben von Miloš Pohorský. Praha 1987, S. 315.

15 Josef Branžovský, Karel Čapek, světový názor a umění, Praha 1963.

16 Halina Janaszek-Ivaničková, Karol Čapek czyli dramat humanisty, Warszawa 1962, S. 177, 184 ff., 189.

17 Oldřich Králík, První řada v díle Karla Čapka, Ostrava 1972, S. 17–20.

18 František Buriánek, Karel Čapek, Praha 1978, S. 7–9, 23; vgl. auch: F. Buriánek, Karel Čapek, o jeho českém charakteru, in: O české literatuře našeho věku, Praha 1972, S. 84–89.

19 Karel Čapek, Pragmatismus čili Filozofie praktického života, a. a. O., S. 275.

20 Karel Čapek, Jak jsem k tomu přišel, a. a. O.

21 Helena Čapková, a. a. O., S. 74 f.

22 Karel Čapek, O literatuře, in: Poznámky o tvorbě, a. a. O., S. 73–75.

23 Karel Čapek, Jak jsem k tomu přišel, a. a. O.; Oleg Michajlovič Malevič, Karel Čapek, Kritiko-biografičeskij očerk, Moskva 1968, S. 7.

24 Karel Čapek, a. a. O., S. 384.

25 Halina Janaszek-Ivaničková, a. a. O., S. 11. – Auch in ihrer neuen Monographie (Karel Čapek, Warszawa 1985) spricht die Autorin von „Minderwertigkeitskomplex" im Sinne von Adler, ignoriert aber die Möglichkeiten, die eine genauere psychologische Untersuchung von Kindheit und Jugend u. a. bietet. Ihre Polemik mit Harkins, insbesondere über dessen psychologische Andeutung, konnte sich nicht auf Belege stützen (Vgl. Slovenské Pohľady, Nr. 5/1963, S. 114–119). Heute liegen Čapeks Briefe zum großen Teil vor, und sie geben ein verläßliches Bild.

26 Karel Čapek, a. a. O., S. 457.

27 Inna Abramowna Bernštejn, Karel Čapek, Tvorčeskij put', Moskva 1969, S. 6.

28 William E. Harkins, Karel Čapek, New York/London 1962, S. 2.

29 František Buriánek, a. a. O., S. 21f. – In einem späteren Sammelband (Čapkovské variace, Praha 1984) harmonisiert Buriánek alles Biographische.
30 Karel Čapek, a. a. O., S. 381–383.
31 Helena Čapková, Malé děvče, 1920, zit. nach F. Buriánek, a. a. O., S. 21.
32 Josef Čapek, O sobě, Praha 1958, S. 26f.
33 Helena Čapková, Moji milí bratři, a. a. O., S. 143.
34 Ebenda, S. 305.
35 Ebenda, S. 119f.
36 Ebenda, S. 124.
37 František Buriánek, a. a. O., S. 22.
38 Helena Čapková, a. a. O., S. 120. – Ivan Klíma (Karel Čapek, 2., část. přepr. vyd. 1965, S. 6f.) erwähnt zwar die Benachteiligung Helenas und Josefs und auch Božena Čapkovás strafendes Schweigen, erkennt aber keinerlei problematische Folgen: „Und unter diesen Bedingungen keimte eine der bemerkenswertesten Bruderlieben, die zwei ganz unterschiedliche Wesen fürs ganze Leben verband und viele große Kunstwerke entstehen ließ."
39 Helena Čapková, a. a. O., S. 125.
40 Ebenda, S. 144.
41 Karel Čapek, Ein gewöhnliches Leben, a. a. O., S. 383f. – Über die hier erwähnten Wallfahrten berichtet Čapek auch in „Bilder aus der Heimat", a. a. O., S. 4f.
42 Helena Čapková, a. a. O., S. 144.
43 Ebenda, S. 27.
44 Ebenda, S. 121.
45 Karel Čapek, Věci kolem nás, Praha 1954, S. 53.
46 Helena Čapková, a. a. O., S. 121.
47 Ebenda, S. 121.
48 Ebenda, S. 122.
49 Ebenda, S. 118.
50 Ebenda, S. 143.
51 Ebenda, S. 238.
52 Ebenda, S. 299. H. Čapková datiert weder diesen Brief (vermutlich von 1923, während der Arbeit an „Krakatit") noch Čapeks Tatra-Aufenthalt (offenbar 1922). Ohne Zeitangabe ist auch, was sie in diesem Zusammenhang berichtet: Die Mutter, die oft über Schmerzen klagte, habe sich in Trenčín Morphium verschreiben lassen, dies sei der Anfang ihrer Drogensucht gewesen. Später habe sie sich die Drogen von Apothekern beschafft. – Es fragt sich, ob dieses Problem schon bei der Niederlassung in Trenčianské Teplice eine Rolle gespielt haben könnte. Immerhin wäre es eine Erklärung, warum sie

dazu bereit war, nachdem sie neun Jahre zuvor mit aller Energie den Umzug nach Prag durchgesetzt hatte.

53 František Langer, a. a. O., S. 111.

54 Karel Čapek, Ein gewöhnliches Leben, a. a. O., S. 384.

55 Helena Čapková, a. a. O., S. 126.

56 Karel Čapek, Poznámky o tvorbě, a. a. O., S. 120.

57 Andrej Platonov, Gordubal K. Čapeka, in: Razmyšlenija čitatelja, Moskva 1980, S. 158–163. – Ebenda (S. 182–204) findet sich die auf Mißverständnissen beruhende Polemik gegen „Der Krieg mit den Molchen".

58 Karel Čapek, Poznámky o tvorbě, a. a. O., S. 92–95.

59 Ebenda, S. 89–92.

60 Karel Čapek, Bilder aus der Heimat, a. a. O., S. 47.

61 Ebenda, S. 2.

Wunschträume

62 Halina Janaszek-Ivaničková, a. a. O., S. 18f.; William E. Harkins, a. a. O., S. 4.

63 O. M. Malevič, a. a. O., S. 10f. „Zusammen mit siebzehn anderen Briefen", schreibt er, werde der, aus dem er zitiert, von Anielka aufbewahrt. Genaugenommen sind es siebzehn Briefe und eine kleine Sammlung von Gedichten, die Čapek an Anielka geschickt hatte.

64 Das teilt Tomáš Halík im Nachwort zu „Listy Anielce" mit. Es fehlt der Hinweis, wann Miroslav Halík Einblick in die Briefe bekam. In den Anmerkungen zu „Krakonošova zahrada/Zářivé hlubiny a jiné prózy/Juvenilie", Praha 1957, konnte Miroslav Halík bereits auf die Briefe an Anielka Bezug nehmen.

65 Karel Čapek, Listy Anielce, Praha 1978, herausgegeben und mit einem Nachwort von Tomáš Halík. Alle Zitate aus Čapeks Briefen an Anielka wurden nach dieser Ausgabe übersetzt. Bei Briefen, deren Datum nicht genau bekannt ist, wird der zeitliche Zusammenhang (ähnlich wie in der tschechischen Ausgabe) kenntlich gemacht.

66 Helena Čapková, a. a. O., S. 187–189.

67 Ebenda, S. 163.

68 Ebenda, S. 164.

69 Emil Vachek, Vzpomínky na starý Hradec. Havlíčkův Brod 1960; zit. nach: Ladislav Vacina, Karel Čapek v Hradci Králové, in: Letokruh 1982, Hradec Králové 1982, S. 210–222.

70 František Langer, a. a. O., S. 111.

71 Maxim Gorki, Boles (1896); deutsch von Georg Schwarz in: Gorki, Der Jahrmarkt in Goltwa, Berlin 1973, S. 64–70.

72 Helena Čapková, a. a. O., S. 188.
73 Ebenda, S. 189.
74 Nach Demonstrationen im Jahre 1893, die den nationalen, teils sozialistischen, teils anarchistischen Charakter der Bewegung offenbarten, kam es ein Jahr später zu einem aufsehenerregenden Hochverratsprozeß in Prag.
75 Karel Čapek, O věcech obecných, Prag 1932, S. 144f.
76 Helena Čapková, a. a. O., S. 176. Nach ihrer Darstellung müßte es Ende 1903 gewesen sein – denn noch vor Weihnachten entschied die Mutter, daß Helena Hradec Králové verlassen und eine Tanzschule in Brno besuchen sollte. (Ebenda, S. 178.)
77 Jan Ort, Rozhovor s Olegem M. Malevičem, Letokruh 1982, a. a. O., S. 265–282. Hier finden sich auch die übrigen Angaben sowie der Auszug aus dem Brief von A. Pechan. – Prima, Sekunda, Quarta – erste, zweite, vierte Klasse des Gymnasiums. In österreichischen Gymnasien war die Nomenklatur der Klassen umgekehrt wie in reichsdeutschen.
78 Jiří Červený, Paměti Mansardy, Havlíčkův Brod 1962; zit. nach: Ladislav Vacina, a. a. O., S. 214.
79 Helena Čapková, a. a. O., S. 192.
80 Zit. nach: Ladislav Vacina, a. a. O., S. 218.
81 Ebenda.
82 Karel Čapek, Ein gewöhnliches Leben, a. a. O., S. 386–388.
83 Helena Čapková, a. a. O., S. 189f.
84 Ebenda, S. 161.
85 Eckermann. Gespräche mit Goethe (30. 3. 1831).
86 An Věra Hrůzová schrieb Čapek dagegen am 2. 1. 1921, er habe einst in der Augustinská 4 gewohnt. Richtig ist: Nr. 5. Seine Schwester wohnte in der Augustinská 17 (heute Jaselská).
87 Bratři Čapkové, Předmluva autobiografická, in: Krakonošova zahrada (...), a. a. O., S. 13. – In einer Anmerkung (S. 258) schreibt M. Halík im Jahre 1957 dazu: „Diese Episode aus Karel Čapeks Gymnasialzeit in den Jahren 1901 bis 1905 in Hradec Králové wird in einer handschriftlichen Erinnerung des Schriftstellers ausführlicher erläutert. Als Grund dafür, daß er von der Quarta des dortigen Gymnasiums abging, gibt Karel Čapek den Verrat seiner Teilnahme an einem geheimen Zirkel von Schülern und Arbeitern an, in dem sie sich mit Poesie und Freidenkertum befaßten und über Literatur und Sozialismus diskutierten, wobei sie sich zu einem unbestimmten Anarchismus bekannten. Es läßt sich heute nicht feststellen, ob Čapek hiermit den damaligen Schülerzirkel Mansarda in Hradec Králové meint, dessen Mitglied er auch war und in dem, wie wir

aus R. Medeks Buch ‚Pout do Československa' wissen, viele Schüler heiße Sympathien für die anarchistische Bewegung bekundeten. Im übrigen lassen sich weder in den Erinnerungen von Čapeks damaligen Mitschülern noch in den Archivdokumenten des genannten Gymnasiums Belege finden, daß gegen Čapek wegen eines Konflikts ermittelt worden wäre, der der unmittelbare Grund für seinen Abgang ans 1. Tschechische Gymnasium in Brno gewesen wäre, das er dann von 1905 an besuchte."

88 Brockhaus' Konversations-Lexikon, 14. Auflage, 10. Band, Leipzig, Berlin und Wien 1898.

89 Karel Čapek, Bilder aus der Heimat, a. a. O., S. 9.

90 Továrna na absolutno. – Die sachlich und stilistisch unzulängliche deutsche Übersetzung von Anna Auředničková erschien und erscheint unter diesem Titel.

91 Helena Čapková, a. a. O., S. 199.

92 Angaben aus der editorischen Notiz zu „Listy Anielce", a. a. O., S. 132. – In einer Anmerkung zu „Krakonošova zahrada" (a. a. O., S. 246) weist M. Halík darauf hin, daß sich in „Moravský kraj" wider Erwarten keine Beiträge von Karel Čapek finden ließen.

93 Vítězslav Nezval, Aus meinem Leben. Übersetzt von Eckhard Thiele. Herausgegeben von Hildegund Ruge. Leipzig 1988, S. 82f.

94 Jan Mukařovský, Francouzská poesie K. Čapka, Slovo a slovesnost II, 1936 (nachgedruckt in: Kapitoly z Poetiky). – Jiří Levý, Čapkovy překlady ve vývoji českého překladatelství, in: K. Čapek, Francouzská poesie a jiné překlady, Praha 1957, S. 374–406.

95 Vítězslav Nezval, a. a. O., S. 83.

96 Helena Čapková, a. a. O., S. 198.

97 Brockhaus' Konversations-Lexikon, 14. Auflage, 3. Band, Leipzig, Berlin und Wien 1895.

98 Helena Čapková, a. a. O., S. 198.

99 Zit. nach: T. Halíks Nachwort zu „Listy Anielce", a. a. O., S. 135f. Ebenda: „(...) bei einem kurzen Besuch in Hradec Králové ein Jahr später spielte sich das letzte Zusammentreffen ab. Dann sahen sie sich nie wieder."

Die Brüder Čapek

100 František Langer, a. a. O., S. 91.

101 Ebenda. – Zur Geschichte und Bedeutung des Kaffeehauses „Union" siehe: „Kavárna Union", Sborník vzpomínek pamětníků, red. Adolf Hoffmeister, Praha 1958.

102 František Langer, a. a. O., S. 156.
103 Jaroslav Hašek in Briefen, Bildern und Erinnerungen. Herausgegeben und kommentiert von Radko Pytlík. Deutsch von Gustav Just. Berlin 1983, S. 282 (redigiertes Zitat).
104 František Langer, a. a. O., S. 157.
105 Franz Kafka, Briefe 1902–1924. Frankfurt (Main) 1975, S. 77. – Př – Kafkas Mitschüler Ewald Přibram. Züge seiner Persönlichkeit sind, wie Max Brod berichtet, in der Figur des Gegenspielers in „Beschreibung eines Kampfes" erkennbar.
106 František Langer, a. a. O., S. 158. – Welche Bedeutung die Mittlerfunktion der Prager deutschen Literatur für das Asylland Tschechoslowakei 1933 bis 1938 gewann, wird gewürdigt in: Exil und Asyl, Antifaschistische deutsche Literatur in der Tschechoslowakei 1933–1938, Berlin 1981, S. 13ff. (Autorin des betreffenden Teils: Gabriela Veselá-Ducháčková). Und in: Exil in der Tschechoslowakei, in Großbritannien, Skandinavien und Palästina, Leipzig 1980, S. 17ff. (Autor des betreffenden Teils: Hansjörg Schneider). Ferner: Hansjörg Schneider, Exiltheater in der Tschechoslowakei 1933–1938, Berlin 1979.
107 Franz Kafka, a. a. O., S. 127.
108 František Langer, a. a. O., S. 155f.
109 Brief an Otakar Štorch-Marien, der ihn im ersten Band seiner Memoiren zitiert: Sladko je žít, Praha 1966, S. 305.
110 Ilja Ehrenburg, Visum der Zeit. Deutsch von Hans Ruoff. Herausgegeben von Fritz Mierau. Leipzig 1982, S. 171.
111 František Langer, a. a. O., S. 156.
112 Vilém Václav Štech, V zamlženém zrcadle, Praha 1967, S. 158.
113 Helena Čapková, a. a. O., S. 231–234.
114 Edmond Konrád, Nač vzpomenu, Praha 1967, S. 160.
115 František Langer, a. a. O., S. 92. – Ähnlich werden die Brüder Čapek von Hermína Bergerová-Hřebíková beschrieben. Sie war 1907 in Prag Karels Tanzstundendame, und er traf sich öfter mit ihr. Womöglich ist Karels Erinnerung an sie in die Gestalt der Mimi („Der Räuber") eingeflossen. Doch ebensogut könnten hier Josefs Erinnerungen an seine Tanzpartnerinnen (bzw. an Jarmila Pospíšilová) eine Rolle gespielt haben, wie übrigens auch Karels spätere Begegnungen mit Libuše Solperová (vgl. Anm. 213). Die wenigen erhaltenen Briefschaften geben spärlich Aufschluß (Bratři Čapkové, Dopisy z mládí. Herausgegeben von Tomáš Halík, Jiří Opelík und Jaroslav Slavík. Praha 1982. Siehe auch: Jiří Opelík, Taneční hodiny bratří Čapků, Svobodné slovo vom 6. 3. 1982).
116 Josef Čapek, Dvojí osud. Herausgegeben von J. Dostál, J. Ope-

lík und J. Slavík. Praha 1980, S. 53. – Alle Zitate aus den Briefen Josef Čapeks an Jarmila Pospíšilová wurden nach dieser Ausgabe übersetzt.

117 Vilém Václav Štech, a. a. O., S. 158.

118 Miroslav Rutte, Mohyly s vavřínem, Praha 1939, S. 173.

119 Karel Čapek, Listy Anielce, a. a. O., S. 22 (Brief vom 24. 3. 1905).

120 Literární archiv 3/4, 1969 (F. X. Šalda, Korespondence), Praha 1969, S. 159.

121 F. S. Šalda, Kritické projevy 9, S. 218.

122 Přehled, 14. 8. 1913.

123 Vgl.: Eva Strohsová, Zrození moderny, Praha 1963, und: Peter Drews, Devětsil und Poetismus, München 1975.

124 Lidové noviny, 9. 8. 1913; auch in: S. K. Neumann, Spisy 7, S. 33–40.

125 S. K. Neumann, Stati o umění a politice, Praha 1980, S. 299.

126 V. Dyk, S. K. Neumann, bratři Čapkové, Korespondence z let 1905–1918. Herausgegeben von S. Jarošová, M. Blahynka, F. Všetička. Einführung: E. Strohsová. Red.: M. Chlíbcová. Praha 1962, S. 23 (siehe Anm. 198).

127 Anmerkungen des Herausgebers Miroslav Halík in: Bratři Čapkové, Krakonošova zahrada/Zářivé hlubiny a jiné prózy/Juvenilie, a. a. O., S. 252f.

128 Ebenda, S. 9, Předmluva autobiografická.

129 František Langer, a. a. O., S. 94f.

130 Otakar Štorch-Marien, Ohňostroj, Praha 1969, S. 232.

131 Josef Čapek, K druhému vydání Krakonošovy zahrady, in: Bratři Čapkové, Krakonošova zahrada ..., a. a. O., S. 255f.

132 Karel Čapek, Listy Anielce, a. a. O., S. 44f. (Brief vom 6. 4. 1905).

133 Bratři Čapkové, Předmluva autobiografická.

134 Jiří Opelík, Josef Čapek, Praha 1980, S. 44.

135 Brockhaus' Konversations-Lexikon, Bd. 4, S. 453, Leipzig, Berlin und Wien 1895.

136 Vilém Václav Štech, a. a. O., S. 159. – Ähnliches berichten auch andere Bekannte Čapeks, z. B. B. Mathesius, Kritický měsíčník II, 1939, S. 25.

137 Ebenda, S. 158–160.

138 František Langer, a. a. O., S. 93.

139 Z rukopisných Vzpomínek Jarmily Čapkové, in: Josef Čapek, Dvojí osud, a. a. O., S. 215.

140 Vilém Václav Štech, a. a. O., S. 158–160.

141 Vilém Václav Štech, Za plotem domova, Praha 1970, S. 11, 17ff. – Zu Goethes hundertstem Todestag schrieb Čapek Gedenkartikel. Jediný Goethe, Lidové noviny, 22. 3. 1932 (in: Ra-

tolest a vavřín, Praha 1947, S. 71f.). Und: Sur Goethe à l'occasion du centenaire de sa mort. Société des Nations. Institut International de Coopération Intellectuelle. Paris 1932, S. 83–85. – Der Hinweis auf Čapeks Interesse für Heinrich Heine verdient Beachtung, zumal Heine nie genannt wird, wenn Čapeks zahlreiche „Vorbilder" Revue passieren.

142 Josef Čapek, Dvojí osud, a. a. O., S. 22.

143 Karel Čapek, Listy Anielce, a. a. O., S. 60f. (Brief vom 15. 5. 1905).

144 Otakar Vočadlo, Anglické listy Karla Čapka, Praha 1975, S. 61.

145 Otakar Štorch-Marien, Sladko je žít, a. a. O., S. 97–102.

146 Otakar Vočadlo, a. a. O., S. 71. – Čapeks Klage mag übertrieben sein; mit den Jahren hatte er jedenfalls dank seiner Produktivität und seinen Erfolgen nicht unbeträchtliche Einkünfte. Als er 1932 nach dem Fiasko des Aventinum-Verlages zum Verlag Borový wechselte, wurde er dort (angeblich mit einer halben Million Kronen) „stiller Teilhaber" (vgl.: Otakar Štorch-Marien, Tma a co bylo potom, Praha 1972, S. 42ff.). Angesichts der damals zunehmenden Krise des Verlagswesens und der unsicheren Position, in der sich auch das Verlagshaus Borový befand, zeugt das allerdings nicht von Geschäftssinn, vielmehr entsprach es dem von Čapek oft beschworenen „guten Willen". – Štorch-Marien (ebenda) weist in diesen Zusammenhängen übrigens die damals in der Presse verbreiteten Meldungen zurück, sein Aventinum-Verlag habe Čapek um Honorare in Höhe von 200000 Kronen gebracht.

147 Thomas Mann, Briefe 1889–1955. Herausgegeben von Erika Mann. 3 Bände, Frankfurt (Main) 1965–1968.

148 Exil und Asyl, Antifaschistische deutsche Literatur in der Tschechoslowakei, a. a. O., S. 196.

149 S. K. Neumann, Stati o umění a politice, a. a. O.. S. 365.

150 Edmond Konrád, a. a. O., S. 163.

151 Karel Čapek, Malí národové, in: Místo pro Jonathana! Praha 1970, S. 27.

152 Vilém Václav Štech, a. a. O., S. 15.

153 Ebenda.

154 Mischket Liebermann, Vom Ghetto in die Welt, Berlin 1977. Vgl.: Im Scheunenviertel. Bilder, Texte, Dokumente. Berlin (West) 1981.

155 František Langer, a. a. O., S. 98.

156 Helena Čapková, a. a. O., S. 240.

157 Vilém Václav Štech, a. a. O., S. 17.

158 Ebenda, S. 37ff.

159 Jiří Opelík, a. a. O., S. 46.

160 Brief an O. Vočadlo vom 16. 12. 1924, in: Otakar Vočadlo, a. a. O., S. 187.

161 Dietrich Worbs, Adolf Loos in Berlin; Vladimír Šlapeta, Adolf Loos und die tschechische Architektur. Beides in: Katalog der Adolf-Loos-Ausstellung. Akademie der Künste, Berlin (West) 1983.

162 William E. Harkins, a. a. O., S. 6.

163 Karel Čapek, Neznámý mistr, in: Josef Čapek, Dvojí osud, a. a. O., S. VI–IX.

164 Bratři Čapkové, Na druhé noze, in: Krakonošova zahrada ..., a. a. O., S. 61.

165 Helena Čapková, a. a. O., S. 237. (Das Zitat wurde unwesentlich gekürzt.)

166 František Langer, a. a. O., S. 92f.

167 Bratři Čapkové, Krakonošova zahrada ..., a. a. O., S. 13.

168 Enthalten ist die Erzählung in den „Juvenilien", die Miroslav Halík gesammelt hat; siehe: Bratři Čapkové, Krakonošova zahrada/Zářivé hlubiny a jiné prózy/Juvenilie, Praha 1957, 229ff. – Den Aphorismus findet man in „Na druhé noze", in derselben Ausgabe auf S. 61. Den vollständigen Text von „Ex centro" bietet auch: Jiří Opelík, Josef Čapek, a. a. O., S. 262ff.

169 Karel Čapek, Interview o Adamu Stvořiteli, in: Divadelníkem proti své vůli, 1968, S. 317.

170 Bratři Čapkové, Krakonošova zahrada ..., a. a. O., S. 16ff. Erstfassung in: Národní obzor, roč. 2, č. 42(3. 10. 1908), S. 3f. Den weggelassenen Schluß findet man auch in: Jiří Opelík, a. a. O., S. 22.

171 Bratři Čapkové, Krakonošova zahrada ..., a. a. O., S. 92.

172 Karel Čapek, Francouzská poesie a jiné překlady, a. a. O., S. 312.

173 Karel Čapek, Neznámý mistr, a. a. O., S. VI–IX.

174 Vilém Václav Štech, a. a. O., S. 59.

175 „Das war bei der vorigen Generation so gewesen" – vgl. Anna Masaryková, Rodin in Prag. Katalog der Rodin-Ausstellung 1979 in den Staatlichen Museen zu Berlin, S. 75–79.

176 Ilja Ehrenburg, a. a. O., S. 172.

177 Vilém Václav Štech, a. a. O., sämtliche Zitate von S. 37–39 (wegen des Zusammenhangs teils in freier Reihenfolge). – Fantomas – geheimnisvoller und genialer Verbrecher, Titelgestalt eines Zyklus von Kriminalromanen der französischen Co-Autoren Pierre Souvestre und Marcel Allain.

178 Josef Čapek, Dnes týden, in: O sobě, a. a. O., S. 97f.

179 Helena Čapková; a. a. O.

180 Roland Links, Alfred Döblin – Leben und Werk, Berlin 1980,

S. 13; „Erster Rückblick", in: Alfred Döblin, Die Vertreibung der Gespenster, Berlin 1968, S. 9–76.

181 František Langer, a. a. O., S. 98f. Gemeint sind Polemiken oder Angriffe gegen Karel Čapek. – Vgl. Anm. 115.

182 Josef Čapek, O sobě, a. a. O., S. 25ff.

183 Ebenda; auch in: J. Opelík, a. a. O., S. 9.

184 Josef Čapek, Dvojí osud, a. a. O.

185 Helena Čapková, a. a. O., S. 190.

186 Vilém Václav Štech, a. a. O., S. 103.

187 František Langer, a. a. O., S. 133.

188 Vgl. Jiří Opelík, a. a. O., S. 161.

189 Karel Čapek, Listy Anielce, a. a. O., S. 28 (vom 24. 3. 1905).

190 Vgl. Josef Čapek, Dvojí osud, a. a. O., S. 302 (Anm.). – Bei der zuvor erwähnten Novelle über den Untergang der „Titanic" handelt es sich um „Leuchtende Tiefen" (Zářivé hlubiny).

191 František Langer, a. a. O., S. 97.

192 Karel Čapek, V zajetí slov, Praha 1969, S. 64–66.

193 Vilém Václav Štech, a. a. O., S. 17ff.

194 Robert Musil, Der mathematische Mensch, in: R. Musil, Essays, Reden, Kritiken, Berlin 1984, S. 64.

195 František Langer, a. a. O., S. 96.

196 Bratři Čapkové, Krakonošova zahrada ..., a. a. O., S. 225ff.

197 Bratři Čapkové, Předmluva autobiografická; ebenda, S. 13. – Auf den Zusammenhang zwischen den damaligen ästhetischen Anschauungen der Čapeks und der Herausbildung ihrer Autorengemeinschaft weist Jiří Opelík hin (Dopisy z mládí, a. a. O., S. 19). Während ihres Pariser Aufenthalts (1911) wandten sich die Čapeks von der Jugendstilästhetik ab, so daß die Zusammenarbeit ihre Grundlage verlor. Ferner hätten bei der Trennung die unterschiedliche Spezialisierung sowie die Ausprägung der Persönlichkeiten eine Rolle gespielt.

198 V. Dyk, S. K. Neumann, bratři Čapkové, Korespondence z let 1905–1918, a. a. O. (Alle Zitate aus den Briefen der Brüder Čapek an Neumann wurden nach dieser Ausgabe übersetzt. Die Briefe der Brüder Čapek waren oft undatiert, daher gibt es mitunter ungefähre Angaben.) – „Sie waren immer glatt ..." – vgl. S. K. Neumann, Stati o umění a politice, a. a. O., S. 299.

199 Realisten – Partei von T. G. Masaryk.

200 Karel Čapek, Objektivní metoda v esthetice se zřením k výtvarnému umění. In: K. Čapek, Univerzitní studie, a. a. O.

201 Karel Čapek, Francouzská poesie a jiní překlady, a. a. O., S. 194f.

202 Vítězslav Nezval, Průvodce mladých básníků, in: K. Čapek, Francouzská poesie ..., a. a. O., S. 11f.

203 Miroslav Halík, Karel Čapek – život a dílo v datech, a. a. O., S. 29.

204 Karel Čapek, Ratolest a vavřín, a. a. O. – Das erste Zitat stammt aus: „Starý hrabě" (ebenda, S. 297–299), die folgenden (auch der Dialog beim Abschied vom Grafen Lažanský) aus: „Starý vlastenec" (ebenda, S. 97–105).

205 Von diesem Aufenthalt berichtet Miloslav Wajs: Chýše v životě a díle Karla Čapka, Plzeň 1967. – Vgl. Marie Šulcová, Kruh mého času, Plzeň 1975 (Roman über diese Episode).

206 Karel Čapek, Starý vlastenec, a. a. O., S. 104.

207 Karel Čapek, Gottesmarter, übersetzt von Otto Pick, Berlin 1918; darin ist nur der erste Teil enthalten: Novellen. – Karel Čapek, Kreuzwege, übersetzt von Otto Pick, Leipzig 1919; enthält den zweiten Teil: Erzählungen. – So anerkennenswert Picks Bemühen um die Vermittlung tschechischer Literatur war, seine Čapek-Übersetzungen sind leider nicht zu loben. – In der Zeitschrift „Die Aktion" erschienen von Karel Čapek: Stocken der Zeit (Nr. 41–42, vom 20. 10. 1917); von Josef Čapek: Die Laus (Nr. 45–46, vom 17. 11. 1917), Lelio (Nr. 49–50, vom 15. 12. 1917), Der Betrunkene (Nr. 23–24, vom 15. 6. 1918). Die Übersetzungen sind alle von O. Pick (bei „Lelio" fehlt die Angabe).

208 Karel Čapek bezieht sich auf F. X. Šaldas Kritik: Kapitoly literarně kritické, V, Kmen I. č. 42 (vom 29. 11. 1917).

209 Karel Čapek, Poznámky o tvorbě, a. a. O., S. 82.

210 Helena Čapková, a. a. O., S. 268.

211 Karel Čapek, Utkvění času (Stillstand der Zeit; in Picks Übersetzung: Stocken der Zeit).

212 „Die für den Sinn (oder Hintersinn) jeder dieser Erzählungen in Boží muka entscheidenden Gespräche, die Čapeks Menschen führen (fast alle Novellen sind auf dem Dialog aufgebaut), sind ins Wort gebrachte Reflexe des menschlichen Unterbewußtseins; ein Kontext wird nicht gegeben, Greifbares zerfließt, Doppeldeutigkeit ist Konstruktionsprinzip, die Aussage der Sätze kann nicht festgelegt und auf Eindeutiges bezogen werden." (Manfred Gruner, in: Kindlers Literatur-Lexikon, Bd. 5, München 1974.) Hier wird der Eindruck, den die philosophischen Gespräche machen, zwar treffend beschrieben, doch eine davon ausgehende Interpretation führt in die Irre. Denn trotz aller Doppeldeutigkeit gibt es, wie zu sehen ist, greifbare biographische Zusammenhänge, denen zumindest ein großer Teil der Aussagen zugeordnet werden kann. – Oldřich Králík interpretierte die Novelle „Der Berg" im Hinblick auf Symbolisierungen des Krieges, das Detektivische schätzt er geringer. Vom Biographischen sah er im Grunde ab, da er es bei Čapeks Selbstdarstellung beließ: Krankheit und Krieg seien die eigentlichen Motive des Buches. (Králíks Ana-

lyse aus dem Jahre 1952 findet sich in seinem Buch: První řada v díle Karla Čapka, a. a. O.) – Oleg Malevič führt die Interpretation weiter, beschreibt die musikalische Struktur des ganzen Zyklus und die philosophischen Motive der einzelnen Teile. Als ein überaus rätselhaftes Werk erscheint „Gottesmarter" allerdings auch in seiner Sicht. (O. M.: Karel Čapek, a. a. O., S. 40–48.) – Vermutlich hat Čapek das Motiv der geheimnisvollen Fußspur („Der Fußtapfen") aus Jens-Peter Jacobsens Erzählung „Ein Schuß im Nebel" entlehnt (vgl. Jens-Peter Jacobsen, Das erzählerische Werk. Übersetzt von A. O. Schwede. Rostock 1971, S. 459–473). Čapek rückte das Motiv vom Psychologischen ins Metaphysische. In den „Geschichten aus der einen Tasche" hat er es nochmals verwendet.

213 Helena Čapková, a. a. O., S. 226. – Im Jahre 1909, während der Sommerfrische in Svatá Kateřina u Počátek, lernte Čapek die neunzehnjährige Libuše Solperová aus Jindřichův Hradec kennen. Im Winter verbrachte sie einige Zeit in Prag, wie aus dem Brief ersichtlich, den ihr Čapek am 10. 2. 1910 schrieb. Eine leidenschaftliche Beziehung, wie Helena Čapková andeutet, war es offenbar nicht (vgl. Bratři Čapkové, Dopisy z mládí, a. a. O., S. 13–16). Siehe auch Anm. 115.

214 Daß auch O. Králík (siehe Anm. 212) dies nicht erkannt hat, ist merkwürdig, denn wie kaum ein anderer besaß er Gespür für Biographisches, wie seine Erörterung von „Krakatit" beweist.

215 Stanislav Kostka Neumann, Dvě knihy skutečně nové, in: V. Dyk, S. K. Neumann, bratři Čapkové: Korespondence z let 1905–1918, a. a. O., S. 259–265. (Das Zitat findet sich auf S. 265.)

216 Helena Čapková, a. a. O., S. 284f.

217 Z rukopisných Vzpomínek Jarmily Čapkové, a. a. O., S. 267f.

218 Stanislav Kostka Neumann, Dvě knihy skutečně nové, a. a. O., S. 262f.

Das Große und das Kleine

219 František Kubka, Na vlastní oči, Praha 1959, S. 118.

220 Sergej Vasil'evič Nikol'skij, Karel Čapek – fantast i satirik, Moskva 1973, S. 35ff.

221 Karel Čapek, Listy Olze, herausgegeben und kommentiert von Miroslav Halík, Praha 1971, S. 122. – Alle Zitate aus Čapeks Briefen an Olga Scheinpflugová wurden nach dieser Ausgabe übersetzt. Bei Briefen, deren genaues Datum nicht angegeben ist, wird die von M. Halík in Zusammenarbeit mit Olga

Scheinpflugová ermittelte Datierung übernommen. – Karel Hugo Hilar führte Regie bei der Prager Uraufführung.

222 František Kubka, a. a. O., S. 125–127.

223 Zit. nach: Edmond Konrád, a. a. O., S. 187–189.

224 Arthur Schopenhauer, Über Schriftstellerei und Stil.

225 „Kritik der Worte“ ist, mit anderen Arbeiten zu diesem Thema, enthalten in: V zajetí slov, Praha 1969.

226 Enthalten in der Sammlung: Jak se co dělá / O lidech, Praha 1960. – Postum wurden mehrere derartige Sammelbände verlegt (manche, wie der Herausgeber M. Halík vermerkt, nach Čapeks Plänen). Sie vereinen Arbeiten, die in Zeitungen und Zeitschriften verstreut waren, u. a. Teils wurden frühere Sammlungen ergänzt, z. B. Kniha apokryfů, 1946 (Apokryphen); Francouzská poesie a jiné překlady, 1957 (Nachdichtungen, Übersetzungen); V zajetí slov, 1969 (Sprachkritik u. ä.). Teils wurde Neues erschlossen, z. B.: Vzrušené tance, 1946 (Lyrik); Bajky a podpovídky, 1946 (Fabeln und kurze Erzählungen); Ratolest a vavřín, 1947 (Porträts und Gedenkartikel); Obrázky z domova, 1953 (Bilder aus der Heimat). Erwähnt seien: Měl jsem psa a kočku, 1939 (Tiergeschichten); Kalendář, 1940 (Kalendergeschichten); Věci kolem nás, 1954 (Feuilletons); Sloupkový ambit, 1957 (Feuilletons); Poznámky o tvorbě, 1960 (über das eigene Werk u. a.); Na břehu dnů, 1966 (Sammlung der Publizistik u. a.); Divadelníkem proti své vůli, 1968 (über Theater u. a.); Čtení o T. G. Masarykovi, 1969 (über Masaryk); Místo pro Jonathana! 1970 (Essays); Drobty pod stolem doby, 1975 (Zeitungsverse); Skandální aféra Josefa Holouška. Podivné sny redaktora Koubka, 1977 (satirische Novellen). Oftmals wurden die Sammlungen in Nachauflagen noch ergänzt. Hinzuweisen ist auch auf den Sammelband: Pozdravy, 1979 (herausgegeben von Miloš Pohorský). Univerzitní studie, 1987, enthält die philosophischen Schriften.

227 František Langer, a. a. O., S. 114.

228 Past Šramkova a past kritiků, in: Přítomnost vom 22. 2. 1933.

229 Artikel über viele von ihnen unter „Prager Besuche“ in: Ratolest a vavřín, a. a. O.

230 Otakar Vočadlo, a. a. O., S. 14.

231 Otakar Štorch-Marien, Sladko je žít, a. a. O., S. 308–310.

232 František Langer, a. a. O., S. 112f.

233 František Kubka, a. a. O., S. 122.

234 Ebenda.

235 Vgl. auch: Karel Čapek, Poznámky o tvorbě, a. a. O., S. 89 bis 92.

236 Zitiert aus meinem Nachwort zu „Krakatit“, Berlin 1981. Diese Ausgabe strotzt von sinnentstellenden Druckfehlern. Zudem

wird die Übersetzung von Julius Mader dem Werk nicht gerecht.

237 Oldřich Králík, a. a. O., S.78.

238 Karel Čapek Věře Hrůzové, Dopisy ze zásuvky, herausgegeben und kommentiert von Jiří Opelík, Praha 1980. – Alle Zitate aus Čapeks Briefen an Věra Hrůzová wurden nach dieser Ausgabe übersetzt.

239 Karel Čapek, Listy Olze, siehe Anm. 221. – Olga Scheinpflugová, Český román, Praha 1946. Alle Zitate daraus wurden nach dieser Ausgabe übersetzt.

240 K přirodopisu anekdoty, in: Marsyas čili Na okraji literatury, Praha 1941, S. 66f. – O ženské otázce, in: Jak se co dělá / O lidech, a. a. O., S. 255–257.

241 Karel Čapek, Listy Olze, a. a. O., S. 36 (Anmerkung des Herausgebers).

242 Olga Scheinpflugová, a. a. O., S. 158ff. – In ihrer Darstellung werden Ort und Zeit verlegt.

243 Karel Čapek, Listy Olze, a. a. O., S. 86 (Anmerkung).

244 Enthalten in: Karel Čapek, Pozdravy, herausgegeben von M. Pohorský, Praha 1979.

245 Otakar Vočadlo, a. a. O., S. 153.

246 Olga Scheinpflugová, a. a. O., S. 215.

247 Ebenda, S. 194 und 201.

248 (Frz.) „Ihre verteufelte Wäsche, der unkeusche Schleier, den ein anderer eines Nachts zerreißen wird, ach, das ist zuviel für mich; und Sie Närrin erzählen mir von dem, was für mich nichts als ein irrsinniger und unmöglicher Traum ist; oh, ich hasse Sie."

249 Eine durchaus vergleichbare Geschichte findet man im Leben Arthur Schnitzlers. Siehe: Liebe, die starb vor der Zeit. Arthur Schnitzler – Olga Waissnix. Briefwechsel. Herausgegeben von Therese Nickl und Heinrich Schnitzler. Vorwort von Hans Weigel. Wien, München, Zürich 1970.

250 Karl Čapek, Listy Olze, a. a. O., S. 175 (Anmerkung).

251 Olga Scheinpflugová, a. a. O., S. 202f.

252 Enthalten in: Karel Čapek, Na břehu dnů, herausgegeben von M. Halík, a. a. O.; sowie in: Karel Čapek, Pozdravy, herausgegeben von M. Pohorský, a. a. O.

253 Unter dem Titel „Razzia" in: Karel Čapek, Bilder aus der Heimat, a. a. O.

254 Přítomnost vom 4. 12. 1924.

255 Vgl. Kapitel „Die Brüder Čapek", S. 85, und Anmerkung 125.

256 Lidové noviny vom 25. 12. 1923; enthalten in: Karel Čapek, Kalendář, a. a. O.

257 Olga Scheinpflugová, a. a. O., S. 232f.

258 Das belegt ein Brief Čapeks vom 19. 1. 1923, in dem er Věra Hrůzová mitteilt, er sei zum Abendessen auf die Burg geladen. Čapek machte später verschiedene, durchweg unrichtige Angaben über den Zeitpunkt. Vgl. K. Čapek, Čtení o T. G. Masarykovi, a. a. O., S. 196 (Anmerkung von M. Halík).

259 Olga Scheinpflugová, a. a. O., S. 295–299.

260 Karel Čapek, Listy Olze, a. a. O., S. 227 (Anmerkung).

261 „auch nicht wenig Ärger" – zumal durch Angriffe, die auf ihn zielten, aber mit denen Masaryk gemeint war, denn der Präsident erschien den rechten Kreisen zu liberal. – Bekannt ist die sogenannte „Silvesteraffäre". In einem Sketch, der zu Silvester 1926 in seinem Haus gespielt wurde, ironisierte Čapek die damals herrschenden Parteien. Masaryks Anwesenheit gab der reaktionären Presse Grund, dies einen Skandal zu nennen und eine Kampagne gegen Čapek zu entfalten. Die Angelegenheit wurde dann durch einen gerichtlichen Vergleich ausgeräumt. In seiner Satire „Die Skandalaffäre Josef Holoušek" (1927) reflektiert Čapek diese Sache. – Andererseits sei hier auch ein Angriff von den Linken erwähnt. Als Upton Sinclair 1928/29 auf eine Umfrage der „Neuen Bücherschau" antwortete, zählte er Čapek zu denen, die ihn beeinflußt hätten. Daraufhin legte Bedřich Václavek Protest ein: Čapek gebe ein geschöntes Bild der kapitalistischen Welt und verspotte Weltverbesserer, mit ihm könne Sinclair nichts gemein haben (Tvorba Nr. 16 von 1929).

262 Karel Čapek, Wie in alten Zeiten, Das Buch der Apokryphen; übersetzt und mit einem Nachwort von Eckhard Thiele, Berlin 1977.

263 Karel Čapek, Odchází, ale nepomíjí, Lidové noviny vom 15. 12. 1935; auch in: K. Čapek, Čtení o T. G. Masarykovi, a. a. O.

264 Olga Scheinpflugová, a. a. O., S. 312f. – Erwähnung verdient František Kubkas Darstellung (Na vlastní oči, a. a. O., S. 126): „Der Tod ereilte den alten Doktor während eines starken Sommergewitters. Karel Čapek gestand bei den Freitagstreffen, er sehe einen Zusammenhang zwischen dem Gewitter und dem Tod des Vaters. Der Himmel sei betrübt, daß der Vater heimgehe. Der Vater wurde ohne Glockengeläut und Predigt beerdigt. Als ein aufgeklärter Intellektueller. Sein Sohn aber beklagte, daß so ein Abgang in die Ewigkeit allzu düster und streng sei. Tröstlicher seien Beerdigungen auf dem Dorf, mit Gebeten, Gesang und Tränen."

265 František Kubka, a. a. O., S. 128.

266 Es geht um die „Geschichten aus der einen und der anderen Tasche", namentlich um „Das Verschwinden des Schauspielers Benda".

267 Karel Čapek, Poznámky o tvorbě, a. a. O., S. 102f.
268 Karel Čapek, Ein gewöhnliches Leben, a. a. O., S. 198 und 203.
269 Ebenda, S. 246.
270 Ebenda, S. 276.
271 Ebenda, S. 527.
272 Ein Porträt von Josef Palivec gibt Jaroslav Seifert in: Alle Schönheiten der Welt. Übersetzt von Eckhard Thiele. Berlin 1987, S. 214–222.
273 Karel Čapek, Ein gewöhnliches Leben, a. a. O., S. 516.
274 Ebenda, S. 527.
275 Oldřich Králík, Čapkovy autorské konfese a jejich hodnověrnost, in: Pamiętnik Słowianski, XX, Wrocław, Warszawa, Kraków 1970, S. 85.
276 Karel Čapek, Ein gewöhnliches Leben, a. a. O., S. 528.
277 Vgl. S. 225.
278 Karel Čapek, Ein gewöhnliches Leben, a. a. O., S. 493–496.
279 Vgl. S. 65.
280 Karel Čapek, Poznámky o tvorbě, a. a. O., S. 114f.
281 Ebenda. – Neumanns Rezension findet sich in: Tvorba, Nr. 47 von 1937.
282 Aus: Julius Fučík, Literarische Kritiken, Polemiken und Studien. Übersetzt von Günther Jarosch. Berlin 1958, S. 252 bis 255.
283 Karel Čapek, Poznámky o tvorbě, a. a. O., S. 121.
284 Julius Fučík, Literarische Kritiken, Polemiken und Studien, a. a. O., S. 253.
285 Karel Čapek, Volební advent, Lidové noviny vom 1. 5. 1935; auch in: Na břehu dnů, a. a. O., S. 333–336.
286 Karel Čapek, O věcech obecných čili Zoon politikon, Praha 1932, S. 132–137.
287 Bedřich Václavek, In memoriam Karla Čapka, in: Literární studie a podobizny, Praha, S. 223.
288 Vilém Nový, Zeiten und Zeugen, Berlin 1979, S. 142.
289 Ilja Ehrenburg, Menschen, Jahre, Leben. Übersetzt von Harry Burck und Fritz Mierau. Berlin 1978, Bd. II, S. 275.
290 Karel Čapek, Ratolest a vavřín, a. a. O., S. 258f.
291 „Vor zwanzig Jahren …" – Lidové noviny vom 28. 10. 1934. – Die Äußerungen über den Entwurf der sowjetischen Verfassung wurden am 18. 7. 1936 in der Prawda abgedruckt.
292 Lidové noviny vom 18. 2. 1932.
293 Pozdravy, a. a. O., S. 352.
294 Literární archív, a. a. O., S. 452f.

295 Karel Čapek, Místo pro Jonathana!, a. a. O., S. 119.
296 Karel Čapek, Hlas z amplionu, in: Na břehu dnů, a. a. O., S. 271; ferner in: Pozdravy, a. a. O., S. 359.
297 Karel Čapek, Místo pro Jonathana!, a. a. O., S. 118–120.
298 Karel Čapek, Poznámky o tvorbě, a. a. O., S. 102f.
299 Karel Čapek, Ein gewöhnliches Leben, a. a. O., S. 528.
300 Karel Čapek, Ničego novogo, in: Den' mira, Moskva 1937, S. 483.
301 Karel Čapek, Poznámky o tvorbě, a. a. O., S. 108–110.
302 František Kubka, a. a. O., S. 129–131.
303 Karel Čapek, Poznámky o tvorbě, a. a. O., S. 108–110.
304 František Kubka, a. a. O., S. 133.
305 Aus Halíks Nachsatz zu: Místo pro Jonathana!, a. a. O., S. 202f.
306 Karel Čapek, Lérida, in: Na břehu dnů, a. a. O., S. 367f.; ebenfalls in: Pozdravy, a. a. O., S. 361.
307 František Kubka, a. a. O., S. 134.
308 Karel Čapek, Poznámky o tvorbě, a. a. O., S. 118f.
309 Karel Čapek, Dramen. Herausgegeben von Manfred Jähnichen, übersetzt von Gustav Just und Ilse Seehase. Berlin 1976. – „Die Mutter“ (übersetzt von I. Seehase); Zitat aus dem 1. Akt (S. 387). Die folgenden Zitate sind aus dem 3. Akt (S. 428–454).
310 Vgl. Karel Čapek, Poznámky o tvorbě, a. a. O., S. 118f. „Wie bekannt, ist Olga Scheinpflugová die eigentliche Urheberin des Sujets; es entstand voriges Jahr auf der Rückreise von Rouen.“ [Also im Sommer 1937; E. Th.] „Die zweite direkte Quelle des Stücks war der Eindruck, den ein Bild einer Frau aus Lérida machte, das Bild einer Mutter, die vor der Leiche ihres toten Sohnes kniet.“ – Interessant ist, daß zur gleichen Zeit ein in mancher Hinsicht ähnliches Stück entstand, wovon Čapek damals nichts wissen konnte: „Die Gewehre der Frau Carrar“. Brechts Stück wurde am 16. 10. 1937 in Paris uraufgeführt.
311 Čapeks nüchternes Verhältnis gegenüber öffentlichen Ehrungen zeigte sich schon 1925, als er – mit fünf gegen vier Stimmen – in die Česká akademie gewählt wurde. Er lehnte die Ehrung ab, weil Šrámek, Toman und Bezruč übergangen wurden, während man Jan Havlasa und Emil Tréval für würdig befand.
312 Zit. nach: Internazional'naja literatura, Moskva, Nr. 11 von 1938, S. 236.
313 Otakar Vočadlo, a. a. O., S. 270.
314 Olga Scheinpflugová, a. a. O., S. 429.
315 Karel Čapek, Fabeln und Kleingeschichten. Übersetzt von Eckhard Thiele, Berlin 1986, S. 98.

316 Ebenda, S. 98f.
317 Jaroslav Durych, Pláč Karla Čapka, Akord Nr. 2 von 1937, S. 8. – Čapeks Antwort an E. Moravec: „Spisovatel a vojáci", in: Na břehu dnů, S. 378–382.
318 Edmond Konrád, a. a. O., S. 171f. – Konráds Frau Božena ist eine Schwester von Olga Scheinpflugová.
319 Karel Čapek, Fabeln und Kleingeschichten, a. a. O., S. 228 bis 235.
320 František Langer, a. a. O., S. 129.
321 Olga Scheinpflugová, a. a. O., S. 537.
322 Vgl. S. 216.
323 Jaroslav Seifert, a. a. O., S. 351: „Mein Freund Josef Palivec (...) besuchte einmal seinen Schwager Karel Čapek und kam gerade in dem Augenblick, als Čapek die Korrespondenz aus den letzten Wochen vernichten wollte. Palivec schrie auf. Es waren Briefe von Thomas Mann, Bernard Shaw und anderen Persönlichkeiten. Seitdem überließ Čapek ihm die Korrespondenz zum Auswählen."
324 Oldřich Králík, První řada ..., a. a. O., S. 202–206.
325 Edmond Konrád, a. a. O., S. 170 – František Kubka, S. 132.
326 Oldřich Králík, a. a. O., S. 205f.
327 Karel Čapek, Leben und Werk des Komponisten Foltýn. Übersetzt von Grete Ebner-Eschenhaym, Berlin 1967, S. 123.
328 Olga Scheinpflugová, a. a. O., S. 538f.
329 Miroslav Rutte, a. a. O., S. 207.
330 Erika Mann, A Last Talk with Karel Čapek, The Nation vom 14. 1. 1939, S. 68f. Siehe in: Karel Čapek v vospominanijach sovremennikov, herausgegeben und kommentiert von O. M. Malevič, mit einem Vorwort von S. V. Nikol'skij, Moskva 1983, S. 487–491.
331 Otakar Vočadlo, a.a.O., S. 335.
332 Karel Čapek, Fabeln und Kleingeschichten, a. a. O., S. 99f.
333 Erika Mann, a. a. O.
334 Einen Zusammenhang mit den politischen Umständen sahen schon Čapeks Zeitgenossen in der Bitterkeit, die den Roman kennzeichnet, z.B. M. Rutte (a. a. O., S. 207) und F. Langer (a. a. O., S. 130). – Ausführlicher ist H. Janaszek-Ivaničková (Karol Čapek czyli dramat humanisty, a. a. O., S. 251–254). Zum einen spricht sie von Selbstzweifeln, die, wie sie meint, den Schriftsteller quälten und die in der Hauptgestalt verkörpert werden. Zum anderen geht sie auf Čapeks Situation ein: auf den Zusammenbruch seiner Ideale von Demokratie und Freiheit. Dadurch gelangt sie über eine enge Interpretation des Werkes als „Künstlerroman" hinaus. – Im Gegensatz dazu behauptet Edward Madany (Život a dílo skladatele Foltýna.

Powieść przezwyciężonego relatywizmu. In: Pamiętnik Słowianski, a. a. O., S. 112): Das Werk „bietet kein Material für die Rekonstruktion der psychischen Erlebnisse des Autors, noch zeugt es von einer weltanschaulichen Krise des Autors." – Gewiß, zur Rekonstruktion reicht das Material nicht, doch lassen sich eindeutige Zusammenhänge nicht ignorieren. Und von Čapeks Krise zeugt sein letzter Roman sehr wohl, ohne ein direktes Abbild zu bieten.

335 Rozpravy Aventina, 1925, Nr. 1, S. 1f.

336 Karel Čapek, Leben und Werk des Komponisten Foltýn, a. a. O., S. 121 (redigiertes Zitat).

337 Karel Čapek, Fabeln und Kleingeschichten, a. a. O., S. 100.

338 Karel Čapek, Na břehu dnů, a. a. O., S. 416f. (Aus dem Artikel „Von Mensch zu Mensch", der am 4. 12. 1938 in Lidové noviny erschien.)

339 František Kubka, a. a. O., S. 138ff.

340 Karel Čapek, Grüße, in: Bilder aus der Heimat, a. a. O.

341 Zit. nach: O. M. Malevič, Kritiko-biografičeskij očerk, a. a. O., S. 200.

342 Nachdichtung von Karl Mickel in: Sternenflug und Apfelblüte. Russische Lyrik von 1917 bis 1963. Herausgegeben von Edel Mirowa-Florin und Fritz Mierau, 2. Auflage, Berlin 1964, S. 152.

343 Lidové noviny vom 26. 12. 1938.

344 Karel Čapek, Poznámky o tvorbě, a. a. O., S. 114.

345 Julius Fučík, Wir lieben unser Volk. Übersetzt von Zora Weil-Zimmering. Berlin 1956, S. 83 (redigiertes Zitat).

Bibliographische Hinweise

Gesamtausgaben

Spisy bratří Čapků (Schriften der Brüder Čapek). Praha 1929ff., 51 Bände.

Dílo bratří Čapků (Das Werk der Brüder Čapek). Herausgegeben von Miroslav Halík. Mit Nachworten verschiedener Autoren. Praha 1953ff.

Karel Čapek: Spisy (Schriften). Editionsrat: H. Kučerová, E. Macek, M. Pohorský, B. Svozil, J. Víšková. Mit editorischen Hinweisen und Nachworten verschiedener Autoren. Praha 1980ff. (Geplant sind 20 Bände. Band II enthält Gemeinschaftswerke der Brüder Čapek.)

Die Werke Karel Čapeks werden in der Zeittafel aufgeführt; zu den postum erschienenen Sammelbänden siehe Anm. 226.

Die meisten Bücher, die seit den fünfziger Jahren einzeln, in einer Auswahl, Reihe oder Sammlung erschienen sind, enthalten neben editorischen und sachlichen Anmerkungen ausführliche Nachworte. An ihnen kann verfolgt werden, wie sich die Čapek-Rezeption in der Tschechoslowakei entwickelt hat.

Hingewiesen sei an dieser Stelle auf die umfangreichste Werkausgabe in einer anderen Sprache, sieben sorgfältig edierte und kommentierte Bände:

Karel Čapek; Sobranie sočinenij v semi tomach. (Verschiedene Übersetzer. Redaktionskollegium: N. A. Aroseva, O. M. Malevič, S. V. Nikol'skij, B. L. Sučkov.) Moskva 1974ff.

Bibliographien

Toksina, I. V., Bio-bibliografičeskij ukazatel'. Moskva 1959.

Karel Čapek – Beletrista. (Příručky bibliograficko informační: čeští spisovatele.) Brno 1978.

Briefe

Karel Čapek, Listy Anielce. Herausgabe und Nachwort: Tomáš Halík. Praha 1978; 2. Auflage 1983.

Bratři Čapkové, Dopisy z mládí. Herausgegeben von Tomáš Halík, Jiří Opelík und Jaroslav Slavík. Praha 1982.

V. Dyk, S. K. Neumann, bratři Čapkové, Korespondence z let 1905–1918. Herausgeber: S. Jarošová, M. Blahynka, F. Všetička. Einführung: E. Strohsová. Redaktion: M. Chlíbcová. Praha 1962.

Karel Čapek, Listy Olze. Mit einem Geleitwort von Olga Scheinpflugová, einem Nachwort und Anmerkungen von Miroslav Halík. Praha 1971.
Karel Čapek Věře Hrůzové, Dopisy ze zásuvky. Herausgabe und Nachwort: Jiří Opelík. Praha 1980.

Dokumentarisch wichtig sind die Briefe Josef Čapeks an Jarmila Pospíšilová:

Josef Čapek, Dvojí osud. Herausgegeben von J. Dostál, J. Opelík und J. Slavík. Praha 1980.

Übersicht

Miroslav Halík, Karel Čapek – život a dílo v datech. Herausgegeben von Jiří Opelík. Praha 1983.

Erinnerungen. Biographisches

Čapek, Josef, O sobě. Praha 1958.
Čapková, Helena, Moji milí bratři. Praha 1962.
Konrád, Edmond, Nač vzpomenu. Praha 1957.
Kubka, František, Na vlastní oči. Praha 1959.
Langer, František, Byli a bylo. Praha 1963.
Scheinpflugová, Olga, Český román. Praha 1946; 2. Auflage 1969.
Štech, Vilém Václav, V zamlženém zrcadle. Praha 1967.
Štech, Vilém Václav, Za plotem domova. Praha 1970.
Štorch-Marien, Otakar, Sladko je žít. Praha 1966.
Štorch-Marien, Otakar, Ohňostroj. Praha 1969.
Štorch-Marien, Otakar, Tma a co bylo potom. Praha 1972.

Erwähnt seien auch andere Autoren, in deren Erinnerungen Čapek eher beiläufig auftaucht: Ilja Ehrenburg (Menschen, Jahre, Leben. Berlin 1978); Adolf Hoffmeister (Podoby. Praha 1967); Klaus Mann (Der Wendepunkt. Berlin 1979); Vítězslav Nezval (Aus meinem Leben. Leipzig 1988); Vilém Nový (Zeiten und Zeugen. Berlin 1979); Jaroslav Seifert (Alle Schönheiten der Welt. Berlin 1987); Karel Sezima (Z mého života. Praha 1945/48); Václav Štech (Džungle literární a divadelní. Praha 1937); Emil Stumpp (Über meine Köpfe. Berlin 1983); Ladislav Tůma-Zevloun (Alej vzpomínek. Praha 1958). Hervorzuheben ist die von O. M. Malevič besorgte und kommentierte, von S. V. Nikol'skij eingeleitete Sammlung von Erinnerungen an Čapek (Karel Čapek v vospominanijach sovremennikov. Moskva 1983).
Den Aufenthalt der Familie Antonín Čapek in Úpice (von 1890 bis 1907) behandelt dokumentarisch Jan Kábrt (Krakonošova zahrada

bratří Čapků. Hradec Králové 1985), romanhaft Marie Šulcová (Čapci. Praha 1985). Karel Čapeks Aufenthalt in Chýše behandelt dokumentarisch Miloslav Wajs (Chýše v životě a díle Karla Čapka. Plzeň 1967), romanhaft Marie Šulcová (Kruh mého času. Plzeň 1975). Verwiesen sei auf die dokumentarische Studie von Ladislav Vacina (Karel Čapek v Hradci Králové, in: Letokruh 1982. Hradec Králové 1982), sie enthält ein weiterführendes Literaturverzeichnis. Erwähnt sei auch die historische Deutung von Aleksandr Krivickij (Mužskie besedy. Moskva 1984).

Monographien. Studien

Barborică, C., Karel Čapek. Bucuresti 1971.
Bernštejn, Inna Abramovna, Karel Čapek. Tvorčeskij put'. Moskva 1969.
Branžovský, Josef, Karel Čapek, světový názor a umění. Praha 1963.
Buriánek, František, Karel Čapek. Praha 1978.
Buriánek, František, Čapkovské variace. Praha 1984.
Černý, Václav, Karel Čapek. Praha 1937.
Dobossy, László, Karel Čapek. Budapest 1961.
Draganow, Nedjalko, Karel Čapek v B'lgarija, Sofija 1963.
Harkins, William E., Karel Čapek. New York/London 1962.
Janaszek-Ivaničková, Halina, Karol Čapek czyli dramat humanisty. Warszawa 1962.
Janaszek-Ivaničková, Halina, Karel Čapek. Warszawa 1985.
Klíma, Ivan, Karel Čapek. Praha 1962 (2., část. přepr. vyd. 1965).
Králík, Oldřich, První řada v díle Karla Čapka. Ostrava 1972.
Malevič, Oleg Michajlovič, Karel Čapek. Kritiko-biografičeskij očerk. Moskva 1968.
Matuška, Alexander, Človek proti skaze. Pokus o Karla Čapka. Bratislava 1963.
Nikol'skij, Sergej Vasil'evič, Karel Čapek – fantast i satirik. Moskva 1973.
Santen, Aimé van, Over Karel Čapek. Amsterdam 1949.
Ševčuk, V. I., Karel Čapek. Antifašistskie tvori. Kiew 1958.

Erwähnt sei hier die Studie von S. V. Nikol'skij (Karel Čapek. Übersetzung, Praha 1952), die beim Neubeginn der Čapek-Rezeption in der Tschechoslowakei eine entscheidende Rolle gespielt hat; Čapeks Werke waren nach 1948, im Zuge der Auseinandersetzung mit dem sogenannten Masarykismus, fünf Jahre nicht verlegt worden.
Die Beiträge zum Čapek-Symposium 1970 in Warschau erschienen in: Pamiętnik Słowianski, XX. Wrocław, Warszawa, Kraków 1970

(Autoren: K. Krejčí, J. B. Čapek, M. Meriggi, A. Matuška, H. Janaszek-Ivaničková, B. Jaroszevicz-Kleindienst, O. Králík, J. Kamiński, E. Madany, B. Jankowska, J. Śliziński, S. V. Nikol'skij, W. A. Motornyj, N. Draganow, I. Czapláros). Unentbehrlich für das Verständnis der Gemeinschaftswerke der Brüder Čapek ist die Monographie von Jiří Opelík: Josef Čapek. Praha 1980.

Als Ergänzungen zu den Monographien empfehlen sich drei ganz unterschiedliche Überblicke über Čapeks Werk: Miroslav Rutte, Výpravy za skutečností (in: Mohyly s vavřínem. Praha 1939); Boris Leonťevič Sučkov: Karel Čapek (in: Liki vremeni. Moskva 1976, Bd. 2); René Wellek: Karel Čapek (in: Essays on Czech Literature. The Hague 1963).

Eine formale Analyse des Gesamtschaffens gibt Jan Mukařovský (Trojice studií o Karlu Čapkovi, in: Kapitoly z české poetiky, Bd. 2, Praha 1948), eine Stilanalyse Jiří Haller (O slohu Karla Čapka, in: Přítomnost 47, 48/1937). Einzelne Werke analysieren: Eva Strohsová (Román pro služky a Čapkovo směřování k epičnosti) und Jiří Opelík (Obyčejný život čili Deukalion; beides in: Struktura a smysl literárního díla. Praha 1966); Raisa Romanovna Kuznecova (Slog Karela Čapeka i priroda groteska v Vojne s salamandrami, in: Češski mežvoennyj roman. Moskva 1980) und D. di Sarra (Materiali per uno studio sulla tecnica del romanzo novecentesco – Povětroň di Karel Čapek, in: Ricerche Slavistiche 1/1952, Roma). Čapeks Nähe zu anderen Autoren untersuchen: B. R. Bradbrook (The Literary Relationship between G. K. Chesterton and Karel Čapek, in: SEER 93, 1961); Z. G. Minc und O. M. Malevič (Karel Čapek i Alexej Tolstoj, in: Učenye zapiski Tartuskogo gos. universiteta 65 1958); R. Pytlík (Literatura proti fašismu. Thomas Mann a Karel Čapek, in: Česká literatura v evropském kontextu. Praha 1982); Th. G. Winner (Speech Characteristics in Čexov's Ivanov and Čapek's Loupežník. American Contributions to the Fifth International Congress of Slavists. 1963. The Hague).

Von den wenigen Studien und Artikeln, die in deutscher Sprache vorliegen, seien genannt:

Fučík, Julius, Čapeks „Erste Kolonne", in: Literarische Kritiken, Polemiken und Studien. Übersetzung: Günther Jarosch. Berlin 1958.

Fučík, Julius, Čapek lebend und tot. – Gedanken anläßlich Karel Čapeks Tod. Beides in: Wir lieben unser Volk. Übersetzung: Zora Weil-Zimmering. Berlin 1956.

Jähnichen, Manfred, Die Literatur des antifaschistischen Widerstandskampfes im Formierungsprozeß sozialistischer Literaturen. ZfSl 20 (1975), S. 457–473.

Mukařovský, Jan, Karel Čapek, ein Exotiker aus dem Geist der tschechischen Sprache. Slavische Rundschau 11, 1939.

Novomeský, Laco, Größe und Zweifel. Marginale zu einem Bekenntnis des verstorbenen Karel Čapek, in: Erwägungen, Aufsätze zur Literatur. Übersetzung: Ilse Seehase. Berlin 1977.

Oplatka, Andreas, Eine erfüllte politische Utopie („Der Krieg mit den Molchen"), in: Du-Atlantis 6, 1966.

Polák, Josef, Die entwicklungsgeschichtlichen und ideellen Beziehungen des Dramas „WUR" und des Romans „Das Absolutum oder die Gottesfabrik" von Karel Čapek zu den Erzählungen „Rübezahls Garten", in: ZfSl 22 (1977), S. 379–387.

Schamschulla, Walter, Der sakrale Stil und seine Funktion im Werk von Karel Čapek. Slawistische Studien zum 5. Internationalen Slawistenkongreß 1963.

Seehase, Ilse, Gedanken zum Vermächtnis Karel Čapeks, in: ZfSl 9 (1964), S. 114–118. – Eine neue Quelle zu „Válka s mloky", in: ZfSl 9 (1964) S. 196f.

Sučkov, B. L., Karel Čapek (Übersetzung aus dem Russischen), in: Kunst und Literatur 2/1975.

Suvin, Darko, Karel Čapek oder die Fremdlinge in unserer Mitte, in: Poetik der Science Fiction. Übersetzung aus dem Amerikanischen von Franz Rottsteiner. Frankfurt (Main) 1979.

Weiskopf, F. C., Karel Čapek, in: Literarische Streifzüge. Berlin 1956. (Auch in: K. Čapek, Die blaue Chrysantheme. Leipzig 1975 bzw. 1979.)

Zietlow, Barbara, Antifaschistische Entscheidung aus humanistischer Verantwortung, in: Verteidigung der Menschheit. Berlin 1975, S. 307–318.

Deutsche Übersetzungen (Auswahl)

Čapeks Werke wurden oft schon kurze Zeit nach dem Erscheinen ins Deutsche übersetzt. Sofern keine neue, bessere Übersetzung eines Werkes vorliegt, wird diese alte oder eine tauglichere andere angeführt (gegebenenfalls eine Nachauflage).

Bühnenwerke

Dramen (Der Räuber, RUR, Die Sache Makropulos, Die weiße Krankheit, sämtlich von Gustav Just übersetzt; Die Mutter, übersetzt von Ilse Seehase), herausgegeben und mit einem Nachwort versehen von Manfred Jähnichen. Berlin 1976.

Aus dem Leben der Insekten. Stück der Brüder Čapek. Übersetzt von Karl-Heinz Jähn. (In: Stücke international, 1. Berlin 1988.)

Romane

Das Absolutum oder Die Gottesfabrik. Übersetzt von Anna Auředníčková; zuletzt: Berlin 1976, mit einem Nachwort von Adolf Sckerl; dasselbe ohne Nachwort. Wien/Hamburg 1979.

Krakatit. Übersetzung von Julius Mader; zuletzt: Berlin 1981; mit einem Nachwort von Eckhard Thiele; dasselbe ohne Nachwort. Berlin (West) 1984.

Hordubal, Der Meteor, Ein gewöhnliches Leben. Übersetzt und mit einem Nachwort von Eckhard Thiele. Berlin 1981.

Der Krieg mit den Molchen. Übersetzt von Eliška Glaserová; zuletzt: Zürich 1981; Berlin 1983.

Die erste Kolonne. Übersetzt von Grete Ebner-Eschenhaym; zuletzt: Berlin 1975.

Leben und Werk des Komponisten Foltýn. Übersetzt von Grete Ebner-Eschenhaym; zuletzt: Berlin 1967.

Erzählungen. Feuilletons. Verschiedenes

Gottesmarter. Übersetzt von Otto Pick. Berlin 1918 (enthält den ersten Teil von „Gottesmarter" – die Novellen).

Kreuzwege. Übersetzt von Otto Pick, Leipzig 1919 (enthält den zweiten Teil – die Erzählungen).

Geschichten aus der einen und der anderen Tasche. Übersetzt von Grete Ebner-Eschenhaym; zuletzt: Berlin 1964; Wien/Hamburg 1986.
(Erzählungen aus diesen beiden Zyklen wurden in verschiedenen Übersetzungen und in unterschiedlicher Auswahl verlegt; genannt sei hier nur: Die blaue Chrysantheme, übersetzt von Grete Ebner-Eschenhaym, mit einer Skizze von F. C. Weiskopf; zuletzt: Leipzig 1979.)

Wie in alten Zeiten. Das Buch der Apokryphen. Übersetzt und mit einem Nachwort versehen von Eckhard Thiele. Berlin 1977, 1986.

Fabeln und Kleingeschichten. Übersetzt von Eckhard Thiele. Berlin 1986.

Reisebilder. Ausgewählt von Karl-Heinz Jähn. Übersetzt von Gustav Just. Berlin 1978, 1981, 1983. (In älteren Übersetzungen liegen vollständige Einzelausgaben vor: Was mir in Italien gefiel und nicht gefiel; Seltsames England; Ausflug nach Spanien; Liebenswertes Holland; Die Reise nach dem Norden.)

Bilder aus der Heimat. Übersetzt von Eckhard Thiele. Berlin 1988. (Eine unvollständige Ausgabe, übersetzt von Peter Pont, erschien 1955 in Prag.)

Masaryk erzählt sein Leben. Übersetzt von Camill Hoffmann. Berlin 1936.

Wie ein Theaterstück entsteht. Übersetzt von Karl-Heinz Jähn. Berlin 1975.

Das Jahr des Gärtners. Übersetzt von Grete Ebner-Eschenhaym; zuletzt: Leipzig 1982, mit einer Nachbemerkung von Klaus-Dieter Sommer.

Märchen. Übersetzt von Eliška Glaserová; zuletzt: Berlin 1983.

Daschenka oder Das Leben eines jungen Hundes. Übersetzt von Elisabeth Borchardt, Berlin 1975.

Zeittafel

1890 Karel Čapek am 9. 1. in Malé Svatoňovice geboren, als drittes Kind von Božena Čapková, geb. Novotná, und Dr. Antonín Čapek. (Seine Geschwister: Helena, 1886–1961, und Josef, 1887–1945.) Im Sommer 1890 Übersiedlung nach Úpice, wo der Vater eine Arztpraxis eröffnet.

1895 Schulbesuch in Úpice (bis 1901).

1901 Auf dem Gymnasium in Hradec Králové (bis 1905).

1904 Erste Veröffentlichung (die Brnoer Wochenzeitung „Neděle“ bringt am 23. 4. das Gedicht „Einfache Motive“).
Tritt im Herbst in den geheimen Schülerzirkel Mansarda in Hradec Králové ein.

1905 Von März bis Oktober Briefwechsel mit Anielka (Anna Nepeřená).
Ab September auf dem Gymnasium in Brno (bis 1907).

1907 Im Juli Übersiedlung der Familie von Úpice nach Prag (Kleinseite, Říční 11). –Dort Besuch des Gymnasiums bis zum Abitur (1909).
Seit 1907 regelmäßige Veröffentlichungen in Zeitungen und Zeitschriften, Gemeinschaftsarbeit der Brüder Čapek: Feuilletons, Erzählungen, Rezensionen.

1909 Fortan Teilnahme an Diskussionen der künstlerischen Avantgarde im Kaffeehaus „Union“. – Reise nach München (Anfang September).
– Studium der Philosophie und Literaturgeschichte in Prag (bis 1915). Wintersemester 1910/11 in Berlin, das anschließende Sommersemester (zusammen mit Josef Čapek) in Paris.

1912 Bekanntschaft mit S. K. Neumann. Fortan Briefwechsel (bis 1918). Mitarbeit am „Almanach na rok 1914“ (Almanach auf das Jahr 1914).

1915 Promotion (29. 11.).

1916 Novellensammlung der Brüder Čapek: „Zářivé hlubiny“ (Leuchtende Tiefen). Darin auch: „Lásky hra osudná“ (Der Liebe schicksalhaftes Spiel; Commedia dell'arte. Gesondert als Buch 1922; aufgeführt am 15. 5. 1930, Prag, Ständetheater; Regie: Jiří Frejka).

1917 Erste eigene Prosasammlung: „Boží muka“ (Gottesmarter; Novellen und Erzählungen).
Hauslehrer beim Grafen Lažanský (1. 3.–30. 9.).
Kurze Zeit Bibliothekar.
Redakteur bei „Národní listy“ (von Oktober 1917 bis März 1921).

1918 Sammlung früher Prosa der Brüder Čapek: „Krakonošova zahrada“ (Rübezahls Garten; Feuilletons, Aphorismen, Erzählungen).
„Pragmatismus čili Filozofie praktického života“ (Pragmatismus oder Die Philosophie des praktischen Lebens; Traktat).
Redakteur der satirischen Zeitschrift „Nebojsa“ (Jahrgänge 1918/20).

1920 „Loupežník“ (Der Räuber; Komödie; Uraufführung: 2. 3. 1920, Prag, Nationaltheater; Regie: Vojta Novák).
„Francouzská poesie nové doby“ (Französische Dichtung der neuen Zeit; Nachdichtungen).
„Kritika slov“ (Kritik der Worte; Feuilletons).
„RUR“ (RUR; Kollektivdrama; Uraufführung: 25. 1. 1921, Prag, Nationaltheater; Regie: Vojta Novák).
Redakteur der Zeitschrift „Musaion“ (Jahrgänge 1920/21).
Im Sommer Bekanntschaft mit Olga Scheinpflugová, fortan Briefwechsel.
Im Dezember Bekanntschaft mit Věra Hrůzová, fortan Briefwechsel (bis 1931).

1921 „Trapné povídky“ (Peinliche Geschichten; Erzählungen).
„Ze života hmyzu“ (Aus dem Leben der Insekten; Komödie der Brüder Čapek; Uraufführung: 3. 2. 1922, Brno, Nationaltheater; Regie: Bohuš Stejskal. – 8. 4. 1922, Prag, Nationaltheater; Regie: Karel Hugo Hilar).
Redakteur bei „Lidové noviny“ (vom 1. 4. 1921 bis ans Lebensende).
Dramaturg am Prager Stadttheater in den Weinbergen (vom 1. 10. 1921 bis 10. 4. 1923).

1922 „Továrna na absolutno“ (Fabrik des Absoluten, d. i. Das Absolutum oder Die Gottesfabrik; Roman).
„Věc Makropulos“ (Die Sache Makropulos; Komödie; Uraufführung: 21. 11. 1922, Prag, Stadttheater in den Weinbergen, eigene Regie. – Die gleichnamige Oper, mit dem Libretto und der Musik von Leoš Janáček, wurde am 18. 12. 1926 in Brno uraufgeführt).
„Zlatý klíček“ (Das goldene Schlüsselchen; Film nach einem Libretto von Karel Čapek; Regie: J. Kvapil).

1923 „Italské listy“ (Italienische Briefe; Reisebilder).
Reise nach Berlin, Hamburg, Lübeck (10.–17. 2.).
Reise nach Italien (17. 4.–8. 6.).
Bekanntschaft mit T. G. Masaryk.

1924 „Krakatit“ (Roman).
„Anglické listy“ (Englische Briefe; Reisebilder).
Tod der Mutter (13. 4.).

Gast des Londoner PEN-Klubs; Reise durch England, Schottland und Wales (27. 5.–27. 7.).
Ab Herbst 1924 regelmäßige Treffen der Freitagsgäste (pátečníci).

1925 „O nejbližších věcech“ (Über die nächsten Dinge; Feuilletons).
„Jak vzniká divadelní hra a průvodce po zákulisí“ (Wie ein Theaterstück entsteht und Führer durch die Kulissenwelt; Feuilletons).
Mitbegründer des Prager PEN-Klubs (15. 2.), als dessen Präsident (bis März 1933) empfängt er zahlreiche ausländische Gäste.
Einzug ins eigene Haus am 6. 4. (Úzká ulice, heute: Bratří Čapků).

1927 „Adam Stvořitel“ (Adam der Schöpfer; Komödie der Brüder Čapek. Uraufführung: 12. 4. 1927, Prag, Nationaltheater; Regie: Karel Hugo Hilar).
„Skandální aféra Josefa Holouška“ (Skandalaffäre Josef Holoušek; Novelle).

1928 „Hovory s T. G. Masarykem“ (Gespräche mit Masaryk, erster Teil; der zweite 1931; der dritte 1935; gesammelt 1936).

1929 „Povídky z jedné kapsy“ (Geschichten aus der einen Tasche; Erzählungen). „Povídky z druhé kapsy“ (Geschichten aus der anderen Tasche; Erzählungen).
„Zahradníkův rok“ (Das Jahr des Gärtners; Feuilletons).
Tod des Vaters (4. 7.).
Reise nach Spanien (im Oktober).

1930 „Výlet do Španěl“ (Ausflug nach Spanien; Reisebilder).

1931 „Marsyas čili Na okraj literatury“ (Marsyas oder Am Rande der Literatur; Essays).
Reise zum PEN-Kongreß nach Holland (Ende Juni) sowie zur Sitzung des Ständigen Komitees für Literatur und Kunst beim Völkerbund in Genf (8. Juli).

1932 „Obrázky z Holandska“ (Bilder aus Holland; Reisebilder).
„Apokryfy“ (Apokryphen).
„O věcech obecných cili Zóon politikon“ (Über allgemeine Dinge oder Zoon politikon; Publizistik).
„Devatero pohádek a ještě jedna od J. Čapka jako přívažek“ (Neun Märchen und noch eines von J. Čapek als Draufgabe).

1933 „Dášenka čili život štěněte“ (Daschenka oder Das Leben eines jungen Hundes; Tiergeschichten).
„Hordubal“ (Roman).

1934 „Povětroň“ (Der Meteor; Roman).
„Obyčejný život“ (Ein gewöhnliches Leben; Roman).

Unterzeichnet das „Manifest tschechischer Schriftsteller gegen den Faschismus". Zunehmendes antifaschistisches Engagement.

1935 „Legenda o člověku zahradníkovi" (Legende vom Gärtner; Feuilletons).
„Mlčení s T.G.M." (Schweigen mit Masaryk; Feuilletons).
Teilnahme am Symposium des Ständigen Komitees für Literatur und Kunst beim Völkerbund (1.–3. 4.) in Nizza sowie am Internationalen Schriftstellerkongreß zur Verteidigung der Kultur (21.–25. 6.) in Paris.
Im Sommer Reise in die Alpen, zusammen mit Olga Scheinpflugová, und Trauung mit ihr am 26. 8. in Prag.
Sommersitz in Strž bei Dobříš.

1936 „Válka s mloky" (Der Krieg mit den Molchen; Roman).
„Cesta na sever" (Reise nach dem Norden; Reisebilder).
Teilnahme am Symposium des Ständigen Komitees für Literatur und Kunst beim Völkerbund (7.–12. 6.) in Budapest.
Reise mit Olga Scheinpflugová nach Dänemark, Norwegen und Schweden (im Juli).

1937 „Bílá nemoc" (Die weiße Krankheit; Drama. Uraufführung: 29. 1. 1937, Prag, Ständetheater; Regie; K. Dostal).
„Cesta devíti hodin" (Die neunstündige Reise; Bericht über den Trauerzug für Masaryk).
„Jak se dělají noviny" (Wie Zeitungen gemacht werden; Feuilletons).
„První parta" (Die erste Kolonne; Roman).

1938 „Jak se co dělá" (Wie was gemacht wird; Feuilletons).
„Matka" (Die Mutter; Drama. Uraufführung: 12. 2. 1938, Prag, Ständetheater; Regie: K. Dostal).
Organisiert den internationalen PEN-Kongreß (27.–30. 6. in Prag). Entwirft und unterzeichnet den Brief der „Tschechoslowakischen Schriftstellergemeinde" vom 12. 9. „An das Weltgewissen".
Im November und Dezember Hetzkampagne der reaktionären Presse gegen Čapek.
Arbeit an „Život a dílo skladatele Foltýna" (Leben und Werk des Komponisten Foltýn; Roman; unvollendet).
Čapeks letzter Zeitungsartikel („Grüße") erscheint am 25. 12. in „Lidové noviny".
Am 25. 12. stirbt Karel Čapek in seinem Prager Haus.
Am 29. 12. Beisetzung auf dem Vyšehrad.

Personenregister

Adler, Alfred 21
Altenberg, Peter 119
Anielka (Anda) 47f., 50–53, 56, 62, 64f., 68–72, 74f., 82, 89, 91, 103, 115, 121, 131
Apollinaire, Guillaume 70, 141
Aragon, Louis 298
Asch, Schalom 169
Äsop 60

Balcar 6
Balzac, Honoré de 21, 99
Bass, Eduard 77, 171, 318
Baudelaire, Charles 96, 105
Benda, Jaroslav 76
Beneš, Edvard 95, 171, 232, 299, 301f., 312
Beneš, Vincenc 76, 84
Bergson, Henri 21, 105, 166
Bernheim 100
Bernstein, Inna Abramowna 29
Birot 141
Bloch, Jean-Richard 298
Bor, Jan 77
Borový, František 147
Bouček, Antonín 77
Bouček, Václav 171
Bourdelle, Emile Antoine 108
Brandes, Georg 169
Branžovský, Josef 21
Braque, Georges 77
Březina, Otokar 83
Brod, Max 77f.
Brunner, Vratislav H. 76, 84
Buriánek, František 22, 29, 32

Čáda, František 140
Calma-Veselá, Marie 195f.
Čapek, Antonín 8–12, 15f., 35–37, 39–41, 43–46, 49, 52, 57, 64f., 69, 90, 101, 113, 120, 152, 159, 186, 190f., 210, 217, 227, 238, 257, 293f.
Čapek, Josef 8, 29, 31, 34, 36f., 39–41, 66, 76–78, 80–87, 89–91, 93, 96–99, 101, 103f., 107–116, 119, 121, 124–129, 131, 133f., 136f., 145, 147, 152–154, 159–161, 164, 168, 171, 173, 206f., 257, 293

Čapková, Božena 8f., 25, 28f., 31–37, 39–41, 43–46, 49, 52, 56f., 64f., 69, 110, 113, 116, 120, 135, 152, 159, 186f., 190–192, 205–207, 209f., 214, 217f., 257, 293
Čapková, Helena 7–11, 23, 25, 28f., 31f., 34, 36f., 39f., 44, 48, 50, 56, 59f., 62, 64f., 69, 72, 80, 90, 98, 110, 113, 121, 131, 149, 153, 159, 186, 209f., 257f., 293
Čelakovský, František Ladislav 13
Červený, Jiří 60, 62
Cézanne, Paul 105
Chamberlain, Arthur Neville 302, 311, 315
Chaplin, Charlie 98
Charvát, Josef 317f.
Chauliac, Léon 106–108
Chesterton, Gilbert Keith 162, 167
Curie, Marie 166, 169

Daladier, Edouard 302, 311
Dante 55
Dehmel, Richard 74, 137
Derain, André 77
Dimitroff, Georgi 275
Döblin, Alfred 110
Dobrovský, Josef 12f.
Dohalský, František Bořek 180
Dostalová, Leopolda 162
Dostojewski, Fjodor Michailowitsch 255, 277
Druet, E. 106
Duhamel, Georges 169, 301
Durkheim, Emile 21f.
Durych, Jaroslav 96, 171, 303, 305
Dvořák, Antonín 79
Dyk, Viktor 77, 85, 145

Eckermann, Johann Peter 235
Ehrenburg, Ilja Grigorjewitsch 79, 108, 277
Eisenlohr, Ernst 310
Eisner, Paul 78
Elisabeth, Königin von Böhmen 68
Emerson, Ralph Waldo 21
Engels, Friedrich 21, 230
Erben, Karel Jaromír 31
Ernst, Paul 118
Esquire 315f.

Fadejew, Alexander Alexandrowitsch 277
Feigl, Friedrich 77
Filla, Emil 76
Fischer, Otokar 77, 84, 166, 274f.
Fischer, Samuel 93
Flaubert, Gustave 105
Fort, Paul 70, 141
Foustka, Jiří 115, 144
France, Anatole 166
Franco, Francisco 289
Franziskus 106
Freud, Sigmund 21, 35
Fučík, Julius 268
Fuchs, Rudolf 78

Gajda, Radola 240
Galsworthy, John 167
Garborg, Arne Evensen 74
Gide, André 21
Gočár, Josef 76, 84
Goethe, Johann Wolfgang von 14f., 65, 91, 235
Gogol, Nikolai Wassiljewitsch 277
Goncourt, Edmond und Jules de 109, 125
Gorki, Maxim 55, 133, 162, 277
Gottwald, Klement 301
Groman, Alois 64
Gutfreund, Otto 76, 84

Hácha, Emil 302
Halík, Miroslav 47, 86, 177, 233, 287
Hamsun, Knut 74
Hanuš, Stanislav 84
Harkins, William E. 29, 47, 99
Hašek, Jaroslav 77f.
Hašler, Karel 240
Hauptmann, Gerhart 6, 137, 169
Havlíček-Borovský, Karel 16, 42, 166
Heine, Heinrich 91, 149
Heinrich, Arnošt 147
Henlein, Konrad 310
Heym, Stefan 95
Hilar, Karel Hugo 164
Hitler, Adolf 280, 286, 301f.
Hodža, Milan 301
Hoffmeister, Adolf 162, 171

Hofman, Vlastislav 76, 84
Hofmannsthal, Hugo von 74
Hora, Josef 318
Horký, Karel 86
Hrůzová, Věra 51, 71, 177, 180–183, 186, 197–201, 210–212, 231, 238, 240
Huxley, Aldous 21
Huysmans, Joris Karl 80

Ibsen, Henrik 74

James, William 21
Jammes, Francis 70, 105, 141
Janáček, Leoš 78, 196
Janák, Pavel 76
Janaszek-Ivaničková, Halina 21, 28, 47
Jaspers, Karl 21
Jirásek, Alois 6, 15
Joseph II. 12
Joyce, James 21
Jungmann, Josef 13
Justitz, Alfred 77

Kafka, Franz 77f., 129
Kahnweiler, Daniel-Henry 100
Kalvoda, Alois 113
Kars, Jiří 77
Kerr, Alfred 164
Kisch, Egon Erwin 77, 115f.
Klíma, Karel Zdeněk 171
Knap, Josef 279
Kodíček, Josef 77, 171
Kollár, Jan 13
Kolzow, Michail Jefimowitsch 277
Komenský, Jan Ámos 12
Konrád, Edmond 80, 95, 304
Kopta, Josef 171, 173
Kozák, J. B. 317
Koželuha, František 48, 51, 56, 60, 69, 113
Krafft-Ebing, Richard Freiherr von 35
Králík, Oldřich 21f., 175–177, 262, 307f.
Kramář, Karel 145
Kramář, Vincenc 76
Krátký 97
Kratochvíl, Zdeněk 76

Kraus, Karl 119
Krejčí, František 140
Krejčí, František Václav 83, 147
Křička, Jaroslav 77
Křička, Petr 77
Kubín (Coubine), Otakar 77
Kubišta, Bohumil 77
Kubka, František 162, 164, 171, 173, 177, 240, 285, 287, 290, 315
Kupka, František (François) 108
Kysela, František 76

Lada, Josef 78
Lagerlöf, Selma 74
Langer, František 8, 40f., 53, 76–78, 80, 87, 90, 98, 111, 114, 119, 126, 169, 171–173, 265, 305
Lauermannová, Anna 186, 207
Laurin, Arne 171
Lažanský, Prokop 142, 144
Lažanský, Vladimír 142f., 145
Lenin, Wladimir Iljitsch 230
Leppin, Paul 77
Levý, Jiří 70
Loos, Adolf 99
Lunatscharski, Anatoli Wassiljewitsch 162

Mácha, Karel Hynek 13
Machar, Josef Svatopluk 83, 145
Majerová, Marie 77
Malewitsch, Oleg Michailowitsch 28, 47, 59
Malířová, Helena 77
Manet, Edouard 105
Mann, Erika 309, 312
Mann, Katja 300
Mann, Thomas 74, 93, 95, 169, 301
Mařenka 56
Marušiak, Jan 59
Marx, Karl 84, 230
Masaryk, Jan 254
Masaryk, Tomáš Garrigue 95, 171, 173, 231f., 235, 237–240, 242, 271, 299, 312
Matějček, Antonín 76, 274
Mathesius, Vilém 171
Maurois, André 169
Medek, Rudolf 96, 278f.

Moravec, Emanuel 303
Morawetz, Filip 10
Moréas, Jean 118
Mrázek, Čeněk 62
Mukařovský, Jan 70, 171
Musil, Robert 113, 118
Mussolini, Benito 302

Nebesky, Václav 110
Němcová, Božena 15
Nepeřená, Anna (siehe Anielka)
Neruda, Jan 16, 42f.
Neumann, Stanislav Kostka 39, 78, 84f., 95f., 131, 133, 135–142, 144f., 147f., 150f., 153f., 158, 161, 173, 239, 267, 278
Nezval, Vítězslav 70, 140, 278
Nietzsche, Friedrich 91, 119
Novotná, Helena 22f., 25, 49f., 52, 59, 64f.
Novotný, Karel 112
Nowak, Willi 77

Olbracht, Ivan 77, 274
Opelík, Jiří 89, 177
Ortega i Gasset, José 21
Ossietzky, Carl von 277
Ould, Hermon 298, 310

Palacký, František 13
Palivec, Josef 258, 269
Palivec, Václav 269
Patera, František 77–79
Pechan, Antonín 59, 62
Pelnář, Josef 317
Peroutka, Ferdinand 171, 216
Pfemfert, Franz 78
Picasso, Pablo 77
Pick, Otto 77f.
Pirandello, Luigi 169
Platonow, Andrej 45
Playfair, Nigel 167
Poláček, Karel 171
Pospíšilová (Čapková), Jarmila 81, 90f., 112, 116, 121, 124–126, 128f., 131, 152, 159, 196
Preiss, Jaroslav 240
Přikryl, Bohumil 171
Procházka, Antonín 76

Procházka, Eduard 60
Proust, Marcel 21
Pujmanová, Marie 274
Purkyně, Jan Evangelista 14f.
Puschkin, Alexander Sergejewitsch 277

Reinhardt, Max 78
Ribémont-Dessaignes 108
Rilke, Rainer Maria 74, 113
Rimbaud, Arthur 105
Rodin, Auguste 105
Rolland, Romain 169, 298
Romains, Jules 169, 298f., 310
Rosny, Joseph-Henri und Séraphin-Justin 125
Roux, Saint-Pol 70
Rutte, Miroslav 82, 145, 309

Šafárik, Pavel Josef 13
Šalda, František Xaver 83, 86, 274f.
Schaumburg-Lippe, Prinz Wilhelm von 8
Scheinpflug, Karel (jr.) 300
Scheinpflug, Karel 184, 190, 214
Scheinpflugová, Olga 29, 40, 51, 71, 75, 115, 164, 177f., 180–188, 190–193, 195–197, 200–210, 212, 214–219, 227f., 231, 233, 235, 237f., 240, 242–244, 246f., 249, 254f., 258, 260, 268f., 292, 296, 298–303, 305–309, 319
Schiller, F. C. S. 21
Schiller, Friedrich 15
Schmidt, Erich 91
Schönberg, Arnold 99
Seifert, Jaroslav 78
Selver, Paul 92
Shakespeare, William 32
Shaw, George Bernard 162, 167
Sienkiewicz, Henryk 56
Šíma, Ladislav 76
Šlejhar, Josef Karel 31
Smetana, Bedřich 79
Sommer, Otto 59
Sova, Antonín 31, 83
Špála, Václav 76, 84
Šrámek, Fráňa 169, 171
Štech, Vilém Václav 76, 80, 82, 89–92, 95–99, 108, 114, 117f., 125, 129
Steinbach, Karel 216

Steinmann, Wilhelm 63f.
Steinrück, Albert 164
Stendhal 89, 105
Štěpán, Zdeněk 77
Štorch-Marien, Otakar 87, 93, 171
Strindberg, August 74
Šturc, Václav 11
Štursa, Jan 77
Suk, Josef 166
Šusta, Josef 171
Svatoňová, Marie (siehe Mařenka)
Švehla, Antonín 232, 240, 279
Syllaba, Ladislav 214f.
Syrový, Jan 301

Tagore, Rabindranath 171
Taussig, Ervín 127
Téver, Felix (siehe A. Lauermannová)
Theer, Otakar 84
Thon, Jan 77
Thun, Franz Anton von 143
Tilschová, Anna Maria 186, 278
Tolstoi, Alexej Nikolajewitsch 162, 277
Tolstoi, Lew Nikolajewitsch 277
Toman, Karel 77
Toncar 318
Tretjakow, Sergej Michailowitsch 277
Tschechow, Anton Pawlowitsch 277

Vachek, Emil 53, 60
Václavek, Bedřich 274
Valéry, Paul 301
Vančura, Vladislav 171, 173, 274
Verhaeren, Emile 140
Verlaine, Paul 70, 140
Vildrac, Charles 70, 141, 171
Vlček, Vladislav 64
Vočadlo, Otakar 92f., 195
Vodák, Jindřich 278
Vollard, Ambroise 100, 105
Vycpálek, Jaroslav 77

Walden, Herwarth 99
Webern, Anton von 99
Weiner, Richard 77

Weiskopf, F. C. 275
Wells, H. G. 167, 298
Werfel, Franz 77
Wilde, Oscar 80, 119
Wirth, Zdeněk 76
Wojkowicz, Jan z. 84
Wolff, Kurt 78
Wolker, Jiří 141

Žižka, Jan 111
Zola, Emile 31
Zwetajewa, Marina Iwanowna 317

Bildquellen

Abb. 1, 7, 8, 13, 17, 20, 21, 24, 26, 27, 29, 30, 39, 41, 46, 48, 52, 57, 68, 73, 80, 82, 84, 97 – Archiv von Dr. Tomáš Halík.
Abb. 2, 3, 5, 9, 10, 15, 18, 23 – aus: Z. Menec, F. Buriánek; Krajem bratří Čapků, Praha 1983.
Umschlagbild, Abb. 6, 11, 14, 51, 53, 55, 58, 59, 62, 72, 74, 78, 81, 83, 92, 96 – aus: Karel Čapek, Listy Olze, Praha 1971.
Frontispiz, Abb. 25, 42, 54, 67, 79 – aus: Karel Čapek, Pozdravy, Praha 1979.
Abb. 40, 63, 64, 65, 76, 77, 88, 91, 95 – aus: Karel Čapek, Na břehu dnů, Praha 1966.
Abb. 45, 60, 61, 86, 87, 93, 94 – aus: Karel Čapek, Spisy, Praha 1980 (Cestopisy I und II).
Abb. 19 – aus: Karel Čapek, Spisy, a. a. O. (Továrna na Absolutno/ Krakatit).
Abb. 56 – aus: Karel Čapek Věře Hrůzové, Praha 1980.
Abb. 70, 71 – aus: Karel Čapek, Hovory s T. G. Masarykem, Praha 1938.
Abb. 75, 85 – aus: Karel Čapek, Spisy, a. a. O. (Zahradníkův rok/ Měl jsem psa a kočku).
Abb. 37 – aus: V. Dyk, S. K. Neumann, bratří Čapkové, Korespondence z let 1905–1918, Praha 1962.
Abb. 4, 12, 16, 43, 50, 90, 98 – aus: František Buriánek, Karel Čapek, Praha 1978.
Abb. 32, 33, 34, 35, 36 – aus: Josef Čapek, Dvojí osud, Praha 1980.
Abb. 28, 31, 89 – aus: Jiří Opelík, Josef Čapek, Praha 1980.
Abb. 22, 38, 44, 47, 49, 66 – aus: Adolf Hoffmeister, Podoby, Praha 1967.
Abb. 69 – aus: Emil Stumpp, Über meine Köpfe, Berlin 1983.

Wir danken den Rechtsinhabern Buchverlag Der Morgen, Berlin (Abb. 69) und der tschechischen Agentur für Theater und Literatur, DILIA, Prag, für die freundlich erteilte Abdruckgenehmigung.

Zum Autor

ECKHARD THIELE, geboren 1944, freier Übersetzer, auch Herausgeber, Essayist, Kritiker; lebt in Berlin.
T. schrieb Nachworte und Aufsätze zu ausländischer Literatur sowie Rezensionen; gab Werke von Sologub und Schukschin heraus; übersetzte Prosa aller Genres, Dramatik, vereinzelt Gedichte: aus dem Russischen (Odojewski, Sologub, Blok, Remisow, Sosulja, Tendrjakow, Trifonow, Schukschin, Rasputin u. a.), dem Tschechischen (K. Čapek, Nezval, Seifert u. a.), dem Slowakischen (Lenčo, Balco) und dem Polnischen (Żeromski u. a.). Mehrere Übersetzungen erschienen auch in der BRD und in Österreich.
Mit dem Werk Karel Čapeks befaßt er sich seit langem als Verlagsgutachter, Übersetzer und Kommentator.

Inhalt

Frühe Eindrücke 6
Wunschträume 47
Die Brüder Čapek 76
Das Große und das Kleine 162
Nichts endet 246

Anmerkungen 321
Bibliographische Hinweise 341
Zeittafel 348
Personenregister 352
Bildquellen 361
Zum Autor 362

Universal Bibliothek BELLETRISTIK

Die Sonnenuhr

Tschechische Lyrik aus 11 Jahrhunderten

2 Bände

Band 1: 10.–19. Jahrhundert
Band 2: 1900–1950

Aus dem Tschechischen
Herausgegeben und mit Einleitungen versehen
von L. Kundera
Mit 26 und 36 Abbildungen
Band 1153 und 1154 · Broschur zusammen 7,– M

Die Anthologie bietet in Nachdichtungen namhafter DDR-Lyriker sowie literaturgeschichtlichen Begleittexten erstmalig einen Gesamtüberblick über die tschechische Lyrikentwicklung von den Anfängen bis zur Mitte unseres Jahrhunderts: von den ersten Schriftdenkmälern über die mittelalterliche Blütezeit, die Vielfalt des Barock, die Kulminationspunkte einzelner Dichterpersönlichkeiten im 19. Jahrhundert – Mácha, Neruda, Vrchlický u. a. – bis zur modernen Poetik freier Rhythmen – Bezruč, Nezval, Halas, um nur einige Namen zu nennen. Auch Beiträge aus der Volkspoesie, Bänkellieder und Protestsongs wurden aufgenommen.

Universal Bibliothek BIOGRAFIEN

Mathias Hansen
ANTON BRUCKNER

Mit einer Vorbemerkung des Autors. Mit 86 Abbildungen und Notenbeispielen
Band 1173 (Sonderreihe) · Broschur 4,– M

Bei Anton Bruckner (1824–1896) liegt wohl der einmalige Fall vor, daß ein Künstler als rücksichtslos-blinder Zerstörer geheiligter Traditionen geschmäht und andererseits zum verklärenden Vollender eben dieser Traditionen erhoben wird. Der Autor Mathias Hansen, wissenschaftlicher Mitarbeiter an der Akademie der Künste der DDR, bringt durch detaillierte Untersuchungen zu Leben und Werk des Komponisten für Forschung und Interpretationspraxis wertvolle neue Erkenntnisse.

Universal Bibliothek BIOGRAFIEN

HEINZ UND GUDRUN BECKER

Giacomo Meyerbeer

Ein Leben in Briefen

Zum Teil aus dem Französischen übertragen und mit einer Einleitung von H. und G. Becker
Mit 84 Abbildungen
Band 1213 · Broschur 4,– M

Giacomo Meyerbeer (1791–1864), gebürtiger Berliner, errang als Opernkomponist (u. a. „Robert der Teufel", „Der Prophet", „Die Hugenotten") im Paris der 30er und 40er Jahre Weltruf. Mit neuen Klangbildern gab er der Oper des 19. Jahrhunderts entscheidende Impulse. Die Autoren versuchten, durch eine wohlerwogene Auswahl aus den Hunderten – vom Komponisten auf längere Zeit vertraulich verfügten, von den Erben bisher zurückgehaltenen – Briefen möglichst alle Stationen von Meyerbeers Leben sichtbar und zugleich das Werk verständlich zu machen. Zwischentexte geben notwendige Informationen. Zu den Adressaten gehören u. a.: die Mutter, seine Frau und Töchter, Freunde, Kollegen, Operndirektoren, der Adel und das Preußische Königshaus, Heinrich Heine, Carl-Maria von Weber, die Librettisten Eugène Scribe und Alexandre Dumas.